Schmidt · Buchführungstraining

Buchführungstraining

Soll und Haben sicher im Griff

von
Dr. jur. Harald Schmidt
Leitender Regierungsdirektor

2., überarbeitete Auflage

Rudolf Haufe Verlag Freiburg i. Br.

Die Deutsche Bibliothek – CIP-Einheitsaufnahme

Schmidt, Harald:
Buchführungstraining: Soll und Haben sicher im Griff/von Harald Schmidt. – 2., überarb. Aufl. – Freiburg i. Br.: Haufe, 1992
ISBN 3-448-02682-4

ISBN 3-448-02682-4 Bestell-Nr. 11.27

1. Auflage 1991 (ISBN 3-448-02462-7)
2., überarbeitete Auflage 1992

Lektorat: Joachim Müller-Seidel

Umschlag-Entwurf: Philippe Dudek, Freiburg i. Br.
Satz: typoservice Dresden
Druck: Rudolf Haufe Verlag, Freiburg i. Br.

Vorwort zur 2. Auflage

Schon 18 Monate nach dem Erscheinen von BUCHFÜHRUNGS-TRAINING wurde wegen der großen Nachfrage die zweite Auflage erforderlich. Es wurden das Umsatzsteuergesetz und das Gewerbesteuergesetz in der Fassung des Steueränderungsgesetzes 1992, die Umsatzsteuerrichtlinien 1992, die neuen ab 1993 geltenden Umsatzsteuersätze, die Änderungen durch die Sachbezugsverordnung 1992 und die seit der Vorauflage ergangenen einschlägigen BFH-Urteile und Verwaltungsanweisungen berücksichtigt.

Paderborn, im Herbst 1992 Harald Schmidt

Vorwort zur 1. Auflage und Arbeitshinweise

Die Buchführung ist Grundlage für die Gewinnermittlung und damit Voraussetzung für den Jahresabschluß. Sie ist aber auch während des Geschäftsjahrs Maßstab für den jeweiligen Stand des Unternehmens. Damit ist sie eine der wichtigsten Entscheidungsgrundlagen für den Leiter des Unternehmens und seine Berater.

Dieses Buch soll die Grundlagen und auch die Feinheiten der Buchführung und des Jahresabschlusses vermitteln. Es wendet sich an den Lernenden und den Praktiker.

Der Lernende soll befähigt werden, eine Buchführung bis zum Abschluß zu erstellen und dabei die handelsrechtlichen und steuerrechtlichen Probleme richtig zu lösen. Nicht jedes ausgefallene Problem wird hier erörtert. Aber nach Durcharbeit wird der Anfänger in der Lage sein, Sonderprobleme anhand der Kommentare zu lösen.

Auch Praktiker werden Nutzen aus diesem Buch ziehen, da die Buchführung systematisch dargestellt ist. Es sind nur die für die Praxis wichtigen Fragen behandelt. Auf sicherlich reizvolle Auseinandersetzungen mit Lehrmeinungen wurde verzichtet.

Merkkästchen fassen das Wissenswerte jeweils zusammen. Prägen Sie sich den Inhalt dieser Merkkästchen gut ein und wiederholen Sie diese Zusammenfassungen von Zeit zu Zeit, damit sie jederzeit in Ihrem Gedächtnis abrufbereit sind.

Es sind in der Schwierigkeit sich steigernde Aufgaben eingearbeitet. Skizzieren Sie die Lösungen zunächst schriftlich, ehe Sie die Lösungen im Buch nachlesen. Für die Buchungen kaufen Sie sich bitte ein sogenanntes T-Kontenheft und buchen Sie hierin anhand der Aufgaben.
Zur Durchführung der Aufgabe zum Jahresabschluß kaufen Sie sich bitte ein Formular „Hauptabschlußübersicht“ mit den Spalten Eröffnungsbilanz, Summenzugänge (Umsatzbilanz), Summenbilanz, Saldenbilanz I, Umbuchungsspalte (Umbuchungen), Saldenbilanz II, Schlußbilanz und Gewinn- und Verlustrechnung. Lösen Sie bitte die Aufgabe zum Jahresabschluß auf diesem Formular, ehe Sie die Lösung kontrollieren.
So wird die Lektüre dieses Buches für Sie gleichzeitig eine geistige Herausforderung sein und Ihnen das vermitteln, was der Untertitel verspricht:
Soll und Haben sicher im Griff.

Paderborn, im Frühjahr 1991 Harald Schmidt

Inhaltsverzeichnis

Abkürzungsverzeichnis

a. F.	alte Fassung
a. o.	außerordentlich
a. p.	außerplanmäßig
AB	Anfangsbestand
Abg.	Abgang
Abs.	Absatz
Abschn.	Abschnitt
AfA	Absetzung für Abnutzung
AG	Arbeitgeber
AktG	Aktiengesetz
AN	Arbeitnehmer
Anm.	Anmerkung
AO	Abgabenordnung
Art.	Artikel
Aufl.	Auflage
Az.	Aktenzeichen
ÄndG	Änderungsgesetz
BA	Betriebsausgabe
BB	Der Betriebs-Berater (Zeitschrift)
BBK	Buchhaltungsbriefe, Zeitschrift für Buchführung, Bilanz und Kostenrechnung
Bd.	Band
BdF	Bundesminister der Finanzen
Begr.	Begründung
Bem.	Bemerkungen
Beschl.	Beschluß
BezK	Bezugskosten
BFH	Bundesfinanzhof
BFH/NV	Sammlung amtlich nicht veröffentlichter Entscheidungen des Bundesfinanzhofs, herausgegeben von Mitgliedern des Bundesfinanzhofs
BilRLG	Bilanzrichtlinien-Gesetz
BMF	Bundesminister der Finanzen
Bp-Kartei	Betriebsprüfungs-Kartei
Bp.	Betriebsprüfung
BStBl.	Bundessteuerblatt
BV	Betriebsvermögen

DB	Der Betrieb (Zeitschrift)
degr.	degressiv
Drs.	Drucksache
DStR	Deutsches Steuerrecht (Zeitschrift)
DStZ	Deutsche Steuerzeitung (Zeitschrift)
DV, DVO	Durchführungsverordnung
EB	Endbestand
EFG	Entscheidungen der Finanzgerichte (Zeitschrift)
Eigenkap., EK	Eigenkapital
Erhöhg.	Erhöhung
ESt	Einkommensteuer
EStÄR	Allgemeine Verwaltungsvorschrift über die Änderung der Einkommensteuer-Richtlinien 1987 vom 2.7.1990
EStDV	Einkommensteuer-Durchführungsverordnung
EStG	Einkommensteuergesetz
EStR	Einkommensteuer-Richtlinien
EW	Einheitswert
FG	Finanzgericht
FinMin.	Finanzminister
Fn., FN	Fußnote
FR	Finanz-Rundschau (Zeitschrift)
Fremdkap.	Fremdkapital
GbR	Gesellschaft bürgerlichen Rechts
GewSt	Gewerbesteuer
GewStDV	Gewerbesteuer-Durchführungsverordnung
GewStG	Gewerbesteuergesetz
GewStR	Gewerbesteuer-Richtlinien
GmbH	Gesellschaft mit beschränkter Haftung
GmbHG	Gesetz betreffend die GmbH
GmbHR	GmbH-Rundschau (Zeitschrift)
GoB	Grundsätze ordnungsmäßiger Buchführung
GrS, Gr. S.	Großer Senat
GrESt	Grunderwerbsteuer
GrEStG	Grunderwerbsteuergesetz
GuV	Gewinn- und Verlustkonto, Gewinn- und Verlustrechnung
GWG	Geringwertige Wirtschaftsgüter
H	Haben
HB	Handelsbilanz
HFA	Hauptfachausschuß

HFR	Höchstrichterliche Finanzrechtsprechung (Zeitschrift)
HGB	Handelsgesetzbuch
IKR	Industriekontenrahmen
INF	Die Information über Steuer und Wirtschaft (Zeitschrift)
J	Jahre
JA	Jahresabschluß
Kap.	Kapitalkonto
KapGes	Kapitalgesellschaft(en)
KFR	Kommentierte Finanzrechtsprechung (Zeitschrift)
Kj	Kalenderjahr
Komm.	Kommentar
KSt	Körperschaftsteuer
KStDV	Körperschaftsteuer-Durchführungsverordnung
KStG	Körperschaftsteuergesetz
KStR	Körperschaftsteuer-Richtlinien
Leistgen.	Leistungen
lin.	linear
LSt	Lohnsteuer
LStDV	Lohnsteuer-Durchführungsverordnung
LStR	Lohnsteuer-Richtlinien
LSW	Lexikon des Steuer- und Wirtschaftsrechts (Zeitschrift)
n. F.	neue Fassung
ND	Nutzungsdauer
Nennkap.	Nennkapital
nrkr.	nichtrechtskräftig
NWB	Neue Wirtschaftsbriefe (Zeitschrift)
OFD	Oberfinanzdirektion
OHG	offene Handelsgesellschaft
PersGes	Personengesellschaft(en)
Rdn.	Randnummer
Rdnr.	Randnummer
RegE	Regierungsentwurf
RG	Rohgewinn
rkr.	rechtskräftig
Rspr.	Rechtsprechung
S	Soll
S.	Satz, Seite

s.	siehe
SB, SBK	Schlußbilanzkonto
SKR	Spezialkontenrahmen
Slg.	Sammlung
Sp.	Spalte
StB	Der Steuerberater (Zeitschrift)
StB	Steuerbilanz
Stbg	Die Steuerberatung (Zeitschrift)
StBp	Die steuerliche Betriebsprüfung (Zeitschrift)
StLex	Steuerlexikon (Zeitschrift)
Stpfl.	Steuerpflichtige(r)
StWK	Steuer- und Wirtschafts-Kurzpost (Zeitschrift)
Tz.	Textziffer
U	Urteil
Umsatzerl.	Umsatzerlöse
USt	Umsatzsteuer
UStDV	Umsatzsteuer-Durchführungsverordnung
UStG	Umsatzsteuergesetz
UStR	Umsatzsteuer-Richtlinien
Vfg	Verfügung
VO	Verordnung
WEK	Wareneinkaufskonto
WES	Wareneinsatz
WG	Wirtschaftsgut
Wj	Wirtschaftsjahr
WPg	Die Wirtschaftsprüfung (Zeitschrift)
WU	Wirtschaftlicher Umsatz
WVK	Warenverkaufskonto
Zug.	Zugang

1 Buchführung

1.1 Verpflichtung zur Buchführung

Die Buchführung ist **gesetzlich vorgeschrieben**.

Jeder Kaufmann ist verpflichtet, Bücher zu führen und in diesen seine Handelsgeschäfte und die Lage seines Vermögens nach den Grundsätzen ordnungsmäßiger Buchführung ersichtlich zu machen (§ 238 Abs. 1 Satz 1 HGB).

Handelsrechtlich ist also jeder Kaufmann zur Buchführung verpflichtet.
Das **Steuerrecht** knüpft hieran an: Wer nach anderen Gesetzen als den Steuergesetzen Bücher zu führen hat, die für die Besteuerung von Bedeutung sind, muß diese Verpflichtung auch für die Besteuerung erfüllen (§ 140 AO).
Gewerbetreibende, die keine Kaufleute sind und für die daher handelsrechtlich keine Buchführungspflicht besteht, sind nach § 141 Abs. 1 AO für jeden Betrieb buchführungspflichtig, in dem nach den Feststellungen der Finanzbehörde mindestens eine der folgenden Voraussetzungen erfüllt ist:

- Umsätze einschließlich der steuerfreien Umsätze (ausgenommen die Umsätze nach § 4 Nr. 8 bis 10 UStG) mehr als 500000 DM im Kalenderjahr,
- Betriebsvermögen mehr als 125000 DM,
- Gewinn aus Gewerbebetrieb mehr als 36000 DM im Wirtschaftsjahr.

Eine **Begründung** für die Buchführungspflicht gibt der Gesetzgeber nicht. Sie ergibt sich aus den Interessen derjenigen, die Wert auf eine kaufmännische Buchführung legen. Wir müssen also fragen:

1. Wer ist an einer kaufmännischen Buchführung interessiert?
2. Welche Gründe haben diese Interessierten für eine kaufmännische Buchführung?

1.2 An der Buchführung Interessierte und ihre Gründe für die Buchführung

1.2.1 Kaufmann

Der Kaufmann will einen Gewinn erwirtschaften und möglichst einen Verlust vermeiden. Er interessiert sich daher für den Geschäftserfolg seines Unternehmens.
Der Geschäftserfolg beruht auf den laufenden Geschäften. Daher will der Kaufmann wissen, welche einzelnen Geschäfte zum Geschäftserfolg beigetragen und welche sich ungünstig ausgewirkt haben, um die günstigen Geschäfte zu fördern und die ungünstigen nach Möglichkeit zu vermeiden.

Der Kaufmann interessiert sich ferner für den Stand seines Vermögens und seiner Schulden. Er will wissen, wie hoch sein Vermögen und seine Schulden insgesamt sind und wie sich sein Vermögen und seine Schulden im einzelnen zusammensetzen.

1.2.2 Geschäftspartner

Geschäftspartner des Kaufmanns sind insbesondere seine Lieferanten und Kunden sowie die Banken. Im weiteren Sinne sind Geschäftspartner auch die Arbeitnehmer des Kaufmanns.
Lieferanten liefern in der Regel mit Zahlungsziel. Banken gewähren Darlehen und Kontokorrentkredit. Kunden vertrauen darauf, daß der Kaufmann sie weiterhin beliefern kann. Arbeitnehmer sind an einem sicheren Arbeitsplatz interessiert. Voraussetzung für die Erfüllung der Interessen dieser Geschäftspartner ist das ungefährdete Fortbestehen des Unternehmens.
Eine Gewähr für das Fortbestehen eines Unternehmens sind gute Gewinne. Diese werden durch günstige laufende Geschäfte gesichert. Kreditwürdigkeit und Kreditsicherheit ergeben sich durch eine ausgewogene Vermögens- und Schuldenlage. Daher interessieren sich auch die Geschäftspartner des Kaufmanns für Gewinn, Geschäfte und Vermögenslage des Unternehmens.

1.2.3 Staat

Der Geschäftserfolg des Kaufmanns ist die Grundlage für die Ertragsbesteuerung. Dem Staat kommt es daher darauf an, daß der Geschäftserfolg in der zutreffenden Höhe ausgewiesen wird.
Ob der ausgewiesene Geschäftserfolg zutrifft, hängt von der richtigen Buchung der Geschäfte ab. Daher überprüft die Finanzbehörde die Buchführung des Kaufmanns durch Außenprüfungen.
Vermögens- und Schuldenlage sind schließlich Gegenstand der Vermögensbesteuerung. Sie werden auch geprüft, wenn der Kaufmann eine Steuerstundung oder einen Steuererlaß beantragt. Notfalls müssen die Steuerforderungen beigetrieben werden. Hierfür ist die Feststellung verwertbarer Vermögenswerte wichtig.

1.2.4 Gründe für die Buchführungspflicht

Die Gründe für die Buchführungspflicht folgen also aus den Interessen
- des Kaufmanns,
- seiner Geschäftspartner und
- des Staates.

Sie legen Wert darauf, daß zutreffend ausgewiesen werden
- der Geschäftserfolg
- die laufenden Geschäfte und

– Vermögen und Schulden sowohl insgesamt als auch gegenüber jedem einzelnen Geschäftspartner.

Buchführung	
Interessenten	Ziele
1. der Kaufmann 2. die Geschäftspartner 3. der Staat	1. Ausweis des Geschäftserfolgs 2. Ausweis der laufenden Geschäfte 3. Ausweis von Vermögen und Schulden

1.3 Bedeutung der Buchführung für die Gewinnermittlung

Wie in Abschnitt 1.2 ausgeführt wurde, soll durch die Buchführung der Geschäftserfolg ermittelt werden. Zu diesem Zweck wird der Unterschied zwischen dem Betriebsvermögen am Ende einer Periode und dem Betriebsvermögen am Ende der vorangegangenen Periode ermittelt.

1.3.1 Geschäftsjahr

Periode ist das **Geschäftsjahr** (handelsrechtlich) oder **Wirtschaftsjahr** (steuerrechtlich). Die Dauer des Geschäftsjahrs oder Wirtschaftsjahrs beträgt in der Regel 12 Monate.

Die Dauer des Geschäftsjahrs darf zwölf Monate nicht überschreiten (§ 240 Abs. 2 Satz 2 HGB).
Das Wirtschaftsjahr umfaßt einen Zeitraum von zwölf Monaten (§ 8b Satz 1 EStDV).
Es darf einen Zeitraum von weniger als zwölf Monaten umfassen, wenn
1. ein Betrieb eröffnet, erworben, aufgegeben oder veräußert wird oder
2. ein Steuerpflichtiger von regelmäßigen Abschlüssen auf einen bestimmten Tag zu regelmäßigen Abschlüssen auf einen anderen bestimmten Tag übergeht (§ 8b Satz 2 EStDV).

Nur wenn ein Betrieb eröffnet, erworben, aufgegeben oder veräußert wird oder der Kaufmann den Bilanzstichtag ändert, kann das dadurch entstehende Rumpfgeschäfts- oder Rumpfwirtschaftsjahr kürzer als 12 Monate sein.

1.3.2 Geschäftserfolg

Der Unterschiedsbetrag zwischen dem Betriebsvermögen am Schluß eines Geschäfts- oder Wirtschaftsjahrs und dem Betriebsvermögen am Schluß des vorangegangenen Geschäfts- oder Wirtschaftsjahrs ist der **Geschäftserfolg**, wenn lediglich Handelsgeschäfte für die Veränderung des Betriebsvermögens maßgebend waren.

Beispiel

Das Betriebsvermögen eines Unternehmens beträgt

am Schluß des Geschäfts- oder Wirtschaftsjahrs 01	100000 DM,
am Schluß des Geschäfts- oder Wirtschaftsjahrs 02	150000 DM.
Es besteht also ein Unterschied von	50000 DM

zwischen den beiden Betriebsvermögen.

Wenn die Veränderung des Betriebsvermögens nur durch Handelsgeschäfte herbeigeführt wurde, ist die Differenz zwischen den Betriebsvermögen der Geschäftserfolg des Geschäfts- oder Wirtschaftsjahrs 02.

Das Betriebsvermögen kann auch durch **Privatvorgänge** verändert werden. Geschäftserfolg eines Unternehmens kann aber nur eine Betriebsvermögensveränderung sein, die auf Handelsgeschäften beruht. Der Geschäftserfolg muß durch das Unternehmen des Kaufmannes erwirtschaftet sein. Waren daher private Vorgänge für die Veränderung des Betriebsvermögens ursächlich, so müssen diese bei der Ermittlung des Geschäftserfolgs neutralisiert werden.

Beispiel

Im vorstehenden Beispiel hat der Kaufmann am 10.3.02 von seinem privaten Sparkonto 30000 DM abgenommen und dafür eine Maschine für sein Unternehmen gekauft. Außerdem hat er am 20.9.02 von seinem betrieblichen Bankkonto 10000 DM an einen Bauunternehmer überwiesen für Reparaturarbeiten an seinem privaten Einfamilienhaus.

Hier hat sich das **Betriebsvermögen** vom Schluß des Geschäfts- oder Wirtschaftsjahrs 01 bis zum Schluß des Geschäfts- oder Wirtschaftsjahrs 02 wie folgt entwickelt:

Betriebsvermögen Ende 01	100000 DM
Betriebsvermögen Ende 02	150000 DM
Unterschied	50000 DM
Einlage vom privaten Sparkonto	+ 30000 DM
Entnahme vom betrieblichen Bankkonto	– 10000 DM
Betriebsvermögen nach den Privatvorgängen	70000 DM

Die Vermehrung des Betriebsvermögens durch die **Einlage** aus dem Privatvermögen ist kein betrieblicher, sondern ein privater Vorgang. Sie darf keinen Einfluß auf den Geschäftserfolg haben und muß daher vom Ergebnis wieder gemindert werden.

Die Verminderung des Betriebsvermögens durch die **Entnahme** für private Zwecke ist nicht betrieblich veranlaßt und damit ebenfalls kein betrieblicher Vorgang. Auch sie darf sich nicht auf den Geschäftserfolg auswirken und muß daher dem Ergebnis hinzugerechnet werden.

1.3.3 Ermittlung des Geschäftserfolgs durch Betriebsvermögensvergleich

Der Geschäftserfolg wird also unter Berücksichtigung der Privatvorgänge wie folgt ermittelt:

Ermittlung des Geschäftserfolgs durch Betriebsvermögensvergleich
Betriebsvermögen am Schluß des Geschäfts- oder Wirtschaftsjahrs
– Betriebsvermögen am Schluß des vorangegangenen Geschäfts- oder Wirtschaftsjahrs
+ Entnahmen für private Zwecke
– Einlagen aus dem Privatvermögen
= Geschäftserfolg (Gewinn oder Verlust)

Das Einkommensteuergesetz definiert so ausdrücklich den **Gewinn**:

Gewinn ist der Unterschiedsbetrag zwischen dem Betriebsvermögen am Schluß des Wirtschaftsjahrs und dem Betriebsvermögen am Schluß des vorangegangenen Wirtschaftsjahrs, vermehrt um den Wert der Entnahmen und vermindert um den Wert der Einlagen (§ 4 Abs. 1 Satz 1 EStG).

Im vorstehenden Beispiel beträgt also der Geschäftserfolg des Geschäfts- oder Wirtschaftsjahrs 02:

Betriebsvermögen Ende 02	150000 DM
– Betriebsvermögen Ende 01	100000 DM
Unterschied	50000 DM
+ Entnahmen	10000 DM
– Einlagen	30000 DM
= Gewinn	30000 DM

Ausgangsbetrag für die Ermittlung des Geschäftserfolgs des Geschäfts- oder Wirtschaftsjahrs ist also der Unterschiedsbetrag zwischen dem **Betriebsvermögen** am Ende des Geschäfts- oder Wirtschaftsjahrs und dem Betriebsvermögen am Ende des vorangegangenen Geschäfts- oder Wirtschaftsjahrs. Beziehen wir diese Vergleichsrechnung nur auf das in Frage kommende Geschäfts- oder Wirtschaftsjahr, so kommt es auf den Unterschiedsbetrag

zwischen den Betriebsvermögen am Anfang und am Ende des Geschäfts- oder Wirtschaftsjahrs an.
Das setzt voraus: Das Betriebsvermögen am Anfang des Geschäfts- oder Wirtschaftsjahrs stimmt überein mit dem Betriebsvermögen am Schluß des vorangegangenen Geschäfts- oder Wirtschaftsjahrs. Hiervon ausgehend können wir die Gewinnermittlungsformel für den Betriebsvermögensvergleich wie folgt fassen:

Gewinn durch Vermögensvergleich
End-Betriebsvermögen – Anfangs-Betriebsvermögen = Unterschiedsbetrag + Entnahmen – Einlagen = Gewinn/Verlust

1.3.4 Aufzeichnung der Betriebsvermögensveränderungen in der Buchführung

Die Handelsgeschäfte und die Privatvorgänge haben das Betriebsvermögen verändert. Jedes Handelsgeschäft und jeder das Betriebsvermögen ändernde Privatvorgang wird im Laufe des Geschäfts- oder Wirtschaftsjahrs in den kaufmännischen Büchern aufgezeichnet.
Aus diesen Aufzeichnungen ergibt sich somit, worauf die Veränderung des Betriebsvermögens beruht, was also den Geschäftserfolg herbeigeführt hat und welche Vorgänge als Privatvorgänge bei der Ermittlung des Geschäftserfolges wieder storniert werden müssen.

2 Grundlagen der Buchführung

2.1 Inventur und Inventar

Wir haben in den Abschnitten 1.3.2 und 1.3.3 gesehen: Ausgangsbetrag für die Ermittlung des Geschäftserfolgs ist der Unterschiedsbetrag zwischen dem Betriebsvermögen am Ende eines Geschäfts- oder Wirtschaftsjahrs und dem Ende des vorangegangenen Geschäfts- oder Wirtschaftsjahrs bzw. dem Anfang des Geschäfts- oder Wirtschaftsjahrs.
Wie ermitteln wir das Betriebsvermögen zu diesen beiden Zeitpunkten?
Zu diesem Zweck müssen wir alle an dem betreffenden Zeitpunkt, dem sogenannten Stichtag, vorhandenen Vermögensgegenstände oder Wirtschaftsgüter und die Schulden aufnehmen und ihre Werte ermitteln. Vermögensgegenstand ist die handelsrechtliche, Wirtschaftsgut die steuerrechtliche Bezeichnung. Die Aufnahme und Wertermittlung der Vermögensgegenstände/Wirtschaftsgüter und Schulden ist die **Inventur**.

Inventur	
Aufnahme	aller am Stichtag vorhandenen – Vermögensgegenstände/ Wirtschaftsgüter und – Schulden
Wertbestimmung	

Körperliche Vermögensgegenstände werden körperlich aufgenommen. Wir sprechen daher von einer **körperlichen Bestandsaufnahme**. Die Vermögensgegenstände werden gezählt, gemessen oder gewogen. Vermögensgegenstände, die nicht in Geld bestehen, werden in Geldwert umgerechnet.
Andere als körperliche Vermögensgegenstände, insbesondere Verbindlichkeiten und Forderungen, werden buchmäßig aufgenommen durch sogenannte **Buchinventur**. Auch hier werden die Werte bestimmt.
Vermögensgegenstände und Schulden werden unter Angabe ihrer Werte aufgezeichnet. Diese Aufzeichnung heißt **Inventar**. Ein solches Inventar muß der Kaufmann aufstellen
- zu Beginn seines Handelsgewerbes und
- für den Schluß eines jeden Geschäfts- oder Wirtschaftsjahrs.

Jeder Kaufmann hat zu Beginn seines Handelsgewerbes seine Grundstücke, seine Forderungen und Schulden, den Betrag seines baren Geldes sowie seine sonstigen Vermögensgegenstände genau zu verzeichnen und dabei den Wert

der einzelnen Vermögensgegenstände und Schulden anzugeben (§ 240 Abs. 1 HGB).
Er hat demnächst für den Schluß eines jeden Geschäftsjahrs ein solches Inventar aufzustellen (§ 240 Abs. 2 Satz 1 HGB).

Beispiel
Der Kaufmann Hans Schumacher, Schuhwareneinzelhandel, Dortmund, hat zum 31.12.01 die Vermögensgegenstände und Schulden seines Unternehmens aufgenommen und bewertet:

I. Vermögensgegenstände:		
1. Grundstück Hauptstraße 1		
Grund und Boden	150000 DM	
Gebäude	750000 DM	900000 DM
2. Kraftfahrzeuge		
Lieferwagen	20000 DM	
Pkw	15000 DM	35000 DM
3. Geschäftseinrichtung		
Regale	80000 DM	
Theke und Packtisch	5000 DM	
Registrierkasse	3500 DM	
Sessel und Hocker	15000 DM	
sonstige Einrichtungsgegenstände	1500 DM	105000 DM
4. Warenbestand lt. besonderem Verzeichnis		
Herrenschuhe	120000 DM	
Damenschuhe	235000 DM	
Kinderschuhe	85000 DM	
Hausschuhe	8000 DM	
Turnschuhe	15000 DM	
Schnürsenkel, Putzmittel	950 DM	464450 DM
5. Kundenforderungen		
Wilhelm Meier	250 DM	
Edeltraud Winter	670 DM	
Carmen Sommer	430 DM	1350 DM
6. Bankguthaben		
Stadtsparkasse Dortmund		20500 DM
7. Kassenbestand		3730 DM
Summe der Vermögensgegenstände		1530030 DM
II. Schulden		
1. Darlehensverbindlichkeit		
Stadtsparkasse Dortmund		250000 DM

2. Verbindlichkeiten aus Lieferungen		
Nord-West AG	110000 DM	
Rieker & Co	80000 DM	
Mephisto GmbH	95000 DM	285000 DM
3. Umsatzsteuerverbindlichkeit Finanzamt Dortmund-West		5000 DM
		540000 DM
Summe der Vermögensgegenstände		1530030 DM
Summe der Schulden		– 540000 DM
III. Eigenkapital		990030 DM

2.2 Anlagevermögen und Umlaufvermögen

Die Vermögensgegenstände werden unterschieden in Vermögensgegenstände
- des Anlagevermögens und
- des Umlaufvermögens

Beim Anlagevermögen sind nur die Gegenstände auszuweisen, die bestimmt sind, dauernd dem Geschäftsbetrieb zu dienen (§ 247 Abs. 2 HGB).

Durch das Merkmal „dauernd" unterscheiden sich die Anlagegegenstände von den Umlaufgegenständen.
„Dauernd" bezieht sich nicht auf die Zeitdauer, sondern auf die Häufigkeit des dem Geschäftsbetrieb Dienens. Umlaufgegenstände dienen nur einmal dem Geschäftsbetrieb, indem sie für betriebliche Zwecke verbraucht, verwertet oder veräußert werden. Anlagegegenstände werden hingegen mehrmals betrieblich genutzt[1].

[1] BFH, Urteil vom 13.1.1972 V R 47/71, BStBl. 1972 II S. 744.

Abgrenzung der Anlagegegenstände von den Umlaufgegenständen	
Anlagegegenstände	Umlaufgegenstände
Mehrmalnutzung durch Gebrauch	Einmalnutzung durch – Verbrauch, – Verwertung, – Veräußerung
Gebrauchsgüter	Verbrauchsgüter

Es kommt darauf an, ob die Vermögensgegenstände **am Abschlußstichtag** zur Einmalnutzung oder zur Mehrmalnutzung bestimmt sind[2]. Das wird besonders deutlich bei Vorführzwecken dienenden Vermögensgegenständen. Vorführzwecken dienende Vermögensgegenstände sollen später verkauft werden. Hier kommt es darauf an, ob sie am Abschlußstichtag bestimmt sind, Vorführzwecken zu dienen oder verkauft zu werden.

Beispiel
Vorführwagen beim Autohändler

Vorführwagen rechnen zum Anlagevermögen, solange sie Vorführzwecken dienen. Sobald sie zum Verkauf bestimmt werden, gehören sie zum Umlaufvermögen[3]. Es kommt darauf an, zu welchem Zweck sie am Abschlußstichtag bestimmt sind. In der Zeit, in der sie Vorführzwecken dienen, stehen sie nicht zum Verkauf an. Erst wenn ein gewisser Zeitraum abgelaufen ist, werden sie zum Verkauf bestimmt. Sind daher Vorführwagen am Abschlußstichtag noch dazu bestimmt, den Kunden vorgeführt zu werden, rechnen sie zum Anlagevermögen. Hat der Kaufmann sie hingegen am Bilanzstichtag zum Verkauf freigegeben, gehören sie zum Umlaufvermögen.
Bei anderen **Ausstellungs- und Vorführgegenständen** ist die Grenze zwischen Bestimmung zur Vorführung (Anlagevermögen) oder zum Verkauf (Umlaufvermögen) nicht so eindeutig.

Beispiele
Waren in Schaufenstern dienen Vorführzwecken. Sie werden aber jederzeit an Kunden verkauft, wenn diese sich für den Kauf entscheiden.

---

2 Ausschußbericht, Seite 98.
3 BFH, Urteil vom 17.11.1981 VIII R 86/78, BStBl. 1982 II S. 344.

Waren auf einer Verkaufsausstellung werden bereits während der Ausstellung an Interessenten verkauft. Handelt es sich aber um Einzelstücke, so werden sie erst nach Beendigung der Ausstellung an die Käufer geliefert.

Stehen Vermögensgegenstände jederzeit zum Verkauf bereit, auch wenn sie zunächst Ausstellungs- oder Vorführzwecken dienen, so rechnen sie zum Umlaufvermögen. Die Waren im Schaufenster oder auf einer Verkaufsausstellung rechnen daher zum Umlaufvermögen[4].

Aufgabe 1

Bestimmen Sie, welche Vermögensgegenstände in dem in Abschnitt 2.1 mitgeteilten Beispiel zum Anlagevermögen und zum Umlaufvermögen gehören und begründen Sie das.

Lösung

Grund und Boden, Gebäude, Kraftfahrzeuge und die Gegenstände der Geschäftseinrichtung gehören zum Anlagevermögen, da sie mehrmals genutzt werden durch Gebrauch.
Waren, Kundenforderungen, Bankguthaben und der Kassenbestand gehören zum Umlaufvermögen. Die Waren werden durch Veräußerung einmal genutzt. Die Kundenforderungen sollen getilgt werden durch Zahlung der Kunden. Sie werden also einmal durch Verwertung genutzt. Ein laufendes Guthaben bei der Bank oder beim Postgiroamt ändert sich ständig durch laufende Geschäfte. Der in dem einzelnen Kontostand ausgedrückte Betrag wird also durch jedes einzelne Geschäft verwertet und damit nur einmal genutzt. Der Kassenbestand ändert sich ebenfalls durch jedes einzelne Bargeschäft und wird so jeweils nur einmal genutzt.

2.3 Bilanz

Außer dem Inventar (siehe Abschnitt 2.1) muß der Kaufmann auch eine Bilanz aufstellen

- zu Beginn seines Handelsgewerbes und
- für den Schluß eines jeden Geschäftsjahrs.

Der Kaufmann hat zu Beginn seines Handelsgewerbes und für den Schluß eines jeden Geschäftsjahrs einen das Verhältnis seines Vermögens und seiner Schulden darstellenden Abschluß (Eröffnungsbilanz, Bilanz) aufzustellen (§ 242 Abs. 1 Satz 1 HGB).

[4] BFH, Urteil vom 31.3.1977 V R 44/73, BStBl. 1977 II S. 684.

Ebenso wie für das Inventar sind also Stichtage für die Bilanz: der Beginn des Handelsgewerbes und der Schluß eines jeden Geschäftsjahrs. Zu Beginn des Handelsgewerbes, also zu dem Zeitpunkt, an dem der Kaufmann mit seiner Unternehmenstätigkeit beginnt, ist eine **Eröffnungsbilanz** aufzustellen. Zum Schluß eines jeden Geschäftsjahrs ist jeweils eine **Schlußbilanz** aufzustellen.

Wie es in § 242 Abs. 1 Satz 1 HGB heißt, ist eine **Bilanz** ein Abschluß, der das Verhältnis des Vermögens und der Schulden des Kaufmanns darstellt.

Das Verhältnis des Vermögens und der Schulden wird dargestellt, indem die Vermögenswerte und Schulden einander gegenübergestellt werden. Beide Seiten werden durch einen senkrechten Strich getrennt. So erhält die Bilanz das Bild eines T.

Die linke Seite der Bilanz nimmt die Vermögenswerte auf und heißt **„Aktivseite“**. Überschrieben wird die Seite mit „Aktiva“. Die rechte Seite nimmt die Schulden auf. Es ist die **„Passivseite“**, welche überschrieben ist mit „Passiva“. In der Bilanz werden nicht die einzelnen Vermögensgegenstände aufgeführt, sondern die zu einer bestimmten Gruppe gehörenden Vermögensgegenstände jeweils in einer Summe. Ebenso werden nicht die einzelnen Schulden, sondern jeweils die zu einer Schuldart gehörenden Schulden zusammengefaßt in einem Betrag ausgewiesen. Vermögensgegenstände und Schulden werden also jeweils zu Gruppen zusammengestellt. Jede dieser Gruppen bildet einen **Bilanzposten**. Die Bilanzposten werden jeweils wieder zu größeren Ordnungseinheiten zusammengefaßt. So werden auf der Aktivseite die zum Anlagevermögen und zum Umlaufvermögen gehörenden Posten jeweils getrennt untereinander unter diesen übergeordneten Gliederungspunkten ausgewiesen.

Aufgabe 2

Ausgehend vom Beispiel in Abschnitt 2.1 stellen Sie die Aktivseite der Bilanz auf, indem Sie die Posten unter den Hauptgliederungspunkten „A. Anlagevermögen“ und „B. Umlaufvermögen“ ansetzen.

Lösung

Aktiva

A. Anlagevermögen:	
1. Grundstück	900000 DM
2. Kraftfahrzeuge	35000 DM
3. Geschäftseinrichtung	105000 DM
B. Umlaufvermögen	
1. Warenbestand	464450 DM
2. Kundenforderungen	1350 DM

4. Bankguthaben	20500 DM
5. Kassenbestand	3730 DM
	1530030 DM

Bei der Einteilung der **Schulden** ist deren Fälligkeit für den Kaufmann von großer Bedeutung. Sofort und kurzfristig fällige Schulden belasten die Liquidität. Langfristig laufende Schulden müssen nicht sofort oder in Kürze beglichen werden und haben zunächst keinen Einfluß auf die Liquidität des Unternehmens. Daher werden die Schulden nach in etwa gleicher Liquiditätsstufe zusammengefaßt und nach steigender Belastung der Liquidität untereinander aufgeführt.

Aufgabe 3

Gliedern Sie die Schulden in dem in Abschnitt 2.1 aufgeführten Beispielfall unter dem Gesichtspunkt steigender Belastung der Liquidität des Unternehmens.

Lösung

Passiva

1. Darlehensverbindlichkeit	250000 DM
2. Verbindlichkeiten aus Lieferungen	285000 DM
3. Umsatzsteuerverbindlichkeit	5000 DM
	540000 DM

Es sind also

Summe der Aktiva	1530030 DM
Summe der Passiva	– 540000 DM
Unterschied	990030 DM

Die Summe der Aktiva übersteigt in dem Beispiel die Summe der Passiva um 990030 DM.

Der Begriff **„Bilanz"** kommt vom italienischen Wort „bilancia". Das bedeutet „Waage". Wie bei einer Waage sind bei der Bilanz beide Seiten ausgeglichen, also betragsmäßig gleich. Deshalb wird der Unterschiedsbetrag zwischen den Summen der auf den beiden Seiten ausgewiesenen Posten der schwächeren Bilanzseite als Saldo hinzugesetzt. Dieser Saldo heißt in der Bilanz „Kapital".

Aufgabe 4

Stellen Sie auf der Grundlage des Inventars in dem in Abschnitt 2.1 mitgeteilten Beispiel eine Bilanz auf.

Lösung

Aktiva		Passiva	
A. Anlagevermögen:		Verbindlichkeiten:	
1. Grundstück	900000 DM	1. Darlehensverbindlichkeit	250000 DM
2. Kraftfahrzeuge	35000 DM	2. Verbindlichkeiten aus Lieferungen	285000 DM
3. Geschäftseinrichtung	105000 DM	3. Umsatzsteuerverbindlichkeit	5000 DM
B. Umlaufvermögen			
1. Warenbestand	464450 DM	Kapital	990030 DM
2. Kundenforderungen	1350 DM		
4. Bankguthaben	20500 DM		
5. Kassenbestand	3730 DM		
	1530030 DM		1530030 DM

Die Aktivseite ist hier betragsmäßig 990030 DM größer als die Passivseite. Wenn die Aktivseite betragsmäßig größer als die Passivseite ist, heißt der Saldo **„Aktivkapital“**. Ist aber die Passivseite betragsmäßig größer als die Aktivseite, wird der Saldo als **„Passivkapital“** auf der Aktivseite ausgewiesen. In der Bilanz einer Kapitalgesellschaft heißt das Passivkapital **„Nicht durch Eigenkapital gedeckter Fehlbetrag“** (§ 268 Abs. 3 HGB).
Als Differenz zwischen Vermögenswerten und Schulden des Unternehmens ist das Kapital das Reinvermögen oder Betriebsvermögen im Sinne des Betriebsvermögensvergleichs.

Wir merken uns:

Das Kapital ist der Unterschiedsbetrag zwischen der Aktivseite und der Passivseite der Bilanz. Es ist also der **Saldo der Bilanz**.
Ist die Aktivseite betragsmäßig größer als die Passivseite, steht das Kapital als Ausgleichsposten auf der Passivseite. Es handelt sich dann um **Aktivkapital**.

Ist aber die Passivseite betragsmäßig größer als die Aktivseite, steht das Kapital als Ausgleichsposten auf der entgegengesetzten schwächeren Aktivseite. Es handelt sich dann um **Passivkapital** oder **„Nicht durch Eigenkapital gedeckter Fehlbetrag“** (Kapitalgesellschaft).
Das Kapital ist das **Betriebsvermögen** im Sinne des Betriebsvermögensvergleichs.

2.4 Änderung der Bilanz durch Geschäfte des Kaufmanns

Wir wollen uns die Bilanz als Waage vorstellen. Die Posten der Anfangsbilanz, wie sie sich zuletzt in Abschnitt 2.3 gezeigt hat, sollen Gewichte an der Waage sein. Dann hat die Bilanz folgendes Bild:

Bilanz

Aktiva | Passiva

Grdst.	Kfz	Gesch.-Einr.	Waren	Ford.	Bank	Kasse	Darl.	Lief.	USt	Kapital
900 000	35 000	105 000	464 450	1 350	20 500	3 730	250 000	285 000	5 000	990 030

Der Kaufmann soll diese Geschäfte im Laufe des folgenden Geschäftsjahrs ausführen:

1. Kundin Edeltraud Winter zahlt 670 DM in bar.
2. Der Kaufmann verkauft für 850 DM Waren auf Kredit.
3. Der Kaufmann überweist vom Sparkassenkonto an den Darlehensgläubiger 4000 DM.
4. Der Kaufmann kauft für 3 500 DM Waren auf Ziel.
5. Der Kaufmann zahlt bei der Stadtsparkasse 2000 DM ein.
6. Der Kaufmann überweist vom Sparkassenkonto an die Lieferantin Nord-West AG 10000 DM
7. Die Sparkasse schreibt 300 DM Zinsen gut.
8. Der Kaufmann überweist vom Sparkassenkonto 2 500 DM Gehalt an seinen Geschäftsführer.

Diese Geschäfte sollen bei den einzelnen Posten als Zugänge (+) und Abgänge (–) gebucht werden. Dann bekommt die Bilanz folgendes Bild:

Bilanz

Aktiva | Passiva

	Grdst.	Kfz	Gesch.-Einr.	Waren	Ford.	Bank	Kasse	Darl.	Lief.	USt	Kapital
	900 000	35 000	105 000	464 450	1 350	20 500	3 730	250 000	285 000	5 000	990 030
1.					– 670		+ 670				
2.				– 850	+ 850						
3.						– 4 000		– 4 000			
4.				+ 3 500					+ 3 500		
5.						+ 2 000	– 2 000				
6.						– 10 000			– 10 000		
7.						+ 300					+ 300
8.						– 2 500					– 2 500
	900 000	35 000	105 000	467 100	1 530	6 300	2 400	246 000	278 500	5 000	987 830

1 517 330 | 1 517 330

Wir machen uns die einzelnen Geschäftsvorfälle klar:

1. Die Kasse nimmt um 670 DM zu, die Forderungen nehmen um 670 DM ab. Es nimmt ein Posten der Aktivseite zu und ein zweiter Posten der Aktivseite nimmt um denselben Betrag ab. Es findet also ein Austausch auf der Aktivseite statt. Dieser Vorgang heißt daher **Aktivtausch**.
2. Die Forderungen nehmen um 850 DM zu und die Waren um 850 DM ab. Beide Posten stehen auf der Aktivseite. Es handelt sich daher ebenfalls um einen **Aktivtausch**.
3. Der Aktivposten Bank nimmt um 4 000 DM ab. Ebenso nimmt der Passivposten Darlehen um 4 000 DM ab. Beide Seiten der Bilanz werden somit um denselben Betrag verkürzt. Dieser Vorgang heißt daher **Bilanzverkürzung**.
4. Der Aktivposten Waren wird um 3 500 DM erhöht. Gleichzeitig wird auch der Passivposten Lieferanten um denselben Betrag erhöht. Beide Bilanzseiten werden also um denselben Betrag verlängert. Dieser Vorgang heißt deshalb **Bilanzverlängerung**.
5. Der Aktivposten Bank nimmt um 2 000 DM zu und der Aktivposten Kasse nimmt um 2 000 DM ab. Wie bei den Geschäften Nr. 1 und 2 handelt es sich daher um einen **Aktivtausch**.
6. Der Aktivposten Bank und der Passivposten Lieferanten nehmen beide um denselben Betrag ab. Wie beim Geschäft Nr. 3 liegt daher eine **Bilanzverkürzung** vor.

7. Das Aktivkonto Bank nimmt um 300 DM zu. Es nimmt aber weder ein anderes Aktivkonto um 300 DM ab noch nimmt ein Passivkonto um denselben Betrag zu. Es handelt sich also weder um einen Aktivtausch noch um eine Bilanzverlängerung. Das Kapital wird durch diesen Vorgang erhöht. Ein Geschäft, welches das Kapital erhöht, heißt **Ertrag**.
8. Das Aktivkonto Bank nimmt um 2500 DM ab. Es nimmt aber nicht gleichzeitig ein anderes Aktivkonto um denselben Betrag zu und es nimmt auch nicht ein Passivkonto um diesen Betrag ab. Es handelt sich also weder um einen Aktivtausch noch um eine Bilanzverkürzung. Auch dieser Vorgang verändert das Kapital. Das Kapital wird vermindert. Ein Geschäft, welches das Kapital vermindert, heißt **Aufwand**.

Tauschvorgänge (Geschäfte Nr. 1, 2 und 5) verändern nicht die Bilanzsumme, da ein Aktivkonto oder Passivkonto um denselben Betrag zunimmt, um den ein zweites Aktivkonto oder Passivkonto abnimmt.

Bilanzverlängerungen (Geschäft Nr. 4) erhöhen die Bilanzsumme, **Bilanzverkürzungen** (Geschäfte Nr. 3 und 6) mindern die Bilanzsumme.

Die Geschäfte Nr. 1 bis 6 haben sich nicht auf das Kapital ausgewirkt. Tauschvorgänge auf einer Bilanzseite sowie Bilanzverlängerungen und Bilanzverkürzungen verändern also nicht das Kapital. Das Betriebsvermögen am Schluß des Geschäftsjahrs stimmt weiterhin mit dem Betriebsvermögen am Schluß des vorangegangenen Geschäftsjahrs überein. Diese Geschäfte wirken sich also nicht auf den Geschäftserfolg aus. Es sind **erfolgsneutrale Geschäfte**.

Erträge (Geschäft Nr. 7) erhöhen die Bilanzsumme und das Kapital, **Aufwendungen** (Geschäft Nr. 8) mindern die Bilanzsumme und das Kapital. Erträge und Aufwendungen wirken sich auf den Geschäftserfolg aus. Es sind **erfolgswirksame Geschäfte**.

Wir merken uns:

1. **Aktivtausch** und **Passivtausch** verändern nicht die Bilanzsumme und nicht das Kapital. Sie sind erfolgsneutral.
2. **Bilanzverlängerungen** erhöhen die Bilanzsumme,
   Bilanzverkürzungen mindern die Bilanzsumme.
   Bilanzverlängerungen und Bilanzverkürzungen verändern nicht das Kapital. Sie sind erfolgsneutral.
3. **Erträge** erhöhen die Bilanzsumme und das Kapital. Sie erhöhen den Geschäftserfolg und sind damit erfolgswirksam.
4. **Aufwendungen** mindern die Bilanzsumme und das Kapital. Sie mindern den Geschäftserfolg und sind damit erfolgswirksam.

2.5 Auflösung der Bilanz in Konten

Zu **Beginn des Geschäftsjahrs** löst der Kaufmann die Eröffnungsbilanz in Konten auf. Auf den Konten bucht er die laufenden Geschäfte des Geschäftsjahrs. Zum **Abschluß des Geschäftsjahrs** schließt der Kaufmann die Konten ab und stellt ihre Schlußsalden als Bilanzposten in der Schlußbilanz dieses Geschäftsjahrs zusammen. Zur Eröffnung des dann folgenden Geschäftsjahrs löst er erneut die Bilanz in Konten auf und bucht auf diesen wieder die laufenden Geschäfte dieses Geschäftsjahrs und so fort.
Die Schlußbilanz eines Geschäftsjahrs ist so gleichzeitig die Eröffnungsbilanz des folgenden Geschäftsjahrs. Daher sind die Posten der Bilanz, die ein Geschäftsjahr abschließt, identisch mit den entsprechenden Posten der Eröffnungsbilanz des folgenden Geschäftsjahrs. Diese Doppelfunktion der Bilanz – Schlußbilanz des einen Geschäftsjahrs und Eröffnungsbilanz des folgenden Geschäftsjahrs – heißt **Bilanzenzusammenhang, Bilanzidentität** oder **formelle Bilanzkontinuität.**
Der Grundsatz, daß die Schlußbilanz eines Geschäftsjahrs mit der Eröffnungsbilanz des folgenden Geschäftsjahrs identisch sein muß, ergibt sich aus der Funktion der Bilanz, die einzelnen Posten des Geschäftsjahrs zu übernehmen und in das folgende Geschäftsjahr zu überführen. Er ergibt sich also aus der Natur der Sache. Der Gesetzgeber hat ihn aber als so wichtig angesehen, daß er ihn unter den allgemeinen Bewertungsgrundsätzen von § 252 HGB aufgeführt hat.

Die Wertansätze in der Eröffnungsbilanz des Geschäftsjahrs müssen mit denen der Schlußbilanz des vorhergehenden Geschäftsjahrs übereinstimmen (§ 252 Abs. 1 Nr. 1 HGB).

Wir lösen die Bilanz aus Abschnitt 2.3 in Konten auf. Für jeden Bilanzposten wird ein besonderes Konto eröffnet. Dabei ergibt sich folgendes Bild:

Aktiva		Passiva	
A. Anlagevermögen:		Verbindlichkeiten:	
1. Grundstück	900000 DM	1. Darlehens-verbindlichkeit	250000 DM
2. Kraftfahrzeuge	35000 DM	2. Verbindlichkeiten aus Lieferungen	285000 DM
3. Geschäfts-einrichtung	105000 DM	3. Umsatzsteuer-verbindlichkeit	5000 DM
B. Umlaufvermögen			
1. Warenbestand	464450 DM		
2. Kunden-forderungen	1350 DM	Kapital	990030 DM
4. Bankguthaben	20500 DM		
5. Kassenbestand	3730 DM		
	1530030 DM		1530030 DM

Soll	Grundstück	Haben
900000		

Soll	Darlehen	Haben
		250000

Soll	Kraftfahrzeuge	Haben
35000		

Soll	Liefer.-Verbindl.	Haben
		285000

Soll	Geschäftseinricht.	Haben
105000		

Soll	USt-Verbindl.	Haben
		5000

Soll	Waren	Haben
464450		

Soll	Kapital	Haben
		990030

Soll	Kundenforderungen	Haben
1350		

Soll	Bank	Haben
20500		

Soll	Kasse	Haben
3730		

Die Auflösung der Bilanz in Konten zu Beginn des Geschäftsjahrs ist die **Konteneröffnung**. Hierbei nehmen die Konten die Bestände der Bilanz als Anfangsbestände auf.

Da die Konten die Bestände der Bilanz aufnehmen, heißen sie **Bestandskonten**. Die Konten, welche die Konten

- der Aktivseite der Bilanz aufnehmen, heißen **Aktivkonten**,
- der Passivseite der Bilanz aufnehmen, heißen **Passivkonten**.

Es besteht also bei der Konteneröffnung folgender Zusammenhang:

In der Eröffnungsbilanz standen die **Aktivbestände** auf der linken Seite der Bilanz, der Aktivseite. Deshalb wird der einzelne Aktivbestand ebenfalls auf der linken Seite des jeweiligen Aktivkontos vorgetragen.

Da die **Passivbestände** in der Eröffnungsbilanz auf deren rechter Seite, der Passivseite, standen, werden sie entsprechend auf den rechten Seiten der Passivkonten vorgetragen.

3 Doppelte Buchführung

3.1 Das Konto

Um eine Übersicht über den jeweiligen Stand des Betriebsvermögens zu haben, könnte der Kaufmann nach jedem Geschäftsvorfall eine neue Bilanz aufstellen. Das wäre aber zu aufwendig. Daher werden die laufenden Geschäfte auf Konten gebucht.
Wie wir in Abschnitt 2.5 gesehen haben, hat ein Konto wie die Bilanz zwei Seiten. Ein Konto ist also eine Bilanz im kleinen. Hierauf wird nur der betreffende Bilanzposten in seiner Entwicklung dargestellt.
Die linke Seite eines Kontos heißt **„Soll"**, die rechte Seite heißt **„Haben"**. Diese Bezeichnungen haben sich aus dem Geschäftsverkehr mit Kunden entwickelt. Auf der linken Seite des Kundenkontos stehen die Beträge, die ein Kunde zahlen *soll*, auf der rechten Seite die Beträge, die er *guthat*. Die Seiten des Kundenkontos erhielten daher bei den „königlichen Kaufleuten" die Bezeichnungen Soll und Haben. Als die Buchführung umfangreicher wurde, wurden diese Seitenbezeichnungen auf alle Konten angewandt. Sie sind zu festen Formeln geworden, haben aber keine unmittelbare Bedeutung mehr. Sie bedeuten also nicht in jedem Fall „Schulden" oder „Guthaben".
Alle Konten der Buchführung haben die Seitenbezeichnungen Soll und Haben. Allgemein bedeutet also heute:

Soll	=	linke Kontenseite
Haben	=	rechte Kontenseite

Mehr dürfen und wollen wir heute nicht mehr unter diesen Bezeichnungen verstehen. Folgende Begebenheit soll uns immer an diesen Vorsatz erinnern:

Der kluge Oberbuchhalter
In einem Kaufmannskontor zur Zeit der „Buddenbrooks" standen hintereinander zehn Stehpulte. Jedes Pult stand mit seiner linken Seite zu den Fenstern, damit die Buchhalter beim Schreiben der Zahlen mit der rechten Hand immer genügend Licht von links hatten. Jeden Morgen betrat der Oberbuchhalter eine Viertelstunde nach den übrigen Buchhaltern das Kontor. Nach einem knappen „Morgen meine Herren", ging er zum ersten Stehpult in der Reihe, schloß es auf, sah hinein und verschloß es wieder. Dann buchte er eifrig bis zum Feierabend. Das wiederholte sich Tag für Tag. Jeden Morgen schaute der Oberbuchhalter zuerst in sein Stehpult. Er verschloß es stets sorgfältig, so daß es nur ein wichtiges Geheimnis enthalten konnte, das offenbar die besondere Fachkompetenz des Oberbuchhalters rechtfertigte. Am Tag nach seiner Pen-

sionierung steckte der Schlüssel im Pult. Neugierig öffneten es die übrigen Buchhalter, um zu sehen, welch wichtige Information es barg, die der Oberbuchhalter allmorgendlich zu Rate ziehen mußte. Im Pult lag nur ein kleiner vergilbter Zettel. Auf ihm stand: „Soll = Fensterseite".

Wir wollen von der Weisheit dieses Oberbuchhalters lernen: Die Kontenbezeichnungen „Soll" und „Haben" bedeuten nur: linke und rechte Kontoseite, oder, um es auf eine noch kürzere Formel zu bringen, wie es der Oberbuchhalter tat:

Soll = linke Kontoseite

Das wollen wir auf einen kleinen Zettel in unserem Gedächtnis schreiben, den wir jedesmal lesen, bevor wir mit dem Buchen beginnen. Dieser Merkspruch wird die Grundlage unserer Buchführungskarriere.

3.2 Bilanz und Bestandskonten

Wie wir in Abschnitt 2.5 sahen, nehmen die **Aktivkonten** auf ihrer linken Seite, der Soll-Seite, die Anfangsbestände auf, weil diese Bestände in der Eröffnungsbilanz ebenfalls auf der linken Seite, der Aktiva-Seite, standen. Zugänge auf einem Aktivkonto erhöhen den Bestand auf diesem Konto. Sie müssen daher ebenfalls auf der Soll-Seite gebucht werden. Abgänge auf dem Aktivkonto werden hingegen auf der Haben-Seite gebucht. Der Saldo am Schluß des Geschäftsjahrs wird dann als Bilanzposten in die Schlußbilanz übertragen.

Die **Passivkonten** haben auf ihrer rechten Seite, der Haben-Seite, die Anfangsbestände, weil in der Eröffnungsbilanz die Passivbestände ebenfalls auf der rechten Seite, der Passiva-Seite der Bilanz, standen. Zugänge auf diesen Konten werden daher ebenfalls auf der Haben-Seite, Abgänge auf der entgegengesetzten Soll-Seite gebucht. Der Saldo dieser Konten steht auf ihrer Soll-Seite. Er wird als Bilanzposten auf die Passiva-Seite der Schlußbilanz übertragen.

Die Aktiv- und Passivposten nehmen also von der Eröffnungsbilanz über die Bestandskonten zur Schlußbilanz folgenden Weg:

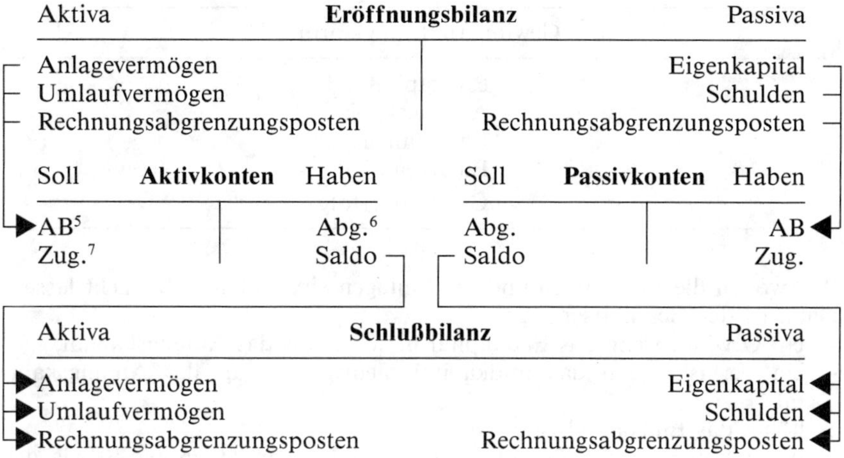

3.3 Erfolgsvorgänge

Wie wir in Abschnitt 1.3.3 gesehen haben, ergibt sich bei der Gewinnermittlung durch Betriebsvermögensvergleich der Geschäftserfolg nach der Formel:

	Betriebsvermögen am Ende des Geschäftsjahrs
–	Betriebsvermögen am Anfang des Geschäftsjahrs
+	Entnahmen
–	Einlagen
=	Geschäftserfolg

Betriebsvermögen ist der Saldo zwischen den Vermögenswerten und den Schulden, also das Kapital der Bilanz. Die Gewinnermittlungsformel kann daher auch so geschrieben werden:

[5] AB = Anfangsbestand.
[6] Abg. = Abgang.
[7] Zug. = Zugang.

Gewinnermittlungsformel
Endkapital – Anfangskapital + Entnahmen – Einlagen = Geschäftserfolg

Wir wollen die Entnahmen und die Einlagen einmal außer Betracht lassen. Dann ist der Geschäftserfolg
- ein Gewinn, wenn das Endkapital höher ist als das Anfangskapital,
- ein Verlust, wenn das Endkapital niedriger ist als das Anfangskapital.

Je höher das Endkapital ist,
- desto höher ist der Gewinn, wenn das Endkapital größer ist als das Anfangskapital,
- desto geringer ist der Verlust, wenn das Endkapital niedriger ist als das Anfangskapital.

Je niedriger das Endkapital ist,
- desto niedriger ist der Gewinn, wenn das Endkapital größer ist als das Anfangskapital,
- desto höher ist der Verlust, wenn das Endkapital niedriger ist als das Anfangskapital.

Wir sahen in Abschnitt 2.4: Das Kapital wird durch Geschäfte verändert, die weder Tauschvorgänge noch Bilanzverlängerungen oder Bilanzverkürzungen sind. Kapitalerhöhende Geschäfte sind Erträge, kapitalmindernde Geschäfte sind Aufwendungen.

Wir merken uns:

1. Ein **Geschäftserfolg** entsteht durch Geschäfte, die das Kapital verändern.
2. Kapitalerhöhende Geschäfte sind **Erträge**, kapitalmindernde Geschäfte sind **Aufwendungen**.
3. Ist das Endkapital aufgrund der Gesamtsumme der Geschäfte
   - höher als das Anfangskapital, ist das Geschäftsergebnis ein **Gewinn**,
   - niedriger als das Anfangskapital, ist das Geschäftsergebnis ein **Verlust**.

3.4 Der Buchungssatz

Bei der doppelten Buchführung wird jedes Geschäft mindestens auf zwei Konten gebucht:

- Auf einem oder mehreren Konten im Soll,
- auf einem oder mehreren Konten im Haben,
- wobei die Summe der Beträge, die im Soll gebucht werden, mit der Summe der Beträge, die im Haben gebucht werden, übereinstimmt.

Der **Buchungssatz** ist die Anweisung, auf welchen Konten mit welchen Beträgen gebucht werden soll. Es wird immer zuerst das Konto der Soll-Buchung und dann das Konto der Haben-Buchung genannt. Der Buchungssatz lautet:

Per Soll-Seite **an** Haben-Seite

Beispiel
Per Forderungen an Waren 1 500 DM. Dieser Buchungssatz bedeutet: Auf dem Forderungskonto wird der Betrag von 1 500 DM im Soll, auf dem Warenkonto wird der Betrag von 1 500 DM im Haben gebucht.

Üblicherweise wird im Buchungssatz das Wort „per" fortgelassen. Der Buchungssatz lautet daher:

Soll-Seite **an** Haben-Seite

Im vorstehenden Beispiel lautet daher der Buchungssatz: Forderungen an Waren 1 500 DM.
Ein Geschäft kann mehrere Konten betreffen.

Beispiel
Der Kaufmann kauft Waren ein. Die Rechnung lautet:

500 m^3 ...-Holz zu 15,80 DM/m^3	7 900 DM
15% Umsatzsteuer	1 185 DM
Rechnungsbetrag	9 085 DM

Buchungssatz:

Wareneinkaufskonto	7 900 DM	
Vorsteuerkonto	1 185 DM	an Verbindlichkeiten aus Lieferungen 9 085 DM

Ein Buchungssatz, der mehrere Konten betrifft heißt:

Zusammengesetzter Buchungssatz

3.5 Buchungen und Kontenabschluß

Wir haben schon soviel zur Buchführung gelernt, daß wir uns an eine Buchführungs-Aufgabe wagen können.

Aufgabe 5

Anfangsbestände auf den Konten:

Geschäftsgrundstück	250000 DM
Geschäftseinrichtung	35000 DM
Kfz	15000 DM
Waren	180000 DM
Kundenforderungen	6700 DM
Bankguthaben	30000 DM
Kassenbestand	1200 DM
Darlehensverbindlichkeit	75000 DM
Verbindlichkeiten aus Lieferungen	95000 DM

Geschäfte des Kaufmanns:

1. Wareneinkauf auf Ziel	8500 DM
2. Warenverkauf auf Ziel	13000 DM
3. Banküberweisung an einen Lieferanten	9400 DM
4. Warenverkäufe gegen bar	6800 DM
5. Banküberweisung eines Kunden	1400 DM
6. Überweisung des Gehalts an einen Angestellten	2100 DM
7. Abbuchung der Darlehenszinsen	1500 DM
8. Mietzahlung für einen in dem Geschäftshaus vermieteten Laden auf das Bankkonto	2300 DM
9. Überweisung einer betrieblichen Stromrechnung	800 DM
10. Barentnahme	500 DM
11. Bezahlung einer privaten Reparaturrechnung vom betrieblichen Bankkonto	4700 DM
12. Einlage vom privaten Sparkonto auf das betriebliche Bankkonto	12000 DM

Bilden Sie die Buchungssätze zu den Geschäftsvorfällen. Lassen Sie dabei zunächst außer Betracht, daß Umsatzsteuer zu zahlen ist oder in Rechnung gestellt wird. Die Umsatzsteuerbuchungen lernen wir später in einem besonderen Abschnitt kennen.

Gehen Sie davon aus, daß folgende Konten betroffen sind:

Geschäftsvorfall:	Konten:
1	Waren, Verbindlichkeiten aus Lieferungen
2	Waren, Forderungen aus Lieferungen
3	Bank, Verbindlichkeiten aus Lieferungen
4	Waren, Kasse
5	Bank, Forderungen aus Lieferungen
6	Bank, Kapital
7	Bank, Kapital
8	Bank, Kapital
9	Bank, Kapital
10	Kasse, Kapital
11	Bank, Kapital
12	Bank, Kapital

Lösung

1. Waren an Verbindlichkeiten aus Lieferungen 8500 DM.
2. Forderungen aus Lieferungen an Waren 13000 DM.
3. Verbindlichkeiten aus Lieferungen an Bank 9400 DM.
4. Kasse an Waren 6800 DM.
5. Bank an Forderungen aus Lieferungen 1400 DM.
6. Kapital an Bank 2100 DM.
7. Kapital an Bank 1500 DM.
8. Bank an Kapital 2300 DM.
9. Kapital an Bank 800 DM.
10. Kapital an Kasse 500 DM.
11. Kapital an Bank 4700 DM.
12. Bank an Kapital 12000 DM.

Wir wollen uns jetzt die Geschäftsvorfälle klarmachen und fragen uns, ob es sich dabei handelt um

1. erfolgsneutrale Geschäfte:
   a) Aktivtausch oder Passivtausch,
   b) Bilanzverlängerung oder Bilanzverkürzung;
2. erfolgswirksame Geschäfte:
   a) Aufwendungen,
   b) Erträge;
3. Privatgeschäfte:
   a) Entnahmen,
   b) Einlagen.

Aufgabe 6

Um welche der vorstehenden Geschäfte handelt es sich bei den 12 Geschäftsvorfällen der Aufgabe 5?

Lösung

1. Aktivkonto Waren nimmt zu, Passivkonto Verbindlichkeiten aus Lieferungen nimmt ebenfalls zu: Bilanzverlängerung.
2. Aktivkonto Forderungen aus Lieferungen nimmt zu, Aktivkonto Waren nimmt ab: Aktivtausch.
3. Passivkonto Verbindlichkeiten aus Lieferungen nimmt ab, Aktivkonto Bank nimmt ebenfalls ab: Bilanzverkürzung.
4. Aktivkonto Kasse nimmt zu, Aktivkonto Waren nimmt ab: Aktivtausch.
5. Aktivkonto Bank nimmt zu, Aktivkonto Forderungen aus Lieferungen nimmt ab: Aktivtausch.
6. Kapitalkonto nimmt betrieblich bedingt ab, Aktivkonto Bank nimmt ab: Aufwand.
7. Kapitalkonto nimmt betrieblich bedingt ab, Aktivkonto Bank nimmt ab: Aufwand.
8. Aktivkonto Bank nimmt zu, Kapitalkonto nimmt betrieblich bedingt zu: Ertrag.
9. Kapitalkonto nimmt betrieblich bedingt ab, Aktivkonto Bank nimmt ab: Aufwand.
10. Kapital nimmt privat bedingt ab, Aktivkonto Kasse nimmt ab: Entnahme.
11. Kapital nimmt privat bedingt ab, Aktivkonto Bank nimmt ab: Entnahme.
12. Aktivkonto Bank nimmt zu, Kapitalkonto nimmt privat bedingt zu: Einlage.

Aufgabe 7

Buchen Sie jetzt die Geschäfte anhand der gebildeten Buchungssätze auf Konten.
Vorher müssen Sie die Eröffnungsbilanz aufstellen und anschließend die Posten der Eröffnungsbilanz als Anfangsbestände auf den Konten buchen. Dann buchen Sie jeweils im Soll und Haben der in dem Buchungssatz angegebenen Konten. Die jeweilige Buchung bezeichnen Sie auf dem Konto mit der Nr. des Buchungssatzes.

Lösung

Aktiva	Eröffnungsbilanz		Passiva
Geschäftsgrundstück	250000	Darlehensverbindlichkeit	75000
Geschäftseinrichtung	35000	Verbindlichkeiten aus Lieferungen	95000
Kfz	15000	Kapital	347900
Waren	180000		
Kundenforderungen	6700		
Bankguthaben	30000		
Kassenbestand	1200		
	517900		517900

S	Geschäftsgrundstück		H
AB	250000		

S	Darlehensverbindlichkeit		H
		AB	75000

S	Geschäftseinrichtung		H
AB	35000		

S	Verbindl. aus Lieferungen		H
3)	9400	AB	95000
		1)	8500

S	Kfz		H
AB	15000		

S	Kapital		H
6)	2100	AB	347900
7)	1500	8)	2300
9)	800	12)	12000
10)	500		
11)	4700		

S	Waren		H
AB	180000	2)	13000
1)	8500	4)	6800

S	Ford. aus Lieferungen		H
AB	6700	5)	1400
2)	13000		

S	Bank		H
AB	30000	3)	9400
5)	1400	6)	2100
8)	2300	7)	1500
12)	12000	9)	800
		11)	4700

S	Kasse		H
AB	1200	10)	500
4)	6800		

Jetzt schließen Sie die Konten ab.

Wir merken uns:

Beim Abschluß der Konten gehen wir so vor:

1. Wir addieren von dem Konto die stärkere Seite und schreiben unter dem Strich die Summe.
2. Die Summe übertragen wir auf die andere Seite, die schwächere Seite des Kontos, so daß beide Kontensummen betragsmäßig gleich sind.
3. Wir addieren nun auf der schwächeren Seite die Differenz zur Summe hinzu und bilden so den Saldo.
4. Den Saldo buchen wir auf das Schlußbilanzkonto, und zwar die Salden der
   - Aktivkonten durch die Buchung:
     Schlußbilanzkonto an Aktivkonto,
   - Passivkonten durch die Buchung:
     Passivkonto an Schlußbilanzkonto.

   Hierbei bezeichnen wir den Saldo auf dem jeweiligen Konto mit „SB" = Schlußbilanzkonto. Hierdurch wird erkennbar, daß die Gegenbuchung auf dem Schlußbilanzkonto erfolgt ist. Auf dem Schlußbilanzkonto erhält der Posten die Bezeichnung des Kontos, das durch die Buchung abgeschlossen worden ist.
5. Die Kontenseiten unterstreichen wir dann jeweils doppelt. Das bedeutet, daß die Konten abgeschlossen sind.
6. Auf dem Schlußbilanzkonto werden beide Seiten addiert.
   Die Summen müssen gleich sein.

Das ist kein übertriebener Formalismus. Nur wenn diese Schritte genau beachtet werden, besteht die Gewähr, daß Sie bei einem schwierigen Abschluß nichts vergessen.

Wenn wir **„Schlußbilanzkonto"** sagen, so ist das korrekt. Wir buchen beim Abschluß nicht direkt in der Schlußbilanz, sondern auf dem vorgeschalteten Schlußbilanzkonto. Hier werden die Posten in der Reihenfolge gebucht, in der die betreffenden Konten abgeschlossen werden. Aus dem Schlußbilanzkonto wird dann die Schlußbilanz zusammengestellt. Das Schlußbilanzkonto ist Teil der laufenden Buchführung, die Schlußbilanz ist Teil des Jahresabschlusses. In der **Schlußbilanz** werden die Posten des Schlußbilanzkontos in einer bestimmten Folge geordnet. Hierfür kann ein bestimmtes Gliederungsschema zugrunde gelegt werden. Für Kapitalgesellschaften sind sogar Gliederungsschemata gesetzlich vorgeschrieben. Bei der Zusammenstellung der Bestände des Schlußbilanzkontos in der Schlußbilanz werden zusammengehörige Bestände jeweils in Posten zusammengefaßt. Die Schlußbilanz enthält also die zu Posten zusammengefaßten Kontensalden der Bestandskonten in einer bestimmten Ordnung.

Aufgabe 8

Schließen Sie jetzt unter Beachtung der im vorstehenden Merkkasten gegebenen Arbeitsanweisungen die Konten der Aufgabe 7 ab.

Lösung

S	Geschäftsgrundstück		H
AB	250 000	SB	250 000

S	Darlehensverbindlichkeit		H
SB	75 000	AB	75 000

S	Geschäftseinrichtung		H
AB	35 000	SB	35 000

S	Verbindl. aus Lieferungen		H
3)	9 400	AB	95 000
SB	94 100	1)	8 500
	103 500		103 500

S	Kfz		H
AB	15 000	SB	15 000

S	Kapital		H
6)	2 100	AB	347 900
7)	1 500	8)	2 300
9)	800	12)	12 000
10)	500		
11)	4 700		
SB	352 600		
	362 200		362 200

S	Waren		H
AB	180 000	2)	13 000
1)	8 500	4)	6 800
		SB	168 700
	188 500		188 500

S	Ford. aus Lieferungen		H
AB	6 700	5)	1 400
2)	13 000	SB	18 300
	19 700		19 700

S	Bank		H	S	Kasse		H
AB	30000	3)	9400	AB	1200	10)	500
5)	1400	6)	2100	4)	6800	SB	7500
8)	2300	7)	1500		8000		8000
12)	12000	9)	800				
		11)	4700				
		SB	27200				
	45700		45700				

S	Schlußbilanzkonto		H
Geschäftsgrundstück	250000	Darlehensverbindlichkeit	75000
Geschäftseinrichtung	35000	Verbindl. aus Lieferungen	94100
Kraftfahrzeuge	15000	Kapital	352600
Waren	168700		
Bank	27200		
Ford. aus Lieferungen	18300		
Kasse	7500		
	521700		521700

In der Lösung zu Aufgabe 7 ist die Eröffnungsbilanz aufgestellt worden. Hieraus ergab sich ein Anfangskapital in Höhe von 347900 DM. Aus der Lösung der Aufgabe 8 ergibt sich ein Endkapital in Höhe von 352600 DM. Das Kapital ist also durch die Geschäftsvorfälle um 4700 DM (352600 DM – 347900 DM) erhöht worden.

Die Kapitalerhöhung beruht auf den Geschäftsvorfällen, die auf dem Kapitalkonto gebucht worden sind. Aus den Bezeichnungen der Buchungen ergibt sich unter Hinzuziehung der Aufgabe 5, daß es sich um folgende Geschäfte handelt:

6. Lohnaufwand	2100 DM,
7. Zinsaufwand	1500 DM,
9. Energiekostenaufwand	800 DM,
Aufwendungen	4400 DM;
8. Mietertrag	2300 DM;
10. Privatentnahme	500 DM,
11. Privatentnahme	4700 DM,
Privatentnahmen	5200 DM;
12. Privateinlage	12000 DM.

Anhand der in Abschnitt 3.3 mitgeteilten Gewinnermittlungsformel ergibt sich folgender Geschäftserfolg:

	Endkapital	352600 DM
–	Anfangskapital	347900 DM
	Unterschied	4700 DM
+	Entnahmen	5200 DM
	Summe	9900 DM
–	Einlagen	12000 DM
=	Verlust	2100 DM

3.6 Erfolgskonten und Privatkonten

3.6.1 Aufwands- und Ertragskonten

In Abschnitt 3.5 haben wir die Erfolgsvorgänge, die Aufwendungen und Erträge, auf dem Kapitalkonto gegengebucht. In der dort dargestellten Buchführungsaufgabe waren es nur drei Aufwandsbuchungen und eine Ertragsbuchung. In der Praxis kommen im Laufe des Jahres die verschiedensten Aufwands- und Ertragsvorgänge in einer großen Vielzahl vor. Würden sie alle nur auf dem Kapitalkonto gebucht, so würde dieses unübersichtlich werden. Die Buchführung könnte nicht mehr ihre Aufgabe erfüllen, dem Kaufmann zu zeigen, wie sich die einzelnen Geschäfte auf den Geschäftserfolg ausgewirkt haben[8].

Aus diesem Grund werden für die Aufwendungen und Erträge **Unterkonten zum Kapitalkonto** gebildet.

Für die Buchung der Erfolgsgeschäfte in Abschnitt 3.5 sind folgende Erfolgskonten zu bilden:

- Aufwandskonten:
  Gehälter,
  Zinsen und ähnliche Aufwendungen,
  Aufwendungen für Energie;
- Ertragskonten:
  Nebenkosten aus Vermietung.

[8] Siehe Abschnitt 1.2.1.

Wir machen uns klar:

Das **Kapital** ist der Saldo des Schlußbilanzkontos. Hierdurch wird das Betriebsvermögen ausgewiesen.
Ist die Summe der Aktiva höher als die Summe der Passiva, ist also das Betriebsvermögen positiv, steht das Kapital als Saldo des Schlußbilanzkontos auf der **Habenseite** des Schlußbilanzkontos.
Je größer der Saldo des Schlußbilanzkontos auf der Habenseite ist, desto größer ist somit das Kapital.
Auf dem Kapitalkonto steht der Anfangsbestand auf der Habenseite. **Kapitalerhöhungen** stehen daher als Zugänge auf der Habenseite, **Kapitalminderungen** als Abgänge auf der Sollseite.
Aufwendungen mindern das Kapital. Als Kapitalminderungen sind sie auf der Sollseite zu buchen. Sie werden daher auf den Aufwandskonten im Soll gebucht.
Erträge erhöhen das Kapital. Als Kapitalerhöhungen sind sie auf der Habenseite zu buchen. Sie werden daher auf den Ertragskonten im Haben gebucht.

Auf den Erfolgskonten werden die Geschäfte unter dem Gesichtspunkt des Erfolges gebucht. Die Buchungssätze zu den Erfolgsvorgängen in Aufgabe 5[9] lauten daher:

6. Gehälter an Bank 2100 DM.
7. Zinsen und ähnliche Aufwendungen an Bank 1500 DM.
8. Bank an Nebenerlöse aus Vermietung 2300 DM.
9. Aufwendungen für Energie an Bank 800 DM.

Aufgabe 9

Richten Sie für die vorstehenden Erfolgsvorgänge und für die Gegenbuchungen Konten ein und buchen Sie die Geschäftsvorfälle.

Lösung

S	Gehälter	H
6)	2100	

S	Zinsen u. ähnl. Aufwend.	H
7)	1500	

[9] Abschnitt 3.5.

S	Aufwendungen für Energie		H
9)	800		

S	Nebenerlöse aus Vermietung		H
		8)	2300

S	Bank		H
8)	2300	6)	2100
		7)	1500
		9)	800

Wir merken uns:

Konten, auf denen die Geschäftsvorfälle so dargestellt werden, daß man später erkennen kann, warum das Kapital sich betriebsbedingt geändert hat, auf welchen Geschäften der Geschäftserfolg also beruht, heißen **Erfolgskonten**.
Betrieblich bedingte Kapitalminderungen, die Aufwendungen, werden auf **Aufwandskonten**, gebucht.
Betrieblich bedingte Kapitalerhöhungen, die Erträge, werden auf **Ertragskonten** gebucht.
Da auf den Erfolgskonten Kapitalveränderungen dargestellt werden, sind sie **Unterkonten** (Vorkonten) **zum Kapitalkonto**.

3.6.2 Entnahme- und Einlagekonto

Ebenso wie die Erfolgsvorgänge haben wir in der in Abschnitt 3.5 entwickelten Aufgabe 5 die Privatgeschäfte, die **Entnahmen** und **Einlagen**, über Kapitalkonto gebucht. Diese Geschäfte verändern ebenfalls wie die Aufwendungen und Erträge das Kapital. Die durch Entnahmen und Einlagen verursachten Kapitalveränderungen sind aber nicht, wie die durch Aufwendungen und Erträge verursachten Kapitalveränderungen, betrieblich bedingt, sondern privat bedingt.
Der Kaufmann muß seinen Lebensunterhalt bestreiten. Er hat auch andere Bedürfnisse, die mit dem Betrieb nichts zu tun haben: Er wohnt mit seiner Familie in einer Wohnung oder in einem Privathaus. Er fährt in Urlaub. Er kauft Kleidung. Er überweist von seinem Bankkonto Beträge, um seine privaten Schulden zu tilgen oder die hierfür fälligen Zinsen zu zahlen. Er bezahlt Arztrechnungen. Setzt er für diese Aufwendungen betriebliche Mittel ein, so heißen diese Geschäftsvorfälle

Privatentnahmen oder Entnahmen

Die Entnahmen sind gesetzlich so definiert:

Entnahmen sind alle Wirtschaftsgüter (Barentnahmen, Waren, Erzeugnisse, Nutzungen und Leistungen), die der Steuerpflichtige dem Betrieb für sich, für seinen Haushalt oder für andere betriebsfremde Zwecke im Laufe des Wirtschaftsjahrs entnommen hat (§ 4 Abs. 1 Satz 2 EStG).

Entnahmen sind also: Betriebsvermögensminderungen oder Kapitalminderungen für außerbetriebliche Zwecke.

Auf der anderen Seite führt der Kaufmann seinem Betriebsvermögen Mittel aus dem außerbetrieblichen Bereich zu, um es zu stärken, um besondere Investitionen, für die das Betriebsvermögen nicht ausreicht und für die auch betriebliche Kredite nicht in Anspruch genommen werden können oder sollen, zu finanzieren. Der Kaufmann legt daher in die Geschäftskasse Geld ein, das er von seinem privaten Sparkonto abgehoben hat. Er begleicht durch Überweisung von einem privaten Bankkonto eine Lieferantenschuld. Er widmet ein privates Grundstück betrieblichen Zwecken. Diese Vorgänge heißen

Privateinlagen oder Einlagen

Die Einlagen werden gesetzlich so definiert:

Einlagen sind alle Wirtschaftsgüter (Bareinzahlungen und sonstige Wirtschaftsgüter), die der Steuerpflichtige im Laufe des Wirtschaftsjahrs zugeführt hat (§ 4 Abs. 1 Satz 5 EStG).

Einlagen sind also: Betriebsvermögensvermehrungen oder Kapitalerhöhungen, die nicht auf betrieblichen Vorgängen beruhen.

Beim Betriebsvermögensvergleich wird der **Geschäftserfolg** als Unterschied zwischen dem Betriebsvermögen oder Kapital am Anfang und am Ende eines Geschäfts- oder Wirtschaftsjahrs ermittelt. Dieser Kapitalunterschied darf nur insoweit als Geschäftserfolg ausgewiesen werden, als er betrieblich erwirtschaftet ist, auf betrieblichen Vorgängen beruht. Die Änderungen des Kapitals durch außerbetriebliche Vorgänge müssen daher storniert werden. Daher werden die Kapitalminderungen für außerbetriebliche Zwecke, die Entnahmen, dem Kapitalunterschied wieder hinzugerechnet und die Kapitalerhöhungen aus dem außerbetrieblichen Bereich, die Einlagen, vom Kapitalunterschied wieder abgezogen.
Werden die privat verursachten Kapitalveränderungen im Laufe des Geschäfts- oder Wirtschaftsjahrs auf dem Kapitalkonto gebucht, wie wir es bis-

her taten, so müssen beim Jahresabschluß diese Vorgänge aus dem Kapitalkonto herausgesucht werden. Bei der Vielzahl der Geschäftsvorfälle, die das Kapital ändern, kann das sehr mühsam und zeitaufwendig sein. Deshalb werden die Privatvorgänge, ebenso wie die Erfolgsvorgänge, von vornherein auf besonderen Konten gebucht.
Die Entnahmen werden deshalb auf dem **Entnahmekonto**, die Einlagen auf dem **Einlagekonto** gebucht. Da die Entnahmen und die Einlagen das Kapital verändern, sind das Entnahmekonto und das Einlagekonto Unterkonten oder Vorkonten zum Kapitalkonto. Sie werden also ebenso wie die Erfolgskonten[10] über Kapitalkonto abgeschlossen.

Wir machen uns klar:

Das **Kapital** ist der Saldo des Schlußbilanzkontos. Hierdurch wird das Betriebsvermögen ausgewiesen.
Ist die Summe der Aktiva höher als die Summe der Passiva, ist also das Betriebsvermögen positiv, steht das Kapital als Saldo des Schlußbilanzkontos auf der **Habenseite** des Schlußbilanzkontos.
Je größer der Saldo des Schlußbilanzkontos auf der Habenseite ist, desto größer ist somit das Kapital.
Auf dem Kapitalkonto steht der Anfangsbestand auf der Habenseite. **Kapitalerhöhungen** stehen daher als Zugänge auf der Habenseite, **Kapitalminderungen** als Abgänge auf der Sollseite.
Entnahmen mindern das Kapital. Als Kapitalminderungen sind sie auf der Sollseite zu buchen. Sie werden daher auf dem Entnahmekonto im Soll gebucht.
Einlagen erhöhen das Kapital. Als Kapitalerhöhungen sind sie auf der Habenseite zu buchen. Sie werden daher auf dem Einlagekonto im Haben gebucht.

In Aufgabe 8 von Abschnitt 3.5 waren folgende Geschäftsvorfälle Privatvorgänge:

10.	Barentnahme	500 DM,
11.	Bezahlung einer privaten Reparaturrechnung vom betrieblichen Bankkonto	4700 DM,
12.	Einlage vom privaten Sparkonto auf das betriebliche Bankkonto	12000 DM.

[10] Siehe Abschnitt 3.6.1.

Aufgabe 10

Richten Sie für die Entnahmen und die Einlagen besondere Konten ein, bilden Sie die Buchungssätze für die vorstehenden Privatvorgänge und buchen Sie diese anhand der gebildeten Buchungssätze auf den Privatkonten.

Lösung

Buchungssätze:
10. Entnahmekonto an Kasse 500 DM.
11. Entnahmekonto an Bank 4700 DM.
12. Bank an Einlagekonto 12000 DM.

Buchungen:

S	Entnahmekonto		H
10)	500		
11)	4700		

S	Einlagekonto		H
		12)	12000

S	Kasse		H
		10)	500

S	Bank		H
		11)	4700
12)	12000		

Wir merken uns:

Konten, auf denen die Geschäftsvorfälle so dargestellt werden, daß man später erkennen kann, warum das Kapital sich aus privaten Gründen geändert hat, heißen **Privatkonten**.
Privat bedingte Kapitalminderungen, die Privatentnahmen oder Entnahmen, werden auf dem **Entnahmekonto** gebucht.
Privat bedingte Kapitalerhöhungen, die Privateinlagen oder Einlagen, werden auf dem **Einlagekonto** gebucht.
Da auf den Privatkonten Kapitalveränderungen dargestellt werden, sind sie **Unterkonten** (Vorkonten) **zum Kapitalkonto**.

3.6.3 Gewinn- und Verlustkonto

Werden die Erfolgskonten direkt über Kapitalkonto abgeschlossen, wie es in Abschnitt 3.6.1 geschah, so ist das Kapitalkonto unübersichtlich, da es ja auch noch die Salden der Privatkonten übernimmt. Daher schalten wir noch ein Konto vor, das Gewinn- und Verlustkonto.

Auf den **Aufwandskonten** wird jeder Zugang im Soll gebucht[11]. Die Salden der Aufwandskonten stehen daher auf den Habenseiten dieser Konten. Beim **Abschluß** geben diese Konten also ihre Salden an das Gewinn- und Verlustkonto durch die Buchung ab:

Gewinn- und Verlustkonto an Aufwandskonto

Auf den **Ertragskonten** wird jeder Zugang im Haben gebucht[12]. Die Salden der Ertragskonten stehen daher auf deren Sollseiten. Bei ihrem Abschluß geben sie also ihre Salden durch die Buchung an das Gewinn- und Verlustkonto ab:

Ertragskonto an Gewinn- und Verlustkonto

Beim **Gewinn- und Verlustkonto** werden also gebucht:
- Die Salden der Aufwandskonten im Soll,
- die Salden der Ertragskonten im Haben.

Jeder auf dem Gewinn- und Verlustkonto gebuchte Saldo eines Erfolgskontos erhält die Bezeichnung des betreffenden Erfolgskontos.

Wir merken uns:

Beim Abschluß der Erfolgskonten gehen wir so vor:
1. Wir ermitteln den Saldo von jedem Konto.
2. Den Saldo buchen wir auf das Gewinn- und Verlustkonto und zwar die Salden der
   - Aufwandskonten durch die Buchung:
     Gewinn- und Verlustkonto an Aufwandskonto,
   - Ertragskonten durch die Buchung:
     Ertragskonto an Gewinn- und Verlustkonto.
3. Hierbei bezeichnen wir den Saldo auf dem jeweiligen Konto mit „GuV“ = Gewinn- und Verlustkonto. Hierdurch wird erkennbar, daß die Gegenbuchung auf dem Gewinn- und Verlustkonto erfolgt ist. Auf dem Gewinn- und Verlustkonto erhält der Posten die Bezeichnung des Kontos, das durch die Buchung abgeschlossen worden ist.
4. Die Kontenseiten unterstreichen wir dann jeweils doppelt. Das bedeutet, daß die Konten abgeschlossen sind.

[11] Siehe Abschnitt 3.6.1.
[12] Siehe Abschnitt 3.6.1.

5. Auf dem Gewinn- und Verlustkonto werden beide Seiten addiert. Es wird der Saldo gebildet.
   Ist die Summe der Erträge höher als die Summe der Aufwendungen, so steht der Saldo auf der Sollseite des Gewinn- und Verlustkontos. Es ist der Überschuß der Erträge über die Aufwendungen und damit ein Gewinn.
   Ist die Summe der Aufwendungen höher als die Summe der Erträge, so steht der Saldo auf der Habenseite des Gewinn- und Verlustkontos. Es ist der Überschuß der Aufwendungen über die Erträge und damit ein Verlust.

Aufgabe 11

Nach der Lösung der Aufgabe 9 in Abschnitt 3.6.1 wurden folgende Zugänge auf den Erfolgskonten gebucht:

S	Gehälter		H
6)	2 100		

S	Zinsen u. ähnl. Aufwend.		H
7)	1 500		

S	Aufwendungen für Energie		H
9)	800		

S	Nebenerlöse aus Vermietung		H
		8)	2 300

Schließen Sie diese Konten über Gewinn- und Verlustkonto ab und bilden Sie dann den Saldo des Gewinn- und Verlustkontos als Gewinn oder Verlust unter Beachtung der Anweisungen in der vorstehenden Merktafel.

Lösung

S	Gehälter		H
6)	2 100	GuV	2 100

S	Zinsen u. ähnl. Aufwend.		H
7)	1 500	GuV	1 500

S	Aufwendungen für Energie		H
9)	800	GuV	800

S	Nebenerlöse aus Vermietung		H
GuV	2 300	8)	2 300

S	Gewinn- und Verlustkonto		H
Gehälter	2 100	Nebenerlöse aus Vermietung	2 300
Zinsen und ähnliche Aufwendungen	1 500	Verlust	2 100
Aufwendungen für Energie	800		
	4 400		4 400

In Abschnitt 3.5 haben wir durch Betriebsvermögensvergleich ebenfalls einen Verlust in Höhe von 2100 DM ermittelt. Der durch Betriebsvermögensvergleich ermittelte Geschäftserfolg entspricht also dem Saldo des Gewinn- und Verlustkontos.
Das muß auch so sein.

1. Wir haben durch Betriebsvermögensvergleich die betrieblich bedingte Kapitalveränderung ermittelt. Die Kapitalveränderung ist der Geschäftserfolg, soweit sie betrieblich verursacht ist.
2. Der Saldo des Gewinn- und Verlustkontos ist der Überschuß der Erträge über die Aufwendungen oder umgekehrt der Überschuß der Aufwendungen über die Erträge. Der Überschuß oder die Differenz ist daher der Geschäftserfolg.

3.6.4 Abschluß der Erfolgs- und Privatkonten

Wir haben gesehen: Die Erfolgs- und die Privatkonten sind Unterkonten des Kapitalkontos. Deshalb müssen sie über Kapitalkonto abgeschlossen werden. Die Erfolgs- und Privatkonten werden also so abgeschlossen:

Abschluß der Erfolgs- und Privatkonten

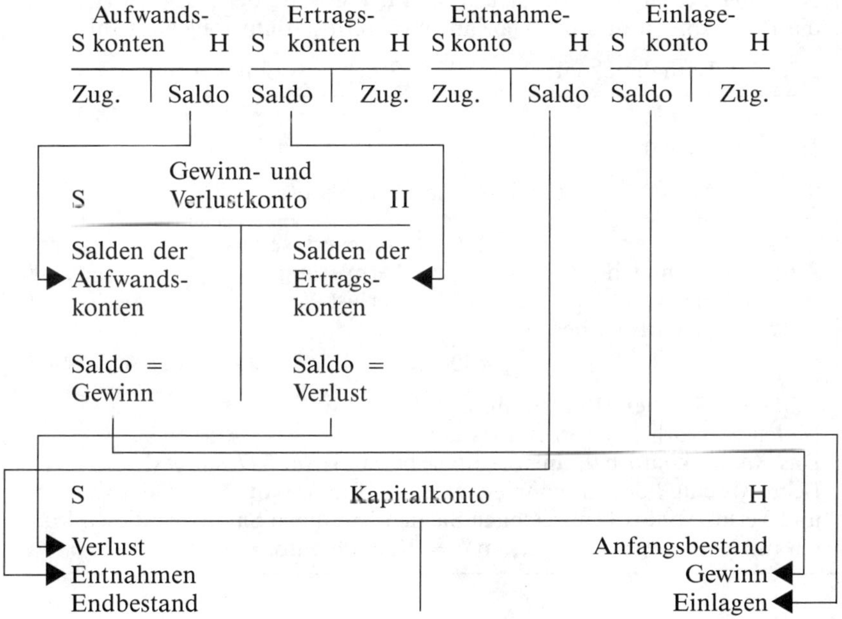

Die **Buchungssätze** zum Abschluß dieser Unterkonten des Kapitalkontos lauten daher:

1. Abschluß der Aufwandskonten:
   Gewinn- und Verlustkonto an Aufwandskonto.
2. Abschluß der Ertragskonten:
   Ertragskonto an Gewinn- und Verlustkonto.
3. Abschluß des Gewinn- und Verlustkontos:
   a) Gewinn:
      Gewinn- und Verlustkonto an Kapitalkonto.
   b) Verlust:
      Kapitalkonto an Gewinn- und Verlustkonto.
4. Abschluß des Entnahmekontos:
   Kapitalkonto an Entnahmekonto.
5. Abschluß des Einlagekontos:
   Einlagekonto an Kapitalkonto.

Aufgabe 12

Nach der Lösung der Aufgabe 10 und der Lösung der Aufgabe 11 haben die Privatkonten und das Gewinn- und Verlustkonto folgendes Bild:

S Entnahmekonto H

10)	500		
11)	4700		

S Einlagekonto H

		12)	12000

S Gewinn- und Verlustkonto H

Gehälter	2100	Nebenerlöse aus Vermietung	2300
Zinsen und ähnliche Aufwendungen	1500	Verlust	2100
Aufwendungen für Energie	800		
	4400		4400

Schließen Sie diese Konten ab.
Bilden Sie vorher die Buchungssätze.
Das Kapitalkonto hat einen Anfangsbestand von 347900 DM.
Beim Abschluß des Entnahmekontos, des Einlagekontos und des Gewinn- und Verlustkontos kennzeichnen Sie den jeweiligen Saldo auf diesen Konten mit dem Gegenkonto „Kap." = Kapitalkonto.

Lösung

Buchungssätze:
1. Kapitalkonto an Entnahmekonto 5 200 DM.
2. Einlagekonto an Kapitalkonto 12 000 DM.
3. Kapitalkonto an Gewinn- und Verlustkonto 2 100 DM.

S	Entnahmekonto		H
10)	500		
11)	4 700	Kap.	5 200
	5 200		5 200

S	Einlagekonto		H
Kap.	12 000	12)	12 000

S	Gewinn- und Verlustkonto		H
Gehälter	2 100	Nebenerlöse aus	
Zinsen und ähnliche		Vermietung	2 300
Aufwendungen	1 500	Kap.	2 100
Aufwendungen für Energie	800		
	4 400		4 400

S	Kapitalkonto		H
		Anfangsbestand	347 900
Entnahmen	5 200	Einlagen	12 000
Verlust	2 100		
Endbestand	352 600		
	359 900		359 900

Nach der Gewinnermittlungsformel ergibt sich der Geschäftserfolg:

	Endkapital	352 600
–	Anfangskapital	347 900
=	Unterschied	4 700
+	Entnahmen	5 200
		9 900
–	Einlagen	12 000
=	Verlust	– 2 100

Die Zahlen für die Ermittlung des Geschäftserfolgs nach der Gewinnermittlungsformel ergeben sich aus den Buchungen auf dem Kapitalkonto.

Das Ergebnis der Ermittlung des Geschäftserfolgs nach der Gewinnermittlungsformel, die sich nach dem Betriebsvermögensvergleich richtet, entspricht also dem Saldo des Gewinn- und Verlustkontos.

Der Geschäftserfolg wird also doppelt ermittelt: 1. Durch Gewinnermittlungsformel nach Betriebsvermögensvergleich, 2. als Saldo des Gewinn- und Verlustkontos.

3.7 Merkmale der doppelten Buchführung

Wir haben jeden Geschäftsvorfall auf mindestens zwei Konten gebucht, und zwar einmal auf der Soll-Seite eines oder mehrerer Konten und dann noch auf der Haben-Seite eines oder mehrerer Konten. Für jeden Geschäftsvorfall war die Summe der Soll-Buchungen betragsgleich der Summe der Haben-Buchungen. Jeder Geschäftsvorfall wird also doppelt gebucht.

Wir haben folgende Konten kennengelernt: Bestandskonten, auf denen die Bestände der Bilanz fortentwickelt werden; Kapitalunterkonten, auf denen die Veränderungen des Kapitals dargestellt werden. Auf den Erfolgskonten werden die den Geschäftserfolg beeinflussenden Kapitalveränderungen dargestellt. Auf den Privatkonten werden die Kapitalveränderungen dargestellt, die keine Auswirkung auf den Geschäftserfolg haben.

Wir haben gesehen, daß der Geschäftserfolg doppelt ermittelt wird: Durch Gewinnermittlungsformel aufgrund des Betriebsvermögens- oder Bestandsvergleichs und als Saldo des Gewinn- und Verlustkontos.

Wir merken uns:
Die doppelte Buchführung hat drei Merkmale: 1. **Doppelbuchungen** (Soll- und Haben-Buchungen), 2. **Bestandskonten** (Aktivkonten und Passivkonten) und **Kapitalunterkonten** (Erfolgskonten und Privatkonten), 3. **doppelte Erfolgsermittlung** (Bestandsvergleich oder Betriebsvermögensvergleich und Saldo des Gewinn- und Verlustkontos).

4 Buchung der Umsatzsteuer

4.1 Bedeutung der Umsatzsteuer im Geschäftsverkehr

4.1.1 Umsatzsteuerbarkeit der Lieferungen und Leistungen

Beispiel
Unternehmer U erhält von seinem Lieferanten L eine Warenlieferung im Wert von 2000 DM. L schickt U folgende Rechnung:

Waren	2000 DM
Umsatzsteuer 15%	300 DM
Rechnungsbetrag	2300 DM

U verkauft den Warenposten an seinen Kunden K für 2500 DM. Er schickt K folgende Rechnung:

Waren	2500 DM
Umsatzsteuer 15%	375 DM
Rechnungsbetrag	2875 DM

Der Umsatzsteuer unterliegen die folgenden Umsätze:
1. Die Lieferungen und sonstigen Leistungen, die ein Unternehmer im Erhebungsgebiet gegen Entgelt im Rahmen seines Unternehmens ausführt (§ 1 Abs. 1 Nr. 1 Satz 1 UStG).

Wir merken uns:

Umsatzsteuerbar sind **Lieferungen** und **sonstige Leistungen**
1. eines Unternehmers,
2. im Erhebungsgebiet,
3. gegen Entgelt,
4. im Rahmen seines Unternehmens.

In dem Beispiel haben L an U und U an K geliefert. L und K sind Unternehmer. Die übrigen Voraussetzungen für die Umsatzsteuerbarkeit sind auch erfüllt.

Der Umsatz wird bei Lieferungen und sonstigen Leistungen (§ 1 Abs. 1 Nr. 1 Satz 1) nach dem Entgelt bemessen. Entgelt ist alles, was der Leistungsempfänger aufwendet, um die Leistung zu erhalten, jedoch abzüglich der Umsatzsteuer (§ 10 Abs. 1 Sätze 1 und 2 UStG).

Bemessungsgrundlage für den Umsatz ist das Entgelt abzüglich Umsatzsteuer. In dem Beispiel sind also Entgelt:
- der Lieferung des L an U: 2000 DM,
- der Lieferung des U an K: 2500 DM.

Buchung der Umsatzsteuer

In der Regel beträgt die **Umsatzsteuer** für jeden steuerpflichtigen Umsatz 15% (§ 12 Abs. 1 UStG[1]). Die Umsatzsteuer ist Teil des Kaufpreises, den der Kunde zu entrichten hat. In dem Beispiel betragen also
- die Forderung des L an U und umgekehrt
  die Verbindlichkeit des U gegenüber L 2300 DM und
- die Forderung des U an K und umgekehrt
  die Verbindlichkeit des K gegenüber U 2875 DM.

Steuerschuldner ist der Unternehmer, der die Lieferung oder sonstige Leistung ausgeführt hat (§ 13 Abs. 2 UStG). In dem Beispiel schulden also dem Finanzamt:
- L für die Lieferung an U 300 DM,
- U für die Lieferung an K 375 DM.

4.1.2 Vorsteuerabzug

Der Unternehmer kann die folgenden Vorsteuerbeträge abziehen:
1. die in Rechnungen im Sinne des § 14 gesondert ausgewiesene Steuer für Lieferungen oder sonstige Leistungen, die von anderen Unternehmern für sein Unternehmen ausgeführt worden sind (§ 15 Abs. 1 Nr. 1 Satz 1 UStG).

Wir merken uns:
Als **Vorsteuern** kann abziehen – ein Unternehmer – in Rechnungen gesondert ausgewiesene Umsatzsteuer – für Lieferungen oder sonstige Leistungen für sein Unternehmen, – die von anderen Unternehmern ausgeführt worden sind.

In der Regel weisen Unternehmer in ihren Rechnungen die Umsatzsteuer gesondert aus. Empfängt ein Unternehmer eine solche Rechnung von einem anderen Unternehmer für eine Lieferung oder Leistung an sein Unternehmen, so kann er die Umsatzsteuer für diesen „Vorumsatz" als **Vorsteuer** geltend machen. Das geschieht, indem er die Vorsteuer von seiner eigenen Steuerschuld gegenüber dem Finanzamt abzieht.
In dem Ausgangsbeispiel ist die Lieferung des L an U für den U ein Vorumsatz. Er kann die gesondert in Rechnung gestellte Umsatzsteuer in Höhe von 300 DM von seiner Umsatzsteuerschuld – 375 DM – abziehen. Er schuldet daher dem Finanzamt:

---
[1] Es wird hier und in den folgenden Aufgaben der ab 1.1.1993 geltende Regelsatz von 15% zugrunde gelegt.

Umsatzsteuer für den Umsatz an K	375 DM
Vorsteuer für den Vorumsatz des L	300 DM
Steuerschuld des U	75 DM

Der Wert der Lieferung des L an U betrug	2000 DM.
Der Wert der Lieferung des U an K betrug	2500 DM.
Die Differenz in Höhe von	500 DM

ist also der Mehrwert des Umsatzes des U gegenüber dem Umsatz des L. 15% von 500 sind 75 DM. Es wird also im Ergebnis nur der **Mehrwert** des Umsatzes gegenüber dem Vorumsatz versteuert. Daher der Name „Mehrwertsteuer".

4.1.3 Entstehung und Abrechnung der Umsatzsteuer

Ein Unternehmer stellt für jede Lieferung oder sonstige Leistung die Umsatzsteuer in Rechnung. Aber er schuldet nicht unmittelbar darauf die Zahlung an das Finanzamt. Für den Vorumsatz schuldet er seinem Gläubiger im Rahmen des Rechnungsbetrages auch die in Rechnung gestellte Umsatzsteuer. Er kann sie aber nicht sofort bei dem Finanzamt als Forderung geltend machen.

Die Steuer entsteht

1. für Lieferungen und sonstige Leistungen
   a) bei der Berechnung der Steuer nach vereinbarten Entgelten (§ 16 Abs. 1 Satz 1) mit Ablauf des Voranmeldungszeitraums, in dem die Leistungen ausgeführt worden sind (§ 13 Abs. 1 Nr. 1 Buchst. a Satz 1 UStG).

In der Regel wird die Umsatzsteuer nach **vereinbarten Entgelten** berechnet (§ 16 Abs. 1 Satz 1 UStG). Es kommt also nicht auf die Zahlung des Entgelts, sondern nur auf seine Vereinbarung an. Sobald der Voranmeldungszeitraum abgelaufen ist, in dem der Umsatz ausgeführt worden ist, entsteht die Steuerschuld.

Voranmeldungszeitraum ist in der Regel der Kalendermonat. Mit Ablauf eines Kalendermonats ist daher der Unternehmer verpflichtet, die für den abgelaufenen Monat geschuldete Umsatzsteuer an das Finanzamt abzuführen. Es wird also der Gesamtbetrag der Umsatzsteuer für alle im abgelaufenen Monat ausgeführten Umsätze geschuldet. Hiervon sind die Vorsteuerbeträge zu kürzen (§ 15 Abs. 1 Nr. 1 UStG). Der Differenzbetrag ist die dem Finanzamt geschuldete Umsatzsteuer. Ist die Summe der Vorsteuerbeträge höher als die Summe der Umsatzsteuerbeträge, hat der Unternehmer einen Erstattungsanspruch gegen das Finanzamt.

Bis zum 10. Tag nach Ablauf jedes Kalendermonats hat der Unternehmer eine **Umsatzsteuervoranmeldung** nach amtlich vorgeschriebenem Vordruck beim

Finanzamt abzugeben. Hierin hat er die Umsatzsteuerschuld für den Voranmeldungszeitraum, den abgelaufenen Kalendermonat, selbst zu berechnen. Am 10. Tag nach Ablauf des Voranmeldungszeitraums ist die Umsatzsteuer fällig (§ 18 Abs. 1 UStG).
Um die Umsatzsteuer berechnen zu können, hat der Unternehmer **Aufzeichnungen** zu führen. Hieraus müssen insbesondere zu ersehen sein:

1. die vereinbarten Entgelte für die vom Unternehmer ausgeführten Lieferungen und sonstigen Leistungen (§ 22 Abs. 2 Nr. 1 UStG),
2. die Entgelte für steuerpflichtige Lieferungen und sonstige Leistungen, die an den Unternehmer für sein Unternehmen ausgeführt worden sind (§ 22 Abs. 2 Nr. 5 UStG).

Unternehmer müssen daher in ihrer Buchführung Konten führen, auf denen die Umsatzsteuerbeträge gebucht werden

- für Umsätze des Unternehmens (geschuldete Umsatzsteuer) und
- für Umsätze an das Unternehmen (Vorsteuer).

Diese Konten sind jeweils für den Voranmeldungszeitraum abzuschließen. Die Salden gehen in die Umsatzsteuervoranmeldung ein.
Die Differenz zwischen der geschuldeten Umsatzsteuer und der Vorsteuer ist die an das Finanzamt für den Voranmeldungszeitraum abzuführende **Zahllast an Umsatzsteuer.**

4.2 Buchung der Umsatzsteuer bei Lieferungen und Leistungen an das Unternehmen

Wir wollen nun das in Abschnitt 4.1 Gelernte üben und bei Lieferungen und Leistungen an das Unternehmen auch die Umsatzsteuer buchen. Wir buchen also die Vorumsätze und die Vorsteuer.

Aufgabe 13

Unternehmer U hat folgende Eingangsrechnungen erhalten:

1. Warenlieferung 1800 DM + 270 DM USt = 2070 DM
2. Kauf eines Pkw für sein Unternehmen 44500 DM + 6675 DM USt = 51175 DM
3. Reparatur der Heizung im Betrieb 950 DM + 143 DM USt = 1093 DM.

Bilden Sie zunächst die Buchungssätze.
Buchen Sie die Geschäftsvorfälle auf folgenden Konten:
Wareneinkaufskonto, Fuhrpark, Reparaturaufwand, Vorsteuer, Verbindlichkeiten aus Lieferungen und Leistungen, sonstige Verbindlichkeiten.

Lösung

Buchungssätze:

1. Wareneinkauf	1 800 DM,			
Vorsteuer	270 DM	an	Verbindlichkeiten aus Lieferungen und Leistungen	2070 DM
2. Fuhrpark	44 500 DM,			
Vorsteuer	6 675 DM	an	sonstige Verbindlichkeiten	51 175 DM
3. Reparaturaufwand	950 DM,			
Vorsteuer	143 DM	an	sonstige Verbindlichkeiten	1 093 DM

Buchungen:

S	Wareneinkaufskonto		H
1)	1 800		

S	Fuhrpark		H
2)	44 500		

S	Vorsteuer		H
1)	270		
2)	6 675		
3)	143		

S	Verbindl. aus Lief. u. Leist.		H
		1)	2 070

S	Reparaturaufwand		H
3)	950		

S	sonstige Verbindlichkeiten		H
		2)	51 175
		3)	1 093

Die Vorsteuer ist eine Forderung des Unternehmens an das Finanzamt. Das **Vorsteuerkonto** ist also ein Konto, das zur Kontengruppe „sonstige Forderungen" gehört. Es ist somit ein Aktivkonto, ein aktives Bestandskonto.
Die auf einen Wareneinkauf entfallende **Vorsteuer** rechnet nicht zum Wareneingang. Die auf den Kauf eines Anlagegegenstands entfallende Vorsteuer gehört nicht zu den Anschaffungskosten des Anlagegegenstands. Die auf einen Aufwand entfallende Vorsteuer ist nicht Teil der Aufwendungen. Daß die Vorsteuer nicht zu den Anschaffungs- oder Herstellungskosten eines Wirtschaftsguts gehört, wird gesetzlich ausdrücklich bestimmt.

Der Vorsteuerbetrag nach § 15 des Umsatzsteuergesetzes gehört, soweit er bei der Umsatzsteuer abgezogen werden kann, nicht zu den Anschaffungs- oder

Herstellungskosten des Wirtschaftsguts, auf dessen Anschaffung oder Herstellung er entfällt (§ 9b Abs. 1 Satz 1 EStG).

Es ist auch zulässig, die **Bruttobeträge** der Eingangsrechnung zu buchen und dann am Schluß des Voranmeldungszeitraums die Vorsteuerbeträge umzubuchen (§ 63 Abs. 5 UStDV).

Im vorstehenden Beispiel könnte also zunächst gebucht werden:

1. Wareneinkauf
   an Verbindlichkeiten aus Lieferungen und Leistungen 2070 DM,
2. Fuhrpark
   an sonstige Verbindlichkeiten 51 175 DM,
3. Reparaturaufwand
   an sonstige Verbindlichkeiten 1 093 DM.

Dann müßten am Schluß des Voranmeldungszeitraums aus den Bruttobeträgen die Vorsteuerbeträge errechnet und auf das Vorsteuerkonto umgebucht werden.

Bei einem Steuersatz von 15% ergibt sich die Vorsteuer nach folgender Rechnung:

$$\text{Bruttobetrag} = 100\% + 15\%$$
$$= \frac{100}{100} + \frac{15}{100}$$
$$= \frac{115}{100}$$

$$\frac{115}{100} = \text{Bruttobetrag} \quad \Big| \times \frac{1}{115}$$
$$\frac{1}{100} = \text{Bruttobetrag} \times \frac{1}{115}$$
$$\frac{15}{100} = \text{Bruttobetrag} \times \frac{15}{115}$$

Bei einem Steuersatz von 15% beträgt also die Umsatzsteuer $\frac{15}{115}$ vom Bruttobetrag.

Umsatzsteuer 15% = Bruttobetrag x $\frac{15}{115}$

$2070\,\text{DM} \times \frac{15}{115} = 270\,\text{DM}$. Umbuchung: Vorsteuer an Wareneinkauf 270 DM.

$51\,175\,\text{DM} \times \frac{15}{115} = 6675\,\text{DM}$. Umbuchung: Vorsteuer an Fuhrpark 6675 DM.

$1\,093\,\text{DM} \times \frac{15}{115} = 143\,\text{DM}$. Umbuchung: Vorst. an Reparaturaufwand 143 DM.

4.3 Buchung der Umsatzsteuer bei Lieferungen und Leistungen des Unternehmens und beim Eigenverbrauch

4.3.1 Umsatzsteuer bei Lieferungen und Leistungen

Liefert ein Unternehmen Waren oder Erzeugnisse an ein anderes Unternehmen, so schickt es dem Kunden in der Regel eine Rechnung mit gesondertem Ausweis der Umsatzsteuer.

Beispiel

20 Herrenanzüge, Größe 50, Modell Ambassador, Stück 350 DM	7000 DM
15% USt	1050 DM
	8050 DM
Der Lieferant bucht:	
Forderungen aus Lieferungen und Leistungen	8050 DM
an Umsatzerlöse	7000 DM
an Umsatzsteuer	1050 DM

Die Umsatzsteuer ist eine **Verbindlichkeit** des Unternehmers gegenüber dem Finanzamt. Das Umsatzsteuerkonto gehört daher zur Kontengruppe „sonstige Verbindlichkeiten". Es ist ein Passivkonto, ein passives Bestandskonto.
Ein **Einzelhandelsgeschäft** bucht nicht jedes einzelne Bargeschäft, sondern die in der Tageskasse erfaßte Summe aller an einem Geschäftstag ausgeführten Bargeschäfte. Die Registrierkasse erfaßt nicht bei jedem einzelnen Geschäft den Nettobetrag und die Umsatzsteuer gesondert. Es wird nur der Bruttobetrag jedes Geschäftes registriert. Die Kasseneinnahmen werden für jeden Geschäftstag wiederum brutto im Kassenbuch eingetragen. Zum Monatsletzten wird der Brutto-Barumsatz ermittelt.
Die **Umsatzsteuer** muß daher aus dem Bruttobetrag herausgerechnet werden. Das ist dem Unternehmer gestattet, indem er zunächst die Erlöse brutto bucht und am Ende des Voranmeldungszeitraums die Umsatzsteuer herausrechnet (§ 63 Abs. 3 UStDV).
Nach der Formel, die wir in Abschnitt 4.2 kennengelernt haben, beträgt die Umsatzsteuer bei einem Steuersatz von 15%:

$$\text{Bruttoumsatz} \times \frac{15}{115}$$

Beispiel

Ein Textil-Einzelhandelsgeschäft hatte im Monat März 01 einen Brutto-Barumsatz von 48750 DM.

Umsatzsteuer: $48\,750 \text{ DM} \times \frac{15}{115} = 6\,358{,}70$

Nettoumsatz: 48750,00 DM – 6358,70 DM = 42391,30 DM.

Buchung der Umsatzsteuer

Buchung:

Kasse	48750,00 DM
an Umsatzerlöse	42391,30 DM
an Umsatzsteuer	6358,70 DM.

Die jeweiligen Tageseinnahmen im Laufe des Monats wurden gebucht: Kasse an Erlöse (brutto). Die Umsätze des Monats März 01 sind also insgesamt gebucht worden:

Kasse	48750,00 DM
an Umsatzerlöse	48750,00 DM.

Am Ende des Monats muß daher umgebucht werden:

Umsatzerlöse	6358,70 DM
an Umsatzsteuer	6358,70 DM.

Die gebuchten Umsatzsteuererlöse werden so um die bei der Umbuchung gebuchte Umsatzsteuer gemindert: 48750,00 DM – 6358,70 DM = 42391,30 DM.

Aufgabe 14

Textileinzelhändler T hat im Monat April 01 einen Bruttoumsatz von 59780 DM. Er verkauft seinen betrieblich genutzten Pkw für 25000 DM zuzüglich 15% USt, da er einen neuen betrieblichen Pkw gekauft hat. Lassen Sie an dieser Stelle einen eventuellen Buchwert außer Betracht.
Bilden Sie die Buchungssätze und buchen Sie dann die Geschäfte. Verwenden Sie dabei die Konten Kasse, Umsatzerlöse, sonstige Forderungen, Erträge aus dem Abgang von Sachanlagen und Umsatzsteuer.

Lösung

Umsatzsteuer:

$$59780 \text{ DM} \times \frac{15}{115} = 7797 \text{ DM}$$

$$25000 \text{ DM} \times 15\% = 3750 \text{ DM}$$

Nettoerlöse:

59780 DM – 7797 DM = 51983 DM

Buchungssätze:

1. Kasse	59780 DM
an Umsatzerlöse	51983 DM
an Umsatzsteuer	7797 DM
2. sonstige Forderungen	28750 DM
an Erträge aus dem Abgang von Sachanlagen	25000 DM
an Umsatzsteuer	3750 DM

S	Kasse		H
1)	59780		

S	Umsatzerlöse		H
		1)	51983

S	sonstige Forderungen		H
2)	28750		

S	Umsatzsteuer		H
		1)	7797
		2)	3750

S	Erträge aus dem Abgang von Sachanlagen		H
		2)	25000

4.3.2 Umsatzsteuer beim Eigenverbrauch

4.3.2.1 Allgemeines

Nach dem **Steuersystem** wälzt ein Unternehmer seine Umsatzsteuer auf den folgenden Unternehmer ab: Der jeweilige Empfänger einer Lieferung oder sonstigen Leistung zahlt zusätzlich zum Entgelt die Umsatzsteuer an den Liefernden oder Leistenden und zieht seinerseits die Umsatzsteuer als Vorsteuer ab, wenn er Unternehmer ist und die Lieferung oder Leistung an sein Unternehmen erfolgt ist. Der Vorliefernde oder Vorleistende führt die Umsatzsteuer an das Finanzamt ab.
Nur der **Letztabnehmer**, der nicht Unternehmer ist, kann die Umsatzsteuer nicht als Vorsteuer abziehen. Er zahlt endgültig die Umsatzsteuer im Rahmen des Kaufpreises, Mietpreises, Werklohns oder eines sonstigen Preises für eine empfangene Lieferung oder Leistung. Sobald also eine Lieferung oder Leistung gegen Entgelt den Unternehmensbereich verläßt, wird die Umsatzsteuer endgültig gezahlt.
Auch Unternehmer haben einen **außerunternehmerischen Bereich**. Wie jeder Nichtunternehmer, der im Preis für eine Lieferung oder Leistung mit der Umsatzsteuer endgültig belastet ist, müssen daher auch Unternehmer Umsatzsteuer tragen, wenn ihr Unternehmen an sie als Privatleute liefert oder leistet. Diese Lieferungen oder sonstigen Leistungen des Unternehmens an den Unternehmer als Privatverbraucher heißen **Eigenverbrauch**.

Das Unternehmen umfaßt die gesamte gewerbliche oder berufliche Tätigkeit des Unternehmers (§ 2 Abs. 1 Satz 2 UStG).

Unternehmen im Sinne des Umsatzsteuerrechts ist nicht dem Unternehmen im Sinne des Handelsrechts oder des Ertragsteuerrechts gleichzustellen. Handels- oder ertragsteuerrechtlich denkt man beim Unternehmen an einen Betrieb.

Buchung der Umsatzsteuer

Beispiel
U hat einen Möbeleinzelhandel, ein privates vermietetes Mehrfamilienhaus und ein Einfamilienhaus, in dem er mit seiner Familie wohnt.

Unternehmen im Sinne des Handels- und des Ertragsteuerrechts ist hier das Möbeleinzelhandelsgeschäft. Unternehmen im umsatzsteuerrechtlichen Sinn ist aber die gesamte gewerbliche und berufliche Tätigkeit des U. Hierzu rechnen alle nachhaltigen Tätigkeiten zur Erzielung von Einnahmen (§ 2 Abs. 1 Satz 3 UStG). Auf die nachhaltige Erzielung von Einnahmen sind der Gewerbebetrieb und die Vermietung ausgerichtet. Zum Unternehmen des U im Sinne des Umsatzsteuerrechts gehören also sein Möbeleinzelhandelsgeschäft und sein Miethaus.

Beispiel
Im vorstehenden Beispiel vermietet U eine Wohnung in seinem Miethaus möbliert an Studenten. Die Möbel hierzu entnimmt er seinem Möbelgeschäft. Ferner entnimmt er Möbel für sein Einfamilienhaus für eigene Wohnzwecke.

Alle Möbel entnimmt U dem Betrieb für außerbetriebliche Zwecke. Es handelt sich also sowohl bei den für das Miethaus als auch bei den für das Einfamilienhaus entnommenen Möbeln um **Entnahmen** im Sinne des Einkommensteuerrechts.
Die für das Miethaus entnommenen Möbel werden aber weiterhin zur nachhaltigen Erzielung von Einnahmen eingesetzt. Sie sind daher im Unternehmen im umsatzsteuerrechtlichen Sinne geblieben. Diese Entnahme ist also kein Eigenverbrauch.
Die für das Einfamilienhaus entnommenen Möbel dienen nicht mehr der nachhaltigen Erzielung von Einnahmen und haben damit den umsatzsteuerrechtlichen Unternehmensbereich verlassen. Hier ist die Entnahme auch **Eigenverbrauch**.
Es gibt drei **Eigenverbrauchstatbestände**:
1. Gegenstands-Eigenverbrauch (§ 1 Abs. 1 Nr. 2 Buchst. a UStG),
2. Leistungs-Eigenverbrauch (§ 1 Abs. 1 Nr. 2 Buchst. b UStG),
3. Aufwendungs-Eigenverbrauch (§ 1 Abs. 1 Nr. 2 Buchst. c UStG).

Eigenverbrauch liegt vor, wenn ein Unternehmer
a) Gegenstände aus seinem Unternehmen für Zwecke entnimmt, die außerhalb des Unternehmens liegen,
b) im Rahmen seines Unternehmens sonstige Leistungen der in § 3 Abs. 9 bezeichneten Art für Zwecke ausführt, die außerhalb des Unternehmens liegen,
c) im Rahmen seines Unternehmens Aufwendungen tätigt, die unter das Abzugsverbot des § 4 Abs. 5 Satz 1 Nr. 1 bis 7 oder Abs. 7 oder § 12 Nr. 1

des Einkommensteuergesetzes fallen. Das gilt nicht für Geldgeschenke und Bewirtungsaufwendungen, soweit § 4 Abs. 5 Satz 1 Nr. 2 des Einkommensteuergesetzes den Abzug von 20 vom Hundert der angemessenen und nachgewiesenen Aufwendungen ausschließt;
(§ 1 Abs. 1 Nr. 2 UStG).

Bemessungsgrundlage für den Eigenverbrauch		
Gegenstands-Eigenverbrauch	Leistungs-Eigenverbrauch	Aufwendungs-Eigenverbrauch
Einkaufspreis + Nebenkosten oder Selbstkosten jeweils im Zeitpunkt des Eigenverbrauchs	entstandene Kosten	entstandene Aufwendungen
§ 10 Abs. 4 Nr. 1	§ 10 Abs. 4 Nr. 2	§ 10 Abs. 4 Nr. 3

4.3.2.2 Gegenstands-Eigenverbrauch

Bei einem Gegenstands-Eigenverbrauch ist **Bemessungsgrundlage** der Einkaufspreis zuzüglich der Nebenkosten für den Gegenstand oder für einen gleichartigen Gegenstand. Mangels Einkaufspreises sind die Selbstkosten Bemessungsgrundlage. Maßgebend ist der Zeitpunkt des Umsatzes. Zum Einkaufspreis zuzüglich Nebenkosten gehört alles, was der Unternehmer für die Erlangung der Verfügungsmacht oder für die Schaffung der Verfügungsmöglichkeit aufwenden muß.
Zu den **Nebenkosten** rechnet nicht der Unternehmergewinn.
Der **Einkaufspreis** im Zeitpunkt des Umsatzes entspricht dem Wiederbeschaffungspreis zu diesem Zeitpunkt.
Die **Selbstkosten** entsprechen den ertragsteuerrechtlichen Herstellungskosten gemäß Abschnitt 33 EStR.
Da es auf den Zeitpunkt des Umsatzes ankommt, müssen bei ungebrauchten Gegenständen, die **bereits längere Zeit lagern**, zwischenzeitliche Preisänderungen oder Änderungen der Material- und Fertigungskosten und der Material- und Fertigungsgemeinkosten berücksichtigt werden.

Buchung der Umsatzsteuer

Beispiel
Unternehmer U schenkt seiner Tochter T, die auswärts studiert, am 1.4.01 den betrieblichen Pkw. Der Buchwert zum 31.12.00 betrug 12000 DM, die jährliche AfA 6000 DM. Nach der Liste für Gebrauchtwagen hatte der Pkw am 1.4.01 einen Wiederbeschaffungspreis von 14000 DM.

Der Pkw scheidet mit seinem Buchwert am 1.4.01 aus dem Betriebsvermögen aus. Die Entnahme ist mit dem Teilwert anzusetzen (§ 6 Abs. 1 Nr. 4 Satz 1 EStG). Ein gedachter Erwerber des Betriebs müßte den Pkw mit dem Gebrauchtwagenpreis als Wiederbeschaffungspreis beschaffen. Als Teilwert ist also der Wiederbeschaffungspreis von 14000 DM anzusetzen.
Der Wiederbeschaffungspreis stellt den Einkaufspreis im Zeitpunkt des Umsatzes und damit die Bemessungsgrundlage für den Eigenverbrauch dar.
Zur Ermittlung des Buchwerts am 1.4.01 ist die AfA vom 31.12.00 bis zum 31.3.01 vom Buchwert zum 31.12.00 abzusetzen.
AfA: 3/12 x 6000 DM = 1500 DM.

S	Pkw		H
AB	12000	1)	1500
			10500
	12000		12000

S	AfA		H
1)	1500		

Auf dem Eigenverbrauchkonto ist die Entnahme mit dem Teilwert zu buchen. Die Gegenbuchungen sind der Abgang auf dem Pkw-Konto zum Buchwert und der Unterschied zwischen Teilwert und Buchwert als Ertrag auf dem Konto „Erträge aus dem Abgang von Anlagegegenständen".

S	Pkw		H
AB	12000	1)	1500
		2)	10500
	12000		12000

S	Eigenverbrauch		H
2)	14000		

S	Erträge aus dem Abgang von Anlagegegenständen		H
		2)	3500

Die Umsatzsteuer für den Eigenverbrauch beträgt 14000 DM x 15% = 2100 DM. Die Umsatzsteuerverbindlichkeit darf nicht das Betriebsergebnis mindern (§ 12 Nr. 3 EStG). Sie wird daher gebucht:

S	Umsatzst. auf Eigenverbr.		H
3)	2 100		

S	Umsatzsteuer		H
		3)	2 100

Zum Jahresabschluß wird gebucht:

S	Eigenverbrauch		H
2)	14 000	4)	14 000

S	Umsatzst. auf Eigenverbr.		H
3)	2 100	5)	2 100

S	Entnahmen		H
4)	14 000		
5)	2 100		

Bei der Gewinnermittlung wird also die Umsatzsteuer auf Eigenverbrauch als Entnahme wieder hinzugerechnet.

4.3.2.3 Leistungs-Eigenverbrauch

Nutzungen und Leistungen für außerbetriebliche Zwecke sind Entnahmen im Sinne des Einkommensteuerrechts (§ 4 Abs. 1 Satz 2 EStG). Werden sie für Zwecke außerhalb des Unternehmens ausgeführt, sind sie als Leistungs-Eigenverbrauch auch umsatzsteuerbar (§ 1 Abs. 1 Nr. 2 Buchst. b UStG). Einige betriebliche Wirtschaftsgüter werden auch außerbetrieblich genutzt. Diese Nutzungen sind Entnahmen im Sinne der Einkommensteuer und Eigenverbrauch im Sinne der Umsatzsteuer.

Beispiele

Der betriebliche Pkw und das betriebliche Telefon werden privat genutzt. Ein Bauunternehmer errichtet ein Einfamilienhaus für eigene Wohnzwecke und verwendet dabei Baumaschinen, einen Baukran und Lkw seines Unternehmens.

Die mit der Nutzung dieser Wirtschaftsgüter zusammenhängenden Aufwendungen werden laufend als betriebliche Aufwendungen gebucht. Zum Jahresabschluß werden die außerbetrieblichen Anteile als Entnahmen/Eigenverbrauch umgebucht.

Beispiel

Unternehmer U hat einen Gewerbebetrieb. Für den betrieblichen Pkw wurden im abgelaufenen Wirtschaftsjahr 01 folgende Aufwendungen gebucht:

Abschreibungen	8 000 DM
Steuern und Versicherungen	2 000 DM
Kraftstoff	6 400 DM
Reparaturen und Wartung	2 600 DM
	19 000 DM

Buchung der Umsatzsteuer

Zur Abgrenzung der betrieblichen Aufwendungen von denen der privaten Lebensführung kann der Umfang der betrieblichen Pkw-Nutzung nachgewiesen werden oder aus Vereinfachungsgründen mit 65 bis 70% angesetzt werden[2]. Im vorstehenden Beispiel wollen wir von einem privaten Nutzungsanteil von 30% ausgehen. Die mit der Pkw-Nutzung zusammenhängenden Aufwendungen sind jeweils zu 30% als Eigenverbrauch umzubuchen:

Abschreibungen:	
8000 DM x 30% = 2400 DM	
Eigenverbrauch an Abschreibungen	2400 DM
Steuern und Versicherungen[3]:	
2000 DM x 30% = 600 DM	
Eigenverbrauch an Steuern und Versicherungen	600 DM
Kraftstoff:	
6400 DM x 30% = 1920 DM	
Eigenverbrauch an Kraftstoffe	1920 DM
Reparaturen und Wartung:	
2600 DM x 30% = 780 DM	
Eigenverbrauch an Reparaturen und Wartung	780 DM
Eigenverbrauch	5700 DM
Umsatzsteuer auf Eigenverbrauch:	
5700 DM x 15% = 855 DM	
Umsatzsteuer auf Eigenverbrauch an Umsatzsteuer	855 DM

Zum Abschluß des Wirtschaftsjahrs 01 ist also umzubuchen:

Konto	Soll	Haben
Eigenverbrauch	5700	
Umsatzsteuer auf Eigenverbrauch	855	
Abschreibungen		2400
Steuern und Versicherungen		600
Kraftstoffe		1920
Reparaturen und Wartung		780
Umsatzsteuer		855
	6555	6555

2 Abschnitt 118 Abs. 2 EStR.

3 Auch unter Berücksichtigung der Entscheidung des EuGH vom 27.6.1989 (HFR 1989 S. 518) gehören z.B. Versicherungsprämien, Kraftfahrzeugsteuer und Garagenmiete zur Bemessungsgrundlage für den Eigenverbrauch (Abschn. 155 Abs. 2 UStR 1992). In der Praxis sollten diese Aufwendungen nicht zur Bemessungsgrundlage für den Eigenverbrauch gerechnet werden. Das Finanzamt wird dann auch diese Aufwendungen zur Bemessungsgrundlage für den Eigenverbrauch rechnen. Hiergegen sollten Sie Einspruch einlegen und die Aussetzung der Vollziehung beantragen.

Der private Nutzungsanteil des Pkw kann auch als Ertrag auf einem besonderen Erlöskonto **„Erträge aus Eigenverbrauch“** gebucht werden. Dann brauchen die mit der Pkw-Nutzung zusammenhängenden Aufwendungen nicht einzeln um den privaten Nutzungsanteil gekürzt zu werden. Es wird dann gebucht:

Eigenverbrauch	5700 DM
an Erträge aus Eigenverbrauch	5700 DM
Umsatzsteuer auf Eigenverbrauch	855 DM
an Umsatzsteuer	855 DM

Es ist auch hier zu beachten, daß sich die Begriffe **„Betriebsvermögen“** im einkommensteuerrechtlichen Sinn und **„Unternehmensvermögen“** im umsatzsteuerrechtlichen Sinn nicht immer decken[4].

Beispiel
Im vorstehenden Beispiel gehören dem Unternehmer U einige vermietete Mehrfamilienhäuser. Auf die Fahrten zu diesen Häusern entfällt von der Pkw-Nutzung ein Anteil von 10%.

Die vermieteten Mehrfamilienhäuser gehören zum Unternehmensvermögen, da die Vermietung eine nachhaltige Tätigkeit zur Erzielung von Einnahmen ist (§ 2 Abs. 1 Satz 2 UStG).
Der Eigenverbrauch durch Pkw-Nutzung beträgt also nur 20%:
19000 DM x 20% = 3800 DM.
Von den Entnahmen durch Pkw-Nutzung für außerbetriebliche Zwecke von

insgesamt	5700 DM
sind also umsatzsteuerpflichtiger Eigenverbrauch	3800 DM.
Umsatzsteuerfreie Entnahme	1900 DM

Die Umsatzsteuer auf Eigenverbrauch beträgt daher:
3800 DM x 15% = 570 DM.

Umbuchungen zum Schluß des Wirtschaftsjahrs:

Eigenverbrauch (stpfl.)	3800 DM
an Erträge aus Eigenverbrauch	3800 DM
Entnahme (stfrei)	1900 DM
an Erträge aus Eigenverbrauch	1900 DM
Umsatzsteuer auf Eigenverbrauch	570 DM
an Umsatzsteuer	570 DM

---

[4] Siehe Abschnitt 4.3.2.1.

Beachten Sie:
Besteht die nachhaltige auf Erzielung von Einnahmen gerichtete Tätigkeit aus mehreren Einnahmequellen, so handelt es sich hierbei nur dann um ein einheitliches Unternehmen, wenn – alle Quellen nur einem Unternehmer gehören oder – mehrere Unternehmer an allen Quellen zu jeweils gleichen Anteilen beteiligt sind.

Beispiel
Im vorstehenden Beispiel gehören die vermieteten Mehrfamilienhäuser dem Unternehmer U und seiner Ehefrau F je zur Hälfte.

Es bestehen zwei Einnahmequellen: Gewerbebetrieb und Mehrfamilienhäuser. An der Einnahmequelle „Gewerbebetrieb“ ist U zu 1/1 beteiligt, an der Einnahmequelle „Miethäuser“ sind U und F zu je 1/2 beteiligt. Da die Quellen nicht nur einem Unternehmer gehören und die mehreren Inhaber der Quellen nicht an allen Quellen zu jeweils gleichen Anteilen beteiligt sind, handelt es sich um zwei Unternehmen im Sinne des Umsatzsteuerrechts. Die auf die Fahrten zu den Miethäusern entfallenden Pkw-Aufwendungen sind daher Eigenverbrauch im Unternehmen „Gewerbebetrieb“.

4.3.2.4 Aufwendungs-Eigenverbrauch

Bestimmte in § 4 Abs. 5 EStG genannte Aufwendungen sind zwar betrieblich veranlaßt und damit Betriebsausgaben. Sie dürfen aber den einkommensteuerrechtlichen Gewinn nicht mindern.
Handelsrechtlich werden sie als Aufwendungen, einkommensteuerrechtlich als Betriebsausgaben gebucht. Sie sind einzeln und getrennt von den sonstigen Betriebsausgaben aufzuzeichnen (§ 4 Abs. 7 Satz 1 EStG). Sie dürfen also nicht auf Aufwandskonten gebucht werden, auf denen auch noch andere Aufwendungen erfaßt werden.
Zum Jahresende werden diese Aufwendungen **außerhalb des Jahresabschlusses** dem einkommensteuerrechtlichen Gewinn wieder hinzugerechnet.
Soweit diese Aufwendungen/Betriebsausgaben den Gewinn nicht mindern dürfen, liegt **Eigenverbrauch** vor (§ 1 Abs. 1 Nr. 2 Buchst. c UStG).

Beispiel
Im Ausgangsbeispiel des Abschnitts 4.3.2.3 hatte Unternehmer U für den betrieblichen Pkw seines Gewerbebetriebs im abgelaufenen Wirtschaftsjahr 01 folgende Aufwendungen gebucht:

Abschreibungen	8000 DM
Steuern und Versicherungen	2000 DM
Kraftstoff	6400 DM
Reparaturen und Wartung	2600 DM
	19000 DM

Die Gesamtfahrleistung des Pkw im Jahr 01 betrug 25000 km. U wohnt in einem Einfamilienhaus, von dem er täglich zum Gewerbebetrieb fährt. Die Straßenentfernung zwischen Gewerbebetrieb und Einfamilienhaus beträgt 5 km. Im Jahr 01 ist U an 230 Tagen zwischen Wohnung und Betrieb gefahren.

Aufwendungen für **Fahrten zwischen Wohnung und Betriebsstätte** dürfen den Gewinn nicht mindern, soweit sie die in entsprechender Anwendung von § 9 Abs. 1 Nr. 5 EStG sich ergebenden Beträge übersteigen (§ 4 Abs. 5 Nr. 6 EStG). Hiernach sind die auf die Fahrten zwischen Wohnung und Arbeitsstätte entfallenden Aufwendungen als Betriebsausgaben nicht abziehbar, soweit sie 0,65 DM[5] je Entfernungskilometer und Arbeitstag übersteigen.

Bei einer Gesamtfahrleistung von 25000 km und einem Gesamtaufwand von 19000 DM Autokosten im Jahr beträgt der Kilometersatz: 19000 DM : 25000 km = 0,76 DM.

U fuhr in 01 an 230 Tagen von der 5 km entfernten Wohnung zum Betrieb und wieder zurück. Auf diese Fahrten entfallen also 2300 Fahrkilometer (230 x 5 x 2 = 2300).

Von den Fahrkosten entfallen somit auf die Fahrten zwischen Wohnung und Betrieb:	0,76 DM x 2300 =	1748,00 DM
Sie sind nur mit 0,65 DM/Entfernungskilometer (einfache Fahrstrecke) oder mit 0,325 DM/Fahrkilometer abziehbar.	0,325 DM x 2300 =	747,50 DM
Die Differenz der Fahrkosten von		1000,50 DM

stellt Betriebsausgaben dar, die nicht abziehbar sind.

Die nicht als Betriebsausgaben abziehbaren Aufwendungen sind Eigenverbrauch. Umsatzsteuer: 1000,50 DM x 15% = 150,08 DM. Diese Umsatzsteuerschuld ist nicht abzugsfähig (§ 12 Nr. 3 EStG) und wird daher als Entnahme dem Betriebsergebnis wieder hinzugerechnet.

[5] Kilometer-Pauschbetrag 1989 0,43 DM/Entfernungskilometer, 1990 0,50 DM/Entfernungskilometer, 1991 0,58 DM/Entfernungskilometer, ab 1992 0,65 DM/Entfernungskilometer.

Buchung der Umsatzsteuer

Es wird daher gebucht:

Konto	Soll	Haben
Nicht abzugsfähige Betriebsausgaben	1000,50	
Ertrag aus Eigenverbrauch		1000,50
Umsatzsteuer auf Eigenverbrauch	150,08	
Umsatzsteuer		150,08
	1150,58	1150,58

4.3.2.5 Buchung des Eigenverbrauchs

Aufgabe 15

1) Der Möbeleinzelhändler M schenkt seiner Tochter ein Wohnzimmer, dessen Einkaufspreis zuzüglich Nebenkosten zum Zeitpunkt der Entnahme 12000 DM beträgt. Die Anschaffungskosten haben 11300 DM betragen.
2) Seine zweite Tochter zieht um. Zwei seiner Verkaufsfahrer führen den Umzug mit einem der Möbelwagen des Unternehmens durch. Die darauf entfallenden Kosten betragen 7000 DM.
3) Die Gesamtaufwendungen für die Nutzung des betrieblichen Pkw betragen 35000 DM und der Privatanteil 30%.
4) An 230 Tagen im abgelaufenen Wirtschaftsjahr ist M täglich einmal von seiner 7 km entfernten Wohnung zum Betrieb gefahren. Die Jahresfahrleistung des Pkw betrug 30000 km, die als Pkw-Aufwand gebuchten Aufwendungen einschließlich AfA betrugen 21000 DM.

Runden Sie jeweils auf volle DM-Beträge. Bilden Sie die Buchungssätze für die Umbuchungen.
Buchen Sie dann den Eigenverbrauch und verwenden Sie dabei die Konten:
Wareneinkaufskonto,
Eigenverbrauch,
Erträge aus Eigenverbrauch,
Umsatzsteuer auf Eigenverbrauch,
Umsatzsteuer,
Nicht abzugsfähige Betriebsausgaben.

Lösung

1) Umsatzsteuer: 12000 DM x 15% = 1800 DM.

Buchungssatz:
Eigenverbrauch 12000 DM,
Umsatzsteuer auf Eigenverbrauch 1800 DM,

an Wareneinkaufskonto	11 300 DM,
an Erträge aus Eigenverbrauch	700 DM,
an Umsatzsteuer	1 800 DM.

2) Umsatzsteuer: 7000 DM x 15% = 1050 DM.

Buchungssatz:

Eigenverbrauch	7000 DM,
Umsatzsteuer auf Eigenverbrauch	1050 DM,
an Erträge aus Eigenverbrauch	7000 DM,
an Umsatzsteuer	1050 DM.

3) Privatanteil Pkw-Nutzung: 35 000 DM x 30% = 10 500 DM.
Umsatzsteuer: 10 500 DM x 15% = 1 575 DM.

Buchungssatz:

Eigenverbrauch	10 500 DM,
Umsatzsteuer auf Eigenverbrauch	1 575 DM,
an Erträge aus Eigenverbrauch	10 500 DM,
an Umsatzsteuer	1 575 DM.

4) Kilometersatz: 21 000 DM : 30 000 = 0,70 DM

Aufwendungen für Fahrten zwischen Wohnung und Betrieb: 230 Tage x 7 km x 2 x 0,70 DM =	2254 DM,
Abziehbar: 230 Tage x 7 km x 2 x 0,325 DM =	1047 DM.
Nicht abziehbare Betriebsausgaben:	1207 DM.

Umsatzsteuer: 1207 DM x 15% = 181,05 DM.

Buchungssatz:

Nicht abzugsfähige Betriebsausgaben	1207 DM,
Umsatzsteuer auf Eigenverbrauch	181 DM,
an Erträge aus Eigenverbrauch	1207 DM,
an Umsatzsteuer	181 DM.

Buchungen:

S	Wareneinkaufskonto		H
		1)	11 300

S	Eigenverbrauch		H
1)	12 000		
2)	7 000		
3)	10 500		

Buchung der Umsatzsteuer

S Erträge aus Eigenverbr. H			S Umsatzsteuer auf Eigenverb. H		
	1)	700	1)	1 800	
	2)	7 000	2)	1 050	
	3)	10 500	3)	1 575	
	4)	1 207	4)	181	

S Umsatzsteuer H			S Nicht abzugsfähige Betriebsausgaben H		
	1)	1 800	4)	1 207	
	2)	1 050			
	3)	1 575			
	4)	181			

4.4 Abschluß der Umsatzsteuerkonten

In der Regel hat der Unternehmer monatlich bis zum 10. Tag nach Ablauf jedes Kalendermonats Umsatzsteuervoranmeldungen für den abgelaufenen Kalendermonat abzugeben (§ 18 Abs. 1 UStG). Die Umsatzsteuerkonten sind deshalb **zum Monatsende miteinander abzuschließen.**
Das **Vorsteuerkonto** wird mit dem **Umsatzsteuerkonto** abgeschlossen durch die Buchung:

Umsatzsteuerkonto an Vorsteuerkonto

Ist das **Vorsteuerkonto betragsmäßig höher als das Umsatzsteuerkonto,** entsteht hierbei ein Saldo auf dem Vorsteuerkonto. Der Unternehmer hat einen Erstattungsanspruch gegenüber dem Finanzamt. Der Saldo auf dem Vorsteuerkonto wird bei Zahlung des Finanzamts ausgeglichen durch die Buchung: Bank an Vorsteuerkonto.
Ist das **Umsatzsteuerkonto betragsmäßig höher als das Vorsteuerkonto,** entsteht durch die Buchung „Umsatzsteuerkonto an Vorsteuerkonto" ein Saldo auf dem Umsatzsteuerkonto. Der Unternehmer hat eine Verbindlichkeit gegenüber dem Finanzamt. Der Saldo auf dem Umsatzsteuerkonto wird bei Zahlung des Unternehmers ausgeglichen durch die Buchung: Umsatzsteuer an Bank.
Zum **Abschluß des Wirtschaftsjahrs** sind die Umsatzsteuerkonten in der gleichen Weise abzuschließen. Der sich ergebende Saldo auf dem Vorsteuerkonto

oder auf dem Umsatzsteuerkonto ist als Vorsteueranspruch oder als Umsatzsteuerverbindlichkeit über Schlußbilanzkonto abzuschließen:
Vorsteueranspruch: Schlußbilanzkonto an Vorsteuerkonto.
Umsatzsteuerverbindlichkeit: Umsatzsteuerkonto an Schlußbilanzkonto.
Zu **Beginn des folgenden Wirtschaftsjahrs** wird der Vorsteuerbestand auf dem Schlußbilanzkonto als Anfangsbestand auf dem Vorsteuerkonto gebucht und der Umsatzsteuerbestand auf dem Schlußbilanzkonto als Anfangsbestand auf dem Umsatzsteuerkonto. Bei Überweisung durch das Finanzamt wird das Vorsteuerkonto, bei Überweisung an das Finanzamt wird das Umsatzsteuerkonto ausgeglichen.

Aufgabe 16

Vorsteuerkonto und Umsatzsteuerkonto haben folgendes Bild:

S Vorsteuer	H
270	
6675	
143	

S Umsatzsteuer	H
	7797
	3750
	1800
	1050
	1575
	181

Es soll sich hierbei um die Konten „Vorsteuer“ und „Umsatzsteuer“ des Monats Dezember 01 handeln.
Schließen Sie die Konten ab.

Losung

S Vorsteuer		H
270	Saldo	7088
6675		
143		
7088		7088

S Umsatzsteuer		H
	7088	7797
		3750
		1800
		1050
		1575
SBK	9065	181
	16153	16153

S Schlußbilanzkonto		H
	USt	9065

5 Warenkonten

5.1 Allgemeines

Handelsunternehmen kaufen Waren ein und verkaufen sie mit Gewinnaufschlag.
Die **Wareneinkäufe** sind Lieferungen an das Unternehmen. Sie werden von anderen Unternehmen für das Unternehmen des Lieferungsempfängers ausgeführt. Der liefernde Unternehmer erteilt über die gelieferte Ware eine Rechnung mit folgendem Inhalt:

Rechnung					
	Warenart	Stückzahl	Preis pro Einheit	→	Gesamtwarenwert
+	Umsatzsteuersatz			→	Umsatzsteuerbetrag
=					Rechnungsbetrag

Bei **Wareneinkäufen** werden, wie in Abschnitt 4.2 dargestellt wurde, der Nettobetrag der eingekauften Ware auf dem **Wareneinkaufskonto** und der Umsatzsteuerbetrag auf dem **Vorsteuerkonto** jeweils im Soll und der Rechnungsbetrag auf dem Konto **Verbindlichkeiten aus Lieferungen und Leistungen** im Haben gebucht.

Buchungssatz:

Wareneinkauf
Vorsteuer
an Verbindlichkeiten aus Lieferungen und Leistungen

Bei **Warenverkäufen** werden die Bruttorechnungspreise auf dem Konto **Forderungen aus Lieferungen und Leistungen** und die Bruttobarpreise auf dem **Kassenkonto** im Soll gebucht. Auf dem **Warenverkaufskonto** oder **Erlöskonto** wird der Warenverkauf mit den Verkaufswerten erfaßt. Die in Rechnung gestellte oder die aus der Summe der Bruttobarpreise errechnete Umsatzsteuer wird auf dem **Umsatzsteuerkonto** im Haben gebucht.

Buchungssatz:
Forderungen aus Lieferungen und Leistungen/Kasse an Warenverkauf (Erlöse, Umsatzerlöse) an Umsatzsteuer

Beispiel
Stoffhändler S hat zu Anfang des Geschäftsjahrs 120 m Stoff im Lagerbestand, dessen Anschaffungskosten 45 DM/m betragen haben. Im Geschäftsjahr hat S folgende Posten eingekauft, bei denen die Anschaffungskosten ebenfalls 45 DM/m betragen haben:

1.	200 m x 45 DM	=	9000 DM
2.	280 m x 45 DM	=	12600 DM
3.	350 m x 45 DM	=	15750 DM
4.	170 m x 45 DM	=	7650 DM
5.	130 m x 45 DM	=	5850 DM
Gesamteinkauf	1130 m		50850 DM

Die Umsatzsteuer wurde von den Lieferanten jeweils gesondert in Rechnung gestellt. Sie beträgt insgesamt 15% · 50850 DM = 7628 DM und wurde vom Unternehmer S auf dem Vorsteuerkonto im Soll gebucht. Die Bruttorechnungsbeträge von 58478 DM (50850 DM + 7628 DM) wurden auf dem Konto Verbindlichkeiten aus Lieferungen und Leistungen im Haben gebucht.
S hat an Stoffverarbeitungsunternehmen folgende Posten geliefert:

1.	160 m zum Verkaufspreis von 60 DM/m	=	9600 DM
2.	230 m zum Verkaufspreis von 63 DM/m	=	14490 DM
3.	180 m zum Verkaufspreis von 71 DM/m	=	12780 DM
4.	270 m zum Verkaufspreis von 58 DM/m	=	15660 DM
5.	120 m zum Verkaufspreis von 67 DM/m	=	8040 DM
	960 m zum Gesamtverkaufspreis von		60570 DM

Die Umsatzsteuer wurde von S den Kunden jeweils gesondert in Rechnung gestellt. Sie beträgt insgesamt 9086 DM (60570 DM · 15%). S hat sie auf dem Umsatzsteuerkonto im Haben und die Summe der Bruttorechnungsbeträge von insgesamt 60570 DM + 9086 DM = 69656 DM auf dem Konto Forderungen aus Lieferungen und Leistungen im Soll gebucht.

In dem Beispiel hat der Unternehmer insgesamt 960 m Stoff verkauft, für die er insgesamt 960 m · 45 DM = 43200 DM bezahlt hat. Er hat also Waren in Höhe von 43200 DM Anschaffungskosten für den Verkauf eingesetzt. Dieser Einsatz von Waren für den Verkauf zu Anschaffungskosten heißt **Wareneinsatz**.

Wir merken uns:
Wareneinsatz ist die Summe der verkauften Waren zu Anschaffungskosten.

Beim Verkauf hat der Unternehmer insgesamt	60570 DM
erlöst. Er hat Waren zu Anschaffungskosten in Höhe von	– 43200 DM
eingesetzt.	
Die Differenz in Höhe von	17370 DM
ist der Gewinn aus Warenverkäufen.	

Wir machen uns klar:
Der Wareneinsatz ist die Summe der Waren zu Anschaffungskosten, die eingesetzt wurden, um die Erlöse aus Warenverkäufen zu erzielen. Wareneinsatz ist also der Aufwand an Waren zur Erzielung von Warenerlösen. Der Wareneinsatz ist somit ein Aufwandsposten.

Der Gewinn aus Warenverkäufen ist noch nicht der endgültige Gewinn, da noch Kosten wie Ladenmiete, Löhne, Abschreibungen, Versicherungen, Zinsen usw. aufgewendet werden müssen. Dieser vorläufige Gewinn heißt daher **Rohgewinn**.

Wir merken uns:
Rohgewinn ist der Gewinn aus Warenverkäufen.

Der Unternehmer hatte in dem Beispiel	
einen Warenanfangsbestand von 120 m · 45 DM =	5400 DM
Er hat hinzugekauft 1130 m · 45 DM =	50850 DM
Insgesamt hatte er also zur Verfügung:	
120 m + 1130 m = 1250 m zu Anschaffungskosten von	56250 DM
Der Unternehmer hat verkauft:	
960 m zu Anschaffungskosten von	– 43200 DM
Im Lager sind also nach den Verkäufen verblieben	
Waren zu Anschaffungskosten in Höhe von	13050 DM

Wenn im Geschäftsjahr keine weiteren Veränderungen im Warenbestand stattgefunden haben, hat der Warenendbestand des Unternehmers also einen Wert zu Anschaffungskosten in Höhe von 13050 DM.

Wir wollen das zum Warenverkehr bisher Gelernte **zusammenfassen**:

1. Die **Warenerlöse** werden zu (Netto-)Verkaufspreisen erfaßt.
2. Hiervon werden die für den Verkauf eingesetzten Waren zu Anschaffungskosten **(Wareneinsatz)** subtrahiert.
3. Die Differenz ergibt den Gewinn aus Warenumsätzen, den **Rohgewinn**.

In unserem Beispiel wurde der **Wareneinsatz** ermittelt, indem jeder verkaufte Warenposten mengenmäßig festgehalten und der zum Verkauf eingesetzte Betrag an Waren zu Anschaffungskosten durch Multiplikation der verkauften Warenmenge mit den Anschaffungskosten pro Einheit ermittelt wurde.
In der Praxis ist es zu zeitaufwendig und oft auch nicht möglich, jede verkaufte Warenmenge zu Anschaffungskosten zu erfassen. Die Unternehmer gehen daher einen anderen Weg zur Ermittlung des Wareneinsatzes.

In dem Beispiel ergab sich der **Warenendbestand:**

	Warenanfangsbestand
+	Warenzugänge
–	Wareneinsatz
=	Warenendbestand

Durch Umstellung dieser Rechnung ergibt sich der **Wareneinsatz**:

	Warenanfangsbestand
+	Warenzugänge
	Warenendbestand
=	Wareneinsatz

Der Warenanfangsbestand ist der Warenendbestand des Vorjahrs. Er wird also aus der Schlußbilanz des vorangegangenen Geschäftsjahrs entnommen. Die Warenzugänge ergeben sich aus der Buchführung. Der Warenendbestand muß durch Inventur ermittelt werden. Dann läßt sich der Wareneinsatz rechnerisch ermitteln.

5.2 Ungeteiltes Warenkonto

Wie wir in Abschnitt 2.3 gesehen haben, gehören die Waren zu den Vermögensgegenständen. Der Warenendbestand des Vorjahres ist also ein Aktivposten der Bilanz. Er wird mithin als Anfangsbestand auf einem Aktivkonto der

laufenden Buchführung übernommen. Das Warenkonto, das diesen Posten aufnimmt, ist daher ein **Aktivkonto**.
Wie wir in Abschnitt 3.2 gesehen haben, werden der Anfangsbestand und die Zugänge auf einem Aktivkonto im Soll, die Abgänge und der Endbestand im Haben gebucht. Zugänge auf dem Warenkonto sind die Wareneinkäufe, Abgänge die Warenverkäufe.

Aufgabe 17

Bilden Sie zu den Geschäftsvorfällen des Beispiels in Abschnitt 5.1 die Buchungssätze. Fassen Sie dabei aber alle Wareneinkäufe und Warenverkäufe in einer Buchung zusammen. Buchen Sie dann auf einem Warenkonto und auf den Gegenkonten
- Vorsteuerkonto,
- Verbindlichkeiten aus Lieferungen und Leistungen,
- Umsatzsteuerkonto,
- Forderungen aus Lieferungen und Leistungen.

Lösung

Buchungssätze:

1. Wareneinkauf 50850 DM,
   Vorsteuer 7628 DM
   an Verbindlichkeiten aus Lieferungen und Leistungen 58478 DM.
2. Forderungen aus Lieferungen und Leistungen 69656 DM
   an Warenverkauf 60570 DM
   an Umsatzsteuer 9086 DM.

S — Warenkonto — H

S		H	
AB	5400	Abg.	60570
Zug.	50850	EB	13050
Saldo	17370		
	73620		73620

S — Vorsteuer — H

S	H
7628	

S — Umsatzsteuer — H

S	H
	9086

S — Verbindlichkeiten aus Liefer. und Leist. — H

S	H
	58478

S — Forderungen aus Liefer. und Leist. — H

S	H
69656	

Wir wollen die Gegenkonten des Warenkontos einmal außer Betracht lassen und nur das Warenkonto untersuchen.
Auf der **Sollseite** wurden gebucht:
- der Anfangsbestand zu Anschaffungskosten,
- die Wareneinkäufe als Zugänge zu Anschaffungskosten.

Auf der **Habenseite** wurden gebucht:
- die Warenverkäufe als Abgänge zu Verkaufspreisen,
- der Endbestand zu Anschaffungskosten.

Durch Vergleich des Betrags des Saldos mit den Ausführungen in Abschnitt 5.1 ergibt sich: Der Saldo des Warenkontos stellt den **Rohgewinn** dar. Der Rohgewinn ist ein Ertragsposten. Er wird beim Abschluß der Buchführung auf dem Gewinn- und Verlustkonto gegengebucht. Der Warenbestand wird auf dem Schlußbilanzkonto gegengebucht.

Das ungeteilte Warenkonto wird also nach folgendem Muster geführt:

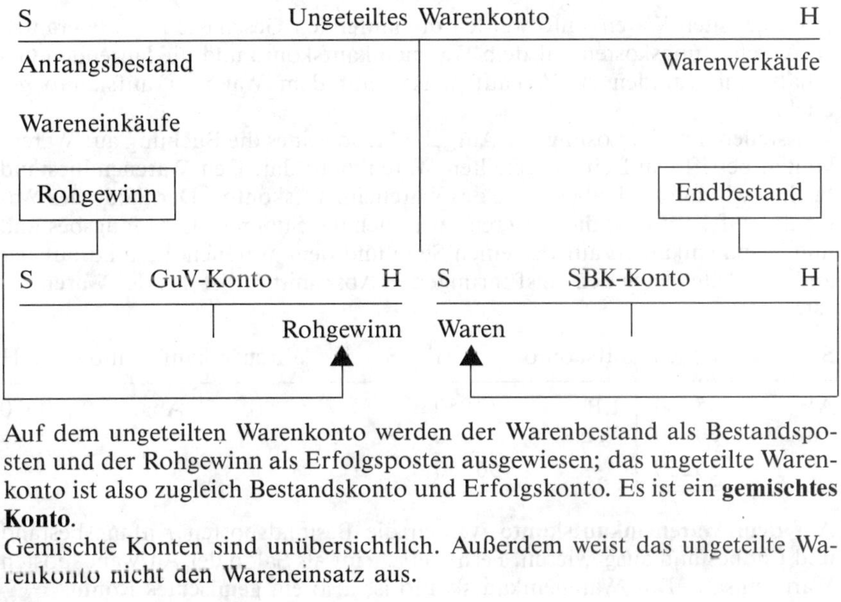

Auf dem ungeteilten Warenkonto werden der Warenbestand als Bestandsposten und der Rohgewinn als Erfolgsposten ausgewiesen; das ungeteilte Warenkonto ist also zugleich Bestandskonto und Erfolgskonto. Es ist ein **gemischtes Konto.**
Gemischte Konten sind unübersichtlich. Außerdem weist das ungeteilte Warenkonto nicht den Wareneinsatz aus.

5.3 Geteiltes Warenkonto

Wegen der Nachteile, die ein ungeteiltes Warenkonto als gemischtes Konto hat, werden die Warengeschäfte auf einem geteilten Warenkonto gebucht. Hierbei werden zwei Warenkonten eingerichtet:

- ein **Wareneinkaufskonto** als Bestandskonto und
- ein **Warenverkaufskonto** als Erfolgskonto.

Beide Konten werden nach folgendem Muster geführt:

S Wareneinkaufskonto	H	S Warenverkaufskonto	H
Anfangsbestand	Rücksendungen an Lieferanten	Rücksendungen von Kunden	Warenverkäufe
Wareneinkäufe	Preisnachlässe von Lieferanten	Preisnachlässe an Kunden	

Verkehr mit Lieferanten zu Anschaffungskosten

Verkehr mit Kunden zu Verkaufspreisen

Beim geteilten Warenkonto werden die laufenden Geschäfte mit Lieferanten zu Anschaffungskosten auf dem Wareneinkaufskonto und die laufenden Geschäfte mit Kunden zu Verkaufspreisen auf dem Warenverkaufskonto gebucht.
Wir stellen nun die Lösung der Aufgabe 17, soweit es die Buchung auf Warenkonten betrifft, auf einem geteilten Warenkonto dar. Den Warenendbestand buchen wir auf der Haben-Seite des Wareneinkaufskontos. Der Saldo des Wareneinkaufskontos ist die Differenz zwischen der Summe aus Anfangsbestand und Wareneinkäufen auf der einen Seite und dem Warenendbestand auf der anderen Seite. Nach den Ausführungen in Abschnitt 5.1 ist das der **Wareneinsatz**.

S Wareneinkaufskonto			H
AB	5400	EB	13050
Zug.	50850	WES	43200
	56250		56250

S Warenverkaufskonto			H
		Abg.	60570

Auf dem **Wareneinkaufskonto** werden die Bestandsposten Anfangsbestand und Endbestand ausgewiesen. Ferner erscheint als Saldo der Aufwandsposten Wareneinsatz. Das Wareneinkaufskonto ist also ein **gemischtes Konto**.
Auf der Haben-Seite des **Warenverkaufskontos** werden die Warenverkäufe, die Erträge aus Warenumsätzen, ausgewiesen. Auf der Soll-Seite werden gegengebucht die Rücksendungen der Kunden und die den Kunden gewährten Preisnachlässe. Wird nach Buchung dieser Beträge saldiert, ergeben sich auf dem Warenverkaufskonto die endgültig erzielten Warenerlöse. Das ist der **wirtschaftliche Umsatz**. Im Jahresabschluß von Kapitalgesellschaften heißt dieser

Betrag: **Umsatzerlöse.** Es ist ein Ertragsposten. Das Warenverkaufskonto ist also ein reines **Erfolgskonto.**
Das **Wareneinkaufskonto** hat folgende Posten:

S	Wareneinkauf H
Anfangsbestand	Rücksendungen an Lieferanten
Zugänge	Preisnachlässe der Lieferanten
	Endbestand
	Wareneinsatz

Der Anfangsbestand ist der Schlußbestand oder Endbestand des vorangegangenen Geschäftsjahrs. Er wurde bei den Eröffnungsbuchungen des laufenden Geschäftsjahrs als Anfangsbestand auf dem Wareneinkaufskonto übernommen. Die Zugänge, die Rücksendungen an die Lieferanten und die Preisnachlässe der Lieferanten ergeben sich aus der laufenden Buchführung. Der Endbestand wird durch Inventur ermittelt. Der Wareneinsatz ergibt sich dann als Saldo des Wareneinkaufskontos. Aus dem obigen Schaubild des Wareneinkaufskontos läßt sich auch die Formel zur Ermittlung des Wareneinsatzes ableiten. Sie fangen auf der Soll-Seite des Wareneinkaufskontos an und erhalten schließlich als Restbetrag den **Wareneinsatz:**

Ermittlung des Wareneinsatzes
Anfangsbestand
+ Zugänge
– Rücksendungen an die Lieferanten
– Preisnachlässe der Lieferanten
– Endbestand
= Wareneinsatz

Diese Formel sollen Sie nicht auswendiglernen. Es ist sinnvoller, wenn Sie sich das Bild des Wareneinkaufskontos einprägen und die Formel hieraus ableiten.

5.4 Rücksendungen und Preisnachlasse

5.4.1 Wandlung und Minderung

Nach anerkannter **Mängelrüge** werden Waren vom Empfänger an den Lieferer zurückgeschickt (Wandlung) oder es wird der Kaufpreis gemindert (Minderung). Wandlung oder Minderung kann auch aus Kulanzgründen gewährt werden.

Bei einer Wandlung wird das Geschäft lediglich storniert. Eine Minderung wird in der Regel aufgrund einer Gutschrift des Lieferers gebucht.
Bei einer **Wandlung** wird die Lieferung rückgängig gemacht. Es buchen also:
- Lieferungsempfänger:
  Verbindlichkeiten aus Lieferungen und Leistungen,
  an Wareneinkauf
  an Vorsteuer
- Lieferer:
  Warenverkauf,
  Umsatzsteuer
  an Forderungen aus Lieferungen und Leistungen.

Bei einer **Minderung** wird der Kaufpreis herabgesetzt. Kaufpreis ist der vom Empfänger der Lieferung dem Liefernden geschuldete Betrag. Bei Käufen auf Rechnung ist das der Rechnungsbetrag. Hier wird also der Rechnungsbetrag gemindert. Der Lieferer mindert seine Forderung aus Lieferung und der Lieferungsempfänger seine Verbindlichkeit aus Lieferung jeweils um den gewährten Preisnachlaß.

Beispiel
L hat an K Waren geliefert und folgende Rechnung erteilt:

Warenwert	1400 DM
Umsatzsteuer 15%	210 DM
Rechnungsbetrag	1610 DM

K macht Mängel geltend und L gewährt ihm daraufhin einen Preisnachlaß in Höhe von 200 DM.

Bei Lieferung haben L und K gebucht:

L:	Forderungen aus Lieferungen und Leistungen	1610 DM
	an Warenverkauf	1400 DM
	an Umsatzsteuer	210 DM
K:	Wareneinkauf	1400 DM
	Vorsteuer	210 DM
	an Verbindlichkeiten aus Lieferungen und Leistungen	1610 DM

Durch den Preisnachlaß reduzieren sich die Forderungen des L und die Verbindlichkeit des K jeweils um 200 DM. Entsprechend ermäßigt sich die Bemessungsgrundlage für die Umsatzsteuer. Daher müssen L den geschuldeten Steuerbetrag und K den in Anspruch genommenen Vorsteuerabzug entsprechend berichtigen (§ 17 Abs. 1 Satz 1 UStG).
Ermäßigt wurde das Bruttoentgelt um 200 DM. Hierin sind $\frac{15}{115}$ Umsatzsteuer enthalten[1].

[1] Siehe Abschnitt 4.2.

Umsatzsteuer: 200 DM $\cdot \frac{15}{115}$ = 26,09 DM.

Nettobetrag: 200 DM – 26,09 DM = 173,91 DM.

Der Preisnachlaß wird also bei L und K wie folgt gebucht:

L:	Warenverkauf	173,91 DM
	Umsatzsteuer	26,09 DM
	an Forderungen aus Lieferungen und Leistungen	200,00 DM
K:	Verbindlichkeiten aus Lieferungen und Leistungen	200,00 DM
	an Wareneinkauf	173,91 DM
	an Vorsteuer	26,09 DM

5.4.2 Skonto

Oft räumen Lieferanten bei Zahlung innerhalb einer bestimmten Frist einen Skontoabzug ein.

Beispiel

Eingangsrechnung:

250 m^3 ...-Holz zu je 43,00 DM	10 750,00 DM
15% USt	1 612,50 DM
Gesamtbetrag	12 362,50 DM

Zahlbar in 2 Monaten netto, binnen 2 Wochen 2% Skonto.

Skonto ist Rechnungsabzug des Kunden für Zahlung innerhalb einer bestimmten Frist. Zahlt der Kunde innerhalb der Frist, zieht er den Skonto ab. Gebucht wird also die Forderung zunächst in voller Höhe und der Skonto erst bei Bezahlung.

Bei Eingang der Lieferantenrechnung bucht der Kunde:

Wareneinkauf	10 750,00 DM
Vorsteuer	1 612,50 DM
an Verbindlichkeiten aus Lieferungen und Leistungen	12 362,50 DM

Skonto ist Minderung des Rechnungsbetrags. Bei fristgemäßer Zahlung kann daher der Kunde den Forderungsbetrag um 2% kürzen:

2% · 12 362,50 DM = 247,25 DM.

Bei Zahlung innerhalb von 2 Wochen bucht der Kunde die in Anspruch genommenen Skonti zunächst auf einem Konto „Skontoerträge“:

Verbindlichkeiten aus Lieferungen und Leistungen	12 362,50 DM
an Bank	12 115,25 DM
an Skontoertrag	247,25 DM

Durch die Inanspruchnahme von Skonto hat sich die Bemessungsgrundlage für den steuerpflichtigen Umsatz gemindert. Deshalb ist der hierfür in Anspruch genommene **Vorsteuerabzug entsprechend zu berichtigen** (§ 17 Abs. 1

Nr. 2 UStG). Da der Bruttorechnungsbetrag um den Skonto ermäßigt wurde, ist die Vorsteuer um 32,25 DM ($\frac{15}{115}$ x 247,25 DM) zu mindern.

Skontoertrag	32,25 DM
an Vorsteuer	32,25 DM

Vorsteuer und Skontoertrag werden also gemindert:
Vorsteuer: 1612,50 DM – 32,25 DM = 1580,25 DM,
Skontoertrag: 247,25 DM – 32,25 DM = 215,00 DM.

Über die Inanspruchnahme von Skonto wird in der Regel unmittelbar nach Waren- und Rechnungseingang entschieden.
Betrachten wir nun den Skonto nur aus der Sicht des Lieferungsempfängers, den wir K nennen wollen. In dem vorstehenden Beispiel hat K die Eingangsrechnung gebucht:

S	Wareneinkauf		H
1)	10750,00		

S	Verbindlichk. aus Lief.		H
		1)	12362,50

S	Vorsteuer		H
1)	1612,50		

Bei Zahlung der Rechnung unter Inanspruchnahme von Skonto bucht K:

S	Bank		H
		2)	12115,25

S	Verbindlichk. aus Lief.		H
2)	12362,50		

S	Skontoertrag		H
		2)	247,25

Wie wir gesehen haben, hat der Skonto die Lieferantenverbindlichkeit gemindert und damit auch die Bemessungsgrundlage für die Vorsteuer. Der die Vorsteuer mindernde Betrag von 32,25 DM ist daher zu buchen:

S	Skontoertrag		H
3)	32,25	2)	247,25
Saldo	215,00		
	247,25		247,25

S	Vorsteuer		H
1)	1612,50	3)	32,25

Auf dem Wareneinkaufskonto wurden die Vorräte bei der Lieferung mit ihren Anschaffungskosten in Höhe von 10750,00 DM gebucht. Der Skontoabzug mindert die Anschaffungskosten[2]. Die Minderung findet erst mit Inanspruchnahme des Skontoabzugs statt. Sie wirkt nicht auf den Zeitpunkt der Anschaffung zurück. Die Anschaffungskosten von Vorräten entsprechen daher im Zeitpunkt der Anschaffung dem vereinbarten und nicht dem um einen möglichen Skontoabzug geminderten Kaufpreis. Sie mindern sich weder zum Anschaffungszeitpunkt noch zum nachfolgenden Bilanzstichtag um einen möglichen Skontoabzug, wenn vom Skontoabzug nicht bis zum nachfolgenden Bilanzstichtag Gebrauch gemacht worden ist[3].

Gehen wir einmal davon aus, daß der in dem Ausgangsbeispiel eingekaufte Posten am Bilanzstichtag noch vorhanden ist und gleichzeitig auch den Endbestand auf dem Vorratskonto darstellt. Ferner unterstellen wir, daß der Lieferungsempfänger K die Eingangsrechnung bis zum Bilanzstichtag bezahlt hat.

Wie wir gesehen haben, mindert der Skontoabzug die Anschaffungskosten. Hier wurde Skonto bis zum folgenden Bilanzstichtag abgezogen. Die betreffenden Vorräte sind auch am Abschlußstichtag noch vorhanden. Lieferungsempfänger K bucht daher:

S	Wareneinkauf		H	S	Skontoertrag		H
1)	10750,00	4)	215,00	3)	32,25	2)	247,25
			10535,00	4)	215,00		
	10750,00		10750,00		247,25		247,25

Der Saldo auf dem Wareneinkaufskonto ist hier der Warenendbestand. Dieser hat sich um den Skontoertrag gemindert.

Wird Skonto erst nach dem Bilanzstichtag in Anspruch genommen, so wird er als Ertrag erst im folgenden Geschäftsjahr gebucht. Er wirkt sich auch nicht auf den Endbestand aus.

Sind im folgenden Geschäftsjahr die Vorräte ausgeliefert, bevor Skonto abgezogen worden ist, so ist kein Bestand mehr vorhanden, dessen Anschaffungskosten gemindert werden können. Dann kann der Skontoabzug sich auch nicht mindernd auf die Anschaffungskosten auswirken. Solange also während des Geschäftsjahrs laufend Skontoabzüge in Anspruch genommen werden

[2] Clemm/Nonnenmacher in: Beck Bil-Komm. § 253 Rdn. 99.
[3] BFH, Urt. v. 27.2.1991 I R 176/84, BStBl. 1991 II S. 456.

und die Vorräte, auf die sich die Abzüge beziehen, laufend verkauft und ausgeliefert werden, wirken sich die Skontoabzüge nicht mindernd auf die Anschaffungskosten aus. Bei der Auslieferung stellen die ungeminderten Anschaffungskosten Wareneinsatz und damit Aufwand dar. Der Skontoabzug ist auf der anderen Seite für den Lieferungsempfänger Ertrag. Im Ergebnis wird daher der Wareneinsatz als Aufwand um den Skontoabzug als Ertrag gemindert. Daher sollte das Konto Skontoertrag nicht über Wareneinkaufskonto, sondern über Gewinn- und Verlustkonto abgeschlossen werden.

Erst zum Jahresabschluß kann es sich auswirken, wenn im abgelaufenen Geschäftsjahr in Anspruch genommener Skonto nicht insoweit berücksichtigt wird, als er auf vorhandene Bestände entfällt.

Beispiel
K hat die Skontierträge im Laufe des Geschäftsjahrs auf dem Konto Skontoertrag gebucht. Der Endbestand der Waren beträgt zu Einstandspreisen 75 000 DM. Hierzu gehört ein Warenposten in Höhe von 40 000 DM, den K im abgelaufenen Geschäftsjahr unter Inanspruchnahme von 2% Skonto (40 000 DM x 2% = 800 DM) bezahlt hat. Die Anschaffungskosten dieser Waren betragen also 40 000 DM – 800 DM = 39 200 DM. Der Warenendbestand beträgt daher zu Anschaffungskosten: 35 000 DM + 39 200 DM = 74 200 DM.

Angenommen, Wareneinkaufskonto und Konto Skontoertrag haben zum Bilanzstichtag folgendes Bild:

S	Wareneinkauf		H
AB	85 000	EB	74 200
Zug.	750 000	WES	760 800
	835 000		835 000

S	Skontoertrag		H
Saldo	1 800		300
			450
			250
			800
	1 800		1 800

Der letzte Posten auf dem Konto „Skontoertrag“ in Höhe von 800 DM wurde beim Warenendbestand bei den Anschaffungskosten gemindert, da der Warenposten am Bilanzstichtag noch vorhanden war. Um diesen Betrag hat sich der Wareneinsatz erhöht und damit der Rohgewinn des abgelaufenen Geschäftsjahrs gemindert. Der auf den Warenendbestand entfallende Skontoertrag ist also im Ergebnis neutralisiert worden. Im folgenden Geschäftsjahr ist der Warenanfangsbestand um den Betrag von 800 DM niedriger, der Wareneinsatz dieses Jahres also ebenfalls um 800 DM niedriger. Damit wirkt sich der auf den Warenendbestand entfallende Skontoabzug im folgenden Jahr aufwandsmindernd und damit erfolgserhöhend aus. Er ist also im Ergebnis Ertrag des folgenden Geschäftsjahrs.

> **Es ist also festzuhalten:**
>
> Der Skontoabzug ist für den Lieferungsempfänger laufender Ertrag und damit auf dem Konto „Skontoertrag" zu buchen.
>
> Zum Jahresabschluß ist das Konto „Skontoertrag" über Gewinn- und Verlustkonto abzuschließen.
>
> Soweit im abgelaufenen Geschäftsjahr geltend gemachte Skontoabzüge auf Vorräte entfallen, die am Bilanzstichtag zum Endbestand gehören, sind die Anschaffungskosten der im Endbestand ausgewiesenen Vorräte zu mindern.

5.4.3 Rabatt

Rabatt ist ein Nachlaß auf den Verkaufspreis oder Werklohn. Er wird gewährt als prozentualer Abzug oder Sonderpreis unter bestimmten Voraussetzungen.

Arten der Rabatte
– Barzahlungsrabatte, – Mengenrabatte und Treuerabatte, – Handelsrabatte (Wiederverkäuferrabatte)

Rabatte werden gewährt:
- **Barzahlungsrabatte**, weil in bar gezahlt wird,
- **Mengenrabatte**, weil eine bestimmte Menge abgenommen wird,
- **Treuerabatte** wegen langjähriger Geschäftsverbindung,
- **Wiederverkäuferrabatte** den Wiederverkäufern, wenn Bruttoverkaufspreise vom Lieferanten vorgeschrieben werden (z. B. Verlage schreiben den Buchhändlern die Verkaufspreise für Bücher vor).

Der Rechnungsbetrag wird von vornherein gemindert oder es wird die gelieferte Warenmenge ohne Berechnung in Form eines Naturalrabatts erhöht. Daher werden die Rabatte in der Buchführung nicht erfaßt. Sie werden bereits in der Rechnung abgesetzt. Gebucht wird nur der Restbetrag.

Beispiel

K bekommt von L folgende Rechnung:

4000 Flaschen Wein „Traubengold“ je 5 DM	20000 DM
– 10% Mengenrabatt	2000 DM
	18000 DM
Umsatzsteuer 15%	2700 DM
Rechnungsbetrag	20700 DM

Nach unseren Lieferungsbedingungen sind der Lieferung 100 Gratisflaschen beigefügt.

K bucht:

Wareneinkauf	18000 DM
Vorsteuer	2700 DM
an Verbindlichkeiten aus Lieferungen und Leistungen	20700 DM

Die Anschaffungskosten betragen 18000 DM. Hierfür wurden K geliefert: 4000 in Rechnung gestellte Flaschen und 100 Gratisflaschen. Die Anschaffungskosten pro Flasche betragen also:
18000 DM : 4100 = 4,39 DM.

5.4.4 Bonus

Boni sind Preisnachlässe, die an bestimmte Voraussetzungen geknüpft sind und nachträglich gewährt werden. Üblicherweise werden sie für die Abnahme bestimmter Mindestmengen im Geschäftsjahr gewährt, oft gestaffelt nach Umsatzhöhe.

Beispiel

L gewährt seinen Kunden einen Umsatzbonus, wenn sie im vergangenen Geschäftsjahr eine bestimmte Gesamtwarenmenge abgenommen haben, und zwar:
1% bei einem Jahresumsatz von mehr als 1000000 DM,
2% bei einem Jahresumsatz von mehr als 3000000 DM.
Kunde K hat im vergangenen Geschäftsjahr für 5000000 DM Waren bezogen.

L bucht bei Lieferung:

Forderungen aus Lieferungen und Leistungen	5750000 DM
an Warenverkauf	5000000 DM
an Umsatzsteuer	750000 DM

Nach Abrechnung des Kundenkontos wird dem Kunden der Bonus gutgeschrieben.

Abrechnung:

Gesamtbetrag der Umsätze	5000000 DM
Bonus 2% von 5000000 DM	100000 DM
Umsatzsteuer 15% von 100000 DM	15000 DM

Beim **Lieferer** betrifft der Bonus den Umsatz des abgelaufenen Geschäftsjahrs. Die Bonusbuchung ist also bei den Abschlußbuchungen durchzuführen. Hierbei werden die Forderungen aus Lieferungen und Leistungen um den Bonusbetrag einschließlich Umsatzsteuer gekürzt. Das Entgelt wird gemindert und somit die Bemessungsgrundlage für die Umsatzsteuer. Die auf den Bonus entfallende Umsatzsteuer wird daher von der Umsatzsteuerschuld gemindert. Es handelt sich um einen Preisnachlaß, der die Umsatzerlöse mindert.

Buchung:

1. Beim Jahresabschluß

Warenverkauf	100000 DM
Umsatzsteuer	15000 DM
an Bonusverbindlichkeit	115000 DM

2. Bei Abrechnung des Kundenkontos im nächsten Jahr

Bonusverbindlichkeit	115000 DM
an Forderungen aus Lieferungen und Leistungen	115000 DM

Für den **Abnehmer** der Warenlieferungen mindern die erhaltenen Boni die Anschaffungskosten der Waren. Wenn der Bonus im folgenden Geschäftsjahr gewährt wird, sind die eingekauften Waren, auf die der Bonus entfällt, zum größten Teil bereits verkauft und ausgeliefert. Deren Anschaffungskosten können nicht mehr gemindert werden. Der Bonus kann daher nur noch insoweit anschaffungspreismindernd berücksichtigt werden, als sich die Waren noch im Endbestand befinden[4].

Beispiel

Unternehmer K erhält von seinem Lieferanten L am 25.1.02 eine Bonusgutschrift in Höhe von 3500 DM zuzüglich 15% Umsatzsteuer (525 DM), insgesamt also: 4025 DM, für die Abnahme einer Mindestwarenmenge im Jahr 01. Die Waren, auf die sich die Bonusgutschrift bezieht, hat K bereits ausgeliefert.

Buchung des K:

– Bei den Abschlußbuchungen für das Jahr 01:

Sonstige Forderung	4025 DM
an Bonusertrag	3500 DM
an Vorsteuer	525 DM

– Bei Überweisung des Gutschriftbetrags im Jahr 02:

Bank	4025 DM
an sonstige Forderung	4025 DM

[4] Pankow/Schmidt/Wendt in: Beck Bil-Komm. § 255 HGB Rdn. 62.

5.4.5 Buchung von Rücksendungen und Preisnachlässen auf den Warenkonten

Aufgabe 18

Wir gehen von den Geschäftsvorfällen in Aufgabe 17 aus. Diese wurden schließlich auf einem geteilten Warenkonto gebucht. Die mit den Warengeschäften zusammenhängenden Konten haben also folgenden Stand:

S	Wareneinkaufskonto		H
AB	5400	EB	13050
1) Zug.	50850	WES	43200
	56250		56250

S	Warenverkaufskonto		H
		2) Abg.	60570

S	Vorsteuer		H
1)	7628		

S	Umsatzsteuer		H
		2)	9086

S	Verbindlichkeiten aus Liefer. und Leist.		H
		1)	58478

S	Forderungen aus Liefer. und Leist.		H
2)	69656		

Es sind zusätzlich folgende Geschäfte angefallen:

3. Rücksendungen an Lieferanten 1200 DM.
4. Preisnachlässe von Lieferanten 800 DM.
5. Rücksendungen von Kunden 1700 DM.
6. Preisnachlässe an Kunden 600 DM.

Die Beträge der Geschäftsvorfälle 3 bis 6 sind die Bruttorechnungsbeträge. Formulieren Sie die Buchungssätze und buchen Sie dann die Geschäftsvorfälle auf den vorstehend aufgeführten Konten.

Lösung

Aus den Bruttobeträgen ist zunächst die Umsatzsteuer herauszurechnen. Da sich die Entgelte für die Umsätze geändert haben, ist entsprechend die hierauf entfallende Vorsteuer und Umsatzsteuer gemäß § 17 Abs. 1 Satz 1 UStG zu berichtigen.

Zu 3: $1200 \text{ DM} \cdot \frac{15}{115} = 156{,}52 \text{ DM}$

$1200 \text{ DM} - 156{,}52 \text{ DM} = 1043{,}48 \text{ DM}$

Zu 4: $800 \text{ DM} \cdot \frac{15}{115} = 104{,}35 \text{ DM}$

$800 \text{ DM} - 104{,}35 \text{ DM} = 695{,}65 \text{ DM}$

Zu 5: $1700\ \text{DM} \cdot \frac{15}{115} = 221{,}74\ \text{DM}$

$1700\ \text{DM} - 221{,}74\ \text{DM} = 1478{,}26\ \text{DM}$

Zu 6: $600\ \text{DM} \cdot \frac{15}{115} = 78{,}26\ \text{DM}$

$600\ \text{DM} - 78{,}26\ \text{DM} = 521{,}74\ \text{DM}$

Buchungssätze:

3. Verbindlichkeiten aus Lieferungen und Leistungen	1200,00 DM
an Wareneinkauf	1043,48 DM
an Vorsteuer	156,52 DM
4. Verbindlichkeiten aus Lieferungen und Leistungen	800,00 DM
an Wareneinkauf	695,65 DM
an Vorsteuer	104,35 DM
5. Warenverkauf	1478,26 DM
Umsatzsteuer	221,74 DM
an Forderungen aus Lieferungen und Leistungen	1700,00 DM
6. Warenverkauf	521,74 DM
Umsatzsteuer	78,26 DM
an Forderungen aus Lieferungen und Leistungen	600,00 DM

Buchungen:

S	Wareneinkaufskonto		H
AB	5400,00	EB	13050,00
1)	50850,00	3)	1043,48
		4)	695,65

S	Warenverkaufskonto		H
5)	1478,26	2)	60570,00
6)	521,74		

S	Vorsteuer		H
1)	7628,00	3)	1043,48
		4)	104,35

S	Umsatzsteuer		H
5)	221,74	2)	9086,00
6)	78,26		

S	Verbindlichkeiten aus Liefer. und Leist.		H
3)	1200,00	1)	58478,00
4)	800,00		

S	Forderungen aus Liefer. und Leist.		H
2)	69656,00	5)	1700,00
		6)	600,00

5.5 Abschluß der Warenkonten

Es gibt zwei Verfahren zum Abschluß der Warenkonten,
- den **Nettoabschluß** und
- den **Bruttoabschluß**.

Nettoabschluß

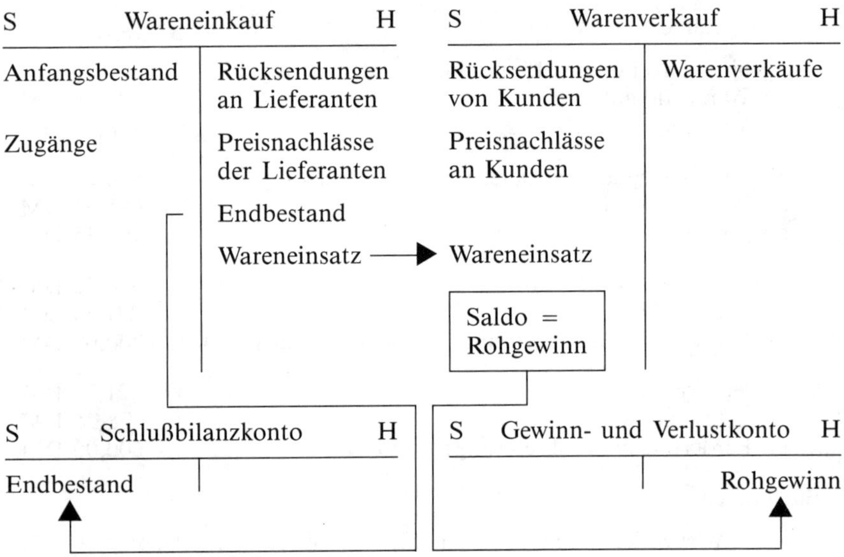

Beim **Nettoabschluß** wird
- der Wareneinsatz auf das Warenverkaufskonto gebucht durch die Buchung: Warenverkauf an Wareneinkauf;
- der Rohgewinn auf das Gewinn- und Verlustkonto gebucht durch die Buchung: Warenverkauf an Gewinn- und Verlustkonto;
- der Warenendbestand auf das Schlußbilanzkonto gebucht durch die Buchung: Schlußbilanzkonto an Wareneinkauf.

Es wird also nur der Rohgewinn als Nettobetrag auf das Gewinn- und Verlustkonto übernommen. Daher die Bezeichnung „Nettoabschluß“.

Bruttoabschluß

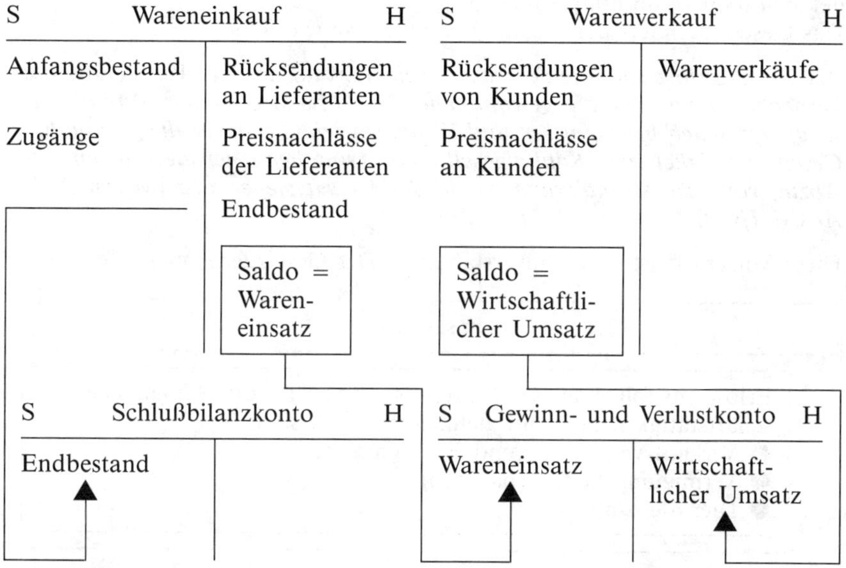

Beim **Bruttoabschluß** wird

- der Endbestand wie beim Nettoabschluß auf das Schlußbilanzkonto übernommen durch die Buchung: Schlußbilanzkonto an Wareneinkauf;
- der verbleibende Saldo des Wareneinkaufskontos, der Wareneinsatz, auf das Gewinn- und Verlustkonto übernommen durch die Buchung: Gewinn- und Verlustkonto an Wareneinkauf;
- der Saldo des Warenverkaufskontos, der sogenannte wirtschaftliche Umsatz, auf das Gewinn- und Verlustkonto übernommen durch die Buchung: Warenverkauf an Gewinn- und Verlustkonto.

Es werden also auf dem Gewinn- und Verlustkonto die beiden Posten Wareneinsatz und wirtschaftlicher Umsatz, die saldiert den Rohgewinn ergeben, brutto gebucht. Daher die Bezeichnung „Bruttoabschluß".

Der **wirtschaftliche Umsatz** ist der Saldo des Warenverkaufskontos. Es ist der Warenverkauf vermindert um die Rücksendungen der Kunden und die an die Kunden gewährten Preisnachlässe. Es ist also der Teil des mit Kunden durchgeführten Umsatzes, der endgültig in der Wirtschaft bleibt. Daher die Bezeichnung „wirtschaftlicher Umsatz".

Das Handelsgesetzbuch nennt diesen Posten **„Umsatzerlöse"**. Kapitalgesellschaften müssen diesen Posten in ihrer Gewinn- und Verlustrechnung ausweisen. Soweit es Handelsbetriebe sind, weisen sie also auf der Soll-Seite den

Wareneinsatz und auf der Haben-Seite die Umsatzerlöse aus. Für sie ist daher der Bruttoabschluß obligatorisch.
Das Gesetz definiert den Posten Umsatzerlöse wie folgt:

Als Umsatzerlöse sind die Erlöse aus dem Verkauf und der Vermietung oder Verpachtung von für die gewöhnliche Geschäftstätigkeit der Kapitalgesellschaft typischen Erzeugnissen und Waren sowie aus von für die gewöhnliche Geschäftstätigkeit der Kapitalgesellschaft typischen Dienstleistungen nach Abzug von Erlösschmälerungen und der Umsatzsteuer auszuweisen (§ 277 Abs. 1 HGB).

Diese Vorschrift ist etwas unverständlich. Der Gesetzgeber meint folgendes:

Umsatzerlöse	
	Erlöse aus folgenden Geschäften, soweit sie für die gewöhnliche Geschäftstätigkeit des Unternehmens typisch sind: ● Verkauf von Waren und Erzeugnissen, ● Vermietung und Verpachtung, ● Dienstleistungen
–	Erlösschmälerungen
–	Umsatzsteuer
=	Umsatzerlöse

Erlösschmälerungen sind die Rücksendungen und die Preisnachlässe.
Daß die **Umsatzsteuer** nicht als Ertragsbestandteil ausgewiesen werden darf, wird vom Gesetz lediglich klargestellt.

Aufgabe 19

Nach der Lösung von Aufgabe 18 haben die Warenkonten folgenden Stand:

S	Wareneinkaufskonto		H
AB	5 400,00	EB	13 050,00
1)	50 850,00	3)	1 043,48
		4)	695,65

S	Warenverkaufskonto		H
5)	1 478,26	2)	60 570,00
6)	521,74		

Der Warenendbestand beträgt aufgrund der Inventur 13 050 DM.
Schließen Sie die Warenkonten nach der Netto- und der Bruttomethode ab.

Lösung

Nettoabschluß:

S	Wareneinkaufskonto		H
AB	5 400,00	EB	13 050,00
1)	50 850,00	3)	1 043,48
		4)	695,65
		WES	41 460,87
	56 250,00		56 250,00

S	Warenverkaufskonto		H
5)	1 478,26	2)	60 570,00
6)	521,32		
WES	41 460,87		
RG	17 109,55		
	60 570,00		60 570,00

S	Schlußbilanzkonto		H
Waren	13 050,00		

S	Gewinn- und Verlustkonto		H
		RG	17 109,55

Bruttoabschluß:

S	Wareneinkaufskonto		H
AB	5 400,00	EB	13 050,00
1)	50 850,00	3)	1 043,48
		4)	695,65
		WES	41 460,87
	56 250,00		56 250,00

S	Warenverkaufskonto		H
5)	1 478,26	2)	60 570,00
6)	521,32		
WU	58 570,42		
	60 570,00		60 570,00

S	Schlußbilanzkonto		H
Waren	13 050,00		

S	Gewinn- und Verlustkonto		H
WES	41 460,87	WU	58 570,42

5.6 Rohgewinn

In Abschnitt 5.4 haben wir gesehen: Der Rohgewinn ist die Differenz zwischen dem wirtschaftlichen Umsatz (Umsatzerlöse) und dem Wareneinsatz.

Rohgewinn
Wirtschaftlicher Umsatz (Umsatzerlöse)
– Wareneinsatz
= Rohgewinn

Rohgewinn ist also die Handelsspanne zwischen den Warenverkäufen zu Verkaufspreisen und den Warenverkäufen zu Einkaufspreisen.
Der **Wareneinsatz** ergibt sich, wie wir in Abschnitt 5.3 gesehen haben:

  Anfangsbestand
\+ Zugänge
– Rücksendungen an die Lieferanten
– Preisnachlässe der Lieferanten
– Endbestand
= Wareneinsatz

Die Posten Anfangsbestand, Zugänge, Rücksendungen und Preisnachlässe ergeben sich aus der Buchführung und stehen daher beim Jahresabschluß fest. Der Endbestand wird durch Inventur ermittelt. Bei der Inventur wird der Endbestand mengen- und wertmäßig bestimmt. Werden Warenbestände bei der Inventur nicht erfaßt oder wird der Warenbestand zu niedrig bewertet, ist der Wareneinsatz entsprechend höher. Wird hingegen der Warenbestand zu hoch ausgewiesen, weil nicht vorhandene Waren ausgewiesen oder der Warenbestand zu hoch bewertet wird, ist der Wareneinsatz entsprechend zu niedrig. Durch Manipulierung des Warenendbestandes kann also der Wareneinsatz seiner Höhe nach beeinflußt werden.
Da Rohgewinn die Differenz zwischen dem wirtschaftlichen Umsatz und dem Wareneinsatz ist, kann durch einen zu hohen oder zu niedrigen Ausweis des Warenendbestandes ein entsprechend zu niedriger oder zu hoher Wareneinsatz und damit ein zu hoher oder zu niedrigerer Rohgewinn ausgewiesen werden.
Bei einem **Nettoabschluß** der Warenkonten kann daher ein gegenüber dem Vorjahr schlechteres Betriebsergebnis durch Ausweis eines höheren Rohgewinns geschönt werden, indem der Warenbestand entsprechend höher bewertet wird.
Werden aber die Warenkonten **brutto abgeschlossen** und wird mithin der wirtschaftliche Umsatz im Gewinn- und Verlustkonto und damit auch in der Gewinn- und Verlustrechnung ausgewiesen, dann ist ein geändertes Betriebsergebnis leicht an einer entsprechenden Änderung des wirtschaftlichen Umsatzes erkennbar. Bei einem Bruttoabschluß der Warenkonten läßt sich daher durch einen Vergleich der wirtschaftlichen Umsätze bzw. Umsatzerlöse aufeinanderfolgender Geschäftsjahre die wirtschaftliche Entwicklung eines Unternehmens erkennen. Da bei Kapitalgesellschaften die Anleger auf solche Erkenntnisse aufgrund der veröffentlichten Jahresabschlüsse angewiesen sind, ist hier der Bruttoabschluß gesetzlich durch §§ 275, 277 Abs. 1 HGB vorgeschrieben.
Bei Kenntnis der drei Größen wirtschaftlicher Umsatz, Wareneinsatz und Rohgewinn ist eine **Verprobung** des Betriebsergebnisses möglich. Zugrunde

gelegt werden bei der Verprobung der Rohgewinnsatz und der Rohgewinnaufschlagsatz.
Beim **Rohgewinnsatz** wird der Rohgewinn ins Verhältnis zum wirtschaftlichen Umsatz gesetzt.

$$\textbf{Rohgewinnsatz} = \frac{\text{Rohgewinn x 100}}{\text{wirtschaftlicher Umsatz}}$$

In Aufgabe 19 betrugen:

Wirtschaftlicher Umsatz	58 570,42 DM
Wareneinsatz	– 41 460,87 DM
Rohgewinn	17 109,55 DM

Der Rohgewinnsatz beträgt: 17 109,55 DM · 100/58 570,42 DM = 29,21%.
Aufgrund des Rohgewinnsatzes läßt sich der durch die Buchführung ausgewiesene wirtschaftliche Umsatz verproben.

Beispiel
Die Buchführung im Unternehmen U weist auf den Warenkonten die Ergebnisse wie in Aufgabe 19 aus. Im abgelaufenen Geschäftsjahr wurden Waren folgender vier Warengruppen verkauft:

Warengruppe	Einkaufspreis	Verkaufspreis	Gewinnspanne
1	9,80	16,50	6,70
2	3,50	6,50	3,00
3	7,40	11,50	7,10
4	11,50	17,80	6,30
	32,20	55,30	23,10

Der Einkaufspreis entspricht dem Wareneinsatz, die Gewinnspanne dem Rohgewinn und der Verkaufspreis dem wirtschaftlichen Umsatz. Aus Vereinfachungsgründen wird davon ausgegangen, daß die Umsätze der vier Warengruppen jeweils gleiche Anteile am Gesamtumsatz haben. Wir erhalten daher folgende Vergleichszahlen zum Rohgewinnsatz:

23,10 · 100/55,30 = 41,77%

Nach dem Ergebnis der Buchführung beträgt der Rohgewinnsatz 29,21%. Nach der Verprobung müßte er 41,77% betragen. Das ausgewiesene Betriebsergebnis liegt daher zu niedrig.
Dieser Vergleich des ausgewiesenen Betriebsergebnisses an Hand der im Betrieb festgestellten Preise heißt: **Innerer Betriebsvergleich**.
Außerdem gibt es den **äußeren Betriebsvergleich**. Hierbei werden die durch Richtsatzprüfungen der Finanzämter gefundenen amtlichen Richtsätze zum Vergleich herangezogen. Diese Richtsätze bestehen aus Rahmensätzen und ei-

nem Mittelsatz. Es wird also aus dem Durchschnitt der Einzelergebnisse aller durch Richtsatzprüfungen geprüften Betriebe einer bestimmten gewerblichen Klasse ein niedrigster und ein höchster Rahmensatz und ein Mittelsatz ermittelt.

Angenommen der Rohgewinnsatz nach Richtsätzen beträgt:

39 – 42 – 45.

Damit würde das durch den inneren Betriebsvergleich gefundene Ergebnis dem Mittelsatz des Richtsatzrahmens entsprechen, das ausgewiesene Betriebsergebnis aber unter dem unteren Rahmensatz liegen.

Es sind zwei Ursachen denkbar:

1. Der Umsatz ist verkürzt worden, d.h. niedriger ausgewiesen worden, als es den Verhältnissen entsprechen würde.
2. Der Warenendbestand ist zu niedrig ausgewiesen worden,
   a) mengenmäßig,
   b) wertmäßig oder
   c) mengen- und wertmäßig.

Angenommen, der Unternehmer U hat mit der Leitung einer Filiale einen Geschäftsführer betraut. Bei einer Überprüfung stellt er die Differenz beim Rohgewinnsatz fest. Das könnte aber auch ein Außenprüfer des Finanzamts bei einer Außenprüfung des Betriebs festgestellt haben.

Zunächst wird der Unternehmer oder der Außenprüfer die Inventur überprüfen. Ergibt sich hierbei, daß der Warenbestand zu niedrig ausgewiesen ist, wird der zutreffende Warenwert angesetzt. Ergibt sich dann immer noch eine Differenz oder können bei der Warenbestandsaufnahme und bei der Warenbewertung keine Fehler festgestellt werden, muß entsprechend der Umsatz verkürzt sein. Dann wird dem wirtschaftlichen Umsatz der Betrag hinzugesetzt, der nach dem inneren und äußeren Betriebsvergleich fehlt.

In dem vorstehenden Beispiel beträgt der Rohgewinnsatz nach dem inneren und äußeren Betriebsvergleich 42%.

$$\frac{\text{Rohgewinn} \cdot 100}{\text{wirtschaftlicher Umsatz}} = 42$$

RG: Rohgewinn
WU: wirtschaftlicher Umsatz
WES: Wareneinsatz

$$RG = WU - WES$$

$$\frac{(WU - WES) \cdot 100}{WU} = 42$$

Da der Warenbestand zutreffend ausgewiesen ist, wird von dem Wareneinsatz ausgegangen, wie er sich aus der Buchführung ergibt.

$$\frac{(WU - 41\,460{,}87) \cdot 100}{WU} = 42$$

WU soll gefunden werden, ist also unbekannt. Daher wird hierfür „x“ gesetzt.

$$\frac{(x - 41\,460{,}87) \cdot 100}{x} = 42$$

$$\frac{100x - 4\,146\,087}{x} = 42$$

$100x - 4\,146\,087 = 42x$
$100x - 42x = 4\,146\,087$
$58x = 4\,146\,087$
$x = 4\,146\,087/58$
$x = 71\,484{,}26$

Nach dem inneren und äußeren Betriebsvergleich müßte also der wirtschaftliche Umsatz im vorstehenden Beispiel betragen:	71 484,26 DM
In der Buchführung sind ausgewiesen	– 58 570,42 DM
Die Differenz in Höhe von	12 913,84 DM

wird also dem Betriebsergebnis hinzugerechnet.
Setzt man den Rohgewinn ins Verhältnis zum Wareneinsatz, so erhält man den Rohgewinnaufschlag in Prozenten, den **Rohgewinnaufschlagsatz**. Er heißt auch Kalkulationsaufschlag. Die Formel lautet:

$$\textbf{Rohgewinnaufschlagsatz} = \frac{\text{Rohgewinn} \cdot 100}{\text{Wareneinsatz}}$$

Beispiel
Im Betrieb des U betragen im Jahr 01 der wirtschaftliche Umsatz 350 000 DM, der Wareneinsatz 200 000 DM, der Rohgewinn also 150 000 DM.

Rohgewinnaufschlagsatz: 150 000 · 100/200 000 = 75%
U kalkuliert die Waren also im Durchschnitt mit einem Aufschlag von 75%. Wenn er z. B. einen Anzug für 200 DM eingekauft hat, wird mit einem Aufschlag von 200 DM · 75% = 150 DM kalkuliert. Der kalkulierte Verkaufspreis beträgt also: 200 DM + 150 DM = 350 DM.

5.7 Anschaffungskosten

Bei der Besprechung der Warenkonten (Abschnitte 5.2, 5.3) haben wir gesehen, daß die Zugänge auf dem Wareneinkaufskonto, die Wareneinkäufe, mit den Anschaffungskosten gebucht werden. Wir wollen hier näher untersuchen, welche Aufwendungen zu den Anschaffungskosten gehören und welche Umbuchungen daher beim Wareneinkaufskonto noch durchzuführen sind.

Anschaffungskosten sind die Aufwendungen, die geleistet werden, um einen Vermögensgegenstand zu erwerben und ihn in einen betriebsbereiten Zustand zu versetzen, soweit sie dem Vermögensgegenstand einzeln zugeordnet werden können. Zu den Anschaffungskosten gehören auch die Nebenkosten sowie die nachträglichen Anschaffungskosten. Anschaffungspreisminderungen sind abzusetzen (§ 255 Abs. 1 HGB).

Anschaffungskosten	
Aufwendungen	Einzelkosten + Nebenkosten + nachträgliche Anschaffungskosten – Preisminderungen
Anschaffungs-tatbestand	1. Erwerb eines Vermögensgegenstands und 2. Versetzung des Vermögensgegenstands in einen betriebsbereiten Zustand

Nebenkosten rechnen also auch zu den Anschaffungskosten,
- wenn sie in unmittelbarem Zusammenhang mit dem Erwerb des Vermögensgegenstandes und seiner Versetzung in einen betriebsbereiten Zustand stehen und
- soweit sie ihm als Einzelkosten direkt zugerechnet werden können.

Zu den Nebenkosten gehören:
- Kosten der Anlieferung, z. B. Frachten, Rollgelder, Transportversicherung, Speditionskosten, Wiegegelder, Anfuhr- und Abladekosten;
- Steuern und öffentliche Abgaben, z. B. Börsenumsatzsteuer, Eingangszölle, öffentliche Abgaben;
- Kosten des Einkaufs, z. B. Provisionen, Courtage, Maklergebühren.

Diese Anschaffungsnebenkosten werden zunächst auf Unterkonten zum Wareneinkaufskonto gebucht. Beim Jahresabschluß werden diese Unterkonten über Wareneinkaufskonto abgeschlossen. Hierdurch erhöht sich der Wareneinsatz des abgelaufenen Geschäftsjahrs. Aber auch beim Warenendbestand sind die Anschaffungsnebenkosten zu aktivieren. In der Praxis werden die auf den Unterkonten erfaßten Anschaffungsnebenkosten ins Verhältnis zu den Wareneinkäufen gesetzt. Um den so gefundenen Prozentsatz wird dann der Warenbestand erhöht.

Beispiel
Der Warenanfangsbestand des Unternehmers U betrug 50000 DM und die Wareneinkäufe betrugen im abgelaufenen Geschäftsjahr 700000 DM. Die Bezugskosten beliefen sich auf insgesamt 35000 DM. Durch Inventur wurde der Warenbestand in Höhe von 80000 DM ermittelt. Er ist um 5% (35000 · 100/700000), also um 1600 DM, zu erhöhen.

S	Wareneinkauf		H
AB	50000	EB	81600
Zug.	700000	WES	703400
BezK	35000		
	785000		785000

S	Bezugskosten		H
	35000	WEK	35000

Wir machen uns klar:

Die Bezugskosten haben auf das Betriebsergebnis folgende Auswirkung:

1. Durch die Buchung der Bezugskosten als zusätzliche Anschaffungskosten der Warenzugänge auf dem Wareneinkaufskonto wurde der Wareneinsatz um diesen Betrag erhöht.
2. Durch die Aktivierung der anteiligen Bezugskosten als zusätzliche Anschaffungskosten beim Warenendbestand wurde der Wareneinsatz entsprechend gemindert.
3. Der Wareneinsatz erhöht sich also um den Saldo zwischen den bei den Wareneinkäufen und den beim Warenendbestand gebuchten Bezugskosten. Um diesen Saldo ermäßigt sich der Rohgewinn.

5.8 Warenentnahmen

Entnimmt der Unternehmer Waren, so wird zunächst um diesen Betrag der Wareneinkauf storniert. Die Gegenbuchung erfolgt daher auf dem Wareneinkaufskonto.

Beispiel
Der Möbeleinzelhändler M entnimmt für private Zwecke ein Schlafzimmer. Der Einkaufspreis betrug 8000 DM. Die Wiederbeschaffungskosten zum Zeitpunkt der Entnahme betragen 8700 DM.

Das Betriebsvermögen wird um den auf das Schlafzimmer entfallenden Betrag gemindert. Da die Minderung aus privaten und damit außerbetrieblichen Gründen erfolgt, darf sie den Gewinn nicht mindern. Es handelt sich um eine Entnahme, die dem Betriebsvermögensunterschied wieder hinzuzurechnen ist[5].

Entnahmen des Steuerpflichtigen für sich, für seinen Haushalt oder für andere betriebsfremde Zwecke sind mit dem Teilwert anzusetzen (§ 6 Abs. 1 Nr. 4 Satz 1 EStG).

Im steuerrechtlichen Jahresabschluß sind also **Entnahmen** mit dem Teilwert anzusetzen.

Teilwert ist der Betrag, den ein Erwerber des ganzen Betriebs im Rahmen des Gesamtkaufpreises für das einzelne Wirtschaftsgut ansetzen würde; dabei ist davon auszugehen, daß der Erwerber den Betrieb fortführt (§ 6 Abs. 1 Nr. 1 Satz 3 EStG).

Teilwert
Teilwert ist der auf das einzelne Wirtschaftsgut entfallende Wert, der bei Unterstellung (Fiktion) folgender Voraussetzungen gefunden wird: 1. Der ganze Betrieb wird veräußert. 2. Es wird für den Betrieb ein Gesamtpreis bezahlt und der hierbei auf das einzelne Wirtschaftsgut entfallende Teilbetrag wird dem Wirtschaftsgut zugerechnet. 3. Der Erwerber führt den Betrieb fort.

Beim Teilwert wird davon ausgegangen, daß ein gedachter Erwerber des Unternehmens an die Stelle des Unternehmers tritt und den Betrieb anstelle des Unternehmers, also in derselben Weise wie dieser, fortführt.
In dem vorstehenden Beispiel kann der gedachte Erwerber den Betrieb nur dann wie der Unternehmer fortführen, wenn das entnommene Schlafzimmer zum Betriebsvermögen gehört. Er muß es also unmittelbar nach der Entnahme wiederbeschaffen. Teilwert für die Entnahme sind also die **Wiederbeschaffungskosten** im Zeitpunkt der Entnahme.
Das Schlafzimmer ist also im vorstehenden Beispiel mit den Wiederbeschaffungskosten von 8700 DM auf dem **Entnahmekonto**[6] zu buchen:

[5] Siehe Abschnitt 1.3.3.
[6] Zum Entnahmekonto siehe Abschnitt 3.6.2.

S	Entnahmekonto		H
1)	8700		

Die entnommene Ware fehlt am Ende des Jahres im Warenendbestand.

Wir machen uns klar:
1. Wird der Warenendbestand gemindert, erhöht sich entsprechend der Wareneinsatz. 2. Wareneinsatz ist die verkaufte Ware zu Anschaffungskosten. 3. Wird daher die entnommene Ware nicht zu Anschaffungskosten auf der Haben-Seite des Wareneinkaufskontos gebucht, ist um diesen Betrag der Wareneinsatz, bezogen auf den wirtschaftlichen Umsatz, zu hoch. Es „fehlt" also der entsprechende wirtschaftliche Umsatz. 4. Wird aber die Entnahme mit den höheren Wiederbeschaffungskosten auf der Haben-Seite des Wareneinkaufskontos gebucht, so ist in Höhe der Differenz zwischen Anschaffungskosten und Wiederbeschaffungskosten der Wareneinsatz zu niedrig.

Auf dem Wareneinkaufskonto werden daher die Waren nur um den Betrag gemindert, also als Abgang gebucht, mit dem sie dort als Wareneingang gebucht worden sind, also mit den damaligen Anschaffungskosten:

S	Wareneinkaufskonto		H
		1)	8000

Die Differenz zwischen dem Entnahmewert und den Anschaffungskosten ist hier, da der Entnahmewert höher ist, ein Ertrag. Er wird gebucht auf dem Ertragskonto „Erträge aus Entnahmen":

S	Erträge aus Entnahmen		H
		1)	700

Die Entnahme des Schlafzimmers ist umsatzsteuerrechtlich ein **Gegenstands-Eigenverbrauch**. Wie in Abschnitt 4.3.2.2 ausgeführt wurde, ist dieser umsatzsteuerrechtliche Eigenverbrauch ebenfalls wie die einkommensteuerrechtliche Entnahme mit den Wiederbeschaffungskosten zu erfassen. Die Buchung auf dem Entnahmekonto ist also auch gleichzeitig die Eigenverbrauchsbuchung. In Abschnitt 4.3.2.1 sahen wir, daß der Eigenverbrauch ein umsatzsteuerbarer Tatbestand ist. Der Gegenstands-Eigenverbrauch muß daher mit den Wiederbeschaffungskosten als Bemessungsgrundlage versteuert werden. Im vorstehenden Beispiel beträgt die Umsatzsteuer auf den Eigenverbrauch: 8700 DM x 15% = 1305 DM.

Diese **Umsatzsteuerverbindlichkeit** entsteht hier aufgrund des Eigenverbrauchs und damit aus außerbetrieblichen Gründen. Es handelt sich also ebenfalls um eine Entnahme, die den Gewinn nicht mindern darf (§ 12 Nr. 3 EStG).
Nach § 22 Abs. 2 Nr. 3 UStG sind der Eigenverbrauch und die darauf entfallende Umsatzsteuer gesondert zu buchen. Daher werden zum Entnahmekonto für den Eigenverbrauch und die darauf entfallende Umsatzsteuer folgende **Unterkonten** geführt:

- Eigenverbrauch und
- Umsatzsteuer auf Eigenverbrauch

In der Praxis werden also der Eigenverbrauch und die darauf entfallende Umsatzsteuer bei der Gegenstandsentnahme auf den Unterkonten „Eigenverbrauch" und „Umsatzsteuer auf Eigenverbrauch" gebucht. Erst beim Jahresabschluß werden diese Konten über Entnahmekonto abgeschlossen.

Im vorstehenden Beispiel sind also die **Buchungen** in folgender Reihenfolge durchzuführen:

1. Eigenverbrauch	8700 DM
an Wareneinkaufskonto	8000 DM
an Erträge aus Entnahmen	700 DM
2. Umsatzsteuer auf Eigenverbrauch	1305 DM
an Umsatzsteuer	1305 DM
3. Entnahmekonto	8700 DM
an Eigenverbrauch	8700 DM
4. Entnahmekonto	1305 DM
an Umsatzsteuer auf Eigenverbrauch	1305 DM

Entsprechend ist zu buchen:

S	Eigenverbrauch		H
1)	8700	3)	8700

S	Wareneinkauf		H
		1)	8000

S	Erträge aus Entnahmen		H
		1)	700

S	Umsatzst. auf Eigenverbr.		H
2)	1305	4)	1305

S	Umsatzsteuer		H
		2)	1305

S	Entnahmen		H
3)	8700		
4)	1305		

5.9 Innerbetrieblicher Verbrauch, Schwund, Diebstahl

Unternehmer verbrauchen Waren für innerbetriebliche Zwecke.

Beispiel
Möbeleinzelhändler M nimmt 4 Regale zu je 600 DM Anschaffungskosten aus seinem Möbellager und stellt sie in sein Büro. Beim Verkauf der Regale kalkuliert M mit einem Aufschlag von 75%.

Hätte M die Regale verkauft, hätte er hierfür einen anteiligen Rohgewinn erzielt:

$$\text{Rohgewinnaufschlagsatz}^{7} = \frac{\text{Rohgewinn} \cdot 100}{\text{Wareneinsatz}}$$

$$\text{Rohgewinn} = \frac{\text{Rohgewinnaufschlagsatz} \cdot \text{Wareneinsatz}}{100}$$

$$= \frac{75 \cdot 2400}{100}$$

$$= 1800 \text{ DM}$$

Für einen Wareneinsatz von 2400 DM Regale hätte M also Warenerlöse in Höhe von 4200 DM (2400 DM + 1800 DM) erzielt. Hat M den innerbetrieblichen Verbrauch nicht aufgezeichnet, so folgert ein Außenprüfer des Finanzamts bei einer späteren Betriebsprüfung, daß die fehlenden Regale verkauft seien. Er wird daher bei seiner Nachkalkulation den Warenverkauf um 4200 DM und den Rohgewinn um 1800 DM erhöhen. Im vorstehenden Beispiel sollte daher der Unternehmer einen Eigenbeleg fertigen, auf dem er den innerbetrieblichen Verbrauch vermerkt und diesen buchen:

Innerbetrieblicher Verbrauch	2400 DM
an Wareneinkauf	2400 DM

Diese Buchung hat keine Gewinnauswirkung. Die Aufwandsbuchung „Innerbetrieblicher Verbrauch" wird um eine Verringerung des Wareneinsatzes in gleicher Höhe storniert. Da die Waren weder verkauft noch für außerbetriebliche Zwecke entnommen worden sind, ist der Vorgang nicht umsatzsteuerbar. Es können auch Waren verdorben, zerbrochen oder zerstört sein. Man spricht dann von **Schwund**.

---

7 Siehe Abschnitt 5.5.

Beispiel

Porzellanhändler P hat einen Posten Porzellan eingekauft. Beim Einräumen der Ware in die Regale werden Porzellanwaren im Einkaufswert von 850 DM zerbrochen. P kalkuliert mit einem Aufschlag von 120%.

Will P vermeiden, daß bei einer späteren Betriebsprüfung die Umsatzerlöse durch Nachkalkulation erhöht werden, muß er den Schwund aufzeichnen und buchen:

Schwund	850 DM
an Wareneinkauf	850 DM

Ebenso ist zu verfahren, wenn ein **Warendiebstahl** festgestellt wird. Stellt der Unternehmer einen solchen Diebstahlsverlust fest, so sollte er unverzüglich den Verlust nach Art, Menge und Wert schriftlich aufnehmen und möglichst auch von den Arbeitnehmern, die bei der Aufnahme des Verlustes mitgewirkt haben, die Verlustaufnahme unterschreiben lassen.

Es empfiehlt sich bei namhaften Verlusten eine Anzeige an die Polizei, auch wenn die Tätergreifung aussichtslos erscheint. Bei einer späteren Betriebsprüfung sind diese Unterlagen zur Glaubhaftmachung des Verlustes wichtig. Sieht nämlich der Prüfer den Verlust als nicht nachgewiesen oder glaubhaft gemacht an, erhöht er in dieser Höhe den Wareneinsatz und kalkuliert auf der Grundlage des festgestellten Aufschlagsatzes einen entsprechenden Mehrerlös.

6 Vorrätekonten im Fertigungsbetrieb

6.1 Vorräte im Fertigungsbetrieb

Fertigungsunternehmen schaffen Rohstoffe, Hilfsstoffe und Betriebsstoffe an und verarbeiten sie unter Einsatz von Maschinen und Arbeitskraft zu Erzeugnissen.
Bei der **Anschaffung** der Rohstoffe, Hilfsstoffe und Betriebsstoffe werden also Anschaffungskosten aufgewendet. Sie werden mit diesen Anschaffungskosten erfaßt. Wir wollen den Bereich des Fertigungsbetriebs, in dem die Rohstoffe, Hilfsstoffe und Betriebsstoffe mit den Anschaffungskosten erfaßt werden, **Anschaffungsbereich** nennen.
Die Roh-, Hilfs- und Betriebsstoffe werden zu Erzeugnissen verarbeitet. Sie werden also bei der Herstellung der Erzeugnisse verbraucht. Der Abgang der Roh-, Hilfs- und Betriebsstoffe aus dem Anschaffungsbereich in die Fertigung nennen wir **Verbrauch**.
Bei der Fertigung der Erzeugnisse gehen die Roh-, Hilfs- und Betriebsstoffe als **Materialaufwand** in den Herstellungsaufwand der Erzeugnisse ein. Den Bereich des Fertigungsbetriebs, in dem die Verarbeitung geschieht, nennen wir **Fertigungsbereich**.

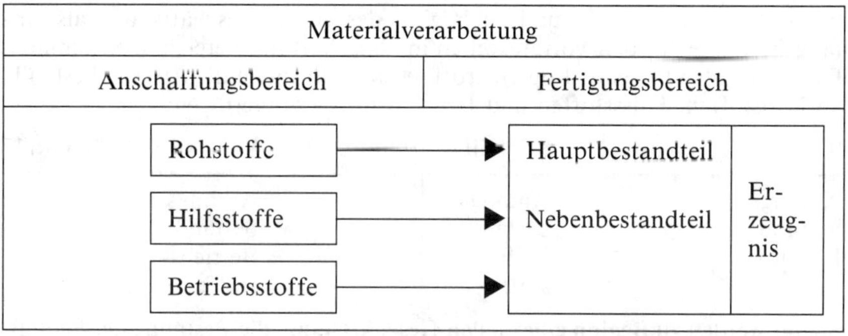

Bei der **Verarbeitung** werden Rohstoffe zum Hauptbestandteil und Hilfsstoffe zum Nebenbestandteil des Erzeugnisses. Betriebsstoffe werden nicht Bestandteil des Erzeugnisses, sondern werden bei seiner Herstellung verbraucht.

Beispiele
Rohstoffe: Holz bei der Möbelherstellung, Bleche bei der Autoproduktion.
Hilfsstoffe: Nägel, Leim, Farbe bei der Möbelherstellung.
Betriebsstoffe: Brennstoff, Reinigungsmaterial, Schmiermittel.

Vorrätekonten im Fertigungsbetrieb

Die **Erzeugnisse** sind am Bilanzstichtag zum Teil bereits fertiggestellt, ein Teil der Erzeugnisse ist aber noch nicht fertig. Die Erzeugnisse werden daher eingeteilt in

- **fertige Erzeugnisse** (am Bilanzstichtag auslieferungsfähig) und
- **unfertige Erzeugnisse** (am Bilanzstichtag noch nicht auslieferungsfähig).

6.2 Vorrätekonten

Entsprechend der Einteilung der Vorräte gibt es für die Buchung der Vorräte folgende **Konten**:

- Rohstoffkonto,
- Hilfsstoffkonto,
- Betriebsstoffkonto,
- Konto für fertige Erzeugnisse,
- Konto für unfertige Erzeugnisse.

6.3 Konten für Rohstoffe, Hilfsstoffe und Betriebsstoffe

Zu **Beginn des Geschäftsbetriebs** werden die Bestände an Rohstoffen, Hilfsstoffen und Betriebsstoffen durch Inventur aufgenommen, in der Eröffnungsbilanz zusammengestellt und zu Beginn des ersten Geschäftsjahrs als Anfangsbestände auf den Vorrätekonten im Anschaffungsbereich übernommen. Es werden also folgende Konten eröffnet und auf ihnen die Anfangsbestände an Rohstoffen, Hilfsstoffen und Betriebsstoffen vorgetragen:

S Rohstoffkonto	H	S Hilfsstoffkonto	H	S Betriebsstoffkonto	H
Anfangsbestand Rohstoffe		Anfangsbestand Hilfsstoffe		Anfangsbestand Betriebsstoffe	

Später werden **zu Beginn eines jeden Geschäftsjahrs** die Bestände der Schlußbilanz des vorangegangenen Geschäftsjahrs auf den Bestandskonten für Rohstoffe, Hilfsstoffe und Betriebsstoffe der Buchführung des Geschäftsjahrs als Anfangsbestände übernommen.

Bei den **Einkäufen** der Rohstoffe, Hilfsstoffe und Betriebsstoffe werden auf der Sollseite des Rohstoffkontos, des Hilfsstoffkontos und des Betriebsstoffkontos die Einkäufe mit Einstandspreisen gebucht. Ebenso werden auf der Haben-Seite dieser Konten die **Rücksendungen** an die Lieferanten und die **Preisnachlässe** von Lieferanten mit den Einstandspreisen gebucht. Diese Kon-

ten enthalten also wie das Wareneinkaufskonto[8] den Geschäftsverkehr mit Lieferanten zu Einstandspreisen.
Wie auf dem Wareneinkaufskonto werden auf den Konten Rohstoffe, Hilfsstoffe und Betriebsstoffe die Rücksendungen und die Preisnachlässe auf der Haben-Seite gebucht. **Wandlung** und **Minderung, Skonti, Rabatte** und **Boni** werden bei den Einkäufen von Roh-, Hilfs- und Betriebsstoffen ebenso behandelt wie beim Wareneinkauf. Es gelten daher hier entsprechend die Ausführungen in den Abschnitten 5.4.1 bis 5.4.5.
Auch bei diesen Vorräten werden die **Bezugskosten** als zusätzliche Anschaffungskosten behandelt. Es gelten also die Ausführungen in Abschnitt 5.7 entsprechend.
Soweit **Entnahmen** stattfinden, werden sie wie die Warenentnahmen (Abschnitt 5.8) gebucht.
Soweit **innerbetrieblicher Verbrauch, Schwund** oder **Diebstahl** vorgekommen sind, sind die Ausführungen in Abschnitt 5.9 zu beachten.
Zum **Jahresabschluß** werden die Bestände der Rohstoffe, der Hilfsstoffe und der Betriebsstoffe durch Inventur ermittelt und mit den Anschaffungskosten oder den niedrigeren Teilwerten angesetzt. Der Saldo aus der Summe aus Anfangsbeständen und Einkäufen auf der einen Seite und der Summe aus Rücksendungen an Lieferanten, Preisnachlässen von Lieferanten und Endbestand auf der anderen Seite ist der Betrag an Rohstoffen, Hilfsstoffen und Betriebsstoffen, der zur Herstellung von fertigen und unfertigen Erzeugnissen im abgelaufenen Geschäftsjahr verbraucht worden ist. Es ist der jeweilige Rohstoffverbrauch, Hilfsstoffverbrauch und Betriebsstoffverbrauch.
Beim Abschluß werden die **Endbestände** dieser Konten auf das Schlußbilanzkonto übernommen durch die Buchungen:

1. Schlußbilanzkonto an Rohstoffkonto.
2. Schlußbilanzkonto an Hilfsstoffkonto.
3. Schlußbilanzkonto an Betriebsstoffkonto.

Rohstoffverbrauch, Hilfsstoffverbrauch und **Betriebsstoffverbrauch** werden auf das Gewinn- und Verlustkonto übernommen durch die Buchungen:

1. Gewinn- und Verlustkonto an Rohstoffkonto.
2. Gewinn- und Verlustkonto an Hilfsstoffkonto.
3. Gewinn- und Verlustkonto an Betriebsstoffkonto.

Auf den Konten für Rohstoffe, Hilfsstoffe und Betriebsstoffe werden also im Laufe des Geschäftsjahrs und bei ihrem Abschluß folgende **Buchungen** durchgeführt:

[8] Siehe Abschnitt 5.3.

Vorrätekonten im Fertigungsbetrieb

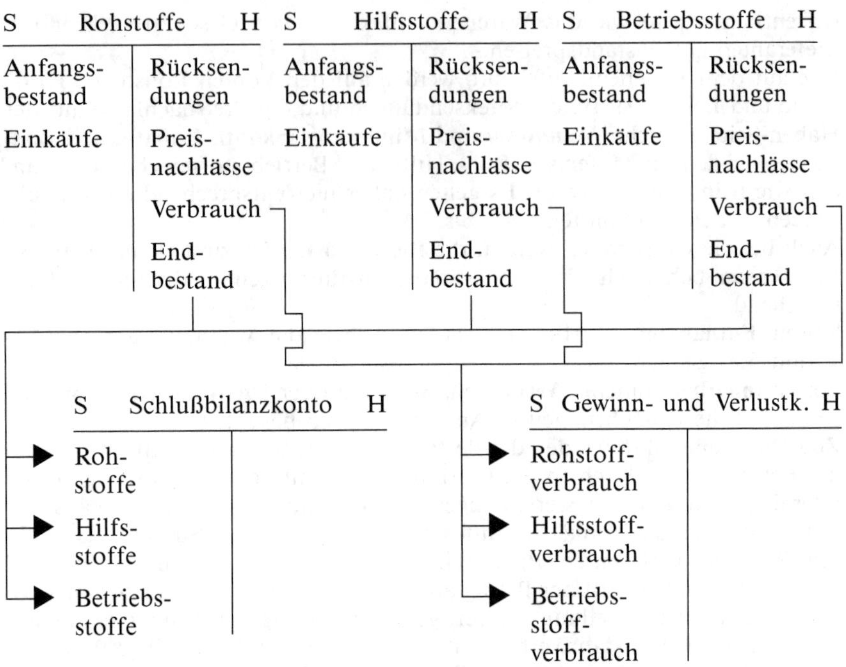

Die **Endbestände** an Rohstoffen, Hilfsstoffen und Betriebsstoffen sind nicht in die Produktion des abgelaufenen Geschäftsjahrs eingegangen. Sie werden vom Schlußbilanzkonto in die Schlußbilanz des Geschäftsjahrs übernommen. Im folgenden Geschäftsjahr werden sie als Anfangsbestände der Konten der laufenden Buchführung für Rohstoffe, Hilfsstoffe und Betriebsstoffe wieder vorgetragen und gehen dann in die Produktion dieses Geschäftsjahrs ein.
Der **Verbrauch** an Rohstoffen, Hilfsstoffen und Betriebsstoffen wurde für die Produktion im abgelaufenen Geschäftsjahr aufgewendet. Rohstoffverbrauch, Hilfsstoffverbrauch und Betriebsstoffverbrauch sind also Aufwandsposten, die auf der Soll-Seite des Gewinn- und Verlustkontos zu buchen sind. Sie gehen als **Materialaufwand** in die Gewinn- und Verlustrechnung.

6.4 Konten für unfertige Erzeugnisse und fertige Erzeugnisse

Für die unfertigen und die fertigen Erzeugnisse werden zwei Konten eingerichtet:
- Konto **unfertige Erzeugnisse** und
- Konto **fertige Erzeugnisse**.

Die unfertigen und fertigen Erzeugnisse der Schlußbilanz des vorangegangenen Geschäftsjahrs werden als **Anfangsbestände auf der Soll-Seite** des Kontos ,,unfertige Erzeugnisse" und des Kontos ,,fertige Erzeugnisse" übernommen. Am Schluß des Geschäftsjahrs werden die Bestände an unfertigen Erzeugnissen und fertigen Erzeugnissen durch **Inventur** ermittelt und bewertet. Diese Endbestände werden auf der **Haben-Seite** des Kontos ,,unfertige Erzeugnisse" und des Kontos ,,fertige Erzeugnisse" gebucht.
Ist der Endbestand des Kontos **„unfertige Erzeugnisse"** geringer als der Anfangsbestand, ist die Differenz für die Fertigstellung der Erzeugnisse aufgewendet worden. Die Differenz, der Saldo, ist also Aufwand. Ist aber der Endbestand dieses Kontos größer als der Anfangsbestand, ist die Differenz, der Saldo, nicht für die Fertigstellung aufgewendet worden. Dieser Nicht-Aufwand wird als Ertrag gebucht.
Ebenso werden die Bestandsveränderungen auf dem Konto **„fertige Erzeugnisse"** behandelt. Eine Bestandsminderung bedeutet, daß dieser Saldo verkauft worden ist, zur Erzielung der Umsatzerlöse eingesetzt worden ist. Der Saldo wird somit als Aufwand behandelt. Eine Bestandserhöhung besagt, daß dieser Saldo nicht aufgewendet wurde. Dieser Nicht-Aufwand wird wiederum als Ertrag behandelt.
Die unfertigen und die fertigen Erzeugnisse werden also wie folgt gebucht, die Konten ,,unfertige Erzeugnisse" und ,,fertige Erzeugnisse" wie folgt abgeschlossen:

Vorrätekonten im Fertigungsbetrieb

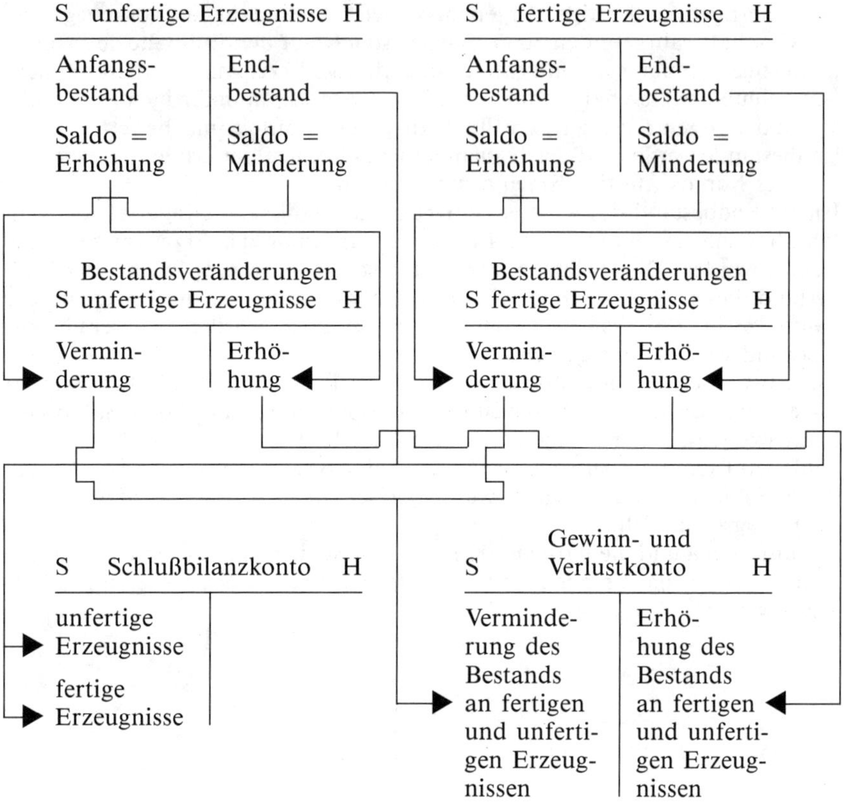

6.5 Abschluß der Vorrätekonten im Fertigungsbetrieb

Nach den Ausführungen in den Abschnitten 5.5, 6.3 und 6.4 werden die durch Inventur ermittelten Endbestände der Waren, der Roh-, Hilfs- und Betriebsstoffe und der fertigen und unfertigen Erzeugnisse auf der Soll-Seite des Schlußbilanzkontos gebucht. Diese Beträge werden als Posten in die **Schlußbilanz** übernommen. Nach der Gliederungsvorschrift des § 266 Abs. 2 HGB erhalten sie folgende Postenbezeichnungen:

Aktivseite

B. Umlaufvermögen:

I. Vorräte:

1. Roh-, Hilfs- und Betriebsstoffe;

2. unfertige Erzeugnisse;
3. fertige Erzeugnisse und Waren.

Die Gliederungsvorschrift des § 266 HGB gilt zwar unmittelbar nur für die Kapitalgesellschaften. Sie kann aber als Ordnungsschema jeder Bilanz zugrunde gelegt werden. Sie gliedert die Bilanz unter Beachtung des Grundsatzes der Klarheit. Wer das Gliederungsschema des § 266 HGB seiner Bilanz zugrunde legt, beachtet daher die Grundsätze ordnungsmäßiger Buchführung. Daher wollen wir uns an dieses Gliederungsschema halten.

Die **Umsatzerlöse**, hier die Erlöse aus dem Verkauf von für die gewöhnliche Geschäftstätigkeit der Kapitalgesellschaft typischen Waren und Erzeugnissen, nach Abzug von Erlösschmälerungen und Umsatzsteuer (§ 277 Abs. 1 HGB), werden auf der Haben-Seite des Gewinn- und Verlustkontos gebucht. Sie werden nach der Gliederungsbestimmung des § 275 HGB als Posten Nr. 1 in der Gewinn- und Verlustrechnung ausgewiesen.

Beim Abschluß des Warenverkaufskontos[9] haben wir gesehen, daß beim Bruttoabschluß der **wirtschaftliche Umsatz** auf der Haben-Seite des Gewinn- und Verlustkontos gebucht wird. Dieser Posten ist, wie wir gesehen haben, identisch mit dem Posten Umsatzerlöse.

Nach den Ausführungen in Abschnitt 6.4 wird eine Erhöhung des Bestands an unfertigen und an fertigen Erzeugnissen als Ertrag, eine Verminderung an unfertigen und an fertigen Erzeugnissen als Aufwand auf dem Gewinn- und Verlustkonto gebucht. Entsprechend wird nach der Gliederungsvorschrift des § 275 HGB eine **Erhöhung des Bestands** an fertigen und unfertigen Erzeugnissen als Ertragsposten und eine **Verminderung des Bestands** an fertigen und unfertigen Erzeugnissen als Aufwandsposten der Gewinn und Verlustrechnung ausgewiesen (Posten Nr. 2 der Gewinn- und Verlustrechnung).

Nach den Ausführungen in Abschnitt 6.3 wird der **Verbrauch an Roh-, Hilfs- und Betriebsstoffen**, und nach den Ausführungen in Abschnitt 5.5 wird der **Wareneinsatz** als Aufwand auf dem Gewinn- und Verlustkonto gebucht. In der Gewinn- und Verlustrechnung wird daher nach der Gliederungsbestimmung des § 275 HGB unter dem Posten Nr. 5 ausgewiesen:

Materialaufwand:

a) Aufwendungen für Roh-, Hilfs- und Betriebsstoffe und für bezogene Waren.

In der **Gewinn- und Verlustrechnung** werden also nach § 275 HGB ausgewiesen:

1. Umsatzerlöse
2. Erhöhung oder Verminderung des Bestands an fertigen und unfertigen Erzeugnissen

[9] Siehe Abschnitt 5.5.

3. ...
4. ...
5. Materialaufwand:
   a) Aufwendungen für Roh-, Hilfs- und Betriebsstoffe und für bezogene Waren.

Die **Umsatzerlöse** sind die Erlöse aus den laufenden, für das Unternehmen typischen Geschäften. Aus der Angabe der Umsatzerlöse in der Gewinn- und Verlustrechnung können Unternehmen, deren Umsatztätigkeit nicht oder nur in geringem Maße auf mehrere Produkte gerichtet ist, Wettbewerbsnachteile erwachsen[10]. Aus dem Vergleich der Umsatzerlöse mehrerer Geschäftsjahre untereinander läßt sich nämlich die Entwicklung der Hauptgeschäftstätigkeit eines Unternehmens ableiten.

Materialaufwand ist bei einem **Handelsunternehmen** der Wareneinsatz. Aus Materialaufwand und Umsatzerlösen läßt sich daher bei einem Handelsunternehmen der Rohgewinnsatz ermitteln:

$$\text{Rohgewinnsatz} = \frac{(\text{Umsatzerlöse} - \text{Materialaufwand}) \times 100}{\text{Umsatzerlöse}}$$

Bei einem **Fertigungsunternehmen** müßten noch die außer dem Materialaufwand für die Herstellung der Erzeugnisse aufgewendeten Herstellungskosten errechnet werden. Alle für die Erzielung der Umsatzerlöse aufgewendeten Herstellungskosten ergeben einen dem Wareneinsatz beim Handelsunternehmen entsprechenden Posten. Hieraus läßt sich wiederum der Rohgewinnsatz errechnen:

$$\text{Rohgewinnsatz} = \frac{(\text{Umsatzerlöse} - \text{Herstellungsaufwand}) \times 100}{\text{Umsatzerlöse}}$$

Der Rohgewinnsatz ist Grundlage für einen äußeren und inneren **Betriebsvergleich**. Aus der Angabe der Umsatzerlöse und der Materialaufwendungen bzw. der Herstellungsaufwendungen in der Gewinn- und Verlustrechnung lassen sich also Schlüsse auf die wirtschaftliche Stärke des Unternehmens ziehen. Das kann für kleinere Unternehmen gefährlich sein. Die Konkurrenz erkennt leicht die Schwachstellen und kann das im Wettbewerb ausnutzen. Daher dürfen kleine und mittelgroße Kapitalgesellschaften im Sinne von § 267 Abs. 1 und 2 HGB einen saldierten Posten „Rohergebnis“ in der Gewinn- und Verlustrechnung ausweisen (§ 276 HGB):

[10] Budde/Förschle in: Beck Bil-Komm. § 276 Rdn. 2.

Rohergebnis
Umsatzerlöse + Erhöhung/ } des Bestands an fertigen und – Verminderung } unfertigen Erzeugnissen + andere aktivierte Eigenleistungen + sonstige betriebliche Erträge – Materialaufwand = Rohergebnis

Als Alternative zu dem bisher besprochenen **Gesamtkostenverfahren** ist in § 275 Abs. 3 HGB das Umsatzkostenverfahren geregelt. Dieses wird von den deutschen Unternehmen selten angewendet, ist aber weltweit gebräuchlicher als das Gesamtkostenverfahren. Es wurde durch das Bilanzrichtlinien-Gesetz zugelassen, um den deutschen Unternehmen einen Jahresabschluß in international vergleichbarer Form zu ermöglichen[11].

Beim **Umsatzkostenverfahren** werden die mit den Umsätzen zusammenhängenden Aufwendungen als Posten „Herstellungskosten der zur Erzielung der Umsatzerlöse erbrachten Leistungen" ermittelt. Von daher folgt die Bezeichnung dieses Abschlußverfahrens.

Die Postenbezeichnung „Herstellungskosten der zur Erzielung der Umsatzerlöse erbrachten Leistungen" könnte darauf schließen lassen, das Umsatzkostenverfahren gelte nur für Fertigungsunternehmen. Es kann aber auch von reinen Handelsunternehmen angewendet werden. Daher sind „Herstellungskosten der zur Erzielung der Umsatzerlöse erbrachten Leistungen" allgemein die Selbstkosten der abgesetzten Lieferungen und Leistungen, also nicht nur die Selbstkosten der umgesetzten Erzeugnisse, sondern auch die der Waren und der sonstigen Leistungen.

Dieser Betrag wird durch Abschluß der mit den abgesetzten Lieferungen und Leistungen zusammenhängenden Konten über das Konto „Selbstkosten der abgesetzten Leistungen" wie folgt ermittelt:

S Konto Selbstkosten der abgesetzten Leistungen	H
Anfangsbestände der Vorräte	Endbestände der Vorräte
Wareneinkauf	Rücksendungen an Lieferanten
Materialeinkauf	Preisnachlässe der Lieferanten
Fertigungslöhne und -gehälter	Saldo = Herstellungskosten der zur Erzielung der Umsatzerlöse erbrachten Leistungen
Sonderkosten der Fertigung	
Fertigungsgemeinkosten	

[11] Ausschußbericht, S. 107.

Die Differenz zwischen den Umsatzerlösen und dem vorstehend ermittelten Saldo-Betrag ist der **Rohgewinn**. Er wird in § 275 Abs. 3 HGB **„Bruttoergebnis vom Umsatz"** genannt.
Beim Umsatzkostenverfahren läßt sich der Rohgewinnsatz aus der Gewinn- und Verlustrechnung genau ermitteln:

$$\text{Rohgewinnsatz} = \frac{(\text{Umsatzerl.} - \text{Herstellungskosten der zur Erzielung der Umsatzerl. erbr. Leistungen}) \times 100}{\text{Umsatzerlöse}}$$

Der Rohgewinnsatz ist die Grundlage für einen äußeren und inneren Betriebsvergleich. Die Angaben der Umsatzerlöse und des Postens ,,Herstellungskosten der zur Erzielung der Umsatzerlöse erbrachten Leistungen" in der Gewinn- und Verlustrechnung können daher für kleine Unternehmen ebenso wie der Ausweis der entsprechenden Posten beim Gesamtkostenverfahren Wettbewerbsnachteile bringen. Um das zu vermeiden, können kleine und mittlere Kapitalgesellschaften (§ 267 Abs. 1 und 2 HGB) auch bei diesem Abschlußverfahren den saldierten Posten ,,Rohergbnis" in der Gewinn- und Verlustrechnung ausweisen (§ 276 HGB).

Rohergebnis beim Umsatzkostenverfahren
Umsatzerlöse
– Herstellungskosten der zur Erzielung der Umsatzerlöse erbrachten Leistungen
+ sonstige betriebliche Erträge
= Rohergebnis

7 Wechsel

7.1 Warenwechsel

In Abschnitt 5.1 sahen wir:
Wareneinkäufe werden gebucht:
Wareneinkaufskonto,
Vorsteuerkonto
an Verbindlichkeiten aus Lieferungen und Leistungen.
Warenverkäufe werden gebucht:
Forderungen aus Lieferungen und Leistungen
an Warenverkaufskonto,
an Umsatzsteuerkonto.

Beispiel
L liefert an K Waren für 6000 DM. Er schickt K folgende Rechnung:

Waren	6000 DM
Umsatzsteuer 15%	900 DM
Rechnungsbetrag	6900 DM

Buchungen:

Empfänger der Warenlieferung (K):

1. Wareneinkauf	6000 DM
Vorsteuer	900 DM
an Verbindlichkeiten aus Lieferungen und Leistungen	6900 DM

S	Wareneinkauf	H	S	Vorsteuer	H
1)	6000		1)	900	

S	Verbindlichk. aus Lief.	H
	1)	6900

Lieferant der Waren (L):

1. Forderungen aus Lieferungen und Leistungen	6900 DM
an Warenverkauf	6000 DM
an Umsatzsteuer	900 DM

S	Forderungen aus Lief.	H	S	Warenverkauf	H
1)	6900			1)	6000

Wechsel ____

S	Umsatzsteuer		H
		1)	900

Jetzt soll uns nur noch die **Begleichung** der Verbindlichkeit bzw. der Forderung interessieren.
Die Warenlieferung ist in dem Beispiel ein Kreditgeschäft. L liefert nicht die Ware Zug um Zug gegen Bezahlung, wie es bei Ladengeschäften geschieht, sondern gegen Rechnung. Diese ist bei Fälligkeit zu bezahlen. Das kann sofort nach Rechnungseingang oder an einem späteren Termin sein.
Die Verbindlichkeit kann auch durch einen Wechsel beglichen werden. Da es sich um eine Warenschuld handelt, heißt dieser Wechsel **„Warenwechsel"**.
Ein **Wechsel** ist eine Urkunde, die ein Zahlungsversprechen verbrieft. An ihm sind folgende Personen beteiligt:
- **Aussteller** des Wechsels,
- **Bezogener**, der Schuldner oder Akzeptant,
- **Remittent**, der Empfänger des Wechsels oder Wechselnehmer.

Beim **Warenwechsel** stellt der Lieferant den Wechsel aus und bezeichnet darin den Kunden als Bezogenen und damit Schuldner des Wechsels. Die Wechselschuld ist gewöhnlich auf drei Monate gestundet. Der Bezogene nimmt den Wechsel durch seine Unterschrift an, indem er ,,querschreibt". Das ist das Akzept. Hierdurch verpflichtet sich der Bezogene zur Zahlung bei Fälligkeit. Der Lieferant und Aussteller des Wechsels kann sich selbst als Remittent bezeichnen. Dann hat der Bezogene bei Fälligkeit an ihn zu zahlen. Er kann aber auch einen Dritten als Remittent bezeichnen. Dann muß der Bezogene bei Fälligkeit an ihn zahlen.

Beispiel
Im vorstehenden Beispiel hat L bei seinem Gläubiger G eine Verbindlichkeit. In dem Wechsel bezeichnet er den G als Remittent.

Durch den Wechsel ist der Schuldner zusätzlich verpflichtet. Der Wechsel wird nicht an Erfüllungs Statt, sondern nur zahlungshalber ausgestellt und hingegeben (§ 364 Abs. 2 BGB). Die Wechselverpflichtung tritt also neben die Kaufpreisschuld. Der Gläubiger hat daher zwei Forderungen gegen den Kunden, die Forderung aus Lieferung (Kaufpreisforderung) und die Wechselforderung. Durch die Hereinnahme des Wechsels verpflichtet er sich aber, zuerst aus dem Wechsel Befriedigung zu suchen.

7.2 Besitzwechsel und Schuldwechsel

Auch wenn die Kaufpreisforderung nach der Wechselannahme rechtlich bestehenbleibt, wird sie wirtschaftlich durch die Wechselforderung ersetzt. Buchtechnisch wird daher beim Lieferanten die Forderung aus Lieferung gegen die Wechselforderung und beim Kunden die Verbindlichkeit aus Lieferung gegen die Wechselverbindlichkeit ausgetauscht.

Es buchen daher:

L: 2.	Wechselforderung	6900 DM
	an Forderung aus Lieferung	6900 DM

S	Forderungen aus Lief.		H
1)	6900	2)	6900

S	Wechselforderung		H
2)	6900		

K: 2.	Verbindlichkeit aus Lieferung	6900 DM
	an Wechselverbindlichkeit	6900 DM

S	Verbindlichk. aus Lief.		H
2)	6900	1)	6900

S	Wechselverbindlichkeit		H
		2)	6900

L hat den Wechsel, der ihm eine Forderung verbrieft, in Besitz. Dieser Wechsel ist für L ein **„Besitzwechsel“**. Das Konto, auf dem die Besitzwechsel gebucht werden, wird daher auch anstelle von „Wechselforderung“ mit „Besitzwechsel“ bezeichnet.
K schuldet aus dem Wechsel. Dieser verbrieft daher seine Wechselverbindlichkeit. Der Wechsel ist für K ein **„Schuldwechsel“**.
Wechsel unterliegen der **Wechselsteuer**. Die Steuer wird fällig, wenn der Bezogene den Wechsel akzeptiert zurückgibt. Daher trägt der Bezogene die Wechselsteuer. Sie beträgt 0,15 DM pro 100 DM Wechselsumme. Die Steuer wird entrichtet, indem bei Postämtern erhältliche Steuermarken auf die Rückseite des Wechsels geklebt werden. Die Marken werden entwertet, indem in jede einzelne Marke das Datum der Entwertung (der Monat in Buchstaben) eingetragen wird.
Die von K zu entrichtende Wechselsteuer beträgt:
6900 DM : 100 DM · 0,15 DM = 10,35 DM. Es handelt sich um Aufwand.

K bucht:

3.	Nebenkosten des Geldverkehrs	10,35 DM
	an Kasse	10,35 DM

S	Nebenk. des Geldverk.		H
3)	10,35		

S	Kasse		H
		3)	10,35

Wenn L den Wechsel bis zur Fälligkeit aufbewahrt, bei Fälligkeit dem K vorlegt und dieser dann zahlt, buchen:

L: Kasse/Bank 6900,00 DM
an Besitzwechsel 6900,00 DM
K: Schuldwechsel 6900,00 DM
an Kasse/Bank 6900,00 DM

Der Besitzwechsel kann erst am Fälligkeitstag dem Bezogenen zur Bezahlung vorgelegt werden. Die Wechselsumme enthält daher einen Zinsbetrag, einen sogenannten **Diskont**. Für die am Bilanzstichtag in seinem Besitz befindlichen Wechsel muß daher der Gläubiger diesen Diskont durch einen Wertabschlag berücksichtigen: Wechseldiskont an Besitzwechsel.
Besteht ferner für den Gläubiger das Risiko, daß der Schuldner bei Fälligkeit den Wechsel nicht einlösen kann oder die Forderung teilweise ausfällt, hat er dem durch eine entsprechende Wertberichtigung Rechnung zu tragen[1].

7.3 Weitergabe

Beispiel
L hat eine Verbindlichkeit gegenüber G. Er schreibt auf die Rückseite des Wechsels: „Für mich an die Order des G. Datum und Unterschrift". Innerhalb der Laufzeit des Wechsels von drei Monaten gibt L den Wechsel an G weiter.

Der Vermerk auf der Rückseite des Wechsels ist das **Indossament**. Durch Indossament und Übereignung des Papiers wird der Wechsel mit allen Rechten auf den neuen Inhaber übertragen.
Der Übertragende, hier also L, heißt **Indossant**, der Empfänger, hier also G, heißt **Indossatar**.
Es buchen:
L: Verbindlichkeiten 6900,00 DM
an Besitzwechsel 6900,00 DM
G: Besitzwechsel 6900,00 DM
an Forderungen 6900,00 DM
In der Buchführung des K ändert sich hierdurch nichts. Er weist weiterhin im Haben des Kontos Schuldwechsel 6900,00 DM aus (Abschnitt 7.2).
Durch die Weitergabe des Wechsels ergibt sich für den Aussteller ein Risiko, aus dem Wechsel in Anspruch genommen zu werden, wenn der Bezogene den Wechsel nicht einlöst[2]. Für dieses Wechselobligo hat er eine Rückstellung zu bilden[3].

[1] BFH, Urt. v. 19.1.1967 IV 117/65, BStBl. 1967 III S. 336.
[2] Siehe 7.7.
[3] Siehe 7.8.

7.4 Diskontierung

Beispiel
L reicht den Wechsel sofort nach Akzeptierung durch K bei seiner Bank zur Gutschrift auf seinem Bankkonto ein.

Die Bank kann den Wechsel dem K erst bei Fälligkeit vorlegen. Sie finanziert daher den Wechsel vor und zieht hierfür dem L Zinsen für die Zeit bis zur Fälligkeit ab. Der für die Zinsen gekürzte Betrag heißt **Diskont**.
Außerdem zieht die Bank **Wechselspesen** ab. Nur den um den Diskont und die Wechselspesen gekürzten Betrag schreibt die Bank dem Konto des L gut.
Die Bank erteilt L folgende Abrechnung:

Wechselsumme		6900,00 DM
abzüglich:		
Wechselspesen	11,60 DM	
Diskont 3/12 · 8% · 6900,00 DM =	138,00 DM	
		– 149,60 DM
		6750,40 DM

Den Betrag von 6750,40 DM schreibt die Bank auf dem Konto des L gut.

L bucht:

3. Bank	6750,40 DM
Wechselspesen	11,60 DM
Wechseldiskont	138,00 DM
an Besitzwechsel	6900,00 DM

S	Besitzwechsel		H
2)	6900,00	3)	6900,00

S	Bank		H
3)	6750,40		

S	Wechselspesen		H
3)	11,60		

S	Wechseldiskont		H
3)	138,00		

Wechselspesen und Wechseldiskont sind **Aufwendungen**.
Es muß noch geprüft werden, welchen Einfluß Wechselspesen und Wechseldiskont auf das Entgelt des K im umsatzsteuerrechtlichen Sinn haben, ob also durch den Abzug von Wechselspesen und Wechseldiskont durch die Bank das von K dem L gezahlte Entgelt für die Warenlieferung gemindert worden ist mit der Folge, daß der von L geschuldete Umsatzsteuerbetrag zu berichtigen ist (§ 17 Abs. 1 Satz 1 UStG).

Hat sich die Bemessungsgrundlage für einen steuerpflichtigen Umsatz im Sinne des § 1 Abs. 1 Nr. 1 bis 3 geändert, so haben
1. *der Unternehmer, der diesen Umsatz ausgeführt hat, den dafür geschuldeten Steuerbetrag*
   und
2. *der Unternehmer, an den dieser Umsatz ausgeführt worden ist, den dafür in Anspruch genommenen Vorsteuerabzug*

entsprechend zu berichtigen (§ 17 Abs. 1 Satz 1 UStG).

Die **Wechselspesen** sind Kosten des Zahlungseinzugs. Sie mindern nicht das umsatzsteuerrechtliche Entgelt für die Warenlieferung[4].
Der **Wechseldiskont** mindert aber das Entgelt für den Umsatz. Nimmt der Lieferant einen Wechsel entgegen, so hat er als Gläubiger noch nicht den Gegenwert für seine Leistung und umsatzsteuerrechtlich noch kein Leistungsentgelt erhalten. Erst wenn er aus dem Wechsel durch Weitergabe oder Einziehung befriedigt wird, liegt die Zahlung vor, bekommt daher der Liefernde oder Leistende sein Entgelt im umsatzsteuerrechtlichen Sinn[5].
Durch die Kürzung um den Wechseldiskont ist nicht 6000 DM + 900 DM Umsatzsteuer = 6900 DM brutto gezahlt worden, sondern ein um den Wechseldiskont geminderter Bruttobetrag: 6900 DM – 138 DM = 6762 DM. Auf die Kürzung des Bruttobetrags in Höhe von 138 DM entfällt eine Umsatzsteuer von $138 \text{ DM} \cdot \frac{15}{115} = 18{,}00 \text{ DM}$.
Die Kürzung hat auf Bruttobetrag, Umsatzsteuer und Nettobetrag folgende Auswirkung:

Auswirkung:	Brutto	USt	Netto
	6900,00	900,00	6000,00
Kürzung	138,00	18,00	120,00
	6762,00	882,00	5880,00

Die Kürzung wurde durch die Buchung 3 vorgenommen. Es wurde aber nicht der Warenverkauf netto um 120,00 DM gekürzt, sondern es wurde eine Aufwandsbuchung durchgeführt: Wechseldiskont an Besitzwechsel 138,00 DM. Diese Buchung hätte aber netto, also ohne Umsatzsteuer durchgeführt werden müssen. Daher ist die Umsatzsteuer noch zu kürzen.

Buchung des L:

4. Umsatzsteuer	18,00 DM
an Wechseldiskont	18,00 DM

S	Umsatzsteuer		H	S	Wechseldiskont		H
4)	18,00	1)	900,00	3)	138,00	4)	18,00

[4] BFH, Urt. v. 29.11.1955 V 79/55 S, BStBl. 1956 III S. 53; Abschnitt 151 Abs. 5 Satz 3 UStR.
[5] BFH, Urt. v. 27.10.1967 V 206/64, BStBl. 1968 II S. 128; Abschnitt 151 Abs. 5 Satz 1 UStR.

Die Berichtigung der Umsatzsteuerschuld bei L setzt spiegelbildlich eine **Berichtigung des Vorsteueranspruchs** bei K voraus, wie sich aus dem vorstehend mitgeteilten § 17 Abs. 1 Satz 1 Nr. 2 UStG ergibt. L muß daher den K benachrichtigen, daß er den Rechnungsbetrag berichtigt hat. Unterläßt er es, seinem Abnehmer K die Entgeltsminderung und die darauf entfallende Steuer mitzuteilen, so schuldet er die auf den Wechseldiskont entfallende Steuer nach § 14 Abs. 2 UStG[6].

Hat der Unternehmer in einer Rechnung für eine Lieferung oder sonstige Leistung einen höheren Steuerbetrag, als er nach diesem Gesetz für den Umsatz schuldet, gesondert ausgewiesen, so schuldet er auch den Mehrbetrag. Berichtigt er den Steuerbetrag gegenüber dem Leistungsempfänger, so ist § 17 Abs. 1 entsprechend anzuwenden (§ 14 Abs. 2 UStG).

In unserem Beispiel teilt L dem K mit, daß ihm von seiner Bank Wechseldiskont in Höhe von 138 DM in Rechnung gestellt worden ist und daß daher die Umsatzsteuer um 18,00 DM gemindert ist.

K bucht entsprechend:

4. a. o. Aufwand	18,00 DM
an Vorsteuer	18,00 DM

S	a. o. Aufwand	H	S	Vorsteuer	H
4)	18,00		1) 900,00	4)	18,00

Wir merken uns:

1. Der Wechseldiskont ist eine Minderung des umsatzsteuerrechtlichen Entgelts. Bei Benachrichtigung des Lieferungs- oder Leistungsempfängers kann die Umsatzsteuerschuld in Höhe von $\frac{15}{115}$ vom Wechseldiskontbetrag gemindert werden.
2. Die Wechselspesen mindern nicht das umsatzsteuerrechtliche Entgelt.

Für Wechseldiskonte und Wechselspesen werden zwei getrennte Aufwandskonten geführt. So können die Umsatzsteuerminderungen aus dem monatlichen Saldo des Kontos Wechseldiskonte herausgerechnet werden. Das ist gesetzlich zulässig.

Der Unternehmer kann die Aufzeichnungspflicht nach § 22 Abs. 2 Nr. 5 des Gesetzes in der Weise erfüllen, daß er die Entgelte oder Teilentgelte und die auf sie entfallenden Steuerbeträge (Vorsteuern) jeweils in einer Summe, ge-

[6] Abschnitt 151 Abs. 5 Satz 4 UStR.

trennt nach den in den Eingangsrechnungen angewandten Steuersätzen, aufzeichnet. Am Schluß jedes Voranmeldungszeitraums hat der Unternehmer die Summe der Entgelte und Teilentgelte und die Summe der Vorsteuerbeträge zu errechnen und aufzuzeichnen (§ 63 Abs. 5 UStDV).

Wie bei der Weitergabe ergibt sich für den Gläubiger auch mit der Diskontierung ein Risiko, aus dem Wechsel bei Ausfall des Bezogenen in Anspruch genommen zu werden. Dieses Wechselobligo ist durch eine Rückstellung zu berücksichtigen[7].

7.5 Wechselkostenersatz

Die Aufwendungen, die dem Lieferer durch Wechseldiskont und Wechselspesen erwachsen, hat der Kunde verursacht, indem er die Lieferung mit einem Wechsel beglichen hat. Daher wird in der Praxis üblicherweise vereinbart, daß der Kunde die mit dem Wechsel verbundenen Kosten ersetzen soll.
Das kann auf zweierlei Weise geschehen:
- Entweder der Lieferer schickt dem Kunden **hinterher** eine Rechnung über die ihm entstandenen Wechselkosten,
- oder der Lieferer stellt dem Kunden die Wechselkosten von vornherein **pauschal** in Rechnung.

Wie in Abschnitt 7.4 ausgeführt wurde, hat die Bank einbehalten:

Diskont 3/12 · 8% · 6900,00 DM =	138,00 DM
Wechselspesen	11,60 DM
	149,60 DM

L schickt dem K daher folgende Rechnung:

Wechseldiskont	138,00 DM
Wechselspesen	11,60 DM
	149,60 DM
+ 15% Umsatzsteuer	22,44 DM
	171,04 DM

Buchung des L:

5. sonstige Forderungen	171,04 DM
an Wechseldiskont	138,00 DM
an Wechselspesen	11,60 DM
an Umsatzsteuer	22,44 DM

[7] Siehe 7.8.

Die Konten des L haben hiernach folgenden Stand:

S	Forderungen aus Lief.		H	S	Warenverkauf		H
1)	6900,00	2)	6900,00			1)	6000,00

S	Umsatzsteuer		H	S	Besitzwechsel		H
4)	18,00	1)	900,00	2)	6900,00	3)	6900,00
		5)	22,44				

S	Bank		H	S	Wechselspesen		H
3)	6750,40			3)	11,60	5)	11,60

S	Wechseldiskont		H	H	sonstige Forderungen		H
3)	138,00	4)	18,00	5)	171,04		
		5)	138,00				

K bucht:

5. Wechseldiskont	138,00 DM
Wechselspesen	11,60 DM
Vorsteuer	22,44 DM
an sonstige Verbindlichkeiten	171,04 DM

Die Konten des K haben jetzt folgenden Stand:

S	Wareneinkauf		H	S	Vorsteuer		H
1)	6000,00			1)	900,00	4)	18,00
				5)	22,44		

S	Verbindlichk. aus Lief.		H	S	Schuldwechsel		H
2)	6900,00	1)	6900,00			2)	6900,00

S	Nebenk. des Geldverk.		H	S	Kasse		H
3)	10,35					3)	10,35

S	a. o. Aufwand		H	S	Wechseldiskont		H
4)	18,00			5)	138,00		

S	Wechselspesen		H	S	sonstige Verbindl.		H
5)	11,60					5)	171,04

Da L die Wechselkosten und damit auch der Wechseldiskont von K erstattet wurden, entfällt insofern die Entgeltsminderung. Damit wird der Berichtigungsgrund für die hierauf entfallende Umsatzsteuer hinfällig. Die diesbezügliche Buchung 4 ist daher bei L und K zu stornieren:

Es buchen daher:

L: 6. Wechseldiskont	18,00 DM
an Umsatzsteuer	18,00 DM
K: 6. Vorsteuer	18,00 DM
an a.o. Aufwand	18,00 DM

Wir merken uns:

Wenn der Wechselaussteller vom Bezogenen die Wechselkosten erstattet bekommt, müssen die auf den Wechseldiskont entfallenden Kürzungen rückgängig gemacht werden:

- Umsatzsteuerkürzung beim Wechselaussteller durch die Buchung Wechseldiskont an Umsatzsteuer,
- Vorsteuerkürzung beim Bezogenen durch die Buchung Vorsteuer an a.o. Aufwand.

Aufgabe 20

Unternehmer L liefert Waren gegen Wechsel an seinen Kunden K für 10000 DM + 1500 DM Umsatzsteuer. K bezahlt die Wechselsteuer in Höhe von 0,15 DM pro 100 DM bar. L diskontiert den Wechsel an seine Bank. Diese stellt ihm für Wechselspesen 15,70 DM und für Wechseldiskont 3/12 · 8% von der Wechselsumme in Rechnung. Die Wechselkosten läßt L sich von K erstatten. K löst den Wechsel am Fälligkeitstag ein.

Bilden Sie die Buchungssätze und buchen Sie die Geschäftsvorfälle aus der Sicht von L und K.

Lösung

Buchungssätze:

L:

1. Forderungen aus Lieferungen	11500,00 DM
an Warenverkauf	10000,00 DM
an Umsatzsteuer	1500,00 DM

2. Besitzwechsel	11 500,00 DM
an Forderungen aus Lieferungen	11 500,00 DM

Wechseldiskont: 11 500 DM · 3/12 · 8% = 230 DM.

3. Bank	11 254,30 DM
Wechselspesen	15,70 DM
Wechseldiskont	230,00 DM
an Besitzwechsel	11 500,00 DM

4. sonst. Forderungen	282,56 DM
an Wechseldiskont	230,00 DM
an Wechselspesen	15,70 DM
an Umsatzsteuer	36,86 DM

K:

1. Wareneinkauf	10 000,00 DM
Vorsteuer	1 500,00 DM
Verbindlichkeiten aus Lieferungen	11 500,00 DM

2. Verbindlichkeiten aus Lieferungen	11 500,00 DM
an Schuldwechsel	11 500,00 DM

Wechselsteuer: 11 500 DM/100 DM · 0,15 DM = 17,25 DM.

3. Nebenkosten des Geldverkehrs	17,25 DM
an Kasse	17,25 DM

4. Wechseldiskont	230,00 DM
Wechselspesen	15,70 DM
Vorsteuer	36,86 DM
an sonstige Verbindlichkeiten	282,56 DM

5. Schuldwechsel	11 500,00 DM
an Bank	11 500,00 DM

6. sonstige Verbindlichkeiten	282,56 DM
an Bank	282,56 DM

Buchungen:

L:

S	Forderungen aus Lief.		H
1)	11 500,00	2)	11 500,00

S	Warenverkauf		H
		1)	10 000,00

S	Umsatzsteuer		H
		1)	1 500,00
		4)	36,86

S	Besitzwechsel		H
2)	11 500,00	3)	11 500,00

S	Bank		H
3)	11 254,30		

S	Wechselspesen		H
3)	15,70	4)	15,70

S	Wechseldiskont		H
3)	230,00	4)	230,00

S	sonst. Forderungen		H
4)	282,56		

K:

S	Wareneinkauf		H
1)	10 000,00		

S	Vorsteuer		H
1)	1 500,00		
4)	36,86		

S	Verbindlichkeiten aus Lief.		H
2)	11 500,00	1)	11 500,00

S	Schuldwechsel		H
5)	11 500,00	2)	11 500,00

S	Nebenk. des Geldverkehrs		H
3)	17,25		

S	Kasse		H
		3)	17,25

S	Wechseldiskont		H
4)	230,00		

S	Wechselspesen		H
4)	15,70		

S	sonst. Verbindlichkeiten		H
6)	282,56	4)	282,56

S	Bank		H
		5)	11 500,00
		6)	282,56

7.6 Prolongation des Wechsels

Kann der Bezogene am Fälligkeitstag den Wechsel nicht einlösen, muß er versuchen, den Wechsellauf verlängern zu lassen. Er versucht also, einen Zahlungsaufschub, eine sogenannte **Prolongation**, zu erwirken.

Beispiel

K kann bei Fälligkeit die Wechselschuld von 6 900 DM nicht zahlen. Er befindet sich nur vorübergehend in Zahlungsschwierigkeiten. Der Aussteller L ist daher bereit, den Wechsel zu verlängern.

Wenn der Aussteller L den Wechsel noch besitzt, tauscht er ihn gegen einen neuen aus mit der neuen Laufzeit.
Besitzt Aussteller L den Wechsel nicht mehr, sondern hat er ihn bereits weitergegeben oder an seine Bank diskontiert, stellt er dem Bezogenen K den ursprünglichen Wechselbetrag zur Verfügung und stellt einen neuen Wechsel aus. Wird dann der erste Wechsel bei Fälligkeit dem K präsentiert, kann er ihn mit dem von L zur Verfügung gestellten Betrag begleichen.
Im vorstehenden Beispiel trägt K die Wechselsteuer:
6900 DM/100 DM · 0,15 DM = 10,35 DM.

Buchung:

K: Nebenkosten des Geldverkehrs	10,35 DM
an Kasse	10,35 DM

L berechnet K für den Wechsel Zinsen in Höhe von 9%:
6900 DM · 3/12 · 9% = 155,25 DM
Er stellt daher einen Wechsel aus über 6900,00 DM + 155,25 DM = 7055,25 DM.

Buchungen:

L: Besitzwechsel	7055,25 DM
an Bank	6900,00 DM
an Zinserträge	155,25 DM
K: Bank	6900,00 DM
Zinsaufwand	155,25 DM
an Schuldwechsel	7055,25 DM

Es handelt sich um ein Kreditgeschäft, das umsatzsteuerfrei ist (§ 4 Nr. 8a UStG).
Nun sind für K zwei Wechsel im Umlauf. Er muß daher auch zwei Schuldwechsel buchen. Den ersten Wechsel präsentiert ihm die Bank.
Er begleicht ihn mit dem von L zur Verfügung gestellten Betrag. Den zweiten Wechsel über 7055,25 DM präsentiert am Ende der Laufzeit dieses Wechsels der L.

7.7 Wechselprotest

Löst der Bezogene den Wechsel nicht ein, wenn er ihm am Fälligkeitstag vorgelegt wird, geht der Wechsel zu **Protest**. Der Protest wird durch eine öffentliche Urkunde eines Notars oder Gerichtsvollziehers festgestellt.
Der Besitzer des Wechsels kann von einem Vordermann Rückgriff nehmen und von diesem die Wechselsumme und die Kosten verlangen. Jeder Vordermann kann seinen Vordermann in Regreß nehmen. Letztlich bleibt der Aussteller übrig.

Beispiel
L hat den Wechsel über 6900 DM an seine Bank indossiert. Bei Fälligkeit zahlt K nicht. Der Wechsel geht zu Protest. Für die Protesturkunde entstehen der Bank Kosten in Höhe von 60 DM. Die Bank nimmt L in Regreß und verlangt von ihm die Wechselsumme, und Kostenersatz: 60 DM zuzüglich 40 DM eigene Kosten, insgesamt 100 DM.

L bucht:

Protestwechsel	6900,00 DM
Wechselkosten	100,00 DM
an Bank	7000,00 DM

Die Forderung des L gegen seinen Kunden K lebt wieder auf. Da dieser aber zahlungsunfähig ist, bucht L die Forderung aus:

L bucht:

1. Forderungen aus Lieferungen	6900,00 DM
an Protestwechsel	6900,00 DM
2. Forderungsverluste	6000,00 DM
Umsatzsteuer	900,00 DM
an Forderungen aus Lieferungen	6900,00 DM

Da das vereinbarte Entgeld uneinbringlich geworden ist, müssen L den dafür geschuldeten Steuerbetrag und K den dafür in Anspruch genommenen Vorsteuerbetrag berichtigen (§ 17 Abs. 2 UStG). K schuldet aber nach wie vor dem L 6900,00 DM. Er bucht daher die Verbindlichkeit gegen L nicht aus.

7.8 Wechselobligo

Gibt der Aussteller einen Wechsel weiter (Abschnitt 7.3) oder diskontiert er ihn (Abschnitt 7.4), so besteht für ihn das Risiko, daß der Wechsel vom Kunden nicht eingelöst wird und er daher von dem jeweiligen Besitzer des Wechsels in Anspruch genommen werden kann. Da ist das **Wechselobligo.**
Für dieses Wechselobligo hat der Gläubiger in demselben Umfang eine **Rückstellung** zu bilden, in dem er Besitzwechsel[8] wertberichtigen würde[9].
Bei der Schätzung des Risikos sind die Erfahrungen des Betriebs, die in der Vergangenheit gemacht wurden, zu berücksichtigen. Bei der Höhe der Rückstellung wird die Rückgriffsmöglichkeit gegenüber dem Schuldner bewertet, also das Ausfallwagnis. Wurden dem Schuldner die Wechselkosten in Rechnung gestellt[10], sind diese nicht mehr in die Bemessung der Rückstellung einzubeziehen.

---

[8] Siehe 7.2.
[9] BFH, Urt. v. 19.1.1967 IV 117/65, BStBl. 1967 III S. 336.
[10] Siehe 7.5.

Das Risiko, das mit der Rückstellung abgegolten wird, liegt in den Verhältnissen des Kunden, des Bezogenen, begründet. Mögliche Rückwirkungen auf den Betrieb allgemeiner Art können nicht berücksichtigt werden. Deshalb scheiden zum Beispiel bei der Bemessung der Rückstellung folgende Umstände aus: Einseitige Zusammensetzung des Kundenkreises, geringes Eigenkapital bei hohem Wechselobligo, Kosten der Aufnahme von Bankkrediten, Skontoverluste bei Lieferanten[11].

[11] BFH, Urt. v. 19.1.1967 IV 91/63, BStBl. 1967 III S. 335.

8 Löhne und Gehälter

8.1 Lohn- und Gehaltsbuchungen

Betriebe zahlen an die Arbeitnehmer Löhne und Gehälter. **Löhne** sind die Vergütungen der Arbeiter, **Gehälter** die Vergütungen der Angestellten.
Die Löhne und Gehälter werden nicht brutto an die Arbeitnehmer ausgezahlt. Die Unternehmen sind gesetzlich verpflichtet, die **Sozialversicherungsbeiträge** und die **Lohnsteuer** einzubehalten und an das Finanzamt und die Versicherungsträger abzuführen. Ausgezahlt werden an die Arbeitnehmer nur die Nettobezüge.
Die **Sozialversicherung** setzt sich zusammen aus
- Rentenversicherung,
- Krankenversicherung und
- Arbeitslosenversicherung.

Die Sozialversicherungsbeiträge werden je zur Hälfte vom Arbeitgeber und Arbeitnehmer getragen. Die Hälfte des Beitrages wird also vom Lohn oder vom Gehalt einbehalten, die andere Hälfte zahlt der Arbeitgeber zusätzlich.
Für die Sozialversicherung bestehen **Beitragsbemessungsgrenzen**, die sich jährlich ändern. Werden diese Grenzen überschritten, besteht keine Versicherungspflicht mehr.

Wir merken uns:

1. Bei Fälligkeit der Löhne und Gehälter entsteht als **Aufwand**:
   - der Bruttobetrag des Lohns oder Gehalts und
   - der Arbeitgeberanteil zur Sozialversicherung.
   (Die Beiträge zur Sozialversicherung werden je zur Hälfte vom Arbeitnehmer und Arbeitgeber gezahlt.)
2. Der **Bruttobetrag** setzt sich zusammen aus
   - Nettolohn (auszuzahlender Betrag)
   - Arbeitnehmeranteil zur Sozialversicherung,
   - Lohnsteuer und
   - Kirchensteuer (falls der Arbeitnehmer kirchensteuerpflichtig ist).
3. Die **Sozialversicherungsbeiträge** setzen sich zusammen aus Beiträgen zur
   - Rentenversicherung,
   - Krankenversicherung und
   - Arbeitslosenversicherung.

4. Bei Fälligkeit der Löhne und Gehälter wird jeweils der **Nettobetrag ausgezahlt**, in der Regel auf das Bankkonto des Arbeitnehmers überwiesen. Die **Sozialversicherungsbeiträge** und die **Lohn- und Kirchensteuer** werden zunächst auf Konto **„sonstige Verbindlichkeiten"** gebucht.

Beispiel
Arbeitnehmer A erhält für Monat November folgende Lohnabrechnung:

Lohn	2800 DM
Lohnsteuer	475 DM
Kirchensteuer	38 DM
Sozialversicherung	495 DM
Nettolohn	1792 DM

Der Lohnaufwand beträgt 2800 DM. Da der Arbeitgeberanteil zur Sozialversicherung ebenfalls 495 DM beträgt, ist bei Fälligkeit des Lohns zu buchen:

Lohnaufwand	2800 DM	
Sozialaufwand	495 DM	
	3295 DM	
an Bank		1792 DM
an sonstige Verbindlichkeiten		1503 DM
		3295 DM

Üblicherweise wird das Konto **„sonstige Verbindlichkeiten"** in mehrere Unterkonten unterteilt, z. B. Verbindlichkeiten gegenüber Sozialträgern, Verbindlichkeiten aus Lohn- und Kirchensteuer. In dem vorstehenden Beispiel setzen sich die sonstigen Verbindlichkeiten zusammen aus:

Lohnsteuer	475 DM
Kirchensteuer	38 DM
Sozialversicherungsbeitrag (AN- u. AG-Anteil)	990 DM
	1503 DM

Überweist das Unternehmen an das Finanzamt und an den Sozialversicherungsträger, wird gebucht:

Sonstige Verbindlichkeiten	1503 DM
an Bank	1503 DM

Für die Arbeitnehmer des Betriebs werden **Lohnlisten** geführt, in denen die Löhne für jeden Arbeitnehmer aufgeführt sind, unterteilt nach Bruttolohn, Sozialversicherungsbeiträgen, Lohnsteuer, Kirchensteuer, Nettolohn. Auf den Konten der Buchführung werden nur die Gesamtsummen dieser Listen gebucht.

8.2 Vorschüsse und Abschlagzahlungen

Vorschüsse und Abschlagzahlungen auf den Lohn oder das Gehalt unterscheiden sich:

- Ein **Vorschuß** ist ein kurzfristiges zinsloses Arbeitgeberdarlehen, das getilgt wird, indem es in Höhe der vereinbarten Tilgungsraten mit den laufenden Lohn- oder Gehaltszahlungen verrechnet wird.
- Ein **Abschlag** ist eine Teilzahlung auf die später fällige Lohn- oder Gehaltszahlung.

In beiden Fällen sind Lohn- oder Gehaltsaufwand und Sozialaufwand noch nicht entstanden. Vorschüsse und Abschlagzahlungen werden daher bei Auszahlung erfolgsneutral gebucht: Forderungen gegen Arbeitnehmer an Kasse/Bank. Der Übersicht wegen wird das Konto „Forderungen gegen Arbeitnehmer" in **Unterkonten** unterteilt: „Vorschüsse auf Löhne und Gehälter" und „Abschlagzahlungen auf Löhne und Gehälter".

Beispiel

Unternehmer U gewährt am 20.9.01 seinem Arbeitnehmer L eine Abschlagzahlung in Höhe von 500 DM auf den am 1.10.01 fälligen Lohn und seinem Arbeitnehmer A einen Vorschuß in Höhe von 3000 DM, der in 10 gleichen Monatsraten mit den laufenden Gehältern, beginnend am 1.10.01, getilgt werden soll.
Am 1.10.01 sind folgende Lohn- und Gehaltszahlungen für L und A fällig:

Für L:	
Lohn	2800 DM
Lohnsteuer	475 DM
Kirchensteuer	38 DM
Sozialversicherung	495 DM
Nettolohn	1792 DM
Für A:	
Gehalt	4300 DM
Lohnsteuer	1000 DM
Kirchensteuer	80 DM
Sozialversicherung	760 DM
Nettogehalt	2460 DM

Am 20.9.01 wird gebucht:

Abschlagzahlungen auf Löhne und Gehälter	500 DM
an Bank	500 DM
Vorschüsse auf Löhne und Gehälter	3000 DM
an Bank	3000 DM

Am 1.1.01 wird gebucht:

Lohnaufwand	2800 DM	
Sozialaufwand	495 DM	
	3295 DM	
an Abschlagzahlungen auf Löhne und Gehälter		500 DM
an Bank		1292 DM
an sonstige Verbindlichkeiten		1503 DM
		3295 DM
Gehaltsaufwand	4300 DM	
Sozialaufwand	760 DM	
	5060 DM	
An Vorschüsse auf Löhne und Gehälter		300 DM
an Bank		2160 DM
an sonstige Verbindlichkeiten		2600 DM
		5060 DM

In gleicher Weise wird in den folgenden 9 Monaten der Gehaltsvorschuß durch die laufenden Gehaltszahlungen getilgt.

8.3 Vermögenswirksame Leistungen

Vermögenswirksame Leistungen werden vereinbart in
- Arbeitsverträgen,
- Betriebsvereinbarungen oder
- Tarifverträgen.

Vermögenswirksame Leistungen sind Geldleistungen, die der Arbeitgeber für den Arbeitnehmer anlegt. Unter bestimmten Voraussetzungen gewährt der Staat außerdem eine Arbeitnehmer-Sparzulage.

Aufgrund des **Steuerreformgesetzes** 1990 gilt für nach dem 31.12.1989 angelegte vermögenswirksame Leistungen:
- Vermögenswirksame Leistungen sind für den Arbeitnehmer steuerpflichtige Einnahmen.
- Die Förderung wird auf Vermögensbeteiligungen, Bausparen und dem Bausparen ähnliche Anlageformen beschränkt.
- Höchstbetrag jährlich einheitlich für alle begünstigten Anlageformen 936 DM.
- Einkommensgrenzen jährlich: 27000 DM für Alleinstehende, 54000 DM für Verheiratete (keine kinderbedingte Erhöhung).

- Die Arbeitnehmer-Sparzulage wird
  - jährlich nachträglich vom Finanzamt in der Regel im Zusammenhang mit dem Lohnsteuer-Jahresausgleich ausgezahlt und
  - für Bausparen und ähnliche Anlageformen auf 10% gesenkt.

Beispiel

Der verheiratete Arbeitnehmer L erhält für Monat Oktober folgende Lohnabrechnung:

Lohn	2878 DM	(2800 DM + 78 DM)
Vermögenswirks. Leistg.	– 78 DM	(überw. an Bausparkasse)
Lohnsteuer	– 500 DM	
Kirchensteuer	– 40 DM	
Sozialversicherung	– 495 DM	
Nettolohn	1765 DM	

Bei Fälligkeit des Lohns am 1. Oktober wird gebucht:

Lohnaufwand	2800 DM	
Vermögenswirksame Leistungen	78 DM	
Sozialaufwand	495 DM	
	3373 DM	
an Bank (Nettolohn + Überw. an Bausparkasse)		1843 DM
an sonstige Verbindlichkeiten (Lohnsteuer, Kirchensteuer, 2 x Sozialversicherung)		1530 DM
		3373 DM

Da die Arbeitnehmer-Sparzulage im Lohnsteuer-Jahresausgleich direkt an L gezahlt wird, erübrigt sich insoweit eine Buchung.

8.4 Sachbezüge

8.4.1 Allgemeines

Arbeitnehmer erhalten im Rahmen ihres Arbeits- oder Dienstverhältnisses neben den Lohn- und Gehaltszahlungen auch Sachbezüge:

- Essenszuschüsse,
- Fahrzeuggestellung,
- freie Unterkunft und Verpflegung,
- Werkswohnungen,
- Waren oder Dienstleistungen.

Beispiel

Arbeitgeber A zahlt seinen Arbeitnehmern neben dem Lohn monatlich 60 DM als Zuschuß für ihr Mittagessen in der Betriebskantine.

Arbeitgeber B gewährt seinen Arbeitnehmern um insgesamt 60 DM monatlich verbilligte Mahlzeiten in der Betriebskantine.

Wirtschaftlich gesehen sind die Zuwendungen von A und B an die jeweiligen Arbeitnehmer gleich. Ebenso wie A könnte B seinen Arbeitnehmern Geld auszahlen, damit diese hierfür zum Teil ihr Mittagessen bestreiten können. Sachzuwendungen im Rahmen von Arbeits- und Dienstverhältnissen sind daher steuerlich so zu behandeln, als würde der Arbeitgeber seinen Arbeitnehmern Geld auszahlen und würden diese sich hierfür die Sachwerte kaufen. Die Sachzuwendungen sind deshalb
- Teil des Arbeitslohns und damit **lohnsteuerpflichtig**,
- zu **bewerten** mit den üblichen Endpreisen am Abgabeort und
- **umsatzsteuerpflichtig**.

Die **Lohnsteuerpflicht** ergibt sich aus § 19 Abs. 1 Nr. 1 EStG:

Zu den Einkünften aus nichtselbständiger Arbeit gehören
1. Gehälter, Löhne, Gratifikationen, Tantiemen und andere Bezüge und Vorteile, die für eine Beschäftigung im öffentlichen oder privaten Dienst gewährt werden.

Die **Bewertung** ist in § 8 Abs. 2 und 3 EStG geregelt:

(2) Einnahmen, die nicht in Geld bestehen (Wohnung, Kost, Waren und sonstige Sachbezüge), sind mit den üblichen Endpreisen am Abgabeort anzusetzen. Bei Arbeitnehmern, für deren Sachbezüge durch Rechtsverordnung nach § 17 Abs. 1 Nr. 3 Viertes Buch Sozialgesetzbuch Werte bestimmt worden sind, sind diese Werte maßgebend. Die Werte nach Satz 2 sind auch bei Arbeitnehmern anzusetzen, die nicht der gesetzlichen Rentenversicherungspflicht unterliegen, wenn sie für deren Sachbezüge nicht offensichtlich unzutreffend sind. Die oberste Finanzbehörde eines Landes kann mit Zustimmung des Bundesministers der Finanzen für weitere Sachbezüge der Arbeitnehmer Durchschnittswerte festsetzen.
(3) Erhält ein Arbeitnehmer auf Grund seines Dienstverhältnisses Waren oder Dienstleistungen, die vom Arbeitgeber nicht überwiegend für den Bedarf seiner Arbeitnehmer hergestellt, vertrieben oder erbracht werden und deren Bezug nicht nach § 40 pauschal versteuert wird, so gelten als deren Werte abweichend von Abs. 2 die um vier vom Hundert geminderten Endpreise, zu denen der Arbeitgeber oder der dem Abgabeort nächstansässige Abnehmer die Waren oder Dienstleistungen fremden Letztverbrauchern im allgemeinen Geschäftsverkehr anbietet. Die sich nach Abzug der vom Arbeitnehmer gezahlten Entgelte ergebenden Vorteile sind steuerfrei, soweit sie aus dem Dienstverhältnis insgesamt 2400 DM im Kalenderjahr nicht übersteigen.

Löhne und Gehälter

Die **Umsatzsteuerpflicht** ist besonders durch § 1 Abs. 1 Nr. 1b UStG bestimmt:

(1) Der Umsatzsteuer unterliegen die folgenden Umsätze:
1. die Lieferungen und sonstigen Leistungen, die ein Unternehmer im Inland gegen Entgelt im Rahmen seines Unternehmens ausführt. Die Steuerbarkeit entfällt nicht, wenn
a) ...
b) ein Unternehmer Lieferungen oder sonstige Leistungen an seine Arbeitnehmer oder deren Angehörige auf Grund des Dienstverhältnisses ausführt, für die die Empfänger der Lieferung oder sonstigen Leistung (Leistungsempfänger) kein besonders berechnetes Entgelt aufwenden. Das gilt nicht für Aufmerksamkeiten;

Bemessungsgrundlage für die Umsatzsteuer bei **verbilligten Lieferungen** eines Unternehmers an seine Arbeitnehmer oder deren Angehörige aufgrund des Dienstverhältnisses:
- Einkaufspreis zuzüglich Nebenkosten für den Gegenstand oder für einen gleichartigen Gegenstand oder
- mangels eines Einkaufspreises die Selbstkosten,

jeweils zum Zeitpunkt des Umsatzes,
wenn diese Bemessungsgrundlage das Entgelt übersteigt (§ 10 Abs. 4 Nr. 1, Abs. 5 Nr. 2 UStG).

Wir merken uns:

1. Sachbezüge sind **lohnsteuerpflichtig**.
2. Sachbezüge werden mit folgenden **Werten** angesetzt:
   a) – Wohnung und Kost,
      – Waren und Dienstleistungen, die vom Arbeitgeber überwiegend für den Bedarf seiner Arbeitnehmer hergestellt, vertrieben oder erbracht werden oder deren Bezug nach § 40 EStG pauschal versteuert wird:
        übliche Endpreise am Abgabeort.
   b) Waren oder Dienstleistungen, die vom Arbeitgeber nicht überwiegend für den Bedarf seiner Arbeitnehmer hergestellt, vertrieben oder erbracht werden und deren Bezug nicht nach § 40 EStG pauschal versteuert wird:
      Endpreise, zu denen der Arbeitgeber oder der dem Abgabeort nächstansässige Abnehmer die Waren oder Dienstleistungen fremden Endverbrauchern im allgemeinen Geschäftsverkehr anbietet

./. 4%
./. Entgelte des Arbeitnehmers
./. 2400 DM im Kalenderjahr

= zu versteuernde Sachbezüge

3. **Bemessungsgrundlage für die Umsatzsteuer bei verbilligten Lieferungen:**
a) Einkaufspreis + Nebenkosten } für den Gegenstand oder einen gleichartigen Gegenstand
b) mangels Einkaufspreises die Selbstkosten
jeweils im Zeitpunkt des Umsatzes, wenn die Bemessungsgrundlage nach a oder b das Entgelt übersteigt.

8.4.2 Essenszuschüsse

Beispiel
Arbeitgeber A gewährt seinen Arbeitnehmern in der Kantine verbilligtes Mittagessen. Diese zahlen für eine Mittagsmahlzeit 2 DM. Der Monat April 01 hatte 22 Arbeitstage.

Der Wert der Sachbezüge wird nach der **Sachbezugsverordnung** berechnet.[1] Hierin werden jedes Jahr für Kost und Wohnung allgemeingültige Werte festgelegt. Für 1992 beträgt der Wert der freien Kost und Wohnung nach der Sachbezugsverordnung 570 DM monatlich. Für Mittagessen sind hiervon 21% anzusetzen, für jeden Tag 1/30 dieses Wertes: 570 DM · 21% = 119,70 DM · 1/30 = 3,99 DM, aufgerundet 4,00 DM[2].
Der Unterschied zwischen dem Wert nach der Sachbezugsverordnung und dem Preis, den der Arbeitnehmer zahlt, ist der Wert des Sachbezugs, der als Arbeitslohn zu erfassen ist.
In dem vorstehenden Beispiel haben daher für April 01 die Arbeitnehmer an Sachbezügen zu versteuern:
4,00 DM – 2,00 DM · 22 Tage = 44,00 DM.
Arbeitnehmer L erhält folgende Lohnabrechnung für April 01:

Bruttolohn	1500,00 DM	1500,00 DM
Sachbezug	44,00 DM	
steuerpflichtig	1544,00 DM	
Lohnsteuer		– 175,20 DM
Kirchensteuer		– 14,00 DM
Sozialversicherung		– 272,00 DM
auszuzahlender Betrag		1038,80 DM

[1] Abschnitt 31 Abs. 6 LStR.
[2] BMF-Schreiben vom 23.12.1991, BStBl. 1992 I S. 51.

Umsatzsteuer: Arbeitnehmer L erhält im Monat April 01 Essen im Wert von 4,00 DM · 22 Tage = 88,00 DM geliefert und zahlt hierfür nur 2,00 DM · 22 Tage = 44 DM. Bei verbilligter Abgabe von Mahlzeiten an Arbeitnehmer ist der vom Arbeitnehmer gezahlte Essenspreis, mindestens aber der Betrag zu versteuern, der dem amtlichen Sachbezugswert entspricht.[3] Die Umsatzsteuer ist daher aus dem Bruttobetrag von 88,00 DM zu berechnen: 88,00 DM · $\frac{15}{115}$ = 11,48 DM.

Nettobetrag: 88,00 DM – 11,48 DM = 76,52 DM

Buchung der Essenslieferung an L im April 01:

Kasse	44,00 DM	
Lohnaufwand	44,00 DM	
	88,00 DM	
an Erlöse aus Verpflegung		76,52 DM
an Umsatzsteuer		11,48 DM
		88,00 DM

Der Unternehmer führt daher einschließlich der vorstehenden Buchung für die Essenslieferung folgende Buchungen durch:

1.	Lohnaufwand	1 544,00 DM	
	Sozialaufwand	272,00 DM	
	Kasse	44,00 DM	
		1 860,00 DM	
	an Bank		1 038,80 DM
	an sonstige Verbindlichkeiten		733,20 DM
	an Erlöse aus Verpflegung		76,52 DM
	an Umsatzsteuer		11,48 DM
			1 860,00 DM
2.	sonstige Verbindlichkeiten		733,20 DM
	an Bank		733,20 DM

8.4.3 Fahrzeuggestellung

Die Fahrzeuggestellung an den Arbeitnehmer ist als lohnsteuerpflichtiger Sachbezug in den Verwaltungsanweisungen wie folgt geregelt:[4]

[3] Abschnitt 12 Abs. 10 UStR.

[4] Abschnitt 31 Abs. 7 LStR in Verbindung mit BMF-Schreiben vom 11.10.1991, BStBl. 1991 I S. 925.

Sachbezug durch Fahrzeuggestellung
Unentgeltliche Überlassung eines Kfz an den Arbeitnehmer – durch a) den Arbeitgeber oder b) einen Dritten aufgrund des Arbeitsverhältnisses – zur privaten Nutzung und/oder für Fahrten zwischen Wohnung und Arbeitsstätte **Bewertung des Sachbezugs:** Betrag, der dem Arbeitnehmer für die Haltung und den Betrieb eines eigenen Kfz des gleichen Typs an Aufwendungen entstanden wäre.

Wertermittlung des Nutzungswerts:

1. Aufzeichnung aller dienstlichen und privaten Fahrten (einschließlich Fahrten zwischen Wohnung und Arbeitsstätte) in einem Fahrtenbuch.

   $$\text{Privater Nutzungswert} = \frac{\text{Privatfahrten}}{\text{Gesamtfahrstrecke}} \times \text{Gesamtfahrkosten}$$

   oder
2. 30 bis 35% der Gesamtkosten
   \+ 0,52 DM/km für Fahrten zwischen Wohnung und Arbeitsstätte
   oder
3. 0,52 DM/private Fahrkilometer (einschließlich der Fahrten zwischen Wohnung und Arbeitsstätte), auch wenn Arbeitnehmer einen Teil der Kosten selbst getragen hat
   oder
4. monatlich 1% vom Listenpreis des Kfz einschließlich Zuschläge für Sonderausstattungen und Umsatzsteuer
   \+ 0,52 DM/km für Fahrten zwischen Wohnung und Arbeitsstätte.

Anzurechnen auf den privaten Nutzungswert sind
- pauschale Nutzungsvergütungen des Arbeitnehmers,
- kilometerbezogene Vergütungen des Arbeitnehmers und
- Zuschüsse des Arbeitnehmers zu den Anschaffungskosten im Jahr der Zahlung.

Von dem als lohnsteuerpflichtigen Sachbezug anzusetzenden Wert ist auch als **umsatzsteuerpflichtiges Bruttoentgelt** auszugehen.[5]

Beispiel

Unternehmer U überlaßt seinem Arbeitnehmer A einen Pkw für Privatfahrten und Fahrten zwischen Wohnung und Arbeitsstätte. Der Pkw hatte einen Listenpreis ein-

[5] Abschnitt 12 Abs. 17 UStR.

schließlich Umsatzsteuer von 42000 DM. Die Entfernung zwischen Wohnung und Arbeitsstätte beträgt 7 km. A hat den Pkw im Mai 01 an 18 Arbeitstagen für Fahrten zwischen Wohnung und Arbeitsstätte benutzt. Sein Bruttogehalt betrug 5000 DM.

Wert des Sachbezugs:		
Privatfahrten 1% · 42000 DM =		420,00 DM
Fahrten zwischen Wohnung und Arbeitsstätte		
0,52 DM · 7 km · 2 · 18 Tage =		131,04 DM
Bruttowert des Sachbezugs		551,04 DM
Umsatzsteuer: $551{,}04 \cdot \frac{15}{115} =$		– 71,87 DM
Nettowert des Sachbezugs		479,17 DM
Bruttogehalt	5000,00 DM	5000,00 DM
Sachbezug	551,04 DM	
stpfl. Brutto	5551,04 DM	
Lohnsteuer		– 1230,16 DM
Kirchensteuer		– 110,71 DM
Sozialversicherung		– 978,00 DM
auszuzahlender Betrag		2681,13 DM

Buchungen:

1. Lohnaufwand	5551,04 DM	
Sozialaufwand	978,00 DM	
	6529,04 DM	
an Bank		2681,13 DM
an sonstige Verbindlichkeiten		3296,87 DM
an Erlöse Kfz-Kosten		479,17 DM
an Umsatzsteuer		71,87 DM
		6529,04 DM
2. sonstige Verbindlichkeiten		3296,87 DM
an Bank		3296,87 DM

8.4.4 Freie Unterkunft und Verpflegung

Werden im Rahmen eines Arbeits- oder Dienstverhältnisses Unterkunft und Verpflegung unentgeltlich gewährt, so sind deren Werte als Sachbezug anzusetzen. Der Wert wird nach der Sachbezugsverordnung bewertet. Der amtliche Sachbezugswert für die Wohnung nach der Sachbezugsverordnung ist auch dann anzusetzen, wenn der Arbeitgeber die dem Arbeitnehmer überlassene Wohnung gemietet und gegebenenfalls mit Einrichtungsgegenständen ausge-

stattet hat.[6] Der Wert für Unterkunft und Verpflegung wird zum Bruttolohn gerechnet.
In Höhe dieses Wertes findet eine Lieferung an den Arbeitnehmer im umsatzsteuerrechtlichen Sinn statt. Es ist daher aus dem Wert die Umsatzsteuer herauszurechnen.

Wir machen uns klar:
Wenn der Unternehmer seinem Arbeitnehmer freie Unterkunft und Verpflegung gewährt, handelt es sich um zwei umsatzsteuerrechtlich unterschiedliche Leistungen: 1. **Nutzungsüberlassung der Wohnung** Wirtschaftlich ist das Geschäft umsatzsteuerrechtlich so zu behandeln, als würde der Unternehmer seinem Arbeitnehmer in Höhe des Nutzungswerts der Wohnung Gehalt oder Lohn zahlen und dieser dann hierfür die Wohnung vom Unternehmer mieten. Die Vermietung ist umsatzsteuerfrei (§ 4 Nr. 12a UStG). 2. **Gewährung von Verpflegung** Wirtschaftlich zahlt der Unternehmer seinem Arbeitnehmer Gehalt oder Lohn in Höhe des Werts der Verpflegung und zahlt dieser hiervon das Entgelt für die Lieferung der Beköstigung durch den Unternehmer. Die Leistung des Unternehmers an den Arbeitnehmer ist also umsatzsteuerrechtlich aufzuteilen in – eine **umsatzsteuerfreie** sonstige Vermieterleistung und – eine **umsatzsteuerpflichtige** Lieferung der Beköstigung.

Nach der Sachbezugsverordnung entfallen auf

– Wohnung	34%
– Heizung	10%
– Beleuchtung	2%
Wohnungsüberlassung einschließlich Nebenleistungen	46%
– Frühstück	12%
– Mittagessen	21%
– Abendessen	21%
Lieferung der Beköstigung	54%

Der Sachbezug ist also aufzuteilen in
– einen **steuerfreien Anteil von 46%** und
– einen **steuerpflichtigen Anteil von 54%**.

[6] Abschnitt 31 Abs. 4 LStR.

Die Werte für freie Kost und Wohnung werden jährlich neu festgesetzt. Sie betragen für 1992 570 DM monatlich. In den neuen Bundesländern gelten andere Werte.[7]

Beispiel

Krankenschwester K erhält in dem Krankenhaus freie Unterkunft und Verpflegung. Ihr Bruttogehalt beträgt im Monat Juni 01 1 500 DM.

Bruttogehalt	1 500,00 DM	1 500,00 DM
Sachbezug	570,00 DM	
steuerpflichtig	2 070,00 DM	
Lohnsteuer		– 223,08 DM
Kirchensteuer		– 20,08 DM
Sozialversicherung		– 361,00 DM
Auszahlung		895,84 DM

Vom Sachbezug entfallen
- 570 DM · 46% = 262,20 DM auf die Unterkunft und
- 570 DM · 54% = 307,80 DM auf die Beköstigung.

Umsatzsteuer: $307{,}80 \text{ DM} \cdot \frac{15}{115} = 40{,}15 \text{ DM}.$

Netto: 307,80 DM – 40,15 DM = 267,65 DM.

Buchungen:

1. Lohnaufwand	2 070,00 DM	
Sozialaufwand	361,00 DM	
	2 431,00 DM	
an Bank		895,84 DM
an sonstige Verbindlichkeiten		965,16 DM
an Mietertrag		262,20 DM
an Beköstigung Arbeitnehmer		267,65 DM
an Umsatzsteuer		40,15 DM
		2 431,00 DM
2. Sonstige Verbindlichkeiten		965,16 DM
an Bank		965,16 DM

8.4.5 Werkswohnungen

Vermietet ein Unternehmer seinem Arbeitnehmer eine Werkswohnung in einem **eigenen Miethaus** oder vermietet er seinem Arbeitnehmer ein **eigenes**

[7] Wert der freien Kost und Wohnung einschließlich Heizung und Beleuchtung monatlich 440 DM. Bei teilweiser Leistung von freier Kost und Wohnung sind anzusetzen für Wohnung 90,00 DM; Heizung 39,50 DM; Beleuchtung 2,70 DM; freie Kost die für die alten Bundesländer geltenden Werte.

Einfamilienhaus, so wird die Wohnung oder das Einfamilienhaus zum notwendigen Betriebsvermögen des Arbeitgebers, wenn für die Vermietung an den Arbeitnehmer betriebliche Gründe maßgebend waren.[8] Die Vermietung einer Werkswohnung an einen Arbeitnehmer geschieht regelmäßig aus betrieblichen Gründen. Es handelt sich daher um eine Vermietung des Betriebs an den Arbeitnehmer.

Steht die Wohnung nicht im Eigentum des Arbeitgebers, sondern hat der Arbeitgeber hieran ein **Belegungsrecht** oder hat er sie **angemietet**, so ist die Vermietung an den Arbeitnehmer ebenfalls eine Leistung des Betriebs.[9]

Wird die Wohnung dem Arbeitnehmer **unentgeltlich** oder **verbilligt** überlassen, so ist das, wirtschaftlich gesehen, eine Geldleistung des Unternehmers an den Arbeitnehmer als Entgelt für dessen Arbeitsleistung in Höhe des Wohnungswerts und eine Vermietung der Wohnung an den Arbeitnehmer für diesen Betrag.

Die Vorgänge Geldleistung an den Arbeitnehmer und Vermietung der Wohnung an den Arbeitnehmer für diesen Betrag werden wirtschaftlich zusammengefaßt. Bei einer verbilligten Überlassung an den Arbeitnehmer ist das Entgelt des Arbeitnehmers von der Höhe des Wohnungswerts zu mindern, so daß nur die Differenz als Sachbezug anzusetzen ist.

Für das Unternehmen ist die Nutzungsüberlassung der Wohnung in Höhe des Nutzungswerts eine Vermietung im Rahmen des Betriebs gegen Arbeitsleistung bei unentgeltlicher Überlassung oder gegen Arbeitsleistung und Mietzahlung des Arbeitnehmers bei verbilligter Überlassung. In Höhe des Nutzungswerts sind also **Mieterträge** zu buchen. Soweit die Wohnung unentgeltlich überlassen ist, handelt es sich um Lohnaufwand.

Soweit der Arbeitnehmer Miete zahlt, werden die Mieteinnahmen bei der Lohnauszahlung einbehalten. Die Vermietungsleistung des Betriebs ist **umsatzsteuerfrei** (§ 4 Nr. 12a UStG).

Leistet der Arbeitgeber dem Arbeitnehmer neben der Wohnung keine Kost oder nur eine Mahlzeit im Betrieb, so wird der Wohnungswert nicht nach der Sachbezugsverordnung ermittelt, wie es bei der Gewährung freier Unterkunft und Verpflegung geschieht,[10] sondern mit der ortsüblichen Miete **bewertet**[11].

Als **ortsüblicher Mietwert** ist die Miete anzusetzen, die für eine nach Baujahr, Lage und Ausstattung vergleichbare Wohnung üblich ist. Vermietet der Arbeitgeber in erheblichem Umfang an fremde Dritte Wohnungen zu einer niedrigeren als der ortsüblichen Miete, so ist diese Miete anzusetzen.[12]

---

8 Abschnitt 14 Abs. 1 Satz 10 EStR.

9 Abschnitt 31 Abs. 5 Satz 4 LStR.

10 Siehe 8.4.3.

11 Abschnitt 31 Abs. 4 Satz 3 LStR.

12 Abschnitt 31 Abs. 5 Sätze 1 und 2 LStR.

Beispiel
Unternehmer U überläßt dem Hausmeister H seines Betriebes eine Werkswohnung, die einen monatlichen Mietwert von 800 DM hat, für 300 DM monatlich. Im Monat Februar 01 beträgt der Bruttolohn 2800 DM.

Die von H zu leistende Mietzahlung in Höhe von 300 DM behält U vom Lohn ein. Dieser Betrag wird also beim auszuzahlenden Betrag gekürzt. Der Mietertrag des U beträgt 800 DM. Hierfür leistet H 500 DM an Arbeit und 300 DM Mietzahlung. Das Entgelt des U für die Arbeitsleistung, der Sachbezugswert in Höhe von 500 DM, ist für U zusätzlicher Lohnaufwand.

Bruttolohn	2800,00 DM	2800,00 DM
freie Wohnung	500,00 DM	
zu versteuern	3300,00 DM	
Lohnsteuer		– 533,58 DM
Kirchensteuer		– 48,02 DM
Sozialversicherung		– 584,00 DM
Mietzahlung		– 300,00 DM
auszuzahlender Betrag		1334,40 DM

Buchungen:

1. Lohnaufwand	3300,00 DM	
Sozialaufwand	584,00 DM	
	3884,00 DM	
an Bank		1334,40 DM
an sonstige Verbindlichkeiten		1749,60 DM
an Mietertrag		800,00 DM
		3884,00 DM

8.4.6 Bezug von Waren und Dienstleistungen

Bei der Bewertung von Sachbezügen, die in Waren und Dienstleistungen bestehen, ist zu unterscheiden:

Bewertung von Waren und Dienstleistungen als Sachbezüge
Vom Arbeitgeber – hergestellt, – vertrieben oder – erbracht

überwiegend für den Bedarf seiner Arbeitnehmer **oder** Bezug nach § 40 EStG pauschal versteuert	**nicht** überwiegend für den Bedarf seiner Arbeitnehmer **und** Bezug **nicht** nach § 40 EStG pauschal versteuert
Bewertung	
übliche Endpreise am Abgabeort	Endpreise, zu denen der Arbeitgeber oder der dem Abgabeort nächstansässige Abnehmer die Waren oder Dienstleistungen fremden Endverbrauchern im allgemeinen Geschäftsverkehr anbietet – 4% – Entgelte des Arbeitnehmers – 2400 DM im Kalenderjahr = zu versteuernde Sachbezüge

Mit den in der ersten Spalte aufgeführten Sachbezügen haben wir uns bisher befaßt. Jetzt sollen Sachbezüge behandelt werden, die in der zweiten Spalte aufgeführt sind. Nach den Verwaltungsanweisungen sind sie lohnsteuerlich wie folgt zu behandeln.[13]

Es muß sich um Waren oder Dienstleistungen handeln, die dem Arbeitnehmer aufgrund seines gegenwärtigen oder früheren Dienstverhältnisses zufließen.

Waren sind alle Wirtschaftsgüter, die
- im Wirtschaftsverkehr wie Sachen (§ 90 BGB) behandelt werden, also auch elektrischer Strom und Wärme, und
- vom Arbeitgeber hergestellt oder vertrieben werden.

Dienstleistungen sind alle personellen Leistungen des Betriebs.

Geldwert der Sachbezüge	
Arbeitgeber bietet die Waren oder Dienstleistungen fremden Letztverbrauchern im allgemeinen Geschäftsverkehr an	Arbeitgeber bietet die Waren oder Dienstleistungen außerhalb des Arbeitnehmerbereichs Letztverbrauchern nicht an

[13] Abschnitt 32 LStR.

Endpreise des Arbeitgebers einschließlich Umsatzsteuer abzüglich 4%	Endpreise des dem Abgabeort des Arbeitgebers nächstansässigen Abnehmers der Waren oder Dienstleistungen einschließlich Umsatzsteuer abzüglich 4%

Der einzelne Arbeitnehmer hat als Sachbezüge zusätzlich zum Arbeitslohn im Jahr des Zuflusses zu versteuern:

Steuerpflichtige Sachbezüge im Kalenderjahr
Summe der Geldwerte der Sachbezüge im Kalenderjahr – für die Sachbezüge gezahlte Entgelte des Arbeitnehmers – Jahres-Rabatt-Freibetrag von 2400 DM = als zusätzlicher Arbeitslohn zu versteuernde Sachbezüge

Bewertet werden die Sachbezüge mit den Endpreisen (einschließlich Umsatzsteuer), zu denen
- der **Arbeitgeber** die Waren oder Dienstleistungen fremden Letztverbrauchern im allgemeinen Geschäftsverkehr anbietet oder, falls der Arbeitgeber außerhalb des Arbeitnehmerbereichs mit Letztverbrauchern nicht in Geschäftsbeziehungen tritt
- der dem Abgabeort des Arbeitgebers **nächstansässige Abnehmer** die Waren oder Dienstleistungen fremden Letztverbrauchern anbietet.

Beispiel
Ein Automobilwerk verkauft dem Arbeitnehmer A im Dezember 01 einen Pkw für 25000 DM. Der Endpreis für fremde Endverbraucher würde 30000 DM betragen. Die Herstellungskosten betrugen 20000 DM. Weitere Pkw hat A im Jahr 01 nicht bezogen. Der Bruttolohn von A betrug im Dezember 01 2500 DM.

Zu versteuernder Sachbezug im Jahr 01:

Endpreis des Pkw	30000 DM
4% (30000 DM · 4%)	– 1200 DM
Entgelt des Arbeitnehmers	– 25000 DM
Jahresfreibetrag	– 2400 DM
zu versteuern	1400 DM

A erhielt folgende Lohnabrechnung für Dezember 01:

Bruttolohn	2500,00 DM	2500,00 DM
Sachbezug	1400,00 DM	
zu versteuern	3900,00 DM	
Lohnsteuer		– 700,83 DM
Kirchensteuer		– 63,07 DM
Sozialversicherung		– 690,00 DM
auszuzahlender Betrag		1046,10 DM

Der Verkauf des Pkw an A ist **umsatzsteuerrechtlich** eine Lieferung des Unternehmens an den Arbeitnehmer. Bemessungsgrundlage für die Umsatzsteuer ist, wie es allgemein der Fall ist, das Entgelt. Da Lieferungen oder sonstige Leistungen eines Arbeitgebers an seine Arbeitnehmer in der Regel verbilligt sind, ist hierfür eine Mindestbemessungsgrundlage bestimmt. Wie in Abschnitt 8.4.1 ausgeführt wurde, sind mindestens anzusetzen:

- Bei **angeschafften** Gegenständen der Einkaufspreis zuzüglich Nebenkosten für den Gegenstand oder einen gleichartigen Gegenstand.
- Bei **hergestellten** Gegenständen die Selbstkosten.

Im vorstehenden Beispiel war der Gegenstand vom Arbeitgeber hergestellt. Es betrugen die Herstellungskosten und damit die Selbstkosten 20000 DM. A hat 25000 DM für den Pkw gezahlt. Das war der Bruttokaufpreis einschließlich Umsatzsteuer. Die Umsatzsteuer ist also hieraus zu berechnen.

Umsatzsteuer: $25000 \text{ DM} \cdot \frac{15}{115} = 3260{,}87 \text{ DM}$.

Nettopreis: 25000 DM – 3260,87 DM = 21739,13 DM.

Der Nettopreis ist das umsatzsteuerrechtliche Entgelt. Die Selbstkosten waren nicht höher als das von A gezahlte Entgelt. Bemessungsgrundlage für die Umsatzsteuer ist somit das Entgelt von brutto 25000 DM und netto 21739,13 DM. Die Umsatzsteuer beträgt also: 3260,87 DM.

Der **Sachbezug** des Arbeitnehmers ist Entgelt für dessen Dienstleistung. In Höhe des für den Sachbezug angerechneten Werts von 1400 DM wird der vom Arbeitnehmer A zu entrichtende Kaufpreis mit der Forderung des A auf Sachbezug verrechnet. A hat daher nur den Differenzbetrag von 23600 DM (25000 DM – 1400 DM) zu zahlen. Wenn A den Differenzbetrag auf das Bankkonto des Unternehmens überweist, wird also gebucht:

Lohnaufwand	1400,00 DM	
Bank	23600,00 DM	
	25000,00 DM	
an Erlöse aus Warenlieferung an Arbeitnehmer		21739,13 DM
an Umsatzsteuer		3260,87 DM
		25000,00 DM

für Dezember 01 ist also bezüglich A zu buchen:

1. Lohnaufwand	3900,00 DM	
Sozialaufwand	690,00 DM	
Bank	23600,00 DM	
	28190,00 DM	
an Bank		1046,10 DM
an sonstige Verbindlichkeiten		2143,90 DM
an Erlöse aus Warenlieferungen an Arbeitnehmer		21739,13 DM
an Umsatzsteuer		3260,87 DM
		28190,00 DM
2. Sonstige Verbindlichkeiten		2143,90 DM
an Bank		2143,90 DM

Aufgabe 21

Arbeitnehmer A ist Angestellter in der Möbelfabrik M. Er erhält für den Monat Dezember 01 ein Bruttogehalt in Höhe von 2800 DM. Im Juli 01 hat er einen Vorschuß in Höhe von 3000 DM erhalten, der jeweils in Höhe von 300 DM mit den monatlichen Gehaltszahlungen zu verrechnen ist.
Er hat im Monat Dezember 24 Mittagsmahlzeiten in der Kantine erhalten, für die er jeweils 1,50 DM bezahlt hat. Der Wert der einzelnen Mahlzeit betrug nach der Sachbezugsverordnung 4,00 DM.
Dem Arbeitnehmer wird für Privatfahrten und für Fahrten zwischen Wohnung und Arbeitsstätte ein Pkw überlassen, der einen Listenpreis einschließlich Umsatzsteuer von 35000 DM hatte. Die Entfernung zwischen Wohnung und Arbeitsstätte beträgt 5 km. A hat den Pkw im Dezember 01 an 24 Arbeitstagen für Fahrten zwischen Wohnung und Arbeitsstätte benutzt. Der Sachbezug soll auf der Grundlage der 1%-Regelung berechnet werden.
Im Dezember 01 kauft der Arbeitnehmer außerdem von seinem Arbeitgeber ein Wohnzimmer, dessen Herstellungskosten 15000 DM betragen haben, für 18000 DM. Der Endpreis des nächstansässigen Abnehmers hierfür beträgt 22000 DM.

1. Rechnen Sie die Werte der einzelnen Sachbezüge aus und stellen Sie hierfür die Buchungssätze auf.
2. Fertigen Sie die Lohnabrechnung für Dezember 01.
3. Stellen Sie dann die endgültigen Buchungssätze auf.

Lösung

1. Werte der Sachbezüge

Sachbezug Mittagessen:

Wert: 4,00 DM · 24 Tage =	96,00 DM
Entgelt: 1,50 DM · 24 Tage =	36,00 DM
Sachbezug brutto	60,00 DM

Bemessungsgrundlage für die **Umsatzsteuer** ist das Entgelt, mindestens der Betrag, der bei unentgeltlicher Abgabe anzusetzen wäre. Bei unentgeltlicher Abgabe wären 96,00 DM zu versteuern.

Umsatzsteuer: 96,00 DM $\cdot \frac{15}{115}$ = 12,52 DM

Netto: 96,00 DM – 12,52 DM = 83,48 DM

Buchung:

Kasse	36,00 DM	
Lohnaufwand	60,00 DM	
	96,00 DM	
an Erlöse aus Verpflegung		83,48 DM
an Umsatzsteuer		12,52 DM
		96,00 DM

Sachbezug Fahrzeuggestellung

Privatfahrten: 35 000 DM · 1% =	350,00 DM
Fahrten zwischen Wohnung und Arbeitsstätte	
0,52 DM · 5 km · 2 · 24 Tage =	124,80 DM
Sachbezug brutto	474,80 DM
Umsatzsteuer: 474,80 DM $\cdot \frac{15}{115}$ =	– 61,93 DM
Sachbezug netto	412,87 DM

Buchung:

Lohnaufwand	474,80 DM	
an Erlöse Kfz-Kosten		412,87 DM
an Umsatzsteuer		61,93 DM
		474,80 DM

Sachbezug verbilligter Wareneinkauf

Endpreis des Wohnzimmers	22000 DM
4% (22000 DM · 4%)	– 880 DM
Entgelt des Arbeitnehmers	– 18000 DM
Jahresfreibetrag	– 2400 DM
zu versteuern	720 DM

Umsatzsteuer:		
Selbstkosten	15000,00 DM	
Bruttoentgelt		18000,00 DM
Umsatzsteuer hiervon		
$18000\ \text{DM} \cdot \frac{15}{115} =$		– 2347,83 DM
Nettoentgelt		15652,17 DM

Da die Selbstkosten nicht höher sind als das von A gezahlte Entgelt, ist das von A gezahlte Entgelt die Bemessungsgrundlage für die Umsatzsteuer. Diese beträgt also 2347,83 DM.

Buchung:		
Lohnaufwand	720,00 DM	
Bank	17280,00 DM	
	18000,00 DM	
an Erlöse aus Warenlieferung an Arbeitnehmer		15652,17 DM
an Umsatzsteuer		2347,83 DM
		18000,00 DM

2. Lohnabrechnung für Dezember 01

Lohn	2800,00 DM	2800,00 DM
Verrechnung Vorauszahlung		– 300,00 DM
Sachbezug Mittagessen	60,00 DM	
Sachbezug Fahrzeuggestellung	474,80 DM	
Sachbezug verbilligter Wareneinkauf	720,00 DM	
zu versteuern	4054,80 DM	
Lohnsteuer		– 745,66 DM
Kirchensteuer		– 67,11 DM
Sozialversicherung		– 712,60 DM
auszuzahlender Betrag		974,63 DM

3. Buchungssätze

1. Lohnaufwand	4054,80 DM	
Sozialaufwand	712,60 DM	
Kasse	36,00 DM	
Bank	17280,00 DM	
	22083,40 DM	
an Vorschuß		300,00 DM
an Bank		974,63 DM
an sonstige Verbindlichkeiten		2237,97 DM
an Erlöse aus Verpflegung		83,48 DM
an Erlöse Kfz-Kosten		412,87 DM
an Erlöse aus Warenlieferungen an Arbeitnehmer		15652,17 DM
an Umsatzsteuer	12,52 DM	
	61,93 DM	
	2347,83 DM	2422,28 DM
		22083,40 DM
2. Sonstige Verbindlichkeiten		2237,97 DM
an Bank		2237,97 DM

9 Aktivierung der Anlagegegenstände

9.1 Aktivierung der zum eigenen Betriebsvermögen gehörenden Anlagen

9.1.1 Eigene Anlagen

Der Jahresabschluß hat sämtliche Vermögensgegenstände, Schulden, Rechnungsabgrenzungsposten, Aufwendungen und Erträge zu enthalten, soweit gesetzlich nichts anderes bestimmt ist (§ 246 Abs. 1 HGB).

In dieser Vorschrift kommt der **Grundsatz der Vollständigkeit** zum Ausdruck. Das bedeutet in der Bilanzierung: Alle Aktiven und Passiven sind der Menge nach ohne Ausnahme zu erfassen. Auch Güter, denen kein Wertbetrag zukommt, z. B. voll abgeschriebene Anlagegegenstände, sind mindestens mit einem Erinnerungswert festzuhalten[1].
Ausgewiesen werden dürfen Wirtschaftsgüter aber nur soweit, wie sie dem Kaufmann personell und sachlich zuzuordnen sind. **Personelle Zuordnung** bedeutet, die Gegenstände sind wirtschaftliches Eigentum des Kaufmanns. **Sachliche Zuordnung** heißt: Es dürfen nur die zum Betriebsvermögen rechnenden Posten ausgewiesen werden, also nicht Gegenstände des Privatvermögens.

Jeder Kaufmann ist verpflichtet, Bücher zu führen und in diesen seine Handelsgeschäfte und die Lage seines Vermögens nach den Grundsätzen ordnungsmäßiger Buchführung ersichtlich zu machen (§ 238 Abs. 1 Satz 1 HGB).

Aus dem Wort „seine" in dieser Vorschrift folgt, daß die **Vermögensgegenstände dem Kaufmann gehören** müssen, daß er Eigentümer der Sachen, Gläubiger der Forderungen und Rechte, Berechtigter der immateriellen Wirtschaftsgüter und Schuldner der Verbindlichkeiten sein muß.
Vermögensgegenstände können rechtlich einem anderen als dem Eigentümer zuzurechnen sein. Die Grundsätze ordnungsmäßiger Buchführung gehen von wirtschaftlichen Tatbeständen aus. Hieraus kann sich ergeben, daß das rechtliche nicht mit dem wirtschaftlichen Eigentum übereinstimmt.
Auch im Steuerrecht gibt es die sogenannte wirtschaftliche Betrachtungsweise. Hier richtet sich die Zurechnung also, ähnlich wie im Handelsrecht, nach wirtschaftlichen Merkmalen. Ausfluß dieser wirtschaftlichen Betrachtungsweise ist das Institut des **wirtschaftlichen Eigentums**, das in § 39 AO geregelt ist.

---

1 Leffson, GoB, S. 220.

§ 39 AO

(1) Wirtschaftsgüter sind dem Eigentümer zuzurechnen.

(2) Abweichend von Absatz 1 gelten die folgenden Vorschriften:

1. Übt ein anderer als der Eigentümer die tatsächliche Herrschaft über ein Wirtschaftsgut in der Weise aus, daß er den Eigentümer im Regelfall für die gewöhnliche Nutzungsdauer von der Einwirkung auf das Wirtschaftsgut wirtschaftlich ausschließen kann, so ist ihm das Wirtschaftsgut zuzurechnen. Bei Treuhandverhältnissen sind die Wirtschaftsgüter dem Treugeber, beim Sicherungseigentum dem Sicherungsgeber und beim Eigenbesitz dem Eigenbesitzer zuzurechnen.

Da im Handels- und im Steuerrecht wirtschaftliche Maßstäbe gelten, ist davon auszugehen, daß die Regelung des wirtschaftlichen Eigentums in § 39 AO mit den handelsrechtlichen Grundsätzen ordnungsmäßiger Buchführung übereinstimmt.

Es gilt also im Handelsrecht und im Steuerrecht: Wirtschaftsgüter sind grundsätzlich dem Eigentümer zuzurechnen. Übt aber ein anderer als der rechtliche Eigentümer die tatsächliche Herrschaft über ein Wirtschaftsgut so aus, daß er den Berechtigten im Regelfall für die gewöhnliche Nutzungsdauer von der Einwirkung auf das Wirtschaftsgut wirtschaftlich ausschließen kann, so ist ihm das Wirtschaftsgut zuzurechnen.

Wir merken uns:
1. Es dürfen nur die Wirtschaftsgüter aktiviert werden, die dem Kaufmann gehören. Grundsätzlich ist das rechtliche Eigentum maßgebend. 2. Übt ein anderer als der rechtliche Eigentümer die tatsächliche Herrschaft über ein Wirtschaftsgut so aus, daß er den Berechtigten im Regelfall für die gewöhnliche Nutzungsdauer von der Einwirkung auf das Wirtschaftsgut ausschließen kann, so ist ihm das Wirtschaftsgut als wirtschaftlichem Eigentümer zuzurechnen.

Auch in den folgenden Fällen ist die Frage der Zurechnung zu prüfen:

- Das Wirtschaftsgut gehört einer **Bruchteilsgemeinschaft**, an welcher der Kaufmann beteiligt ist.
- Das Wirtschaftsgut gehört einer **Gesamthandsgemeinschaft**, an welcher der Kaufmann beteiligt ist.

Bruchteilsgemeinschaft
1. Jedem Teilhaber steht ein bestimmter Anteil am Wirtschaftsgut zu, im Zweifel ein gleich großer Anteil.

2. Jeder Teilhaber kann über seinen Anteil allein verfügen.
Wichtigster Fall: Miteigentum

Beispiel
Ein Grundstück gehört Ehegatten je zur Hälfte als Miteigentümer. Auf dem Grundstück ist ein Gebäude errichtet, in dem der Ehemann A das Erdgeschoß mit Einverständnis seiner Ehefrau F als Büroräume für seinen Gewerbebetrieb nutzt. Den unbebauten Teil des Grundstücks nutzt A als Lagerplatz für seinen Gewerbebetrieb.

Der Kaufmann darf nur seinen eigenen Miteigentumsanteil bilanzieren. Am Miteigentumsanteil seiner Ehefrau ist er nicht wirtschaftlicher Eigentümer. Als zivilrechtliche Eigentümerin wäre die Ehefrau von der Einwirkung auf das Wirtschaftsgut durch ihren Ehemann A auf die Dauer nur dann ausgeschlossen mit der Folge, daß A wirtschaftlicher Eigentümer wäre, wenn sie keinen Herausgabeanspruch mehr hätte oder dieser Anspruch z. B. wegen unkündbarem Miet- oder Pachtverhältnis wirtschaftlich ohne Bedeutung wäre. Durch ihr **Einverständnis** mit der Nutzung durch A verlor F noch nicht ihren Herausgabeanspruch auf ihren Miteigentumsanteil und wurde dieser auch nicht wirtschaftlich bedeutungslos. A wurde hierdurch also nicht wirtschaftlicher Eigentümer. Er kann daher den Miteigentumsanteil der F an den Büroräumen und am unbebauten Teil des Grundstücks nicht aktivieren.
Hatte aber A die **Herstellungskosten für das Gebäude allein getragen**, stand ihm ein gegen seine Ehefrau gerichteter Ausgleichsanspruch nach §§ 951, 812 BGB zu. Die Herstellungskosten wären dann wie ein materielles Wirtschaftsgut „Nutzungsrecht" zu aktivieren gewesen[2].
Erweitert ein Miteigentümer mit Zustimmung der anderen Miteigentümer ein Gebäude im eigenen Namen und für eigene Rechnung um einen Gebäudeteil, und nutzt er diesen Gebäudeteil ausschließlich für seine eigenbetrieblichen Zwecke, so hat er die gesamten Herstellungskosten des Gebäudeteils zu aktivieren[3].

Gesamthandsgemeinschaft
1. Das Wirtschaftsgut steht allen Beteiligten insgesamt zu. 2. Jeder Beteiligte kann über seinen Anteil am einzelnen Wirtschaftsgut nicht allein verfügen. Über ein einzelnes Wirtschaftsgut können nur alle Beteiligten gemeinsam verfügen. Wichtigste Fälle: Gesellschaft, ungeteilte Erbengemeinschaft

[2] BFH, Urt. v. 11.12.1987 III R 188/81, BB 1988 S. 519; KFR F. 3 EStG § 4, 8/88 S. 133 (Harenberg).
[3] Abschnitt 14 Abs. 1 Satz 6 EStR.

Wirtschaftsgüter, die mehreren zur gesamten Hand zustehen, werden den Beteiligten anteilig zugerechnet, soweit eine getrennte Zurechnung für die Besteuerung erforderlich ist (§ 39 Abs. 2 Nr. 2 AO).

Wirtschaftsgüter im Gesamthandseigentum werden also, soweit das für die Besteuerung erforderlich ist, den Beteiligten wie bei der Bruchteilsgemeinschaft anteilig zugerechnet.

Beispiel
Kaufmann A ist Miterbe einer ungeteilten Erbengemeinschaft. Miterben sind A und seine Brüder B und C. A nutzt mit Einverständnis von B und C ein der Erbengemeinschaft gehörendes Grundstück für seinen Gewerbebetrieb. A aktiviert das Grundstück zu einem Drittel.

9.1.2 Betriebsvermögen

Bei der sachlichen Zuordnung werden unter „Betriebsvermögen" die Posten zusammengefaßt, die aktiviert und passiviert werden können.
Bei der Gewinnermittlung durch Betriebsvermögensvergleich[4] wird der **im Betrieb erwirtschaftete Erfolg** ermittelt. Daher können nur die Wirtschaftsgüter als Bestandteil des Betriebsvermögens am Schluß des Wirtschaftsjahrs und des Betriebsvermögens am Schluß des vorangegangenen Wirtschaftsjahrs in den Betriebsvermögensvergleich einbezogen werden, die zum betrieblichen Ergebnis beigetragen haben. Bei der Zurechnung der Wirtschaftsgüter zum Betriebsvermögen kommt es daher darauf an, ob sie zum Betriebsergebnis beigetragen haben.

Wir unterscheiden:	
Wirtschaftsgüter, die zum Betriebsergebnis	
beigetragen haben	nicht beigetragen haben
Betriebsvermögen	Privatvermögen

Von den Wirtschaftsgütern sind die zu unterscheiden, die objektiv nur betrieblichen oder privaten Zwecken dienen. Es sind die Wirtschaftsgüter des **notwendigen Betriebsvermögens** und des **notwendigen Privatvermögens**.

[4] Siehe 1.3.3.

Wir unterscheiden:	
Wirtschaftsgüter, die ausschließlich und unmittelbar für eigenbetriebliche Zwecke des Unternehmers genutzt werden[5].	Wirtschaftsgüter, die ausschließlich oder nahezu ausschließlich der eigenen privaten Lebensführung des Unternehmers dienen oder die der Unternehmer ausschließlich oder nahezu ausschließlich einem Familienangehörigen aus privaten Gründen unentgeltlich zur Nutzung überläßt[6].
Notwendiges Betriebsvermögen	Notwendiges Privatvermögen

Beispiele
Notwendiges Betriebsvermögen:
Fabrik-, Lager- und Verwaltungsgebäude; Maschinen und sonstige Betriebsvorrichtungen; Vorräte, Forderungen aus Lieferungen und sonstigen Leistungen.
Notwendiges Privatvermögen:
Eigengenutzte Wohnung; Hausrat; Kleidung, die nicht typische Berufskleidung ist; privater Schmuck; private Briefmarken- und Münzsammlung.

Wirtschaftsgüter, die weder zum notwendigen Betriebsvermögen noch zum notwendigen Privatvermögen gehören, können von Unternehmern, die ihren Gewinn durch Betriebsvermögensvergleich ermitteln, durch einen Willensakt zu Wirtschaftsgütern des Betriebsvermögens gemacht werden. Deshalb spricht man hier von **gewillkürtem Betriebsvermögen**. Voraussetzung ist, daß die Wirtschaftsgüter in einem gewissen objektiven Zusammenhang mit dem Betrieb stehen und ihn zu fördern bestimmt und geeignet sind[7].
Allerdings kann ein **Vollkaufmann** grundsätzlich den Umfang seines Gewerbebetriebs bestimmen und im allgemeinen der Nutzung fähige Wirtschaftsgüter, die nicht zum notwendigen Privatvermögen gehören, zum gewillkürten Betriebsvermögen machen, soweit er damit nicht den Charakter seiner Tätigkeit als gewerbliche Tätigkeit verändert[8].
Die Widmung zum Betriebsvermögen ist in der Regel aus einer entsprechenden **Buchung** zu schließen. Ein solcher Rückschluß aus der Buchung auf den

---

5 Abschnitt 14a Abs. 1 Satz 1 EStR.
6 BFH, Urt. v. 11.10.1979, IV R 125/76, BStBl. 1980 II S. 40.
7 Abschnitt 14a Abs. 1 Satz 2 EStR.
8 BFH, Urt. v. 10.12.1964, IV 167/64 U, BStBl. 1965 III S. 377.

Willen des Unternehmers ist nicht zulässig, wenn Fernbuchhaltung vorliegt und die Buchstelle bei Vornahme der Buchung selbständig handelt[9].

Wir merken uns:
Voraussetzungen für gewillkürtes Betriebsvermögen: 1. Gewinnermittlung durch Betriebsvermögensvergleich. 2. Wirtschaftsgut gehört weder zum notwendigen Betriebsvermögen noch zum notwendigen Privatvermögen. 3. Wirtschaftsgut steht in einem gewissen objektiven Zusammenhang zum Betrieb und ist bestimmt und geeignet, ihn zu fördern. Bei Vollkaufleuten ist hiervon bei allen nicht zum notwendigen Privatvermögen gehörenden Wirtschaftsgütern auszugehen, wenn hierdurch nicht der Charakter der Tätigkeit als Gewerbebetrieb verändert wird. 4. Die Widmung zum Betriebsvermögen kommt in einer entsprechenden Buchung zum Ausdruck, es sei denn, es liegt eine Fernbuchhaltung vor und die Buchstelle handelt bei der Buchung selbständig ohne vorherige Abstimmung mit dem Unternehmer.

Gemischt genutzte Wirtschaftsgüter, d.h. Wirtschaftsgüter, die zum Teil eigenbetrieblichen Zwecken dienen und zum Teil privat genutzt werden, können nur entweder im vollen Umfang zum Betriebsvermögen oder im vollen Umfang zum Privatvermögen gerechnet werden. Ihre Zuordnung zum Betriebs- oder zum Privatvermögen hängt vom Anteil der betrieblichen und privaten Nutzung ab[10].

Wir unterscheiden:		
Betriebliche Nutzung der gemischt genutzten Wirtschaftsgüter		
mehr als 50%	10 bis 50%	weniger als 10%
Notwendiges Betriebsvermögen	Gewillkürtes Betriebsvermögen möglich	Notwendiges Privatvermögen

Beispiel

Ein Gewerbetreibender nutzt seinen betrieblichen Pkw auch für private Zwecke. Nutzt er ihn zu mehr als 50% betrieblich, so rechnet der Pkw zum notwendigen Betriebsver-

9 BFH, Urt. v. 27.3.1968, I 154/65, BStBl. 1968 II S. 522.

10 Siehe Abschnitt 14a Abs. 1 Sätze 4 bis 7 EStR.

mögen. Beträgt der betriebliche Nutzungsanteil weniger als 10%, so rechnet der Pkw zum notwendigen Privatvermögen und kann nicht bilanziert werden. Beträgt aber der betriebliche Nutzungsanteil zwischen 10% und 50%, so hat der Kaufmann die Wahl, den Pkw dem Betriebsvermögen oder dem Privatvermögen zuzuteilen.

Bei **Grundstücken** und **Gebäuden** wird die Fläche genutzt. Teilflächen können für betriebliche oder für private Zwecke genutzt werden. Deshalb können Grundstücke und Gebäude hinsichtlich ihres betrieblichen und privaten Nutzungsanteils aufgeteilt werden in zum Betriebsvermögen und zum Privatvermögen gehörende Teile. Hier besteht also eine Ausnahme vom Aufteilungsverbot.
Grund und Boden und ein darauf errichtetes Gebäude können nur einheitlich zum Betriebsvermögen oder zum Privatvermögen gerechnet werden. Wird ein Teil eines Gebäudes betrieblich genutzt, so gehört auch der zum Gebäude gehörende Grund und Boden anteilig zum Betriebsvermögen[11].

Aufgabe 22

Ein 2500 qm großes Grundstück gehört dem Kaufmann A und seiner Ehefrau F zu je einhalb Miteigentum. A und B errichten hierauf ein Gebäude mit einer Grundfläche von 180 qm. Das Gebäude besteht aus Erdgeschoß sowie erstem und zweitem Obergeschoß zu je 150 qm Fläche. Im Erdgeschoß befinden sich die Büroräume des Gewerbebetriebs des A, die dieser mit Zustimmung der F nutzt. Das erste Obergeschoß bewohnen A und F mit ihren Kindern. Die Wohnung im zweiten Obergeschoß ist zu Wohnzwecken vermietet. A hat mit Einverständnis der F eine Werkhalle mit 500 qm Grundfläche für seinen Gewerbebetrieb angebaut. 1000 qm des Grundstücks nutzt A mit Zustimmung seiner Frau für seine eigenbetrieblichen Zwecke. 400 qm sind Rasenfläche und mit Ziersträuchern bepflanzt. 120 qm sind bepflastert und dienen als Zufahrt zum Haus und zur Werkhalle. Die restlichen 300 qm sind Zier- und Nutzgarten der Familie.
Inwieweit kann A den Grund und Boden und das Gebäude als notwendiges und gewillkürtes Betriebsvermögen bilanzieren?

Bei der Lösung von Fällen, wie dem vorstehenden, kann leicht die Übersicht verlorengehen. Es ist zu prüfen, inwieweit
- Betriebs- und Privatvermögen vorliegt,
- das Betriebsvermögen dem Betriebsinhaber gehört und daher von diesem bilanziert werden kann.

[11] Abschnitt 14 Abs. 1 Sätze 2 und 3, Abs. 3 Satz 9 EStR.

Sie sollten aus Gründen der Übersicht wie folgt vorgehen:

Bearbeitungs-Tip:

1. Aufteilung des Grundstücks in bebaute und unbebaute Flächen.
2. Bebaute Grundstücksflächen unterscheiden:
   a) Mit einheitlich genutztem Gebäude bebaut:
   Die bebaute Fläche wird wie das Gebäude behandelt.
   b) Mit gemischt genutztem Gebäude bebaut:
   Die bebaute Fläche wird im Verhältnis der Gebäudenutzung aufgeteilt.
3. Unbebaute Grundstücksfläche entsprechend der Nutzung dem Betriebsvermögen und Privatvermögen zuordnen.
4. Von den betrieblich genutzten Gebäude- und Grundstücksteilen nur die Teile bilanzieren, die dem Betriebsinhaber wirtschaftlich gehören.

Lösung

1. Aufteilung des Grundstücks in bebaute und unbebaute Flächen

180 qm mit gemischt-genutztem Gebäude bebaut
500 qm mit eigenbetrieblich genutztem Gebäude bebaut
680 qm bebaute Fläche
1 820 qm unbebaute Fläche
2 500 qm Gesamtfläche

2. Bebaute Grundstücksflächen

a) Mit einheitlich genutztem Gebäude bebaut:
Die bebauten 500 qm Grundstücksfläche werden wie das Gebäude vorbehaltlich der Zuordnung nach 4 zum Betriebsvermögen gerechnet.

b) Mit gemischt genutztem Gebäude bebaut:
Die bebauten 180 qm Grundstücksfläche werden im Verhältnis der Gebäudenutzung vorbehaltlich der Zuordnung nach 4 aufgeteilt:
1/3 eigenbetrieblich: notwendiges Betriebsvermögen;
1/3 zu eigenen Wohnzwecken genutzt: notwendiges Privatvermögen;
1/3 zu fremden Wohnzwecken genutzt: bei Bilanzierung gewillkürtes Betriebsvermögen.

3. Unbebaute Grundstücksflächen

Entsprechend der Nutzung vorbehaltlich der Zuordnung nach 4 dem Betriebsvermögen und dem Privatvermögen zuordnen.
1 000 qm eigenbetrieblich genutzt: notwendiges Betriebsvermögen;

400 qm + 120 qm = 520 qm nicht eindeutig zuzuordnen:
Fläche aufteilen nach der Nutzung der Gebäude
500 qm Werkhalle betrieblich genutzt
150 qm Bürofläche betrieblich genutzt
150 qm Wohnfläche gewillkürtes Betriebsvermögen
800 qm Betriebsvermögen
150 qm Wohnfläche Privatvermögen
950 qm insgesamt
800/950 · 520 qm = 438 qm Betriebsvermögen
150/950 · 520 qm = 82 qm Privatvermögen
520 qm

4. Dem Betriebsinhaber wirtschaftlich zurechenbar und insoweit bilanzierbar

a) Gebäude

Das gemischt-genutzte Gebäude gehört A und F je zur Hälfte. A hat die Herstellungskosten für die Büroräume nicht allein getragen. Er ist daher nicht wirtschaftlicher Eigentümer. Daher kann er nur die Hälfte der hierauf entfallenden Aufwendungen bilanzieren. Die auf den zu eigenen Wohnzwecken genutzten Gebäudeteil entfallenden Herstellungskosten rechnen zum Privatvermögen und können daher nicht bilanziert werden.

Die eigenbetrieblich genutzte Werkhalle hat A im eigenen Namen und für eigene Rechnung errichtet. Er ist daher wirtschaftlicher Eigentümer hiervon und hat somit die gesamten hierauf entfallenden Aufwendungen als Herstellungskosten zu bilanzieren.

b) Grund und Boden

Der Grund und Boden gehört A nur zur Hälfte. Er kann daher von jeder Grundstücksteilfläche, soweit sie zum Betriebsvermögen gehört, nur die Hälfte bilanzieren.

500 qm bebaut mit Werkhalle
180 qm bebaut mit gemischt-genutztem Gebäude
1 000 qm eigenbetrieblich genutzt
438 qm von der nicht eindeutig zurechenbaren Fläche dem Betriebsvermögen zugerechnet
2 118 qm · 1/2 = 1 059 qm

9.2 Anschaffungskosten

9.2.1 Begriff

Werden Wirtschaftsgüter von einem anderen Unternehmer erworben, so ist bei ihrer Bewertung von den Anschaffungskosten auszugehen. Das gilt für Handels- und Steuerbilanz gleichermaßen.

Anschaffungskosten sind die Aufwendungen, die geleistet werden, um einen Vermögensgegenstand zu erwerben und ihn in einen betriebsbereiten Zustand zu versetzen, soweit sie dem Vermögensgegenstand einzeln zugeordnet werden können. Zu den Anschaffungskosten gehören auch die Nebenkosten sowie die nachträglichen Anschaffungskosten. Anschaffungspreisminderungen sind abzusetzen (§ 255 Abs. 1 HGB).

Diese Definition gilt auch für den Ansatz der Anschaffungskosten in der Steuerbilanz[12]. Wir machen sie uns anhand eines Schaubildes klar:

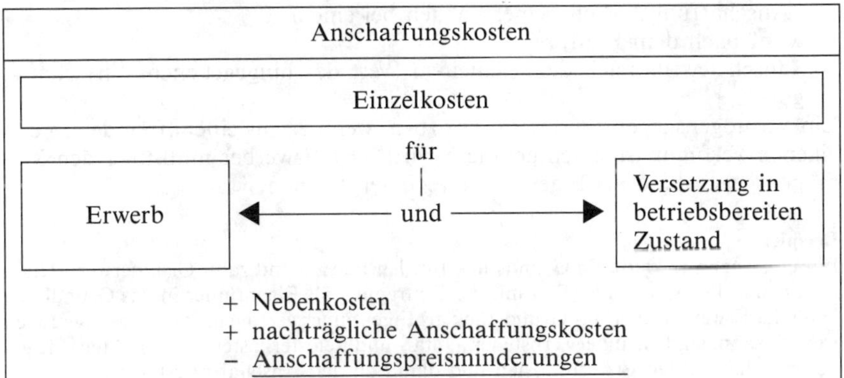

Es gehören nur **Einzelkosten** zu den Anschaffungskosten. Das sind Aufwendungen, die dem Vermögensgegenstand „einzeln" zugeordnet werden können. Gemeinkosten rechnen nicht zu den Anschaffungskosten.

[12] Abschnitt 32a Abs. 1 EStR.

Aktivierung der Anlagegegenstände

Wir unterscheiden:	
Aufwendungen, die für einen Vermögensgegenstand speziell aufgewendet werden und ihm deshalb **direkt** zugerechnet werden können.	Aufwendungen, die für eine Vielzahl von Vermögensgegenständen gemeinsam aufgewendet werden und ihnen daher nur **indirekt** zugerechnet werden können.
Einzelkosten	Gemeinkosten

Beispiel
Eingangsfrachten entfallen auf jeden einzelnen Rohstoff- oder Wareneingang. Es sind daher Einzelkosten, die als Anschaffungsnebenkosten zu aktivieren sind. Die Abschreibung des Lagergebäudes, in dem die Rohstoffe und Waren gelagert werden, entfällt auf alle dort lagernden Rohstoffe und Waren. Sie ist ihnen daher nur anteilig zurechenbar und rechnet somit zu den Gemeinkosten, die nicht als Anschaffungskosten aktivierbar sind.

Die Anschaffungskosten bemessen sich bei einem
- **Kauf** nach dem Kaufpreis,
- **Tausch** jeweils nach dem gemeinen Wert des hingegebenen Wirtschaftsguts[13].

Ein Vermögensgegenstand wird **erworben**, wenn er aus einem fremden in den eigenen Verfügungsbereich gebracht wird. Der Erwerber muß über den Vermögensgegenstand als Eigentümer verfügen können.

Beispiel
Ein Unternehmer kauft ein Grundstück für den Betrieb und zahlt Grunderwerbsteuer, Notar- und Registerkosten. Erst mit der Eintragung als Eigentümer in das Grundbuch kann der Erwerber über das Grundstück als Eigentümer verfügen. Bevor er eingetragen werden kann, sind Grunderwerbsteuer, Notar- und Registerkosten zu entrichten. Sie gehören daher zu den Erwerbskosten und damit zu den Anschaffungskosten.

Ein Anlagegegenstand ist **betriebsbereit**, wenn er nutzbar ist.

Beispiel
Ein Unternehmer kauft eine Maschine. Er läßt durch eigene Arbeitnehmer ein Fundament herstellen und die Maschine von einem anderen Unternehmer an das Stromnetz anschließen. Die Maschine ist erst nutzbar und damit betriebsbereit, wenn sie auf dem Fundament montiert und an das Stromnetz angeschlossen ist. Daher gehören die Fundamentierungs- und die Anschlußkosten zu den Anschaffungskosten.

---

[13] Abschnitt 32a Abs. 2 Satz 3 EStR.

Bis zur Betriebsbereitschaft fallen Anschaffungskosten an. Aufwendungen nach der Betriebsbereitschaft sind entweder Herstellungskosten oder Erhaltungsaufwendungen.
Bevor ein Anlagegegenstand betriebsbereit ist, kann er nicht verwendet oder genutzt werden. Abschreibung ist nach § 7 Abs. 1 EStG die Verteilung der Anschaffungs- oder Herstellungskosten auf die Gesamtdauer der Verwendung oder Nutzung. Daher kann die Abschreibung grundsätzlich erst beginnen, wenn das Wirtschaftsgut betriebsbereit ist. Dauert die Montage unverhältnismäßig lange oder liegt die Anlage bis zur Inbetriebnahme aus anderen Gründen längere Zeit still, kann bereits mit der Lieferung die wirtschaftliche Abnutzung durch Abschreibung zu berücksichtigen sein[14].
Nebenkosten der Anschaffung sind z. B. Provision, Courtage, Kommissionskosten, Eingangsfrachten, Transportkosten, Speditionskosten, Rollgelder, Transportversicherungsprämien, Zoll, Lagergelder, Anfuhrkosten, Abladekosten, Steuern, Abgaben, Notar-, Gerichts- und Registerkosten.
Nachträgliche Anschaffungskosten sind Aufwendungen, die erst längere Zeit nach dem Erwerb des Wirtschaftsguts, aber noch bis zu seiner (eventuell erneuten) Betriebsbereitschaft anfallen. Sie gehören auch dann zu den Anschaffungskosten, wenn mit den nachträglichen Aufwendungen eine andere als die bisherige Nutzung des Wirtschaftsguts ermöglicht wird[15].

Beispiel
Ein unbebautes Grundstück wird erworben und zu Lagerzwecken genutzt. Viele Jahre nach dem Erwerb wird der Bebauungsplan geändert und das Grundstück als Baugrundstück ausgewiesen. Das Unternehmen wird zu Straßenanlieger- und Erschließungsbeiträgen herangezogen. Diese Aufwendungen sind nachträgliche Anschaffungskosten.

Anschaffungspreisminderungen sind von den Anschaffungskosten abzusetzen. Das sind Rabatte, Nachlässe, Skonti und Boni.

9.2.2 Vorsteuer

In Rechnung gestellte **Vorsteuer** gehört, soweit sie bei der Umsatzsteuer abgezogen werden kann, nicht zu den Anschaffungskosten (§ 9b Abs. 1 Satz 1 UStG).
Wird der Vorsteuerabzug nachträglich nach § 15a UStG berichtigt, so ändern sich hierdurch die Anschaffungskosten nicht. Mehrbeträge sind als Betriebseinnahmen, Minderbeträge als Betriebsausgaben zu behandeln (§ 9b Abs. 2 EStG).
Ist der Vorsteuerbetrag umsatzsteuerrechtlich zum Teil abziehbar und zum Teil nicht abziehbar, so gilt nach § 9b Abs. 1 Satz 2 EStG eine **Vereinfachungs-**

[14] Adler/Düring/Schmaltz, HGB § 253 Rdn. 392.
[15] Begründung zum Regierungsentwurf, Seite 88.

regel. Der nicht abziehbare Teil braucht den Anschaffungskosten des Wirtschaftsguts, auf dessen Anschaffung er entfällt, nicht zugerechnet zu werden, wenn er

- 25% des Vorsteuerbetrags und 500 DM nicht übersteigt, oder
- wenn die zum Ausschluß vom Vorsteuerabzug führenden Umsätze nicht mehr als 3% des Gesamtumsatzes betragen.

Diese Vereinfachungsregel gilt nicht, soweit die Vorsteuer einem einzelnen **selbständigen Gebäudeteil** zugerechnet werden kann, mit dem steuerfreie Umsätze erzielt werden[16].

9.2.3 Tausch

Beim Tausch ist das **Entgelt** für das empfangene Wirtschaftsgut der gemeine Wert des hingegebenen Wirtschaftsguts.
Gemeiner Wert ist der Preis, der im gewöhnlichen Geschäftsverkehr nach der Beschaffenheit des Wirtschaftsguts bei einer Veräußerung zu erzielen wäre (§ 9 Abs. 2 BewG).

Beispiel
Unternehmer A tauscht einen ihm gehörenden Anlagegegenstand gegen einen Anlagegegenstand des Unternehmers B. Der gemeine Wert jedes Tauschgegenstands beträgt 8000 DM.

Es handelt sich um **zwei Lieferungen** im Sinne des Umsatzsteuerrechts:
1. Lieferung A an B,
2. Lieferung B an A.

Für die Lieferung des A an B erhält A als Entgelt den Anlagegegenstand des B im Wert von 8000 DM. Das Entgelt enthält die **Umsatzsteuer**. Umgekehrt erhält B für die Lieferung an A den Anlagegenstand des A ebenfalls zum Wert von 8000 DM einschließlich Umsatzsteuer. Das Entgelt für jede Lieferung beträgt also: Gemeiner Wert des hingegebenen Anlagegegenstands einschließlich Umsatzsteuer. Jeder Leistende muß daher aus dem gemeinen Wert des erhaltenen Anlagegegenstands die Umsatzsteuer herausrechnen.
In der Regel sind die Werte des empfangenen und des hingegebenen Tauschgegenstands nicht gleich. Der Wertunterschied wird durch eine Barzahlung ausgeglichen. Man spricht dann von einem **Tausch mit Baraufgabe**.

Beispiel
Unternehmer U kauft für sein Unternehmen beim Kfz-Händler H einen Pkw und gibt seinen bisher betrieblich genutzten Pkw in Zahlung. Der Kaufpreis des neuen Pkw beträgt 50000 DM zuzüglich Umsatzsteuer. Der alte Pkw hat nach der Gebrauchtwagenliste einen Wert von 15000 DM. Sein Buchwert beträgt 5000 DM.

---
16 Siehe 9.3.6.

Der Kfz-Händler liefert an U einen Pkw für 50000 DM zuzüglich Umsatzsteuer:

Kaufpreis	50000 DM
Umsatzsteuer	7500 DM
	57500 DM
Er nimmt hierfür den Pkw des U in Zahlung zum gemeinen Wert von	15000 DM
Zuzahlung des U	42500 DM

U liefert seinen gebrauchten Pkw an H zum gemeinen Wert von 15000 DM einschließlich Umsatzsteuer. Das Entgelt hierfür ist der gemeine Wert des von H gelieferten Pkw (hier Kaufpreis zuzüglich Umsatzsteuer) abzüglich der Zuzahlung. U könnte dem H für die Lieferung des gebrauchten Pkw folgende Rechnung ausstellen:

Pkw	15000 DM
USt $\frac{15}{115} \cdot 15000$ DM	− 1957 DM
	13043 DM

H erteilt dem U folgende Rechnung:

Lieferung Pkw		50000 DM
Umsatzsteuer		7500 DM
		57500 DM
Inzahlungnahme gebrauchter Pkw	13043 DM	
Umsatzsteuer	1957 DM	15000 DM
Zuzahlung		42500 DM

Buchungen des U:

1. Erwerb des neuen Pkw		
Pkw-Konto	50000 DM	
Vorsteuer	7500 DM	
	57500 DM	
an sonstige Verbindlichkeit		57500 DM
2. Veräußerung des gebrauchten Pkw		
sonstige Forderung	15000 DM	
an Pkw-Konto		5000 DM
an a. o. Ertrag		8043 DM
an Umsatzsteuer		1957 DM
		15000 DM
3. Verrechnung sonstiger Forderung mit sonstiger Verbindlichkeit		
sonstige Verbindlichkeit	15000 DM	
an sonstige Forderung		15000 DM

Aktivierung der Anlagegegenstände

S	Pkw		H
AB	5000	2)	5000
1)	50000		

S	Vorsteuer		H
1)	7500		

S	sonst. Verbindl.		H
3)	15000	1)	57500

S	a.o. Ertrag		H
		2)	8043

S	sonst. Ford.		H
2)	15000	3)	15000

S	Umssatzsteuer		H
		2)	1957

Da U und H Unternehmer und damit zum Vorsteuerabzug berechtigt sind, gehört die in Rechnung gestellte Umsatzsteuer nicht zu den Anschaffungskosten (§ 9b Abs. 2 EStG). Es betragen daher die **Anschaffungskosten**

– des neuen Pkw bei U	50000 DM
– des gebrauchten Pkw bei H	13043 DM

Oft nehmen Pkw-Händler die gebrauchten Pkw ihrer Kunden zu über den gemeinen Werten liegenden Preisen in Zahlung. Sie gewähren damit in Höhe der Differenz zwischen dem gemeinen Wert des gebrauchten Pkw und dem Betrag, zu dem er in Zahlung genommen wird, einen **verdeckten Preisnachlaß**.

Beispiel

Wie vorstehend liefert Kfz-Händler H einen Pkw zum Preis von 50000 DM zuzüglich 7500 DM Umsatzsteuer an U und nimmt dessen gebrauchten Pkw, dessen gemeiner Wert 15000 DM beträgt, in Zahlung. Er nimmt ihn aber nicht zum gemeinen Wert, sondern für 17500 DM in Zahlung. U zahlt daher nur 40000 DM zu.

H gewährt einen verdeckten Preisnachlaß in Höhe der Differenz zwischen

Betrag der Inzahlungnahme	17500 DM
und dem gemeinen Wert des gebrauchten Pkw	15000 DM
Differenz = verdeckter Preisnachlaß	2500 DM

Das Entgelt für die Lieferung des Neuwagens berechnet sich wie folgt:

Barzahlung	40000 DM
+ gemeiner Wert des gebrauchten Pkw	15000 DM
Bruttoentgelt	55000 DM
– darin enthaltene USt, $\frac{15}{115} \cdot 55000$ DM	– 7174 DM
= Entgelt	47826 DM

Der Kfz-Händler schreibt dem Unternehmer U folgende Rechnung:

Kaufpreis	50000 DM
Umsatzsteuer	7500 DM
	57500 DM

Inzahlungnahme gebrauchter Pkw	15217 DM	
Umsatzsteuer	2283 DM	17500 DM
Zuzahlung		40000 DM

Die Anschaffungskosten des U betragen:

Barzahlung	40000 DM
+ gemeiner Wert des gebrauchten Pkw	15000 DM
	55000 DM
– in Rechnung gestellte USt = Vorsteuer	7500 DM
= Anschaffungskosten	47500 DM

Die Anschaffungskosten des H betragen:

gemeiner Wert des gelieferten Pkw	57500 DM
– Baraufgabe	– 40000 DM
– Vorsteuer	– 2283 DM
= Anschaffungskosten	15217 DM

Solange die in Rechnung gestellten Umsatzsteuerbeträge nicht berichtigt werden, sind sie geschuldet (§ 14 Abs. 2 UStG).

Wir merken uns:

1. Bei einem Tausch liegen zwei gegenseitige Lieferungen vor. Jede Lieferung ist das Bruttoentgelt der Gegenlieferung und enthält damit die Umsatzsteuer. Die Umsatzsteuer ist aus der jeweiligen Entgelt-Lieferung herauszurechnen.
2. Wird eine Tauschleistung wertmäßig durch eine Geldzahlung ausgeglichen, handelt es sich um einen Tausch mit Baraufgabe.
3. Wird bei einem Tausch mit Baraufgabe der eingetauschte Vermögensgegenstand zu einem über dem gemeinen Wert liegenden Wert in Zahlung genommen, so ist die Differenz zwischen dem gemeinen Wert und dem Betrag, zu dem der Gegenstand in Zahlung genommen wird, ein verdeckter Preisnachlaß.

Aufgabe 23

Unternehmer U kauft beim Kfz-Händler H einen Pkw für sein Unternehmen für 60000 DM zuzüglich Umsatzsteuer. Er gibt seinen bisherigen Betriebs-Pkw in Zahlung. Dieser hat einen gemeinen Wert von 20000 DM und einen Buchwert von 12500 DM. H erteilt dem U folgende Rechnung:

Lieferung Pkw	60000 DM
Umsatzsteuer	9000 DM
	69000 DM

Inzahlungnahme des gebrauchten Pkw	19130 DM	
Umsatzsteuer	2870 DM	22000 DM
Zuzahlung		47000 DM

a) Wie hoch ist das Entgelt für die Lieferung des Neuwagens?
b) Stellen Sie die Buchungssätze für U auf und gehen Sie hierbei davon aus, daß die in Rechnung gestellte Umsatzsteuer nicht berichtigt wird und der verdeckte Preisnachlaß bekannt ist.
c) Buchen Sie die Geschäftsvorfälle des U auf T-Konten.

Lösung

a) Entgelt für die Lieferung des Neuwagens

Barzahlung	47000 DM
+ gemeiner Wert des Altwagens	20000 DM
	67000 DM
Darin enthaltene USt 67000 DM $\cdot \frac{15}{115}$	– 8739 DM
Entgelt	58261 DM

b) Buchungssätze

1. Erwerb des Neuwagens
   In Höhe der Differenz zwischen dem gemeinen Wert des Altwagens und dem Betrag, zu dem er in Zahlung genommen wird, liegt ein Preisnachlaß vor.

Betrag der Inzahlungnahme	22000 DM
gemeiner Wert	20000 DM
Preisnachlaß	2000 DM

Vereinbarter Kaufpreis	60000 DM
Preisnachlaß	2000 DM
Kaufpreis = Anschaffungskosten	58000 DM
in Rechnung gestellte Umsatzsteuer	9000 DM
sonstige Verbindlichkeit	67000 DM

Pkw-Konto	58000 DM	
Vorsteuer	9000 DM	
	67000 DM	
an sonstige Verbindlichkeit		67000 DM

2. Veräußerung des Altwagens
   Entgelt:

Gemeiner Wert des Neuwagens		69000 DM
– Barzahlung		47000 DM
Bruttoentgelt		22000 DM
– darin enthaltene USt: 22000 DM $\cdot \frac{15}{115}$		– 2870 DM
		19130 DM
sonstige Forderung	22000 DM	
an Pkw-Konto		12500 DM
an Umsatzsteuer		2870 DM
an a. o. Ertrag		6630 DM
		22000 DM

3. Verrechnung sonstige Forderung mit sonstiger Verbindlichkeit

sonstige Verbindlichkeit	22000 DM	
an sonstige Forderung		22000 DM

c) Buchungen

S	Pkw		H
AB	12500	2)	12500
1)	58000		

S	Vorsteuer		H
1)	9000		

S	sonstige Verbindl.		H
3)	22000	1)	67000

S	a. o. Ertrag		H
		2)	6630

S	sonstige Forderung		H
2)	22000	3)	22000

S	Umsatzsteuer		H
		2)	2870

9.2.4 Verzicht auf Umsatzsteuerbefreiung bei Grundstücksverkäufen

Beispiel

Unternehmer U hat auf seinem betrieblichen Grundstück am 25.12.01 ein Betriebsgebäude errichtet. Die Rechnungen der Bauunternehmer und Bauhandwerker beliefen sich auf insgesamt 800000 DM + 120000 DM Umsatzsteuer. U zog die in Rechnung gestellte Umsatzsteuer als Vorsteuer ab. Am 28.12.04 verkauft U das Grundstück an den Unternehmer K, der es als Betriebsgrundstück verwendet, für 1200000 DM. Nach dem Kaufvertrag entfallen 900000 DM auf das Gebäude und 300000 DM auf Grund und Boden.

Hat ein Unternehmer Vorsteuerbeträge aus Rechnungen für Lieferungen oder Leistungen abgezogen, die ein Grundstück betreffen, und verwendet er das Grundstück innerhalb von 10 Jahren für einen steuerfreien Umsatz, so muß er den **Vorsteuerabzug berichtigen** (§ 15 Abs. 2 Nr. 1, § 15a UStG).

Grundstückskäufe unterliegen der Grunderwerbsteuer (§ 1 Abs. 1 Nr. 1 GrEStG) und sind damit umsatzsteuerfrei (§ 4 Nr. 9a UStG). Das hat zur Folge, daß bei einem Verkauf eines Grundstücks, für das Vorsteuern abgezogen wurden, Vorsteuerbeträge nach § 15a UStG zu berichtigen und zurückzuzahlen sind, wenn der Verkauf innerhalb von 10 Jahren nach dem Beginn der Verwendung erfolgt.

Mit der Verwendung des Grundstücks hat U im vorstehenden Beispiel am 25.12.01 begonnen. Die Veräußerung ist so anzusehen, als ob das Grundstück ab dem Zeitpunkt der Veräußerung (28.12.04) bis zum Ablauf des Berichtigungszeitraums (24.12.11), also 7 Jahre lang, nur noch zur Ausführung von Umsätzen verwendet würde, die den Vorsteuerabzug ausschließen[17]. Für jedes Kalenderjahr ist ein Zehntel der Vorsteuer zurückzuzahlen, im vorstehenden Beispiel also 7/10 von 120000 DM = 84000 DM.

Die Berichtigung und damit die Rückzahlung der Vorsteuern kann der Unternehmer vermeiden, indem er **auf die Umsatzsteuerbefreiung verzichtet**. Voraussetzung ist, daß der Umsatz an einen anderen Unternehmer für dessen Unternehmen ausgeführt wird (§ 9 Abs. 1 UStG). Hier hat U das Grundstück an einen anderen Unternehmer verkauft, und dieser verwendet es als Betriebsgrundstück. U kann daher auf die Steuerbefreiung verzichten und sich so die Rückzahlung der Vorsteuern ersparen.

Er stellt dem Käufer des Grundstücks die **Umsatzsteuer in Rechnung**. Der Käufer kann die Umsatzsteuer als Vorsteuer abziehen, da die Lieferung des Grundstücks von einem anderen Unternehmer für sein Unternehmen ausgeführt wird (§ 15 Abs. 1 UStG). Ihm entsteht daher durch die Inrechnungstellung der Umsatzsteuer durch U kein Nachteil.

Bei Grundstücksverkäufen von Unternehmern an andere Unternehmer für deren Unternehmen verzichtet daher in der Regel der Verkäufer auf die Umsatzsteuerbefreiung, wenn er vorher für Lieferungen oder Leistungen für das Grundstück Vorsteuern abgezogen hat und der Berichtigungszeitraum des § 15a UStG noch nicht abgelaufen ist.

Verzichtet der veräußernde Unternehmer auf die Umsatzsteuerbefreiung und wird deshalb die Umsatzsteuer gesondert in Rechnung gestellt, so gehört sie zur **Besteuerungsgrundlage für die Grunderwerbsteuer**[18].

Um zusätzliche Berechnungen wegen der wechselseitigen Abhängigkeit der Bemessungsgrundlagen für die Grunderwerbsteuer und die Umsatzsteuer zu

[17] Abschnitt 215 Abs. 1 UStR.

[18] BFH, Urt. v. 18.10.1972 II R 124/69, BStBl. 1973 II S. 126.

vermeiden, ist die Umsatzsteuer nur insoweit der grunderwerbsteuerlichen Gegenleistung hinzuzurechnen, als sie in ihrer Höhe noch nicht durch die Grunderwerbsteuer beeinflußt ist[19].

Kaufpreis	1200000 DM
Umsatzsteuer 15% · 1200000 DM	180000 DM
Besteuerungsgrundlage für die GrESt	1380000 DM
Grunderwerbsteuer: 1380000 DM · 2%	27600 DM

Das Finanzamt schickt dem Käufer K einen Grunderwerbsteuerbescheid über 27600 DM Grunderwerbsteuer.

Es fragt sich, wie hoch die **Bemessungsgrundlage für die in Rechnung zu stellende Umsatzsteuer** ist. Der Verkauf unterliegt der Grunderwerbsteuer in Höhe von 2% der Gegenleistung, die von beiden Vertragspartnern dem Staat geschuldet wird. In der Regel wird vereinbart, daß der Käufer die Grunderwerbsteuer trägt. Er zahlt also den von ihm geschuldeten halben Anteil und den halben Anteil des Verkäufers. Soweit er den Grunderwerbsteueranteil des Verkäufers im Kaufvertrag übernommen hat, also in Höhe der Hälfte der Grunderwerbsteuer (1%), handelt es sich somit um zusätzliches Entgelt[20].

Die Hälfte der Grunderwerbsteuer ist hier zur Bemessung der Umsatzsteuer für steuerpflichtige Grundstücksverkäufe nur insoweit heranzuziehen, als sie in ihrer Höhe noch nicht durch die Umsatzsteuer beeinflußt ist[21]. Im vorstehenden Beispiel beträgt daher die Umsatzsteuer:

Kaufpreis:	1200000 DM
Grunderwerbsteuer: 1200000 DM · 1% =	12000 DM
Bemessungsgrundlage:	1212000 DM
Umsatzsteuer: 1212000 DM · 15% =	181800 DM

U erteilt daher dem K folgende Rechnung:

Kaufpreis	1200000 DM
übernommene Grunderwerbsteuer	12000 DM
Entgelt für die Umsatzsteuer	1212000 DM
Umsatzsteuer	181800 DM
	1393800 DM

Von dem Betrag von 1393800 DM hat K an U zu zahlen:	1393800 DM
abzüglich	12000 DM
	1381800 DM

---

19 FinMin Niedersachsen, Erlaß vom 6.6.1984 – S 4521-32-323 (im Einvernehmen mit den obersten Finanzbehörden der anderen Bundesländer, StLex Teil II, 14, 8–10, Nr. 1004.

20 BFH, Urt. v. 10.7.1980 V R 23/77, BStBl. 1980 II S. 620.

21 Abschnitt 149 Abs. 7 Sätze 4 und 5 UStR.

Aktivierung der Anlagegegenstände

Die übernommene Grunderwerbsteuer in Höhe von 12000 DM zahlt K direkt an das Finanzamt. Dieser Betrag ist in der Grunderwerbsteuerschuld aufgrund des Steuerbescheids in Höhe von 27600 DM enthalten.

Für die Anschaffung des Grundstücks hat K aufgewendet:

Kaufpreis	1200000 DM
Grunderwerbsteuer	27600 DM
	1227600 DM
Hinzu kommen	
Registerkosten	1940 DM
Notargebühr	4850 DM
Anschaffungskosten des Grundstücks	1234390 DM

Die Anschaffungskosten sind anteilig auf Gebäude und Grund und Boden aufzuteilen:

Gebäude 9/12 · 1234390 DM =	925793 DM
Grund und Boden 3/12 · 1234390 DM =	308597 DM

K bucht:

	Soll	Haben
Gebäude	925793	
Grund und Boden	308597	
Verbindlichkeit Register		1940
Verbindlichkeit Notar		4850
Zahlung Grunderwerbsteuer		27600
Kaufpreisverbindlichkeit an U		1381800
Vorsteuerforderung	181800	
	1416190	1416190

Wir merken uns:

1. Verkauft ein Unternehmer ein betriebliches Grundstück an einen anderen Unternehmer für dessen Unternehmen, kann er die Berichtigung des Vorsteuerabzugs vermeiden, indem er auf die Umsatzsteuer-Befreiung verzichtet.
2. Die auf die Grundstückslieferung entfallende Umsatzsteuer stellt der Unternehmer dem Käufer des Grundstücks in Rechnung. Sie gehört zur Bemessungsgrundlage für die Grunderwerbsteuer:

Kaufpreis
\+ Umsatzsteuer
= Bemessungsgrundlage
x 2%
= Grunderwerbsteuer

3. Hat der Käufer die Grunderwerbsteuer zu tragen, rechnet der auf den Verkäufer entfallende Anteil an Grunderwerbsteuer, also 1% vom Kaufpreis, zur Bemessungsgrundlage für die Umsatzsteuer. Sie wird insoweit als Bemessungsgrundlage für die Umsatzsteuer angesetzt, als sie noch nicht in ihrer Höhe von der Umsatzsteuer beeinflußt ist.

Kaufpreis
\+ Kaufpreis x 1%
= Bemessungsgrundlage für die USt
x 15%
= Umsatzsteuer

Aufgabe 24

Unternehmer U kauft vom Unternehmer V ein bebautes Grundstück zum Kaufpreis von 900000 DM. 300000 DM entfallen auf den Grund und Boden, 600000 DM auf das Gebäude. V hat auf die Umsatzsteuerbefreiung verzichtet. Nach dem Kaufvertrag soll U die Grunderwerbsteuer tragen. U erhält für die Eintragung in das Grundbuch vom Grundbuchamt eine Rechnung über 1460 DM. Der Notar schickt U eine Rechnung über 3820 DM zuzüglich USt (3820 DM · 15% USt = 573 DM), insgesamt also 4393 DM.

a) Wie lautet die Rechnung des V?
b) Wie lautet der Grunderwerbsteuerbescheid an U?
c) Wie hoch sind die Anschaffungskosten für Grundstück und Gebäude?
d) Wie lauten die Buchungen des U?

Lösung

a) Rechnung des V:

Kaufpreis	900000 DM
übernommene Grunderwerbsteuer 1% von 900000 DM	9000 DM
Entgelt für die Umsatzsteuer	909000 DM
Umsatzsteuer 15% · 909000 DM	136350 DM
Rechnungsbetrag	1045350 DM
Direkt an das Finanzamt zu zahlende GrESt	– 9000 DM
zu zahlender Betrag	1036350 DM

b) Grunderwerbsteuerbescheid:

Kaufpreis	900000 DM
Umsatzsteuer 15% · 900000 DM	135000 DM
Bemessungsgrundlage für die GrESt	1035000 DM
Grunderwerbsteuer 2% · 1035000 DM	20700 DM

c) Anschaffungskosten
Zu den Anschaffungskosten rechnet nicht die Umsatzsteuer (9b EStG). Die Anschaffungskosten sind anteilig auf Grundstück und Gebäude aufzuteilen.

Kaufpreis	900000 DM
Grunderwerbsteuer	20700 DM
Grundbuchamt	1460 DM
Notar	3820 DM
Anschaffungskosten insgesamt	925980 DM
Grund und Boden 3/9 · 925980 DM	308660 DM
Gebäude 6/9 · 925980 DM	617320 DM

d) Buchungen des U:

	Soll	Haben
Gebäude	617320	
Grund und Boden	308660	
Verbindlichkeit Grundbuchamt		1460
Verbindlichkeit Notar		4393
Bank (Grunderwerbsteuer)		20700
Kaufpreisverbindlichkeit an V		1036350
Vorsteuer (136350 DM + 573 DM)	136923	
	1062903	1062903

9.2.5 Abstandszahlungen

Oft zahlen Erwerber eines Gebäudegrundstücks Abstandszahlungen an Mieter, Pächter oder dinglich Nutzungsberechtigte, um sie zur vorzeitigen Räumung zu veranlassen. Hier sind zwei Fälle zu unterscheiden:
Der **Erwerber nutzt das Gebäude**, nachdem der Nutzungsberechtigte vorzeitig ausgezogen ist. In diesem Fall hat der Erwerber den Vorteil erworben, das Gebäude vom Zeitpunkt der vorzeitigen Räumung bis zur vertragsmäßigen Beendigung des Nutzungsvertrages nutzen zu können. Dieser Vorteil ist ein selbständiges Wirtschaftsgut. Die Abstandszahlung gehört also nicht zu den Anschaffungskosten für das Grundstück. Da das Wirtschaftsgut genutzt wird

vom Zeitpunkt der vorzeitigen Räumung bis zum Zeitpunkt der vertragsmäßigen Beendigung des Nutzungsvertrags, müssen die Anschaffungskosten für den Vorteil während dieses Nutzungszeitraumes in gleichmäßigen Beträgen abgeschrieben werden[22].

Der **Erwerber läßt das Gebäude abreißen und ein neues Gebäude errichten**. Er hat die Abstandssumme nicht gezahlt, um das Gebäude vorzeitig nutzen zu können, sondern um vor Ablauf der vertragsmäßigen Nutzung des Mieters, Pächters oder dinglich Nutzungsberechtigten ein neues Gebäude errichten zu können. Die Abstandzahlung hängt also mit der Herstellung des neuen Gebäudes zusammen und ist damit Teil der Herstellungskosten dieses Gebäudes. Deshalb ist die Abstandzahlung als zusätzlicher Herstellungsaufwand des Gebäudes zu aktivieren und auf die Nutzungsdauer des Gebäudes abzuschreiben[23].

9.3 Herstellungskosten

9.3.1 Begriff

Herstellungskosten sind die Aufwendungen, die durch den Verbrauch von Gütern und die Inanspruchnahme von Diensten für die Herstellung eines Vermögensgegenstandes, seine Erweiterung oder für eine über seinen ursprünglichen Zustand hinausgehende wesentliche Verbesserung entstehen (§ 255 Abs. 2 Satz 1 HGB).

Dieser Begriff der Herstellungskosten gilt auch für die Steuerbilanz[24].

Nach der gesetzlichen Definition werden also

- durch die **Herstellungsmittel**:
  1. Verbrauch von Gütern und
  2. Inanspruchnahme von Diensten
- **Herstellungstatbestände** erfüllt:
  1. Herstellung eines Vermögensgegenstandes,
  2. Erweiterung eines Vermögensgegenstandes oder
  3. wesentliche Verbesserung eines Vermögensgegenstandes.

Wir machen uns die Definition der Herstellungskosten anhand eines Schaubildes klar.

---

22 BFH, Beschl. v. 2.3.1970 Gr. S. 1/69, BStBl. 1970 II S. 382.

23 BFH, Urt. v. 29.7.1970 I 130/65, BStBl. 1970 II S. 810 und v. 1.10.1975 I R 243/73, BStBl. 1976 II S. 153.

24 Abschnitt 33 Abs. 1 Satz 1 EStR.

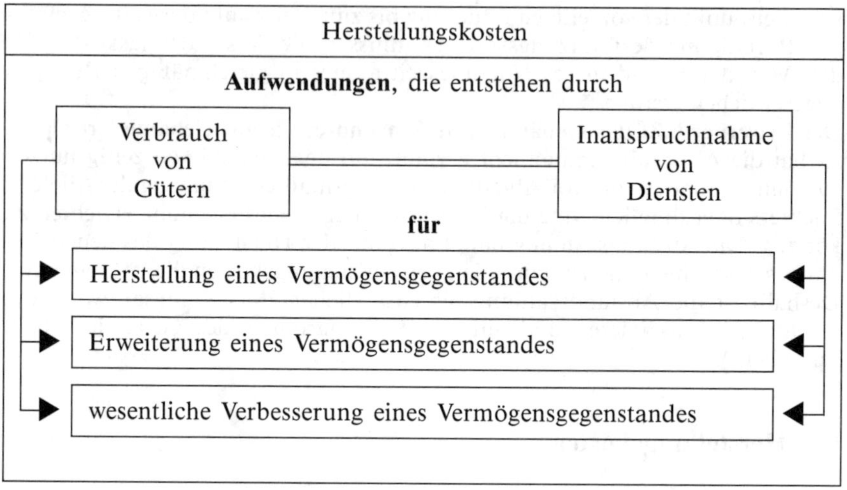

Verbrauch von Gütern geschieht durch

- Verarbeitung von Roh-, Hilfs- und Betriebsstoffen bei der Herstellung und
- Abschreibung der bei der Herstellung eingesetzten Fahrzeuge, Geräte, Maschinen und der Fertigungsgebäude, in denen die Maschinen stehen.

Inanspruchnahme von Diensten bedeutet Beschäftigung von Arbeitnehmern bei der Herstellung. Die hierauf entfallenden Herstellungsaufwendungen sind daher die Fertigungslöhne.

Bei der **Herstellung** wird ein Vermögensgegenstand neu geschaffen, z. B. ein Gebäude wird errichtet, Erzeugnisse werden produziert.

Erweiterung geschieht durch Substanzvermehrung an einem vorhandenen Vermögensgegenstand. Zum Beispiel an einem Gebäude wird ein Anbau errichtet, es wird ein vorher nicht vorhandener Personenaufzug eingebaut, das Dachgeschoß eines Gebäudes wird ausgebaut.

Wesentliche Verbesserung ist eine das Wesen eines Gegenstandes betreffende Verbesserung seiner Verwendungs- und Nutzungsmöglichkeit über den ursprünglichen Zustand hinaus[25]. Zum Beispiel ein großer Raum wird in mehrere kleine Räume aufgeteilt, ein Lagerhaus wird in ein Verwaltungsgebäude umgebaut, durch eine Maßnahme wird die Nutzungsdauer erheblich verlängert.

[25] Adler/Düring/Schmaltz, HGB § 255 Rdn. 248 ff.

9.3.2 Abgrenzung Herstellungsaufwand von Erhaltungsaufwand

Beim Tatbestand der wesentlichen Verbesserung ist zwischen Herstellungs- und Erhaltungsaufwand zu **unterscheiden:**

Wir unterscheiden:	
Wesentliche Verbesserung der Verwendungs- und/oder Nutzungsmöglichkeit eines Vermögensgegenstands über den bisherigen Zustand hinaus	– Erhaltung (Instandhaltungsaufwand) oder – Wiederherstellung (Instandsetzungsaufwand) der Verwendungs- und/oder Nutzungsmöglichkeit
Aktivierung als Herstellungsaufwand	Sofortige Absetzung als Erhaltungsaufwand

9.3.3 Zusammentreffen von Erhaltungs- und Herstellungsaufwand

In **engem räumlichen und zeitlichen Zusammenhang** zu Herstellungsaufwendungen anfallende Erhaltungsaufwendungen sind Herstellungsaufwendungen, weil durch den engen räumlichen und zeitlichen Zusammenhang ein wirtschaftlich einheitlicher Vorgang gegeben ist[26]. Es müssen zwei Voraussetzungen erfüllt sein:

1. Enger räumlicher und zeitlicher Zusammenhang zwischen Herstellungsaufwendungen und Erhaltungsaufwendungen,
2. Wirtschaftlicher einheitlicher Vorgang.

Beispiele

a) Unternehmer U läßt in seinem Betriebsgebäude im Erdgeschoß Wände beseitigen und dadurch ein größeres Ladenlokal errichten. In diesem Zusammenhang werden Wände tapeziert und Türen angestrichen. Tapezier- und Anstricharbeiten in einem Gebäude sind in der Regel Erhaltungsaufwand. Sie stehen hier aber in engem räumlichem und zeitlichem Zusammenhang zu Herstellungsaufwand und bilden hiermit einen wirtschaftlich einheitlichen Vorgang. Hierdurch werden auch die Aufwendungen für Tapezieren und Anstrich zu Herstellungsaufwand.

b) Unternehmer U läßt das Dachgeschoß abreißen, aufstocken und das Dach dann neu decken. Das Dach war reparaturbedürftig. Eine Dachreparatur ist im allgemeinen eine Erhaltungsmaßnahme. Hier steht sie aber in einem engen räumlichen und zeitlichen Zusammenhang zur Aufstockung und damit zu einer Herstellungsmaßnahme und bildet mit dieser wirtschaftlich einen einheitlichen Vorgang. Die Aufwendungen für die Dachreparatur sind deshalb Herstellungsaufwand.

[26] Abschnitt 157 Abs. 4 EStR.

c) Unternehmer U läßt das Erdgeschoß umbauen und gleichzeitig das Dach neu decken. Umbau des Erdgeschosses und die Dachreparatur stehen zwar in einem zeitlichen, aber nicht in einem räumlichen Zusammenhang. Beide Maßnahmen bilden keinen wirtschaftlich einheitlichen Vorgang. Der Aufwand für die Dachreparatur ist daher Erhaltungsaufwand.

9.3.4 Anschaffungsnahe Instandhaltungsaufwendungen

Als anschaffungsnahe Aufwendungen kommen in Betracht[27]:

- **Typische Herstellungsarbeiten**: In jedem Fall zu aktivieren.
- **Laufender Erhaltungsaufwand**, der jährlich üblicherweise anfällt: In jedem Fall sofort als Erhaltungsaufwand abzuziehen.
- **Zurückgestellte Instandhaltungsarbeiten**: Zu unterscheiden, innerhalb welcher Zeit nach der Anschaffung sie durchgeführt werden.

<table>
<tr><td colspan="3">Wir unterscheiden:</td></tr>
<tr><td colspan="3">Zurückgestellte Instandhaltungsaufwendungen
nachgeholt nach der Anschaffung</td></tr>
<tr><td colspan="2">innerhalb von drei Jahren</td><td>nach drei Jahren</td></tr>
<tr><td>mehr als 20% der Anschaffungskosten des Gebäudes</td><td>bis 20% der Anschaffungskosten des Gebäudes</td><td></td></tr>
<tr><td>und beim Gebäude ist durch den Aufwand eine der folgenden drei Voraussetzungen erfüllt:
– Veränderung des Wesens,
– erhebliche Erhöhung des Nutzungswerts,
– erhebliche Verlängerung der Nutzungsdauer</td><td></td><td></td></tr>
<tr><td>Herstellungskosten</td><td colspan="2">Erhaltungsaufwendungen</td></tr>
</table>

[27] Abschnitt 157 Abs. 5 EStR.

Durch anschaffungsnahen Instandhaltungsaufwand wird in der Regel weder das Wesen des Gebäudes verändert noch die Nutzungsdauer erheblich verlängert. Es ist daher meist von den drei Zusatzvoraussetzungen nur zu prüfen, ob der Nutzungswert erheblich erhöht worden ist.

9.3.5 Gebäudeabbruch

Werden Gebäude oder Gebäudeteile abgebrochen, so fragt es sich, wie der Restbuchwert der abgebrochenen Gebäudeteile und die Abbruchkosten zu behandeln sind. Es bestehen zwei Möglichkeiten:
- Aktivierung oder
- sofortige Absetzung als Betriebsausgaben.

Bei Abbruchaufwendungen an Gebäuden[28] ist zu unterscheiden, ob das Gebäude vom Unternehmer
- **hergestellt** worden ist oder
- **erworben** worden ist.

Hergestelltes Gebäude	
Als Betriebsgebäude oder Betriebsgebäudeteil hergestellt	Als Privatgebäude oder Privatgebäudeteil hergestellt
	Einlage mit Abbruchabsicht: Abbruch und Errichtung eines Betriebsgebäudes geplant.
Buchwert und Abbruchkosten sind Betriebsausgaben.	Buchwert und Abbruchkosten sind zusätzliche Herstellungskosten des neues Gebäudes.

[28] Abschnitt 33 a Abs. 5 EStR.

<table>
<tr><th colspan="4">Erworbenes Gebäude</th></tr>
<tr><td>Erwerbszweck:
Nutzung</td><td colspan="3">Erwerbszweck:
Abbruch</td></tr>
<tr><td rowspan="2"></td><td colspan="2">Gebäude technisch oder wirtschaftlich nicht verbraucht</td><td>Gebäude objektiv wertlos</td></tr>
<tr><td>Abbruch hängt zusammen mit Herstellung neuen Wirtschaftsguts</td><td>Abbruch hängt nicht zusammen mit Herstellung neuen Wirtschaftsguts</td><td></td></tr>
<tr><td colspan="3">Die auf das Gebäude entfallenden Anschaffungskosten, soweit sie zum abgebrochenen Buchwert gehören, und die Abbruchkosten sind</td><td rowspan="2">Der gesamte Anschaffungspreis und die Abbruchkosten sind Anschaffungskosten für Grund und Boden</td></tr>
<tr><td>sofort absetzbare Betriebsausgaben</td><td>zusätzliche Herstellungskosten des Wirtschaftsguts</td><td>zusätzliche Anschaffungskosten des Grund und Bodens</td></tr>
</table>

Ob der Erwerber eines Gebäudes beim Erwerb die Absicht hat, das Gebäude zu nutzen oder abzubrechen, ist nicht erkennbar. Darum wird vom äußeren **Anschein** ausgegangen.

<table>
<tr><th colspan="2">Anscheinsbeweis</th></tr>
<tr><td colspan="2">Beginn des Abbruchs des Gebäudes</td></tr>
<tr><td>innerhalb von drei Jahren nach dem Abschluß des obligatorischen Rechtsgeschäfts</td><td>später als drei Jahre nach dem Abschluß des obligatorischen Rechtsgeschäfts</td></tr>
<tr><td>Beweis des ersten Anscheins spricht für Abbruchabsicht.

Gegenbeweis möglich, z. B. Abbruch aufgrund ungewöhnlichen Geschehensablaufs.</td><td>Beweis des ersten Anscheins spricht gegen Abbruchabsicht.

Ausnahmen möglich, z. B. Arrondierungskäufe.</td></tr>
</table>

Abstandszahlungen zur Ablösung von Nutzungsrechten Dritter an dem abzubrechenden Gebäude rechnen zu den Herstellungskosten des neuen Gebäudes[29].

9.3.6 Vorsteuer

In Rechnung gestellte Vorsteuer gehört, soweit sie bei der Umsatzsteuer abgezogen werden kann, nicht zu den Herstellungskosten des Wirtschaftsguts, auf dessen Herstellung sie entfällt (§ 9b Abs. 1 Satz 1 UStG).
Wird der Vorsteuerabzug nachträglich nach § 15a UStG **berichtigt**, so ändern sich hierdurch die Herstellungskosten nicht. Mehrbeträge sind als Betriebseinnahmen, Minderbeträge als Betriebsausgaben zu behandeln (§ 9b Abs. 2 EStG).
Ist der Vorsteuerbetrag umsatzsteuerrechtlich zum Teil abziehbar und zum Teil nicht abziehbar, so gilt nach § 9b Abs. 1 Satz 2 EStG eine **Vereinfachungsregel**. Der nicht abziehbare Teil braucht den Herstellungskosten des Wirtschaftsguts, auf dessen Herstellung er entfällt, nicht zugerechnet zu werden, wenn er

- 25% des Vorsteuerbetrags und 500 DM nicht übersteigt, oder
- wenn die zum Ausschluß vom Vorsteuerabzug führenden Umsätze nicht mehr als 3% des Gesamtumsatzes betragen.

Voraussetzung für die Anwendung der Vereinfachungsregelung ist, daß ein an das Unternehmen gelieferter Gegenstand teilweise zur Ausführung von Umsätzen, die den Vorsteuerabzug ausschließen, teilweise zur Ausführung von Umsätzen, die zum Vorsteuerabzug berechtigen, verwendet wird[30].
Bei **Gebäuden** ist zu beachten, daß diese aus verschiedenen Wirtschaftsgütern bestehen können.

Beispiel
Ein Haus wird teils für eigengewerbliche Zwecke genutzt, teilweise wird es an Privatpersonen zu Wohnzwecken vermietet.

§ 9b EStG regelt die Folgen, die einkommensteuerrechtlich an den Vorsteuerabzug zu knüpfen sind, insbesondere, wie die Vorsteuer beim Ansatz der Anschaffungs- oder Herstellungskosten eines Wirtschaftsguts zu behandeln sind. Was ein Wirtschaftsgut ist, richtet sich daher nach den Vorschriften des Einkommensteuerrechts. Hiernach besteht ein Gebäude aus verschiedenen Wirtschaftsgütern, je nachdem in welchem Nutzungszusammenhang die Gebäudeteile stehen. Daher müssen die bei der Herstellung des Gebäudes angefallenen

---

29 Abschnitt 33a Abs. 1 Nr. 7 EStR; siehe auch 9.2.5.
30 Schmidt EStG § 9b Anm. 3 und 4.

Vorsteuerbeträge zunächst den steuerrechtlich selbständigen Gebäudeteilen **zugeordnet** werden. Die danach auf das Wirtschaftsgut „zu fremden Wohnzwecken genutzter Gebäudeteil" entfallenden Vorsteuerbeträge sind nach § 15 Abs. 2 UStG in voller Höhe vom Abzug ausgeschlossen. Die Anwendung von § 9b Abs. 1 Satz 2 EStG kommt daher nicht in Betracht[31].

Aufgabe 25

a) Unternehmer U errichtet im Jahr 01 ein Gebäude für 700000 DM zuzüglich Umsatzsteuer. Das Erdgeschoß und das erste Obergeschoß nutzt U für eigenbetriebliche Zwecke. Das zweite und dritte Obergeschoß vermietet er zu Wohnzwecken an Dritte. Der Anteil des vermieteten Teils beträgt 40%. U bilanziert das Gebäude voll. Die zum Ausschluß vom Vorsteuerabzug führenden Umsätze betragen nicht mehr als 3% des Gesamtumsatzes.

b) U erwirbt ein Nachbargrundstück mit aufstehendem vermietetem Gebäude im Januar 01. Der Veräußerer hat nicht auf die Umsatzsteuerbefreiung verzichtet. Die Anschaffungskosten betragen einschließlich Nebenkosten 600000 DM. Davon entfallen 250000 DM auf Grund und Boden und 350000 DM auf das Gebäude. U zahlt 12000 DM Grunderwerbsteuer und 3500 DM Notar- und Registerkosten. U zahlt an den Mieter eine Abfindung von 10000 DM, damit er das Haus vorzeitig räumt. U läßt das Gebäude noch im Janur 01 abbrechen und einen Neubau für eigenbetriebliche Zwecke errichten, der noch im gleichen Jahr fertig wird. Die Abbruchkosten betragen 25000 DM zuzüglich Umsatzsteuer, die Herstellungskosten für den Neubau 300000 DM zuzüglich Umsatzsteuer.

c) In einem der bisherigen Betriebsgebäude läßt U im Jahr 01 im Erdgeschoß und im ersten Obergeschoß Wände herausbrechen. Im Erdgeschoß entsteht ein größeres Lager, im ersten Obergeschoß ein Großraumbüro. Der abgebrochene Gebäuderestwert beträgt 20000 DM, die Abbruchkosten 30000 DM zuzüglich Umsatzsteuer, die Rechnungen der Bauhandwerker lauten insgesamt auf 80000 DM zuzüglich Umsatzsteuer. Außerdem läßt U auf diesem Gebäude zur gleichen Zeit eine Dachreparatur durchführen für 25000 DM zuzüglich Umsatzsteuer.

d) U hat im Vorjahr (Jahr 00) ein weiteres Nachbargrundstück mit Gebäude erworben. Von den Anschaffungskosten entfallen 300000 DM auf das Gebäude. Der Veräußerer hat das Gebäude als Bürogebäude genutzt. Ebenso will auch U das Gebäude nutzen. Das Gebäude wird beheizt durch eine elektrische Speicherheizung. Da die Heizung ver-

[31] Hessisches Finanzgericht, Urteil vom 29.4.1982 XI 86/77, rechtskräftig, EFG 1983 S. 121, Abschn. 86 Abs. 2 Satz 4 EStR.

braucht ist und wegen der gestiegenen Strompreise auch nicht mehr wirtschaftlich ist, läßt U im Jahr 01 die gesamte Anlage entfernen und eine Gas-Zentralheizung einbauen. Die Rechnung der Installationsfirma beträgt 70000 DM zuzüglich Umsatzsteuer.

Stellen Sie die Buchungssätze auf und geben Sie Erläuterungen dazu. Buchen Sie Baurechnungen immer zunächst beim Eingang auf Konto „im Bau befindliche Anlagen" und buchen sie nach Errichtung der Gebäude die auf dem Konto „im Bau befindliche Anlagen" stehenden Beträge um auf die Konten der betreffenden Gebäude und Gebäudeteile.

Lösung

a) Die Rechnungen der Bauhandwerker lauten auf insgesamt:

Gesamtrechnungsbetrag	700000 DM
Umsatzsteuer	105000 DM
	805000 DM

Vom Gesamtrechnungsbetrag von netto 700000 DM entfallen 40% (700000 · 40%) = 280000 DM auf den zu fremden Wohnzwecken vermieteten Gebäudeteil. Der Rest entfällt auf den eigenbetrieblich genutzten Gebäudeteil. Die Umsätze aus Vermietung zu Wohnzwecken sind steuerfrei (§ 4 Nr. 12a UStG). Da diese Umsätze nicht an einen anderen Unternehmer für dessen Unternehmen durchgeführt werden, kann nicht auf die Umsatzsteuerbefreiung verzichtet werden. Die auf die Vermieterumsätze entfallenden Vorsteuern sind daher nicht abziehbar (§ 15 Abs. 2 Nr. 1 UStG). Sie betragen 40% · 105000 DM = 42000 DM. Sie sind voll dem zu fremden Wohnzwecken vermieteten Gebäudeteil zuzurechnen. Es gilt daher nicht die Vereinfachungsregel von § 9b Abs. 1 Satz 2 EStG. Die auf den zu fremden Wohnzwecken vermieteten Gebäudeteil entfallenden Vorsteuern sind daher zu dessen Herstellungskosten zu rechnen.

Buchungen:

1. Im Bau befindliche Anlagen	700000 DM
Vorsteuer	105000 DM
an sonstige Verbindlichkeiten	805000 DM
2. Zu fremden Wohnzwecken vermieteter Gebäudeteil	280000 DM
an im Bau befindliche Anlagen	280000 DM
3. Zu fremden Wohnzwecken vermieteter Gebäudeteil	42000 DM
an Vorsteuer	42000 DM
4. eigenbetrieblich genutzter Gebäudeteil	420000 DM
an im Bau befindliche Anlagen	420000 DM

b) Es wird ein erworbenes Gebäude abgebrochen. Da innerhalb von drei Jahren nach dem Erwerb mit dem Abbruch begonnen worden ist, spricht der Beweis des ersten Anscheins für Abbruchabsicht. Gegenbeweis ist nicht geführt. Das Gebäude war technisch oder wirtschaftlich nicht verbraucht. Der Abbruch hängt zusammen mit der Herstellung eines neuen Gebäudes. Die anteilig auf das Gebäude entfallenden Anschaffungskosten (hierzu rechnen auch anteilig Grunderwerbsteuer, Notar- und Registerkosten) sind, soweit sie zum abgebrochenen Buchwert gehören, zusätzliche Herstellungskosten des Neubaus. Ebenso die Abbruchkosten und die Abstandszahlungen an den Mieter.

Grunderwerbsteuer	12000 DM
Notar- und Registerkosten	3500 DM
	15500 DM
Anteil Grund und Boden $\frac{25}{60}$ x 15500 DM =	6458 DM
Anteil Gebäude $\frac{35}{60}$ x 15500 DM =	9042 DM

Buchungen:

1. Grund und Boden		256458 DM
Gebäude		359042 DM
an sonstige Verbindlichkeiten		615500 DM
2. Abfindung an Mieter		10000 DM
an Bank		10000 DM
3. Anlagen im Bau (Buchwert)		359042 DM
an Gebäude		359042 DM
4. Abbruchkosten		25000 DM
Vorsteuer		3750 DM
an sonstige Verbindlichkeiten		28750 DM
5. Anlagen im Bau		300000 DM
Vorsteuer		45000 DM
sonstige Verbindlichkeiten		345000 DM
6. Gebäude	10000 DM	
	359042 DM	
	25000 DM	
	300000 DM	
	694042 DM	
an Abfindung an Mieter		10000 DM
an Anlagen im Bau		359042 DM
an Abbruchkosten		25000 DM
an Anlagen im Bau		300000 DM

c) Das Gebäude ist vom Unternehmer als Betriebsgebäude hergestellt worden. Abgebrochener Buchwert und die Abbruchkosten sind daher Betriebsausgaben. Durch den Umbau des Erdgeschosses in ein größeres Lager und des ersten Obergeschosses in ein Großraumbüro wird die

Verwendungs- und Nutzungsmöglichkeit des Gebäudes über seinen bisherigen Zustand hinaus wesentlich verbessert. Die Umbauaufwendungen sind daher Herstellungskosten. Die Dachreparatur dient zur Erhaltung des Gebäudes. Der hierauf entfallende Aufwand ist daher sofort als Erhaltungsaufwand absetzbar. Die Baumaßnahme steht zwar in einem zeitlichen Zusammenhang zu den Herstellungsmaßnahmen im Erdgeschoß und im ersten Obergeschoß. Es besteht hierzu aber kein räumlicher Zusammenhang, und die Herstellungsmaßnahmen und die Dachreparatur bilden auch keinen wirtschaftlich einheitlichen Vorgang. Die Aufwendungen für die Dachreparatur bleiben daher Erhaltungsaufwand.

Buchungen:

1.	Absetzung für außergewöhnliche technische Abnutzung	20000 DM
	an Gebäude	20000 DM
2.	Abbruchkosten	30000 DM
	Vorsteuer	4500 DM
	an sonstige Verbindlichkeiten	34500 DM
3.	Gebäude	80000 DM
	Vorsteuer	12000 DM
	an sonstige Verbindlichkeiten	92000 DM
4.	Reparaturaufwand	25000 DM
	Vorsteuer	3750 DM
	an sonstige Verbindlichkeiten	28750 DM

d) Die Erneuerung einer Heizungsanlage ist in der Regel Erhaltungsaufwand. Es handelt sich aber nicht um einen laufenden Erhaltungsaufwand, der jährlich üblicherweise anfällt, sondern um Instandhaltungsaufwand, der in größeren Zeitabständen notwendig wird, um sogenannte zurückgestellte Instandhaltungsaufwendungen. Die Aufwendungen wurden innerhalb von drei Jahren nach der Anschaffung nachgeholt. Sie betragen mehr als 20% der Anschaffungskosten des Gebäudes. Hierdurch wurde der Nutzungswert des Gebäudes erheblich erhöht. Ein Gebäude mit einer modernen und wirtschaftlichen Heizung ist gegenüber einem Gebäude mit einer verbrauchten und unwirtschaftlichen Heizung erheblich mehr wert. Die Aufwendungen für die Heizungsanlage sind daher Herstellungskosten des Gebäudes.

Buchung:

Gebäude	70000 DM
Vorsteuer	10500 DM
an sonstige Verbindlichkeiten	80500 DM

10 Abschreibungen der Anlagegegenstände

10.1 Maßgeblichkeitsgrundsatz und Bewertungsvorbehalt

Handelsrechtlich ist die Abschreibung der Anlagegegenstände in § 253 Abs. 2 HGB wie folgt geregelt:

- Abnutzbare Anlagegegenstände müssen planmäßig abgeschrieben werden (Abschreibungsgebot).
- Abnutzbare und nicht abnutzbare Anlagegegenstände
  a) dürfen außerplanmäßig bei einer vorübergehenden Wertminderung abgeschrieben werden (Abschreibungswahlrecht),
  b) müssen außerplanmäßig bei einer voraussichtlich dauernden Wertminderung abgeschrieben werden (Abschreibungsgebot).

Steuerrechtlich ist die Abschreibung der Anlagegegenstände in §§ 6 und 7 EStG so geregelt:

- Abnutzbare Anlagegegenstände außer Gebäude und Gebäudeteile
  a) Planmäßige Abschreibung
    aa) lineare Abschreibung, § 7 Abs. 1 Sätze 1 bis 3 EStG (Abschreibungsgebot),
    außerdem dürfen die beweglichen Anlagegegenstände
    bb) leistungsgemäß abgeschrieben werden, wenn es wirtschaftlich begründet ist, § 7 Abs. 1 Satz 4 EStG (Abschreibungswahlrecht),
    cc) degressiv abgeschrieben werden mit bestimmten Abschreibungshöchstsätzen, § 7 Abs. 2 und 3 EStG (Abschreibungswahlrecht).
  b) Außerplanmäßige Abschreibung
    aa) für außergewöhnliche technische oder wirtschaftliche Abnutzung, § 7 Abs. 1 Satz 5 EStG (Abschreibungswahlrecht),
    bb) auf den niedrigeren Teilwert, § 6 Abs. 1 Nr. 1 EStG (Abschreibungswahlrecht).
- Gebäude und Gebäudeteile
  a) Planmäßige Abschreibung
    aa) linear nach bestimmten Abschreibungsmindestsätzen, § 7 Abs. 4 Satz 1, Abs. 5a EStG (Abschreibungsgebot),
    bb) linear nach der tatsächlichen kürzeren Nutzungsdauer, § 7 Abs. 4 Satz 2, Abs. 5a EStG (Abschreibungswahlrecht),
    cc) degressiv nach bestimmten Abschreibungssätzen, § 7 Abs. 5, 5a EStG (Abschreibungswahlrecht).
  b) Außerplanmäßige Abschreibung
    aa) Absetzungen für außergewöhnliche technische oder wirtschaftliche Abnutzung, § 7 Abs. 4 Satz 3, Abs. 5a EStG (Abschreibungswahlrecht),

bb) Teilwertabschreibung, § 6 Abs. 1 Nr. 1 EStG (Abschreibungswahlrecht).

– Nicht abnutzbare Anlagegegenstände
  Teilwertabschreibung, § 6 Abs. 1 Nr. 2 EStG (Abschreibungswahlrecht).

Der **Zusammenhang der Steuerbilanz mit der Handelsbilanz** wird durch zwei Grundsätze geregelt:

1. Maßgeblichkeitsgrundsatz
2. Bewertungsvorbehalt.

Den **Maßgeblichkeitsgrundsatz** regelt § 5 Abs. 1 Sätze 1 und 2 EStG.

Bei Gewerbetreibenden, die auf Grund gesetzlicher Vorschriften verpflichtet sind, Bücher zu führen und regelmäßig Abschlüsse zu machen, oder die ohne eine solche Verpflichtung Bücher führen und regelmäßig Abschlüsse machen, ist für den Schluß des Wirtschaftsjahrs das Betriebsvermögen anzusetzen (§ 4 Abs. 1 Satz 1), das nach den handelsrechtlichen Grundsätzen ordnungsmäßiger Buchführung auszuweisen ist (§ 5 Abs. 1 Satz 1 EStG).

Was also handelsrechtlich als Betriebsvermögen anzusetzen ist, aufgrund von **Bilanzierungs-** und **Bewertungsgeboten**, müssen gesetzlich zur Buchführung verpflichtete oder freiwillig Bücher führende Kaufleute auch in ihren steuerrechtlichen Jahresabschlüssen ausweisen.

Steuerrechtliche Wahlrechte bei der Gewinnermittlung sind in Übereinstimmung mit der handelsrechtlichen Jahresbilanz auszuüben (§ 5 Abs. 1 Satz 2 EStG).

Wahlrechte der Bilanzierung und Bewertung sind also in der Steuerbilanz nur auszuüben, wenn in der Handelsbilanz gleichlautend bilanziert und bewertet wird. Hierzu rechnen aber als Bilanzierungswahlrechte nur die steuerfreien Rücklagen und als Bewertungswahlrechte nur die erhöhten Abschreibungen und Sonderabschreibungen. Unter die Vorschrift des § 5 Abs. 1 Satz 2 EStG fallen also nur die **steuerrechtlichen Bilanzierungs- und Bewertungswahlrechte**.

Handelsrechtliche Bilanzierungswahlrechte wirken sich nach der Rechtsprechung des BFH[1] in der Steuerbilanz wie folgt aus:

– Aktivierungswahlrechte: Steuerrechtliche Aktivierungsgebote.
– Passivierungswahlrechte: Steuerrechtliche Passivierungsverbote.

Handelsrechtliche Bewertungswahlrechte werden bei gleichzeitigen steuerrechtlichen Bewertungswahlrechten in der Steuerbilanz ausgeübt, wenn in der Handelsbilanz entsprechend bewertet worden ist.

1 BFH, Beschluß des Großen Senats vom 3.2.1969 Gr. S. 2/68, BStBl. 1969 II S. 291.

Maßgeblichkeitsgrundsatz			
	Handelsbilanz		Steuerbilanz
Gebot	Bilanzierungsgebot		Bilanzierung gemäß dem handelsrechtlichen Bilanzierungsgebot
	Bewertungsgebot		Bewertung gemäß dem handelsrechtlichen Bewertungsgebot
Wahlrecht	Bilanzierungswahlrecht	Aktivierungswahlrecht	Aktivierungsgebot
		Passivierungswahlrecht	Passivierungsverbot
			Bei gleichzeitigem steuerrechtlichem Passivierungswahlrecht Passivierung in der Steuerbilanz, wenn in der Handelsbilanz die Passivierung gewählt wurde
	Bewertungswahlrecht		Bewertungswahlrecht in der Steuerbilanz: Bewertung gemäß der in der Handelsbilanz gewählten Bewertung

Der **Bewertungsvorbehalt** wird durch folgende Vorschrift geregelt:

Die Vorschriften ... über die Bewertung und über die Absetzung für Abnutzung oder Substanzverringerung sind zu befolgen (§ 5 Abs. 6 EStG).

Bewertungsvorbehalt
Bewertet und abgeschrieben werden darf nur im Rahmen der steuerrechtlichen Vorschriften.

Maßgeblichkeitsgrundsatz und Bewertungsvorbehalt haben bei der Abschreibung der Anlagegegenstände in der Steuerbilanz eine zentrale Bedeutung.

10.2 Planmäßige Abschreibungen

10.2.1 Sinn der planmäßigen Abschreibung

Beispiel

Ein Fertigungsunternehmen schafft eine Maschine am 3.1.01 an. Die Anschaffungskosten betragen 200000 DM. Die Maschine wird nach den bisher mit gleichen Maschinen im Unternehmen gemachten Erfahrungen in dem Betrieb voraussichtlich 5 Jahre lang genutzt werden. Mit ihr werden Erzeugnisse hergestellt, durch deren Verkauf in der Regel Erlöse in Höhe von jährlich 120000 DM erzielt werden.

Durch den Anschaffungsaufwand in Höhe von 200000 DM im Jahr 01 erzielt der Unternehmer in den Jahren 01, 02, 03, 04 und 05 Erlöse in Höhe von je 120000 DM. Diese Erlöse werden also erzielt durch den Einsatz der Maschine in den fünf Jahren, in der sie voraussichtlich betrieblich genutzt wird. Gehen wir davon aus, daß die Maschine nach 5 Jahren verbraucht ist, so gibt der Betrieb während der fünfjährigen Nutzungsdauer der Maschine jährlich ein Fünftel der Anschaffungskosten an **Nutzungsaufwand** ab. Hierdurch erzielt der Betrieb jedes Jahr einen Erlös von 120000 DM. Der auf die Maschine bezogene Teilgewinn des Unternehmens beträgt also jährlich 80000 DM (120000 DM Erlös abzüglich 40000 DM Maschinenabnutzung).
Zu jedem der fünf Geschäftsjahre, in denen die Maschine genutzt wird, also zu jeder Rechnungsperiode, gehören Erträge in Höhe von 120000 DM und Aufwendungen in Höhe von 40000 DM. Die Anschaffungskosten der Maschine dürfen also nicht bereits im Jahr der Anschaffung voll als Aufwand gebucht werden. Sie sind vielmehr den Jahren, in denen durch die Nutzung Erträge erzielt werden, als Aufwand zuzuordnen. Die Verteilung der Anschaffungskosten auf die Perioden der Abnutzung ist also ein Gebot der **periodengerechten Erfolgsabgrenzung**.
Der **Grundsatz der Periodenabgrenzung** ist ein Grundsatz ordnungsmäßiger Buchführung. Er ist so wichtig, daß er in § 252 HGB in den dort aufgeführten allgemeinen Bewertungsgrundsätzen besonders umschrieben wird.

Aufwendungen und Erträge des Geschäftsjahrs sind unabhängig von den Zeitpunkten der entsprechenden Zahlungen im Jahresabschluß zu berücksichtigen (§ 252 Abs. 1 Nr. 5 HGB).

Es kommt also für die Berücksichtigung als Aufwand nicht auf die Zahlung an. Speziell für abnutzbare Anlagegegenstände folgt hieraus die planmäßige

Abschreibungen der Anlagegegenstände ___

Verteilung der Anschaffungs- oder Herstellungskosten als Abschreibungen in den Geschäftsjahren der Nutzung. Das ist der Sinn der planmäßigen Abschreibungen.

10.2.2 Merkmale der planmäßigen Abschreibung

Bei Vermögensgegenständen des Anlagevermögens, deren Nutzung zeitlich begrenzt ist, sind die Anschaffungs- oder Herstellungskosten um planmäßige Abschreibungen zu vermindern. Der Plan muß die Anschaffungs- oder Herstellungskosten auf die Geschäftsjahre verteilen, in denen der Vermögensgegenstand voraussichtlich genutzt werden kann (§ 253 Abs. 2 Sätze 1 und 2 HGB).

Merkmale der planmäßigen Abschreibung	
Vermögensgegenstände	Anlagegegenstände, deren Nutzung zeitlich begrenzt ist
Art der Abschreibung	planmäßige Verminderung der Anschaffungs- oder Herstellungskosten
Abschreibungsplan	Verteilung der Anschaffungs- oder Herstellungskosten auf die Geschäftsjahre, in denen der Anlagegegenstand voraussichtlich genutzt werden kann

Die Nutzung ist zeitlich begrenzt durch den technischen oder wirtschaftlichen Verschleiß der Anlagegegenstände. Diese Anlagen heißen **abnutzbare Anlagegegenstände**.

Die abnutzbaren Anlagegegenstände sind **planmäßig** abzuschreiben. Das bedeutet, die auf die einzelnen Geschäftsjahre entfallenden Abschreibungen sind im voraus festzulegen. Das setzt voraus, es sind von Anfang an die Anzahl der Geschäftsjahre, in denen der Vermögensgegenstand voraussichtlich genutzt wird (voraussichtliche Nutzungsdauer) und die Abschreibungsmethode zu bestimmen.

Die **voraussichtliche Nutzungsdauer** ergibt sich aus den betrieblichen Erfahrungen, die mit gleichen Vermögensgegenständen gemacht worden sind, oder aus allgemein mit gleichen Vermögensgegenständen gemachten Erfahrungen, die in den von der Finanzverwaltung und den Wirtschaftsverbänden veröffentlichten Abschreibungstabellen niedergelegt worden sind.

Die **Abschreibung beginnt** grundsätzlich bei Lieferungen mit dem Zeitpunkt der Abnahme oder des Versetzens in einen betriebsbereiten Zustand unter Berücksichtigung angemessener Zeit für die Montage, im Fall der Herstellung mit dem Zeitpunkt der Fertigstellung. Da aber eine Anlage bereits vor der Betriebsbereitschaft wirtschaftlich abnutzt, ist die planmäßige Abschreibung grundsätzlich mit der Lieferung oder der Fertigstellung zu beginnen[2].

Bei Wirtschaftsgütern, die **im Laufe eines Jahres angeschafft oder hergestellt** werden, kann für das Jahr der Anschaffung oder Herstellung grundsätzlich nur der Teil des auf ein Jahr entfallenden Abschreibungsbetrags abgesetzt werden, der dem Zeitraum zwischen der Anschaffung oder Herstellung des Wirtschaftsguts und dem Ende des Jahrs entspricht[3]. Im Jahr der Anschaffung oder Herstellung ist also nur ein anteiliger Abschreibungsbetrag abzusetzen. Üblicherweise werden angefangene Monate als volle Monate gerechnet.

Für die **beweglichen Anlagegegenstände** gibt es eine Vereinfachungsregelung[4]:

Vereinfachungsregelung für bewegliche Anlagen	
– Anschaffung – Herstellung oder – Einlage	
in der ersten Hälfte des Wirtschaftsjahrs	in der zweiten Hälfte des Wirtschaftsjahrs
volle Jahresabschreibung	halbe Jahresabschreibung

Ist der Anlagegegenstand nach Ablauf der Nutzungsdauer noch vorhanden, so wird er nicht auf 0 DM, sondern auf den **Erinnerungswert** von 1 DM abgeschrieben. Der Erinnerungsbetrag von 1 DM soll daran erinnern, daß der Anlagegegenstand sich noch im Betriebsvermögen befindet. Erst wenn der Anlagegegenstand aus dem Betriebsvermögen ausscheidet, wird der Buchwert, hier also der Betrag von 1 DM, ausgebucht.

Wird ein Anlagegegenstand **im Laufe eines Wirtschaftsjahrs veräußert oder entnommen**, kann in diesem Wirtschaftsjahr nur die anteilige Abschreibung abgesetzt werden[5]. Im Jahr der Veräußerung oder Entnahme gibt es daher auch für bewegliche Anlagen keine Vereinfachungsregel wie für das Jahr der Anschaffung, Herstellung oder Einlage.

Beispiel

Anschaffungskosten einer Maschine 50000 DM
Abschreibung 10% linear.
Anschaffungszeitpunkt: 20.5.01.

---

[2] Pankow/Lienau/Feyel, Beck Bil-Komm., § 253 Rdn. 224, Adler/Düring/Schmaltz, HGB § 253 Rdn. 292.
[3] Abschnitt 44 Abs. 2 Satz 1 EStR.
[4] Abschnitt 44 Abs. 2 Sätze 2 bis 5 EStR.
[5] Abschnitt 44 Abs. 9 EStR.

Abschreibungen der Anlagegegenstände

Unternehmer U setzte im Jahr 01 nach der Vereinfachungsregel die volle Jahres-AfA ab. Er veräußerte die Maschine am 15.7.05 für 35 000 DM.

Anschaffungskosten	50 000 DM
AfA 01	5 000 DM
31.12.01	45 000 DM
AfA 02	5 000 DM
31.12.02	40 000 DM
AfA 03	5 000 DM
31.12.03	35 000 DM
AfA 04	5 000 DM
31.12.04	30 000 DM
AfA 05 5 000 DM · 7/12	2 916 DM
15.7.05	27 084 DM
Außerordentlicher Ertrag:	
Veräußerungserlös	35 000 DM
abzüglich Buchwert	– 27 084 DM
	7 916 DM

Ist ein Anlagegegenstand bei der Veräußerung oder der Entnahme noch nicht voll abgeschrieben, so hat es auf das rechnerische Betriebsergebnis keinen Einfluß, ob im Jahr der Veräußerung oder Entnahme die volle oder die anteilige Jahres-AfA abgesetzt wird. Würde im vorstehenden Beispiel auch im Jahr der Veräußerung eine entsprechende Vereinfachungsregel gelten, so könnte U im Jahr 05 5 000 DM absetzen. Der Buchwert der Maschine würde dann bei der Veräußerung 25 000 DM betragen und der Veräußerungsgewinn:

Veräußerungserlös:	35 000 DM
abzüglich Buchwert	– 25 000 DM
Veräußerungsgewinn	10 000 DM

Dem Veräußerungsgewinn ist die Abschreibung gegenzurechnen:
10 000 DM – 5 000 DM = 5 000 DM. In dem Beispiel betrugen

Veräußerungsgewinn	7 916 DM
Abschreibung im Jahre 05	2 916 DM
	5 000 DM

Es kommt **handelsrechtlich** jede Abschreibungsmethode in Betracht, die den Grundsätzen ordnungsmäßiger Buchführung entspricht.

Steuerrechtlich sind aber aufgrund des **Bewertungsvorbehalts** die steuerrechtlichen Vorschriften über die Bewertung und über die Absetzung für Abnutzung oder Substanzverringerung zu befolgen (§ 5 Abs. 6 EStG)[6]. Ist daher die Abschreibung steuerrechtlich besonders geregelt, so ist in der Steuerbilanz vom Handelsrecht abweichend abzuschreiben.
Steuerrechtlich ist die planmäßige Abschreibung besonders geregelt für
- Gebäude und Gebäudeanlagen und
- andere Anlagegegenstände.

Kaufleute, die ihren Gewinn durch Betriebsvermögensvergleich ermitteln, müssen ihrer Steuererklärung auch eine Abschrift ihrer Bilanz beifügen. Führen sie Bücher nach dem System der doppelten Buchführung, müssen sie außerdem eine Gewinn- und Verlustrechnung vorlegen. Enthält die Bilanz Ansätze oder Beträge, die den steuerlichen Vorschriften nicht entsprechen, sind diese Ansätze und Beträge durch Zusätze oder Anmerkungen den steuerlichen Vorschriften anzupassen. Es kann aber auch eine den steuerlichen Vorschriften entsprechende Bilanz, eine sogenannte **Steuerbilanz**, beigefügt werden (§ 60 Abs. 1 und 2 EStDV).
Da die Abschreibungen je nach Art der Anlagen verschieden sind, müssen wir zunächst die **Arten der Anlagen** unterscheiden.

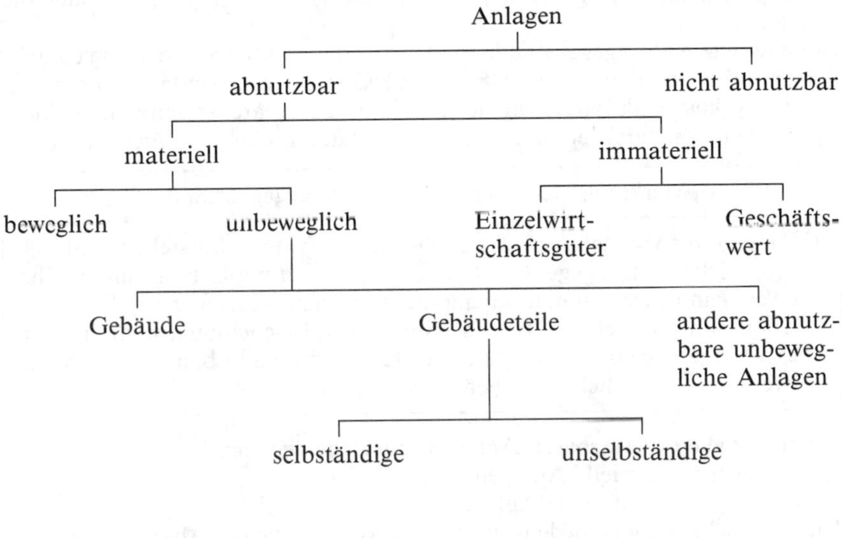

[6] Siehe 10.1.

Abschreibungen der Anlagegegenstände

Planmäßig werden nur die **abnutzbaren Anlagen** abgeschrieben. Für die Abschreibung in der Steuerbilanz unterscheiden wir zwei große Gruppen:
- Gebäude und Gebäudeteile und
- übrige abnutzbare Anlagen.

Wir wollen zunächst die planmäßige Abschreibung der übrigen abnutzbaren Anlagen behandeln. Wir nennen sie „allgemeine Anlagegegenstände".

10.3 Planmäßige Abschreibung der allgemeinen Anlagegegenstände

10.3.1 Arten der allgemeinen Anlagegegenstände

Wie in der Übersicht am Ende von Abschnitt 10.2.2 gezeigt wurde, gliedern sich die **abnutzbaren Anlagen** in zwei Gruppen:
- materielle Anlagen und
- immaterielle Anlagen.

Die Unterscheidung in materielle und immaterielle Anlagegegenstände ist bedeutungsvoll für die Aktivierung und die Abschreibung.
Materielle Anlagegegenstände werden bei der Anschaffung und bei der Herstellung aktiviert. Aktiviert werden also die Anschaffungskosten oder die Herstellungskosten.
Immaterielle Anlagegegenstände werden nur dann aktiviert, wenn sie entgeltlich erworben worden sind (§ 248 Abs. 2 HGB). Hierbei werden also nur Anschaffungskosten aktiviert. Für sie gibt es nur die lineare Abschreibung. Diese ist für den Geschäftswert hinsichtlich der Nutzungsdauer festgelegt.

Merkmale der immateriellen Anlagegegenstände
1. Nach ihrer **Herstellung** oder nach ihrem sonstigen Entstehen sind immaterielle Anlagegegenstände noch nicht wertmäßig bestimmbar. Ihr Wert kann nicht einmal annähernd zutreffend geschätzt werden. 2. Kaufmännisch relevant tritt ihr Wert erst in Erscheinung, wenn hierfür ein **Entgelt** gezahlt wird. Daher dürfen sie erst dann bilanziert werden, wenn sie entgeltlich erworben worden sind.

Die **materiellen abnutzbaren Anlagen** unterscheiden sich in
- bewegliche materielle Anlagen und
- unbewegliche materielle Anlagen.

Die Unterscheidung ist bedeutsam für die Anwendung der Abschreibungsmethoden. Die degressive Abschreibung nach § 7 Abs. 2 und 3 EStG und die leistungsgemäße Abschreibung sind nur für bewegliche Anlagegegenstände zulässig.

Bewegliche Anlagegegenstände
1. Körperliche Anlagegegenstände, 2. kein Nutzungs- oder Funktionszusammenhang – zum Grund und Boden, – zu Gebäuden, – zu selbständigen Gebäudeteilen oder – zu Außenanlagen.

Nur **körperliche Gegenstände**, Sachen i. S. von § 90 BGB, können bewegliche Wirtschaftsgüter sein. Deshalb rechnen immaterielle Wirtschaftsgüter nicht hierzu[7].

Betriebsvorrichtungen rechnen auch dann zu den beweglichen Wirtschaftsgütern, wenn sie wesentliche Bestandteile von Grundstücken oder Gebäuden sind. Betriebsvorrichtungen sind Vorrichtungen, mit denen das Gewerbe unmittelbar betrieben wird[8].

Beispiele

Bedienungsvorrichtungen, Autoaufzüge in Parkhäusern, Förderbänder, Lastenaufzüge, Klimaanlagen in Chemiefaser- und Tabakfabriken, Kühleinrichtungen, in Kur- und Krankenhäusern Heilzwecken dienende Bäder, Bäder in Badeanstalten, besondere Schutz- und Sicherungsvorrichtungen, Verkaufsautomaten, Abladevorrichtungen, moderne Schaukästen, zur Möbellagerung erforderliche Lüftungs- und Beleuchtungsanlagen, speziell auf einen Betrieb ausgerichtete Hofbefestigungen.

10.3.2 Abschreibungsmethoden

Steuerrechtlich gibt es für die allgemeinen abnutzbaren Anlagegegenstände unterschiedliche planmäßige Abschreibungsmethoden.

Steuerrechtliche planmäßige Abschreibung der allgemeinen abnutzbaren Anlagen		
materiell	beweglich	lineare Abschreibung (§ 7 Abs. 1 Sätze 1 und 2 EStG)
		degressive Abschreibung (§ 7 Abs. 2 und 3 EStG)

7 Abschnitt 42 Abs. 5 EStR.

8 Abschnitt 42 Abs. 3 EStR.

materiell	beweglich	leistungsgemäße Abschreibung (§ 7 Abs. 1 Satz 4 EStG)
	unbeweglich	lineare Abschreibung (§ 7 Abs. 1 Sätze 1 und 2 EStG)
immateriell	Einzelwirtschaftsgüter	lineare Abschreibung (§ 7 Abs. 1 Sätze 1 und 2 EStG)
	Geschäftswert	lineare Abschreibung (§ 7 Abs. 1 Satz 3 EStG)

10.3.3 Lineare Abschreibung

Bei Wirtschaftsgütern, deren Verwendung oder Nutzung durch den Steuerpflichtigen zur Erzielung von Einkünften sich erfahrungsgemäß auf einen Zeitraum von mehr als einem Jahr erstreckt, ist jeweils für ein Jahr der Teil der Anschaffungs- oder Herstellungskosten abzusetzen, der bei gleichmäßiger Verteilung dieser Kosten auf die Gesamtdauer der Verwendung oder Nutzung auf ein Jahr entfällt (Absetzung für Abnutzung in gleichen Jahresbeträgen). Die Absetzung für Abnutzung bemißt sich hierbei nach der betriebsgewöhnlichen Nutzungsdauer des Wirtschaftsguts (§ 7 Abs. 1 Sätze 1 und 2 EStG).

Bei der Absetzung für Abnutzung in gleichen Jahresbeträgen oder linearen Abschreibung werden die Anschaffungs- oder Herstellungskosten gleichmäßig auf die Jahre der Nutzung verteilt und als Betriebsausgaben abgesetzt. Der Abschreibungszeitraum bemißt sich nach der betriebsgewöhnlichen Nutzungsdauer.

Grundlagen für die lineare Abschreibung sind also:

- Die Anschaffungs- oder Herstellungskosten[9] und die
- Zahl der Jahre, in denen der Anlagegegenstand voraussichtlich genutzt werden kann (betriebsgewöhnliche Nutzungsdauer).

Die **betriebsgewöhnliche Nutzungsdauer** wird danach bemessen, wie lange gleiche oder ähnliche Anlagen nach den bisherigen betrieblichen Erfahrungen im Betrieb genutzt werden. Fehlen betriebliche Erfahrungen, so können die Abschreibungstabellen der Finanzverwaltung zugrunde gelegt werden.

Bei der linearen Abschreibung ergeben sich

[9] Siehe 9.2 und 9.3.

- der **Abschreibungsbetrag** als der auf das einzelne Wirtschaftsjahr entfallende Teilbetrag der Anschaffungs- oder Herstellungskosten,
- der **Abschreibungssatz** als das Verhältnis des Abschreibungsbetrags zu den Anschaffungs- oder Herstellungskosten in Prozent.

$$\text{Abschreibungsbetrag} = \frac{\text{Anschaffungs- oder Herstellungskosten}}{\text{Zahl der Jahre der betriebsgew. Nutzung}}$$

$$\text{Abschreibungssatz} = \frac{\text{Abschreibungsbetrag x 100}}{\text{Anschaffungs- oder Herstellungskosten}}$$

Beispiel
Eine Maschine wird am 1.4.01 für 60000 DM angeschafft. Die betriebsgewöhnliche Nutzungsdauer nach der AfA-Tabelle der Finanzverwaltung beträgt 8 Jahre.
Abschreibungsbetrag: 60000 DM : 8 = 7500 DM.
Abschreibungssatz: 7500 DM x 100 : 60000 DM = 12,5%.
Nutzung im Jahr 01 nur 9 Monate. Auf das Jahr 01 entfällt daher ein Abschreibungsbetrag in Höhe von 9/12 x 7500 DM = 5625 DM.

Der Abschreibungssatz ergibt sich auch, wenn der Abschreibungssatz von 100% durch die Zahl der Jahre der betriebsgewöhnlichen Nutzungsdauer geteilt wird.

$$\text{Abschreibungssatz} = \frac{100\%}{\text{Nutzungsdauer in Jahren}}$$

Der Abschreibungssatz errechnet sich hiernach im vorstehenden Beispiel: 100% : 8 = 12,5%.
Hier können wir für die Maschine noch eine höhere lineare Abschreibung erreichen. Nach den Ausführungen in Abschnitt 10.3.1 ist eine Maschine ein bewegliches Wirtschaftsgut des Anlagevermögens. Da die Maschine in der ersten Jahreshälfte angeschafft worden ist, kann nach der Vereinfachungsregel[10] für sie die volle Jahresabschreibung abgesetzt werden.
Linear abgeschrieben werden nach § 7 Abs. 1 EStG:
- bewegliche abnutzbare Anlagegegenstände,
- unbewegliche materielle abnutzbare Anlagegegenstände außer Gebäuden und Gebäudeteilen (für sie bestehen Sondervorschriften nach § 7 Abs. 4 EStG[11]),

[10] Siehe 10.2.2.
[11] Siehe 10.5.

- immaterielle abnutzbare Anlagegegenstände. Für den Geschäfts- oder Firmenwert ist die betriebsgewöhnliche Nutzungsdauer auf 15 Jahre gesetzlich fingiert (§ 7 Abs. 1 Satz 3 EStG).

Bei der linearen Abschreibung „ist" jeweils für ein Jahr der Teil der Anschaffungs- oder Herstellungskosten abzusetzen, der bei gleichmäßiger Verteilung dieser Kosten auf die Gesamtdauer der Verwendung oder Nutzung auf ein Jahr entfällt (§ 7 Abs 1 Satz 1 EStG). Nach dem Gesetzeswortlaut besteht daher ein **Abschreibungsgebot**. Hieraus ergibt sich auch ein Mindestabschreibungsgebot.

Immaterielle Anlagen werden nur dann aktiviert, wenn sie entgeltlich erworben worden sind (§ 5 Abs. 2 EStG). Bemessungsgrundlage der Abschreibung sind also nur die Anschaffungskosten. Immaterielle Wirtschaftsgüter sind keine beweglichen Wirtschaftsgüter[12]. Immaterielle Einzelanlagen können daher nur nach § 7 Abs. 1 Satz 1 und 2 EStG linear abgeschrieben werden.

Der **Übergang** von der linearen zur

- degressiven Abschreibung ist unzulässig (§ 7 Abs. 3 Satz 3 EStG),
- leistungsgemäßen Abschreibung ist zulässig, wenn das wirtschaftlich begründet ist.

Nachträgliche Anschaffungs- oder Herstellungskosten werden aktiviert. Bei der linearen Abschreibung gehen wir wie folgt vor:

Lineare Abschreibung von nachträglichen Anschaffungs- oder Herstellungskosten
1. Aktivierung zuzüglich zum Buchwert des Anlagegegenstandes, den dieser zu Beginn des Wirtschaftsjahrs hat[13]. Die Summe aus Buchwert und nachträglichen Anschaffungs- oder Herstellungskosten ist die Bemessungsgrundlage für die Abschreibung des Geschäftsjahrs und der künftigen Abschreibungen. 2. Schätzung der Restnutzungsdauer (bei nachträglichen Herstellungskosten unter Berücksichtigung des Zustands des Wirtschaftsguts im Zeitpunkt der Beendigung der nachträglichen Herstellungskosten)[14]. 3. Gleichmäßige Verteilung der Bemessungsgrundlage (Nr. 1) auf die Restnutzungsdauer (Nr. 2).

[12] Abschnitt 42 Abs. 5 EStR.
[13] Abschnitt 44 Abs. 11 Satz 6 EStR.
[14] Abschnitt 44 Abs. 11 Sätze 1 und 2 EStR.

Aufgabe 26

Unternehmer U erwirbt folgende Wirtschaftsgüter:

a) Im Dezember des Jahrs 00 kaufte U einen Lkw. Wegen Lieferfristen wird er erst am 30.6.01 geliefert. Die Rechnung lautet: 150000 DM zuzüglich 22500 DM Umsatzsteuer. Die betriebsgewöhnliche Nutzungsdauer beträgt 5 Jahre. Der Lkw wird erstmalig am 1.8.01 eingesetzt, da der vorgesehene Fahrer Urlaub hatte.

b) Im Januar 01 kauft U eine Maschine. Sie wird am 25.6.01 geliefert. Die Rechnung lautet: 70000 DM zuzüglich 10500 Umsatzsteuer. U läßt durch eigene Arbeitnehmer ein Fundament bauen und Elektroanschlüsse legen. Diese Arbeiten sind am 10.7.01 beendet. Materialeinsatz und Lohnaufwand betragen insgesamt 8000 DM. Dann beauftragt U die Montagefirma M, die Maschine mit Hilfe eines Spezialkrans auf das Fundament zu heben. Diese Arbeit ist am 15.7.01 beendet. Die Rechnung der Firma M beträgt 2500 DM zuzüglich 375 DM Umsatzsteuer. Die betriebsgewöhnliche Nutzungsdauer der Maschine beträgt 10 Jahre.

Die beiden Anlagegegenstände sollen möglichst hoch linear abgeschrieben werden. Wie hoch sind die Abschreibungsbeträge im Jahr 01 und wie lauten die Buchungssätze für die Abschreibung, wobei davon auszugehen ist, daß die Abschreibungen jeweils direkt von den Anlagegegenständen erfolgen sollen?

Lösung

Lkw und Maschine sind bewegliche Anlagegegenstände, da es sich um körperliche Anlagegegenstände handelt und kein Nutzungs- und Funktionszusammenhang zum Grund und Boden, zu Gebäuden, zu selbständigen Gebäudeteilen oder zu Außenanlagen besteht. Es kann daher die Vereinfachungsregel angewandt werden, wonach die in der ersten Jahreshälfte angeschafften Anlagegegenstände mit der vollen, die in der zweiten Jahreshälfte angeschafften Anlagegegenstände mit der halben Jahres-AfA im Jahr der Anschaffung oder Herstellung abgeschrieben werden können. Die Abschreibung beginnt mit der Lieferung der beweglichen Anlagen. Auf den Beginn der tatsächlichen Nutzung kommt es nicht an. Auch der Abschluß des Kaufvertrags ist hierfür nicht maßgebend.

a) Der Lkw wurde am 30.6.01 geliefert, also im ersten Halbjahr. Es kann daher die volle Jahres-AfA in Anspruch genommen werden. Auf den tatsächlichen Nutzungsbeginn (1.8.01) kommt es nicht an. Die Anschaffungskosten betragen 150000 DM, da die Umsatzsteuer als Vorsteuer abgezogen werden kann (§ 9b EStG).

Die Abschreibung beträgt 150000 DM : 5 Jahre = 30000 DM.

Buchungen:

1. Fuhrpark	150000 DM
Vorsteuer	22500 DM
an sonstige Verbindlichkeiten	172500 DM
2. Abschreibungen auf Anlagen	30000 DM
an Fuhrpark	30000 DM

b) Anschaffungskosten sind die Aufwendungen, die Maschine zu erwerben und sie in einen betriebsbereiten Zustand zu versetzen. Die als Vorsteuer abziehbare Umsatzsteuer rechnet nicht zu den Anschaffungskosten.

Die Maschine ist erst betriebsbereit, wenn sie auf dem Fundament montiert und an das elektrische Versorgungsnetz angeschlossen ist. Alle bis dann anfallenden Aufwendungen rechnen daher zu den Anschaffungskosten. Anschaffungskosten sind also

Nettokaufpreis	70000 DM
Materialeinsatz und Lohnaufwand für das Fundament und für den Anschluß	8000 DM
Montageaufwand	2500 DM
Anschaffungskosten	80500 DM

Bemessungsgrundlage für die Abschreibung sind also die Anschaffungskosten in Höhe von 80500 DM.

Für den Beginn der Abschreibung kommt der Zeitpunkt der Lieferung der Maschine oder die Beendigung der Montage in Betracht. Die mit der Montage zusammenhängenden Aufwendungen rechnen, wie vorstehend ausgeführt, noch zur Anschaffung. Es sind daher keine nachträglichen Anschaffungskosten und somit nicht so zu behandeln, als wären sie zu Beginn des Wirtschaftsjahrs angefallen. Der Nettokaufpreis für die Maschine ist daher vom Zeitpunkt der Lieferung an, die Aufwendungen für das Fundament und die übrigen Anschlußaufwendungen vom Zeitpunkt der Fertigstellung des Fundamentes und des Anschlusses an abzuschreiben.

Die Maschine wurde am 30.6.01, also noch im ersten Halbjahr, geliefert. Fundament, Montage und Elektroanschluß waren aber erst im zweiten Halbjahr 01 ausgeführt. Nach der Vereinfachungsregel für bewegliche Anlagegegenstände werden im Jahr 01 der Nettokaufpreis für die Maschine mit der vollen, die übrigen Aufwendungen mit der halben Jahres-AfA abgeschrieben.

Nettokaufpreis der Maschine	70000 DM
Abschreibung 70000 DM : 10 Jahre	7000 DM

Übrige Anschaffungskosten	10500 DM
Abschreibung 10500 DM : 10 Jahre x 1/2	525 DM
Abschreibung im Jahr 01: 7000 DM + 525 DM =	7525 DM
Buchungen:	
1. Maschinenkonto	70000 DM
Vorsteuer	10500 DM
an sonstige Verbindlichkeiten	80500 DM
2. Maschinenkonto	8000 DM
an innerbetriebliche Aufwendungen	8000 DM
3. Maschinenkonto	2500 DM
Vorsteuer	375 DM
an sonstige Verbindlichkeiten	2875 DM
4. Abschreibungen auf Anlagen	7525 DM
an Maschinenkonto	7525 DM

10.3.4 Degressive Abschreibung

Bei beweglichen Wirtschaftsgütern des Anlagevermögens kann der Steuerpflichtige statt der Absetzung für Abnutzung in gleichen Jahresbeträgen die Absetzung für Abnutzung in fallenden Jahresbeträgen bemessen (§ 7 Abs. 2 Satz 1 EStG).

Statt der linearen Abschreibungen dürfen wir degressive Abschreibungen nach § 7 Abs. 2 EStG wählen. Hierfür besteht also ein **Abschreibungswahlrecht**.

Die Absetzung für Abnutzung in fallenden Jahresbeträgen kann nach einem unveränderlichen Hundertsatz vom jeweiligen Buchwert (Restwert) vorgenommen werden; der dabei anzuwendende Hundertsatz darf höchstens das Dreifache des bei der Absetzung für Abnutzung in gleichen Jahresbeträgen in Betracht kommenden Hundertsatzes betragen und 30 vom Hundert nicht übersteigen (§ 7 Abs. 2 Satz 2 EStG).

Die Absetzung für Abnutzung wird nach einem unveränderlichen Prozentsatz vom jeweiligen Buchwert vorgenommen. Der dabei anzuwendende Prozentsatz darf höchstens das Dreifache des bei der linearen Abschreibung in Betracht kommenden Abschreibungssatzes betragen und 30% nicht übersteigen.

Degressive Abschreibung	
Abschreibungssatz	$\frac{100\%}{\text{Nutzungsdauer}} \cdot 3$ höchstens 30%
Abschreibung	Jeweiliger Buchwert · Abschreibungssatz

Beispiel
Ein Pkw wird im Januar 01 für 50000 DM angeschafft. Die betriebsgewöhnliche Nutzungsdauer beträgt 4 Jahre.
Abschreibungssatz:
100% : 4 · 3 = 75%
höchstens 30%
Abschreibungssatz: 30%
Abschreibung:

Anschaffungskosten	50000 DM
– AfA 30% von 50000 DM	15000 DM
31.12.01	35000 DM
– AfA 30% von 35000 DM	10500 DM
31.12.02	24500 DM
– AfA 30% von 24500 DM	7350 DM
31.12.03	17150 DM
– AfA 17.149 DM[15]	17149 DM
31.12.04	1 DM

Mit dem festen Prozentsatz wird vom jeweiligen Buchwert abgeschrieben. Da der Buchwert und damit die Bemessungsgrundlage für die Abschreibung von Jahr zu Jahr abnimmt, werden auch die Abschreibungsbeträge von Jahr zu Jahr geringer. Sie fallen, daher der Name „Abschreibung in fallenden Jahresbeträgen“ oder „degressive Abschreibung“.
Diese degressive Abschreibungsmethode, bei der mit einem festen Prozentsatz vom jeweiligen Buchwert abgeschrieben wird, heißt **„geometrisch degressive Abschreibung“**. Handelsrechtlich gibt es noch andere degressive Abschreibungsmethoden, z. B. die arithmetisch degressive oder digitale Abschreibung und die Staffelmethode. Steuerrechtlich ist aber nur die geometrisch degressive Abschreibung zulässig.

[15] Im letzten Jahr der Nutzung ist auf den Erinnerungswert von 1 DM abzuschreiben.

Nur **bewegliche abnutzbare Anlagegegenstände** dürfen degressiv abgeschrieben werden. Da immaterielle Wirtschaftsgüter nicht zu den beweglichen Wirtschaftsgütern rechnen[16], dürfen sie nicht degressiv nach § 7 Abs. 2 EStG abgeschrieben werden.
Nicht degressiv, sondern nur linear dürfen also abgeschrieben werden:
- Zeitlich begrenzte immaterielle Einzelrechte,
- Geschäfts- oder Firmenwerte und
- abnutzbare unbewegliche Wirtschaftsgüter des Anlagevermögens, die nicht Gebäude oder selbständige Gebäudeteile sind.

Wir merken uns:

1. Es besteht steuerrechtlich ein **Wahlrecht**, degressiv abzuschreiben.
2. Steuerrechtlich ist nur die **geometrisch** degressive Abschreibung zulässig.
3. **Höchstabschreibungssatz:**
   - Dreifaches des linearen Abschreibungssatzes
   - höchstens 30%
4. Nur **bewegliche** abnutzbare Anlagegegenstände dürfen degressiv abgeschrieben werden.

Aus dem Zusammenhang zwischen Maßgeblichkeitsgrundsatz und Bewertungsvorbehalt (siehe Abschnitt 10.1) ergibt sich für die degressive Abschreibung:

Auswirkung des Maßgeblichkeitsgrundsatzes und des Bewertungsvorbehalts auf die degressive Abschreibung

1. **Voraussetzung** für die degressive Abschreibung in der Steuerbilanz ist, daß in der Handelsbilanz degressiv abgeschrieben worden ist. Es muß also in der Handelsbilanz eine der handelsrechtlichen degressiven Abschreibungsmethoden gewählt worden sein.
2. In der Steuerbilanz sind die **Grenzen von § 7 Abs. 2 EStG** zu beachten:
   a) Nur bewegliche abnutzbare Anlagegegenstände sind degressiv abschreibbar.
   b) Nur die geometrisch degressive Abschreibung ist zulässig.
   c) Nur im Rahmen der Höchstsätze ist die degressive Abschreibung zulässig.

[16] Abschnitt 42 Abs. 5 EStR.

Abschreibungen der Anlagegegenstände

Beispiel
In der Handelsbilanz wird eine Maschine im Jahr 01 mit 30% linear abgeschrieben. Nach den amtlichen steuerlichen Abschreibungstabellen beträgt der Abschreibungssatz 10%.

In dem Beispiel würde der steuerrechtlich zulässige Abschreibungssatz für die degressive Abschreibung 30% betragen. In der Handelsbilanz ist also ein mit den steuerrechtlichen Vorschriften übereinstimmender Abschreibungssatz gewählt worden. Das reicht aber für den Ansatz in der Steuerbilanz nach der degressiven Methode nicht aus. In der Handelsbilanz ist die lineare Methode gewählt worden. Diese Methodenwahl ist für die Steuerbilanz bindend. Voraussetzung für die degressive Abschreibungsmethode in der Steuerbilanz ist daher, daß in der Handelsbilanz nach einer degressiven Abschreibungsmethode abgeschrieben wird[17].
Der **Übergang zur linearen Abschreibung** ist zulässig. Vom Zeitpunkt des Übergangs an bemißt sich die lineare Abschreibung nach dem dann noch vorhandenen Restwert und der Restnutzungsdauer des Anlagegegenstands (§ 7 Abs. 3 EStG). Zweckmäßig wird in dem Jahr von der degressiven zur linearen Abschreibung übergegangen, in dem die lineare Abschreibung höher ist als die fortgesetzte degressive Abschreibung.

Übergangszeitpunkt
$\frac{\text{Restbuchwert}}{\text{Restnutzungsdauer}} >$ degressive AfA

Beispiel
Ein Pkw wird im Januar 01 für 50000 DM angeschafft und degressiv abgeschrieben. Die betriebsgewöhnliche Nutzungsdauer beträgt 4 Jahre.

Anschaffungskosten	50000 DM	
– AfA 30% von 50000 DM	15000 DM	
31.12.01	35000 DM	: 3 = 11666 DM
– AfA 30% von 35000 DM	10500 DM ←	

Bereits im zweiten Jahr der Nutzung ist der lineare AfA-Betrag höher als der degressive AfA-Betrag. Daher ist es zweckmäßig, ab dem Jahr 02 zur linearen Abschreibung überzugehen.

Um den günstigsten Übergangszeitpunkt zu finden, führen wir zu jedem Bilanzstichtag eine Vergleichsrechnung durch, ob bei Verteilung des Restbuchwerts auf die Restnutzungsdauer die lineare AfA höher ist als die degressive AfA.

[17] BFH, Urt. v. 24.1.1990 I R 17/89, BStBl. 1990 II S. 681.

Ein **Übergang zur leistungsgemäßen Abschreibung** ist zulässig, wenn das wirtschaftlich begründet ist.
Nachträgliche Herstellungskosten werden wie folgt degressiv abgeschrieben:

Degressive Abschreibung von nachträglichen Anschaffungs- oder Herstellungskosten
1. Aktivierung zum Buchwert des Anlagegegenstandes zu Beginn des Wirtschaftsjahrs[18]. Die Summe aus Buchwert und nachträglichen Anschaffungs- oder Herstellungskosten ist die Bemessungsgrundlage für die künftigen Abschreibungen. 2. Schätzung der Restnutzungsdauer (bei nachträglichen Herstellungskosten unter Berücksichtigung des Zustands des Wirtschaftsguts im Zeitpunkt der Beendigung der nachträglichen Herstellungskosten)[19]. 3. Auf der Grundlage der Schätzung gemäß Nr. 2 wird die künftige degressive Abschreibung bestimmt[20].

Beispiel
Eine Maschine wurde im Jahr 01 im ersten Halbjahr für 60000 DM angeschafft. Es wurde eine Nutzungsdauer von 12 Jahren der degressiven Abschreibung zugrunde gelegt. Im Jahr 04 werden nachträgliche Herstellungskosten in Höhe von 10000 DM aufgewendet. Die neu geschätzte Nutzungsdauer beträgt 11 Jahre.
Degressiver Abschreibungssatz: 100% : 12 x 3 = 25%.

Anschaffungskosten	60000 DM
AfA 01 60000 DM x 25%	15000 DM
31.12.01	45000 DM
AfA 02 45000 DM x 25%	11250 DM
31.12.02	33750 DM
AfA 03 33750 DM x 25%	8438 DM
31.12.03	25312 DM
nachträgliche Herstellungskosten	10000 DM
Bemessungsgrundlage ab 04	35312 DM
Degressiver AfA-Satz ab 04: 100%/11 x 3 = 27,27%	
AfA 04 35312 DM x 27,27%	9630 DM
31.12.04	25682 DM

18 Abschnitt 44 Abs. 11 Satz 6 EStR.
19 Abschnitt 44 Abs. 11 Sätze 1 und 2 EStR.
20 Abschnitt 44 Abs. 11 Sätze 1 und 2 EStR.

Abschreibungen der Anlagegegenstände

Degressive Abschreibungen sind steuerrechtlich nur zulässig, wenn die Anlagegegenstände in ein laufend zu führendes **Verzeichnis** mit folgenden Angaben aufgenommen werden (§ 7 Abs. 2 Satz 3, § 7a Abs. 8 EStG):
- Tag der Anschaffung oder Herstellung,
- Anschaffungs- oder Herstellungskosten,
- betriebsgewöhnliche Nutzungsdauer,
- Höhe der jährlichen Absetzungen.

Das Verzeichnis braucht nicht geführt zu werden, wenn sich diese Angaben aus der Buchführung ergeben.
Es ist zweckmäßig, alle Anlagegegenstände in Bestandsverzeichnisse einzutragen und hierin fortzuschreiben, wie es noch in Abschnitt 10.7 dargestellt wird. Hierdurch wird der Inventurpflicht für die Anlagegegenstände nachgekommen. Gleichzeitig wird damit die besondere steuerliche Voraussetzung für die degressive Abschreibung erfüllt.
Werden bewegliche abnutzbare Anlagen degressiv abgeschrieben, sind **Absetzungen für außergewöhnliche technische oder wirtschaftliche Abnutzung** nicht zulässig (§ 7 Abs. 2 Satz 4 EStG). Liegen die Voraussetzungen für eine solche Abschreibung vor, ist daher zunächst zur linearen Abschreibung überzugehen, bevor wegen außergewöhnlicher technischer oder wirtschaftlicher Abnutzung abgeschrieben werden kann.

10.3.5 Leistungsgemäße Abschreibung

Bei beweglichen Wirtschaftsgütern des Anlagevermögens, bei denen es wirtschaftlich begründet ist, die Absetzung für Abnutzung nach Maßgabe der Leistung des Wirtschaftsguts vorzunehmen, kann der Steuerpflichtige dieses Verfahren statt der Absetzung für Abnutzung in gleichen Jahresbeträgen anwenden, wenn er den auf das einzelne Jahr entfallenden Umfang der Leistung nachweist (§ 7 Abs. 1 Satz 4 EStG).

Statt der linearen Abschreibung **kann** die Absetzung für Abnutzung nach Maßgabe der Leistung vorgenommen werden
- bei **beweglichen** Wirtschaftsgütern des Anlagevermögens, wenn
- das **wirtschaftlich begründet** ist und
- der auf das einzelne Jahr entfallende Umfang der Leistung **nachgewiesen** wird.

Leistungsgemäße Abschreibung	
Wirtschaftsgüter	Bewegliche Anlagegegenstände
Wahlrecht/Gebot	Wahlrecht anstelle der linearen Abschreibung

Leistungsgemäße Abschreibung	
Voraussetzungen	1. Wirtschaftlich begründet 2. Nachweis des auf das einzelne Jahr entfallenden Umfangs der Leistung

Es besteht nach dem Gesetzeswortlaut für die Abschreibung nach Maßgabe der Leistung ein **Abschreibungswahlrecht**. Voraussetzung für die Ausübung in der Steuerbilanz ist eine gleichlautende Abschreibung in der Handelsbilanz[21]. Die Leistungsabschreibung kann „statt der linearen Abschreibung" gewählt werden. Die lineare Abschreibung ist also mindestens vorzunehmen. Das folgt auch aus dem Abschreibungsgebot für die lineare Abschreibung[22].
Für die leistungsmäßigen Abschreibungen bestehen daher steuerrechtlich folgende Voraussetzungen:

Voraussetzungen für die Leistungsabschreibung
1. Beweglicher Anlagegegenstand. 2. Mindestens lineare Abschreibung. 3. Wirtschaftliche Begründung der Leistungsabschreibung. 4. Nachweis des auf das einzelne Jahr entfallenden Umfangs der Leistung. 5. Gleichlautende Abschreibung in der Handelsbilanz.

Leistungsmäßige Abschreibungen sind bei solchen beweglichen Wirtschaftsgütern des Anlagevermögens **wirtschaftlich begründet**, deren Leistung erheblich schwankt und deren Verschleiß sich deshalb von Jahr zu Jahr wesentlich unterscheidet[23].

Beispiel
Ein betrieblicher Pkw ist für 50000 DM angeschafft worden. Die voraussichtliche Gesamtfahrleistung wird 150000 km betragen. Die Nutzung beträgt in den einzelnen Jahren:

Jahr 01: 50000 km = 50 : 150 · 100 = 33,33% der Gesamtleistung.
Abschreibungsbetrag 50000 DM · 33,33% = 16667 DM.
Jahr 02: 30000 km = 30 : 150 · 100 = 20% der Gesamtleistung.
Abschreibungsbetrag 50000 DM · 20% = 10000 DM
Jahr 03: 70000 km = 70 : 150 · 100 = 46,67% der Gesamtleistung.
Abschreibungsbetrag 50000 DM · 46,67% = 23333 DM.

21 Hier gelten die Ausführungen zur Maßgeblichkeit bei Abschreibungswahlrechten in Abschnitt 10.1.
22 Siehe 10.3.3.
23 Abschnitt 44 Abs. 5 Satz 2 EStR.

Abschreibungen der Anlagegegenstände

Anschaffungskosten	50000 DM
Abschreibung 01	– 16667 DM
31.12.01	33333 DM
Abschreibung 02	– 10000 DM
31.12.02	23333 DM
Abschreibung 03	– 23332 DM
31.12.03	1 DM

Bei der Abschreibung nach Maßgabe der Leistung müssen folgende Größen bekannt sein:

- Anschaffungs- oder Herstellungskosten,
- Gesamtleistung der Anlage,
- Leistung der Anlage im einzelnen Geschäftsjahr.

Die **Anschaffungs- oder Herstellungskosten** ergeben sich aus der Buchführung.

Die **Gesamtleistung der Anlage** ist anhand der betrieblichen oder branchenmäßigen Erfahrungen zu ermitteln, notfalls zu schätzen.

Die **Leistung der Anlage im einzelnen Geschäftsjahr** ist nachzuweisen. Das kann bei einer Spezialmaschine durch ein die Anzahl der Arbeitsvorgänge registrierendes Zählwerk, bei einem Kraftfahrzeug durch den Kilometerzähler geschehen[24].

War die Wahl der Abschreibung nach Maßgabe der Leistung wirtschaftlich begründet, so kann diese Abschreibungsmethode auch nach Wegfall der wirtschaftlichen Gründe beibehalten werden[25].

Ein **Übergang** von der Abschreibung nach Maßgabe der Leistung zur

- linearen Abschreibung ist zulässig, da die lineare Abschreibung die Regel ist,
- degressiven Abschreibung ist aber unzulässig[26].

10.4 Bewertungsfreiheit für geringwertige Anlagegegenstände

10.4.1 Voraussetzungen der Sofortabschreibung

Die Anschaffungs- oder Herstellungskosten oder der nach Absatz 1 Nr. 5 oder 6 an deren Stelle tretende Wert von abnutzbaren beweglichen Wirtschaftsgütern des Anlagevermögens, die einer selbständigen Nutzung fähig sind, können im Wirtschaftsjahr der Anschaffung, Herstellung oder Einlage des Wirtschaftsguts oder der Eröffnung des Betriebs in voller Höhe als Be-

---

24 Abschnitt 44 Abs. 5 Sätze 3 und 4 EStR.

25 Schmidt/Drenseck EStG § 7 Anm. 8.

26 Herrmann/Heuer/Raupach, EStG § 7 Anm. 203.

triebsausgaben abgesetzt werden, wenn die Anschaffungs- oder Herstellungskosten, vermindert um einen darin enthaltenen Vorsteuerbetrag (§ 9b Abs. 1), oder der nach Absatz 1 Nr. 5 oder 6 an deren Stelle tretende Wert für das einzelne Wirtschaftsgut 800 Deutsche Mark nicht übersteigen. Ein Wirtschaftsgut ist einer selbständigen Nutzung nicht fähig, wenn es nach seiner betrieblichen Zweckbestimmung nur zusammen mit anderen Wirtschaftsgütern des Anlagevermögens genutzt werden kann und die in den Nutzungszusammenhang eingefügten Wirtschaftsgüter technisch aufeinander abgestimmt sind. Das gilt auch, wenn das Wirtschaftsgut aus dem betrieblichen Nutzungszusammenhang gelöst und in einen anderen betrieblichen Nutzungszusammenhang eingefügt werden kann. Satz 1 ist nur bei Wirtschaftsgütern anzuwenden, die unter Angabe des Tages der Anschaffung, Herstellung oder Einlage des Wirtschaftsguts oder der Eröffnung des Betriebs und der Anschaffungs- oder Herstellungskosten oder des nach Abs. 1 Nr. 5 oder 6 an deren Stelle tretenden Werts in einem besonderen, laufend zu führenden Verzeichnis aufgeführt sind. Das Verzeichnis braucht nicht geführt zu werden, wenn diese Angaben aus der Buchführung ersichtlich sind (§ 6 Abs. 2 EStG).

Die Anschaffungs- oder Herstellungskosten oder der Teilwert bei der Einlage oder der Eröffnung eines Betriebs von abnutzbaren beweglichen Wirtschaftsgütern des Anlagevermögens können im Wirtschaftsjahr der Anschaffung, Herstellung oder Einlage des Wirtschaftsguts oder der Eröffnung des Betriebs in voller Höhe als **Betriebsausgaben** abgesetzt werden, wenn folgende Voraussetzungen erfüllt sind:

<table>
<tr><th colspan="2">Voraussetzungen für eine sofortige Absetzung
der Anschaffungs- oder Herstellungskosten
geringwertiger Anlagen</th></tr>
<tr><td colspan="2">1. Fähigkeit zur selbständigen Nutzung
2. Anschaffungs- oder Herstellungskosten, vermindert um einen darin enthaltenen Vorsteuerbetrag, oder ihr Teilwert bei der Einlage oder Betriebseröffnung</td></tr>
<tr><td>übersteigen 800 DM nicht
und Aufführung in einem besonderen, laufend zu führenden Verzeichnis oder auf einem Konto in der Buchführung (§ 6 Abs. 2 EStG)</td><td>übersteigen 100 DM nicht[27].</td></tr>
</table>

[27] Abschnitt 31 Abs. 3 EStR.

Abschreibungen der Anlagegegenstände

Für die Sofortabschreibung der geringwertigen Anlagegegenstände gewährt § 6 Abs. 2 EStG ein **Wahlrecht**. Voraussetzung für die Abschreibung in der Steuerbilanz ist nach den Ausführungen in Abschnitt 10.1 zur Maßgeblichkeit der Handelsbilanz für die Steuerbilanz, daß zuvor die geringwertigen Anlagegegenstände in der Handelsbilanz abgeschrieben werden.

Das **Verzeichnis** oder das Konto muß folgende Angaben enthalten:

- Tag der Anschaffung oder Herstellung,
- Anlagegegenstand,
- Anschaffungs- oder Herstellungskosten[28].

Ein Wirtschaftsgut ist **einer selbständigen Nutzung nicht fähig,** wenn

- es nach seiner betrieblichen Zweckbestimmung nur zusammen mit anderen Wirtschaftsgütern des Anlagevermögens genutzt werden kann (auch wenn es aus dem betrieblichen Nutzungszusammenhang gelöst und in einen anderen betrieblichen Nutzungszusammenhang eingefügt werden kann) und
- die in den Nutzungszusammenhang eingefügten Wirtschaftsgüter technisch aufeinander abgestimmt sind

(§ 6 Abs. 2 Satz 2 und 3 EStG).

<table>
<tr><td colspan="3">Selbständige Nutzbarkeit</td></tr>
<tr><td rowspan="3">Wirtschaftsgut für sich allein nutzbar</td><td colspan="2">Wirtschaftsgut nur zusammen mit anderen Wirtschaftsgütern nutzbar</td></tr>
<tr><td colspan="2">Die in den Nutzungszusammenhang eingefügten Wirtschaftsgüter sind</td></tr>
<tr><td>nicht technisch aufeinander abgestimmt</td><td>technisch aufeinander abgestimmt</td></tr>
<tr><td colspan="2">Wirtschaftsgut selbständig nutzbar</td><td>Wirtschaftsgut nicht selbständig nutzbar</td></tr>
</table>

Selbständig nutzbar sind z. B.: Flachpaletten zur Lagerung von Waren, Straßenleuchten, Schriftenminima, Spinnkannen einer Spinnerei, Möbel, Textilien, Wäsche und Geschirr eines Hotels oder einer Gaststätte, die Grundausstattung einer Kfz-Werkstatt mit Spezialwerkzeugen, Einrichtungsgegenstände eines Ladens oder eines Büros, die Bibliothek eines Rechtsanwalts, das Instrumentarium eines Arztes[29].

---

[28] Abschnitt 40 Abs. 4 EStR.

[29] Abschnitt 40 Abs. 2 Satz 4 und 5 EStR.

Nicht selbständig nutzbar sind z. B.: Hausanschlüsse der Versorgungsunternehmen, Wassermesser im Leitungsnetz oder im unmittelbaren Anschluß an das Leitungsnetz von Versorgungsunternehmen, technisch aufeinander abgestimmte und genormte Gerüst- und Schalungsteile, in Lichtbändern zu einer Beleuchtungsanlage für die Beleuchtung eines ganzen Fabrikraums verbundene Leuchtstoffröhren, Motore zum Einzelantrieb von Webstühlen, Bohrer, Fräser, Drehstähle, Stanzwerkzeuge und andere Werkzeuge, die für ihre betriebliche Verwendung mit entsprechenden Werkzeugmaschinen verbunden werden müssen[30].

10.4.2 Kurzlebige Anlagen

Abgegrenzt werden müssen die geringwertigen Wirtschaftsgüter des Anlagevermögens von den **kurzlebigen Anlagen** und den Wirtschaftsgütern des Umlaufvermögens.

Beispiel
Eine Druckerei kauft Schriftmetalle in Barren zur Herstellung von Druck- und Prägeformen für Zeitschriften. Die Barren werden mit schon gebrauchten Schriftmetallen verschmolzen und zu Druck- und Prägeformen gegossen. Diese werden jeweils nur für die Herstellung einer Zeitschriftenausgabe benutzt und dann wieder eingeschmolzen und zu neuen Druck- und Prägeformen vergossen.

Die **Schriftmetalle** in Barren und die zur Herstellung von neuen Druck- und Prägeformen bestimmten **Altschriftmetalle** rechnen zum Umlaufvermögen. Sie werden in einem einmaligen Akt zu Druck- und Prägeformen verarbeitet. Die **Druck- und Prägeformen** werden zur Fertigung von Druckseiten verwendet und werden somit mehrmals durch Gebrauch für betriebliche Zwecke genutzt. Es sind daher Anlagegegenstände. Da sie nur zur Herstellung einer Zeitschriftenausgabe verwendet und dann wieder eingeschmolzen werden, erstreckt sich ihre Verwendung oder Nutzung erfahrungsgemäß auf einen Zeitraum von weniger als einem Jahr.
Anlagegegenstände, deren Nutzungsdauer ein Jahr oder kürzer ist, heißen **kurzlebige Wirtschaftsgüter**. Sie unterliegen nicht der Absetzung für Abnutzung, da hierfür Voraussetzung ist, daß sich die Verwendung oder Nutzung auf einen Zeitraum von mehr als einem Jahr erstreckt (§ 7 Abs. 1 EStG). Die Herstellungskosten können daher im Jahr der Herstellung in voller Höhe als Betriebsausgaben (§ 4 Abs. 4 EStG) abgesetzt werden.
Nach der Verwendung zum Druck werden die Druck- und Prägeformen wieder eingeschmolzen. Ein Schrottwert ist aber bei kurzlebigen Wirtschaftsgütern nicht zu berücksichtigen, da es keine Gegenstände von großem Gewicht und aus wertvollem Material sind[31].

[30] Abschnitt 40 Abs. 2 Satz 1 EStR.
[31] BFH, Urteil vom 2.12.1987 X R 19/81, BB 1988 S. 518.

10.5 Planmäßige Abschreibung der Gebäude und Gebäudeteile

10.5.1 Gebäude und Gebäudeteile

Gebäudebegriff
Ein Gebäude ist ein Bauwerk mit folgenden Merkmalen[32]: 1. **Feste Verbindung mit dem Grund und Boden.** Es muß zumindest ein Fundament vorhanden sein. Das Bauwerk kann hierauf durch seine eigene Schwere ruhen. Besondere Haltevorrichtungen zwischen Bauwerk und Fundament sind nicht erforderlich. 2. **Beständigkeit.** Sie richtet sich nach der objektiven Beschaffenheit des Bauwerks. Schaffung für einen vorübergehenden Zweck, z. B. eine Ausstellung, ändert daher nicht die Eigenschaft eines Bauwerks als Gebäude. 3. **Standfestigkeit.** Das Bauwerk muß aus eigener Kraft stehen können. Es muß so gebaut sein, daß es nicht einstürzt, wenn als Betriebsvorrichtungen anzusehende Teile des Bauwerks entfernt werden. 4. **Schutz gegen äußere Einflüsse.** Das Bauwerk muß Menschen oder/und Sachen durch räumliche Umschließung Schutz gegen äußere Einflüsse gewähren. Nicht erforderlich sind Außenwände an allen Seiten. Es genügt eine offene Überdachung wie bei einer Markthalle. 5. **Eignung zum Aufenthalt von Menschen.** Eignung zu einem nicht nur vorübergehenden Aufenthalt von Menschen, auch wenn das nur mit Hilfe bestimmter Schutzvorrichtungen geschieht oder die Möglichkeit des Aufenthalts während eines Betriebsvorgangs vorübergehend ausgeschlossen ist.

Beim Gebäude sind selbständige und unselbständige **Gebäudeteile** zu unterscheiden:

- **Unselbständige** Gebäudeteile sind Teile des Gebäudes und gemeinsam mit diesem zu erfassen und zu bewerten.
- **Selbständige** Gebäudeteile sind für sich zu erfassende und zu bewertende Wirtschaftsgüter.

Entfallen **Anschaffungs- oder Herstellungskosten** auf ein Gebäude und auf selbständige Gebäudeteile, sind sie auf diese Wirtschaftsgüter aufzuteilen. Werden Anschaffungs- oder Herstellungskosten nur auf bestimmte selbstän-

[32] Abschnitt 42 Abs. 7 EStR.

dige Gebäudeteile aufgewendet, so sind sie nur diesen Gebäudeteilen zuzurechnen.
Die **Abschreibung** der Gebäude und der selbständigen Gebäudeteile ist verschieden. Die Nutzungsdauer kann für jedes dieser Wirtschaftsgüter unterschiedlich sein.
Aus Gründen der richtigen Zuordnung der Anschaffungs- oder Herstellungskosten und der zutreffenden und günstigsten Abschreibung müssen daher die unselbständigen und die selbständigen Gebäudeteile **abgegrenzt** werden.

Gebäudeteile	
Unselbständiger Gebäudeteil	Selbständiger Gebäudeteil
Einheitlicher Nutzungs- und Funktionszusammenhang mit dem Gebäude	Nicht einheitlicher Nutzungs- und Funktionszusammenhang mit dem Gebäude
Teil des Gebäudes	Selbständiges Wirtschaftsgut

Anschaffungs- oder Herstellungskosten, die auf einen
- **unselbständigen** Gebäudeteil entfallen, sind dem Gebäude zuzurechnen,
- **selbständigen** Gebäudeteil entfallen, sind bei diesem Gebäudeteil als einem selbständigen Wirtschaftsgut zu erfassen.

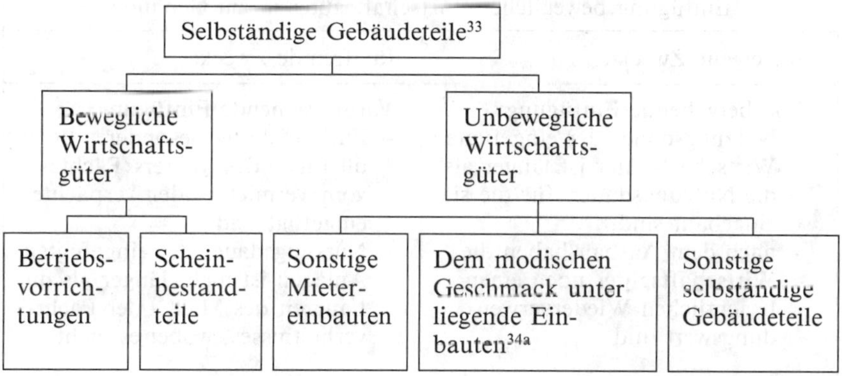

33 Abschnitt 13 b Abs. 1 Satz 3 EStR.
34a Soweit es sich nicht um Betriebsvorrichtungen (z.B. Schaufensteranlagen) handelt.

Abschreibungen der Anlagegegenstände

Betriebsvorrichtungen sind Sachanlagen, mit denen das Gewerbe unmittelbar betrieben wird. Sie sind bewegliche Wirtschaftsgüter, und zwar auch dann, wenn sie wesentliche Bestandteile des Gebäudes sind[34].

Beispiel
Ein Silo dient ausschließlich der Lagerung von Rohstoffen. Es dient unmittelbar dem Gewerbebetrieb und ist daher eine Betriebsvorrichtung.

Scheinbestandteile[35] sind bewegliche Wirtschaftsgüter, die zu einem vorübergehenden Zweck in ein Gebäude eingefügt werden (§ 95 Abs. 2 BGB).

Die als bewegliche Wirtschaftsgüter eingefügten Wirtschaftsgüter bleiben, wenn sie Scheinbestandteile des Gebäudes werden, auch nach der Einfügung bewegliche Wirtschaftsgüter. Wird aus mehreren beweglichen Wirtschaftsgütern ein neues Wirtschaftsgut hergestellt und stellt dieses einen Scheinbestandteil des Gebäudes dar, so ist dieses neu entstandene Wirtschaftsgut ein bewegliches Wirtschaftsgut.

Scheinbestandteile können entstehen, wenn bewegliche Wirtschaftsgüter in ein Gebäude eingefügt werden
- für eigene Zwecke oder
- für fremde Zwecke.

Einfügung beweglicher Wirtschaftsgüter in ein Gebäude	
für eigene Zwecke	für fremde Zwecke
Vorübergehende Einfügung: – Nutzungsdauer der eingefügten Wirtschaftsgüter ist länger als die Nutzungsdauer, für die sie eingebaut sind, – nach dem Ausbau haben die Wirtschaftsgüter noch einen beachtlichen Wiederverwendungswert und	Vorübergehende Einfügung: – Zur Erfüllung besonderer Bedürfnisse des Mieters/Pächters vom Vermieter oder Verpächter eingefügt und – Nutzungsdauer der eingefügten Anlagen ist nicht länger als die Laufzeit des Miet- oder Pachtverhältnisses, wobei es nicht

[34] Abschnitt 42 Abs. 3 EStR.
[35] Abschnitt 42 Abs. 4 EStR.

– nach den Umständen, insbesondere nach Art und Zweck der Verbindung, ist mit späterer Entfernung zu rechnen.	auf die vereinbarte, sondern auf die voraussichtliche Miet-/Pachtdauer ankommt.
Als Scheinbestandteil und notwendiges Betriebsvermögen zu aktivieren. Abschreibung als bewegliches Wirtschaftsgut.	Als Scheinbestandteil und bewegliches Wirtschaftsgut des Vermieters oder Verpächters zu aktivieren, bei Erfüllung der entsprechenden Voraussetzungen als gewillkürtes Betriebsvermögen.

Dem modischen Geschmack unterliegende Einbauten sind[36]
- Ladeneinbauten,
- Schaufensteranlagen,
- Gaststätteneinbauten,
- Schalterhallen von Kreditinstituten und
- ähnliche Einbauten.

Hierzu rechnen aber nur die Teile, die statisch für das ganze Gebäude unwesentlich sind.

Beispiel
Trennwände, Fassaden, Passagen, nichttragende Wände und Decken.

Diese Gebäudeteile sind auch dann als besondere Wirtschaftsgüter getrennt vom Gebäude zu erfassen, wenn sie in Neubauten eingefügt werden. **Personenaufzüge** und **Rolltreppen** werden im allgemeinen als unselbständige Gebäudeteile zum Gebäude gerechnet. Werden sie aber in einem Ladeneinbau eingebaut, so sind sie unselbständige Teile des Ladeneinbaus und mit diesem zu aktivieren und abzuschreiben.

[36] Abschnitt 13 b Abs. 1 Nr. 3 EStR.

Mietereinbauten sind Baumaßnahmen, die der Mieter auf seine Rechnung durchführt. Es kann sich handeln um
- Scheinbestandteile (siehe oben),
- Betriebsvorrichtungen (siehe oben) und
- sonstige Mietereinbauten.

Sonstige Mietereinbauten[37] sind unbewegliche materielle Anlagegegenstände, wenn der Mieter wirtschaftlicher Eigentümer ist oder sie unmittelbar den besonderen betrieblichen oder beruflichen Zwecken des Mieters dienen, indem sie in einer unmittelbaren sachlichen Beziehung zu seinem Betrieb stehen. Ein daneben bestehender Zusammenhang mit dem Gebäude tritt gegenüber dem Zusammenhang mit dem Betrieb des Mieters zurück.

Beispiel
a) Der Mieter schafft durch Entfernen von Zwischenwänden ein Großraumbüro.
b) Der Mieter entfernt die vorhandenen Zwischenwände und teilt durch neue Zwischenwände den Raum anders ein.
c) Der Mieter gestaltet das Gebäude so um, daß es für seine besonderen gewerblichen Zwecke nutzbar wird, z. B. Entfernung von Zwischendecken, Einbau eines Tors, das an die Stelle einer Tür tritt.
d) Der Mieter ersetzt eine vorhandene Treppe durch eine Rolltreppe.

Sonstige selbständige Gebäudeteile sind[38]:
- Eigenbetrieblich genutzte Gebäudeteile (hierzu gehören auch an eigene Arbeitnehmer aus betrieblichen Gründen vermietete Wohnräume),
- fremdbetrieblich genutzte Gebäudeteile,
- zu eigenen Wohnzwecken genutzte Gebäudeteile,
- zu fremden Wohnzwecken genutzte Gebäudeteile.

Die Bilanzierung der sonstigen selbständigen Gebäudeteile hängt davon ab, ob sie zum **Betriebsvermögen** gehören.
Die **eigenbetrieblich** genutzten Gebäudeteile rechnen zum notwendigen Betriebsvermögen.
Die **fremdbetrieblich** genutzten Gebäudeteile können zum Betriebsvermögen gewillkürt werden, ebenso die zu **fremden Wohnzwecken** genutzten Gebäudeteile. Voraussetzung für gewillkürtes Betriebsvermögen ist, daß die Gebäudeteile in einem gewissen objektiven Zusammenhang mit dem Betrieb stehen und ihn zu fördern bestimmt und geeignet sind. Bilanzierende Gewerbetreibende können in der Regel Wirtschaftsgüter, die nicht zum notwendigen Privatvermögen gehören, als gewillkürtes Betriebsvermögen ausweisen, es sei denn, dadurch wird das Gesamtbild der gewerblichen Tätigkeit so verändert,

---
37 BMF-Schreiben vom 15.1.1976, BStBl. 1976 I S. 66.
38 Abschnitt 13 b Abs. 2 EStR.

daß es den Charakter einer Vermögensnutzung im nicht gewerblichen Bereich erhält[39].
Erfüllt ein Grundstück **mehr als zur Hälfte** die Voraussetzungen für die Behandlung als Betriebsvermögen, so können auch solche Grundstücksteile, für die die Voraussetzungen zur Bilanzierung als gewillkürtes Betriebsvermögen nicht vorliegen, als Betriebsvermögen behandelt werden[40].

Beispiel
Unternehmer U, der seinen Gewinn durch Betriebsvermögensvergleich ermittelt, erwirbt ein Grundstück mit Gebäude. Der gemeine Wert des Grundstücks beträgt insgesamt 600000 DM. U nutzt das Gebäude wie folgt:
I. Gebäudeteil für eigenbetriebliche Zwecke. Gemeiner Wert 200000 DM.
II. Gebäudeteil für fremdbetriebliche Zwecke vermietet. Gemeiner Wert 200000 DM.
III. Gebäudeteil für fremde Wohnzwecke vermietet. Gemeiner Wert 80000 DM.
IV. Gebäudeteil für eigene Wohnzwecke genutzt. Gemeiner Wert 120000 DM.

Der zu **eigenbetrieblichen Zwecken** genutzte Gebäudeteil I gehört zum notwendigen Betriebsvermögen und muß daher bilanziert werden. Der für **fremdbetriebliche Zwecke** vermietete Gebäudeteil II kann als gewillkürtes Betriebsvermögen ausgewiesen werden. Dann erfüllt das Gebäude mehr als zur Hälfte die Voraussetzungen für die Behandlung als Betriebsvermögen. Es kann daher auch der für **fremde Wohnzwecke** vermietete Gebäudeteil III bilanziert werden, selbst wenn die Voraussetzungen für die Behandlung als gewillkürtes Betriebsvermögen nicht vorliegen.
Bei dem für **eigene Wohnzwecke** genutzten Gebäudeteil IV ist zu unterscheiden:

Eigenen Wohnzwecken dienende oder unentgeltlich Dritten zu Wohnzwecken überlassene Grundstücksteile		
Bis Veranlagungszeitraum 1986	Ab Veranlagungszeitraum 1987	
1	2	3
Gebäude erfüllte mehr als zur Hälfte die Voraussetzungen zur Behandlung als Betriebsvermögen	Gebäudeteil wurde bis Veranlagungszeitraum 1986 gemäß Spalte 1 als Betriebsvermögen behandelt	Gebäudeteil wurde nicht gemäß Spalte 1 bis Veranlagungszeitraum 1986 als Betriebsvermögen

39 Abschnitt 14 Abs. 3 EStR; siehe 9.1.2.
40 Abschnitt 14 Abs. 4 EStR.

		behandelt oder Grundstück wurde 1987 oder später erworben, Gebäude wurde 1987 oder später errichtet
Gebäudeteil konnte zum Betriebsvermögen gerechnet werden[41]	Gebäudeteil darf bis Veranlagungszeitraum 1998 zum Betriebsvermögen gerechnet werden[43]. Entnahme- oder Veräußerungsgewinn bleibt außer Ansatz[44].	Gebäudeteil darf nicht als Betriebsvermögen behandelt werden[42].

Wurde das Gebäude **1987 oder später erworben**, so darf der eigenen Wohnzwecken dienende Gebäudeteil nicht bilanziert werden.
Wurde das Grundstück aber **früher erworben**, so durfte der eigenen Wohnzwecken dienende Gebäudeteil bilanziert werden, weil das Grundstück mehr als zur Hälfte die Voraussetzungen für eine Behandlung als Betriebsvermögen erfüllte. Dieser Teil darf bis einschließlich Veranlagungszeitraum 1998 zum Betriebsvermögen gerechnet werden. Ab diesem Veranlagungszeitraum gilt er als entnommen. Wird dieser Gebäudeteil vor 1998 entnommen oder veräußert oder wird die Entnahme mit Ablauf des Veranlagungszeitraums 1998 fingiert, so bleibt der Entnahme- oder Veräußerungsgewinn außer Ansatz (§ 52 Abs. 15 Satz 11 EStG).

10.5.2 Lineare Abschreibung der Gebäude und Gebäudeteile

Gebäude und die **sonstigen selbständigen Gebäudeteile**[45] werden in der Steuerbilanz linear nach § 7 Abs. 4 EStG abgeschrieben (§ 7 Abs. 4, Abs. 5a EStG).

---

41 Abschnitt 14 Abs. 4 EStR.
42 BMF-Schreiben vom 12.11.1986, Abschnitt B. I. Satz 3, BStBl. 1986 I S. 528.
43 BMF-Schreiben vom 12.11.1986, Abschnitt B. I. Satz 4, BStBl. 1986 I S. 528.
44 § 52 Abs. 15 Satz 11 EStG.
45 Siehe 10.5.1.

<table>
<tr><th colspan="3">Lineare Abschreibung für Gebäude und sonstige selbständige Gebäudeteile</th></tr>
<tr><td rowspan="3">Gebäude und Gebäudeteile, soweit sie
1. zu einem Betriebsvermögen gehören,
2. nicht Wohnzwecken dienen und
3. für die der Bauantrag nach dem 31.3.1985 gestellt worden ist</td><td colspan="2">Andere Gebäude und Gebäudeteile</td></tr>
<tr><td colspan="2">Fertigstellung</td></tr>
<tr><td>vor dem 1.1.1925</td><td>nach dem 31.12.1924</td></tr>
<tr><td colspan="3">I. Von den Anschaffungs- oder Herstellungskosten jährlich feste Abschreibungssätze von</td></tr>
<tr><td>4%</td><td>2,5%</td><td>2%</td></tr>
<tr><td colspan="3">II. Abschreibung entsprechend der tatsächlichen Nutzungsdauer, wenn diese weniger beträgt als</td></tr>
<tr><td>25 Jahre</td><td>40 Jahre</td><td>50 Jahre</td></tr>
</table>

Die festen Abschreibungssätze nach Nr. I der vorstehenden Tabelle sind Mindestsätze. Die Anwendung niedrigerer Abschreibungssätze ist daher ausgeschlossen[46].

Bei **unterbliebenen Abschreibungen** nach

- Nr. I der vorstehenden Tabelle sind weiterhin diese Abschreibungssätze anzusetzen, auch wenn sich hierdurch der Abschreibungszeitraum über 25, 40 oder 50 Jahre hinaus verlängert[47],
- Nr. II der vorstehenden Tabelle werden die noch nicht abgesetzten Anschaffungs- oder Herstellungskosten auf die noch verbleibende Nutzungsdauer verteilt[48].

Höhere **Abschreibungen entsprechend der tatsächlichen Nutzungsdauer** nach Nr. II der vorstehenden Tabelle kommen nur in Betracht, wenn die technischen oder wirtschaftlichen Umstände des einzelnen Falles dafür sprechen, daß die tatsächliche Nutzungsdauer weniger als 25, 40 oder 50 Jahre beträgt[49].

Nutzungsdauer ist der Zeitraum, in dem ein Gebäude oder ein selbständiger Gebäudeteil entsprechend seiner Zweckbestimmung voraussichtlich genutzt

[46] Abschnitt 44 Abs. 4 Satz 2 EStR.
[47] Abschnitt 44 Abs. 10 Satz 2 EStR.
[48] Abschnitt 44 Abs. 10 Satz 1 EStR.
[49] Abschnitt 44 Abs. 3 Satz 2 EStR.

werden kann. Sie beginnt bei Gebäuden und selbständigen Gebäudeteilen, die angeschafft oder hergestellt worden sind

- vor dem 21.6.1948 mit dem 21.6.1948,
- nach dem 20.6.1948 mit dem Zeitpunkt der Anschaffung oder Fertigstellung[50].

Eine **Verkürzung der Nutzungsdauer** ist noch nicht zulässig, wenn die Absicht besteht, ein zunächst noch genutztes Gebäude abzubrechen oder zu veräußern. Erst wenn die Vorbereitungen eines Gebäudeabbruchs so weit gediehen sind, daß die weitere Nutzung in der bisherigen Weise so gut wie ausgeschlossen ist oder wenn der Zeitpunkt der Nutzungsbeendigung feststeht, können die weiteren Abschreibungen nach der tatsächlichen kürzeren Nutzungsdauer bemessen werden[51].

Im Jahr der Anschaffung oder Herstellung und im Jahr der Veräußerung können die linearen Abschreibungen nur **zeitanteilig** abgesetzt werden[52].

Beispiel

Ein nicht Wohnzwecken dienendes Betriebsgebäude, für das der Antrag auf Baugenehmigung nach dem 31.3.1985 gestellt worden ist, wird am 1.7.01 für 500000 DM hergestellt und am 30.9.08 veräußert.

Jahres-AfA: 500000 DM x 4% =	20000 DM
AfA im Jahr 01: 6/12 von 20000 DM =	10000 DM
AfA im Jahr 08: 9/12 von 20000 DM =	15000 DM

Bei der Abschreibung der **sonstigen selbständigen Gebäudeteile** sind für die einzelnen Gebäudeteile unterschiedliche AfA-Methoden und AfA-Sätze zulässig, z.B. für den eigenbetrieblich genutzten Gebäudeteil die lineare Abschreibung mit 4% der Anschaffungs- oder Herstellungskosten, für den fremdbetrieblich genutzten Gebäudeteil die degressive Abschreibung und für die zu fremden Wohnzwecken vermieteten Gebäudeteile die lineare Abschreibung mit 2% der Anschaffungs- oder Herstellungskosten[53].

Selbständige Gebäudeteile, die **Betriebsvorrichtungen** oder **Scheinbestandteile** sind, sind bewegliche Wirtschaftsgüter. Sie werden daher linear nach § 7 Abs. 1 EStG abgeschrieben[54].

Dem modischen Geschmack unterliegende Einbauten (Ladeneinbauten, Schaufensteranlagen, Gaststätteneinbauten, Schalterhallen von Kreditinstitu-

50 § 11c Abs. 1 EStDV, Abschnitt 44 Abs. 3 Satz 3 EStR.
51 Abschnitt 44 Abs. 3 Sätze 4 bis 6 EStR.
52 Abschnitt 44 Abs. 2 Satz 1, Abs. 9 EStR.
53 Abschnitt 44 Abs. 6 Satz 4 EStR.
54 Siehe 10.3.3.

ten und ähnliche Einbauten) werden linear in einer Nutzungsdauer von 5 bis 10 Jahren abgeschrieben[55].

Gaststätteneinbauten und **Schalterhallen** von Kreditinstituten sind unbewegliche selbständige Gebäudeteile und werden somit nach § 7 Abs. 4 EStG abgeschrieben. Ihre Nutzungsdauer kann aber nach § 7 Abs. 4 Satz 2 EStG auf 5 bis 10 Jahre bemessen werden.

Schaufensteranlagen dienen in der Regel unmittelbar dem Gewerbebetrieb und sind damit als Betriebsvorrichtungen bewegliche Wirtschaftsgüter. **Ladeneinbauten und -umbauten** sind daraufhin zu prüfen, ob es sich um Einbauten für vorübergehende Zwecke und damit um Scheinbestandteile handelt. Dann sind auch sie bewegliche Wirtschaftsgüter und damit nach § 7 Abs. 1 EStG abzuschreiben[56].

10.5.3 Degressive Abschreibungen der Gebäude und Gebäudeteile

Anstelle der linearen Abschreibung[57] können Gebäude und selbständige Gebäudeteile degressiv abgeschrieben werden.

Abschreibungssätze		
Gebäude und Gebäudeteile, soweit sie	Andere Gebäude und Gebäudeteile	
	A	B
1. zu einem Betriebsvermögen gehören, 2. nicht Wohnzwecken dienen, 3. für die der Bauantrag nach dem 31.3.85 gestellt worden ist und 4. vom Stpfl. hergestellt oder bis zum Ende des Jahrs der Fertigstellung angeschafft worden sind.	– Bauantrag nach dem 28.2.89 gestellt und vom Stpfl. hergestellt oder – vom Stpfl. angeschafft nach dem 28.2.89 bis zum Ende des Jahrs der Fertigstellung aufgrund nach dem 28.2.89 abgeschl. oblig. Vertrags.	Andere Gebäude und Gebäudeteile, bei denen nicht die Voraussetzungen von A vorliegen und die vom Stpfl. hergestellt oder bis zum Ende des Jahrs der Fertigstellung angeschafft worden sind.

55 Abschnitt 42a Abs. 6 Nr. 2 EStR a. F. In den EStÄR 1990 fehlt eine solche Vorschrift. Es ist aber nicht anzunehmen, daß die Aufnahme einer den bisherigen Einkommensteuerrichtlinien entsprechenden Vorschrift in die EStÄR 1990 unterblieben ist, um die Abschreibung der dem modischen Geschmack unterworfenen Einbauten zu verschlechtern. Dann wäre das in den EStÄR 1990 besonders betont worden.

56 Werndl in: Kirchhof/Söhn § 7 EStG Rdn. G 5.

57 Siehe 10.5.2.

Abschreibung pro Jahr von den Anschaffungs- oder Herstellungskosten		
Im Jahr der Fertigstellung oder Anschaffung und in den folgenden 3 Jahren je 10%	Soweit Gebäude Wohnzwecken dient im Jahr der Fertigstellung und in den folgenden 3 Jahren je 7%	Im Jahr der Fertigstellung oder Anschaffung und in den folgenden 7 Jahren je 5%
in den folgenden 3 Jahren je 5%	in den folgenden 6 Jahren je 5%	in den folgenden 6 Jahren je 2,5%
in den folgenden 18 Jahren je 2,5%	in den folgenden 6 Jahren je 2%	in den folgenden 36 Jahren je 1,25%
	in den folgenden 24 Jahren je 1,25%	

Im Falle der **Anschaffung** kann der Erwerber nur dann degressive AfA abziehen, wenn der Hersteller für das veräußerte Gebäude weder degressive AfA noch erhöhte Absetzungen oder Sonderabschreibungen in Anspruch genommen hat (§ 7 Abs. 5 Satz 3 EStG).

Abzuziehen ist von der degressiven Abschreibung

- im **Jahr der Fertigstellung** der volle Jahresbetrag[58],
- im **Jahr der Veräußerung** nur der anteilige Jahresbetrag[59].

Fertigstellung ist der Zeitpunkt, in dem das Gebäude seiner Zweckbestimmung gemäß genutzt werden kann. Wohngebäude sind fertiggestellt, sobald sie bewohnbar sind[60].

Von den **selbständigen Gebäudeteilen** werden degressiv wie vorstehend dargestellt abgeschrieben:

- Eigenbetrieblich genutzte Gebäudeteile,
- fremdbetrieblich genutzte Gebäudeteile,
- zu fremden Wohnzwecken genutzte Gebäudeteile.

Gebäudeteile, die **Betriebsvorrichtungen** oder **Scheinbestandteile** sind, rechnen zu den beweglichen Anlagen[61]. Sie werden daher degressiv nach § 7 Abs. 2, 3 EStG abgeschrieben[62].

---

58 Abschnitt 44 Abs. 2 Satz 6 EStR.
59 Abschnitt 44 Abs. 9 EStR.
60 Abschnitt 44 Abs. 1 Sätze 4 und 5 EStR.
61 Siehe 10.3.1.
62 Siehe 10.4.3.

Mietereinbauten, die
- Betriebsvorrichtungen oder Scheinbestandteile sind, rechnen zu den beweglichen Wirtschaftsgütern und werden daher degressiv nach § 7 Abs. 2 und 3 EStG abgeschrieben,
- nicht Scheinbestandteile oder Betriebsvorrichtungen sind, aber auf die betriebliche oder berufliche Nutzung des Mieters zugeschnitten sind, rechnen nicht zu den beweglichen Wirtschaftsgütern. Sie werden daher nicht degressiv nach § 7 Abs. 2, 3 EStG abgeschrieben. Ihre lineare Abschreibung richtet sich nach § 7 Abs. 1 EStG[63], nicht nach § 7 Abs. 4 EStG. Sie werden daher nicht nach § 7 Abs. 5 EStG degressiv abgeschrieben.

Von den dem modischen Geschmack unterliegenden Einbauten dienen die **Schaufensteranlagen** in der Regel unmittelbar dem Gewerbebetrieb und rechnen daher als Betriebsvorrichtungen zu den beweglichen Wirtschaftsgütern. Sie werden deshalb nach § 7 Abs. 2, 3 EStG degressiv abgeschrieben[64].

Ladeneinbauten und -umbauten sind bewegliche Wirtschaftsgüter, wenn sie für vorübergehende Zwecke eingebaut sind[65]. Die degressive Abschreibung geschieht dann nach § 7 Abs. 2 und 3 EStG[66]. Sind sie nicht für vorübergehende Zwecke eingebaut, so rechnen sie zu den selbständigen unbeweglichen Gebäudeteilen[67]. Sie können dann nach § 7 Abs. 5 EStG degressiv abgeschrieben werden. Das gilt auch für die **übrigen dem modischen Geschmack unterliegenden Einbauten**. Sie werden daher nach § 7 Abs. 5 EStG degressiv abgeschrieben. Die lineare Abschreibung ist hier aber günstiger, da hierbei eine Nutzungsdauer von 5 bis 10 Jahren zugrunde gelegt werden kann[68].

Ein **Wechsel** von der linearen zur degressiven oder von der degressiven zur linearen Gebäude-AfA ist unzulässig. Ebenso kann nicht zwischen den degressiven Abschreibungsverfahren gewechselt werden[69].

10.5.4 Abschreibungen nach nachträglichen Anschaffungs- oder Herstellungskosten

Bei der Bemessung der Abschreibungen für das Jahr der Entstehung nachträglicher Anschaffungs- oder Herstellungskosten sind diese so zu berücksichtigen, als wären sie zu Beginn des Jahres aufgewendet worden[70]. Bemessungsgrundlage für die Abschreibungen ist also die Summe aus Buchwert zu

63 Werndl in: Kirchhof/Söhn, § 7 EStG Rdn. E 57.
64 Siehe 10.3.4.
65 Werndl in: Kirchhof/Söhn, § 7 EStG Rdn. G 5.
66 Siehe 10.3.4.
67 Werndl in: Kirchhof/Söhn, § 7 EStG Rdn. G 5.
68 Siehe 10.5.2.
69 Abschnitt 44 Abs. 8 EStR.
70 Abschnitt 44 Abs. 11 Satz 6 EStR.

Beginn des Wirtschaftsjahrs und den nachträglichen Anschaffungs oder Herstellungskosten. Es ist ferner die volle Jahresabschreibung abzusetzen.

<table>
<tr><td colspan="3">Abschreibung nach den nachträglichen Anschaffungs- oder Herstellungskosten</td></tr>
<tr><td>Lineare AfA nach § 7 Abs. 4 Satz 1 EStG mit festen Prozentsätzen</td><td>Degressive AfA nach § 7 Abs. 5 EStG mit festen Prozentsätzen</td><td>Lineare AfA nach § 7 Abs. 4 Satz 2 EStG nach der tatsächlich kürzeren Nutzungsdauer</td></tr>
<tr><td colspan="2">Weitere Abschreibungen nach dem für das Gebäude geltenden Prozentsatz[71]</td><td rowspan="2">Abschreibung auf die Restnutzungsdauer[72]</td></tr>
<tr><td>Wird so die volle Absetzung innerhalb der tatsächlichen Nutzungsdauer nicht erreicht, kann auf die Restnutzungsdauer abgeschrieben werden[73].</td><td>Bis zum Ablauf des in § 7 Abs. 5 EStG vorgesehenen Zeitraums nicht abgesetzte Beträge sind in den Folgejahren nach § 7 Abs. 4 Satz 1 EStG abzuschreiben[73a].</td></tr>
</table>

Aufgabe 27

Unternehmer U erwirbt am 15.3.01 ein Grundstück mit Gebäude, für das der Verkäufer den Bauantrag nach dem 31.3.1985 gestellt hatte. Der Kaufpreis beträgt 800000 DM zuzüglich Umsatzsteuer. Nach dem Kaufvertrag ist der Käufer U zur Zahlung der Grunderwerbsteuer verpflichtet. An Notargebühren und Registerkosten fallen insgesamt netto 5800 DM an. Vom Kaufpreis entfallen 200000 DM auf Grund und Boden.

Das Gebäude besteht aus dem Erdgeschoß und drei Obergeschossen, die flächenmäßig gleich groß sind und untereinander keine Besonderheiten aufweisen, die für Wertunterschiede bedeutsam wären.

U nutzt das Gebäude wie folgt:

Erdgeschoß:	Verkaufsräume für den eigenen Betrieb.
Erstes Obergeschoß:	Büroräume für den eigenen Betrieb.
Zweites Obergeschoß:	Büroräume vermietet.
Drittes Obergeschoß:	Wohnung für eigene Wohnzwecke.

71 Abschnitt 44 Abs. 11 Satz 4 EStR.
72 Abschnitt 44 Abs. 11 Satz 1 EStR.
73 Abschnitt 44 Abs. 11 Satz 5 EStR.
73a BFH, Urt. v. 20.1.1987 IX R 103/83, BStBl. 1987 II S. 491.

U hat an die bisherigen Mieter der Büroräume Abstandszahlungen für die vorzeitige Räumung gezahlt in Höhe von je 10000 DM pro Etage. Sie haben die Mietobjekte am 31.3.01 geräumt. Vertragsgemäß hätten die Mietverhältnisse am 31.12.02 geendet.
U führt folgende Umbaumaßnahmen durch, die am 15.6.01 fertiggestellt sind:
Erdgeschoß: Abbruch von nichttragenden Mauern. Buchwert auf 8000 DM geschätzt. Deckenabhängung, Wandvertäfelung, Neuplattierung des Fußbodens. Handwerkerrechnungen insgesamt 80000 DM zuzüglich Umsatzsteuer, davon für Abbrucharbeiten 1500 DM. Schaufensteranlage mit Schaufenster und Beleuchtung insgesamt 30000 DM zuzüglich Umsatzsteuer. Nutzungsdauer 10 Jahre.
Erstes Obergeschoß: Errichtung von Zwischenwänden zur Aufteilung eines Großraumbüros in mehrere Einzelbüros. Rechnungen der Fremdunternehmer insgesamt 70000 DM zuzüglich Umsatzsteuer.
Zweites Obergeschoß: Einbauten für die Bedürfnisse des Mieters. Deren Nutzungsdauer stimmt in etwa mit der Laufzeit des Mietvertrags (10 Jahre) überein. Rechnungsbetrag 15000 DM zuzüglich Umsatzsteuer.

1. Wie lauten die Eingangsrechnungen? Stellen Sie hierfür die Buchungssätze auf.
2. Ermitteln Sie die Bemessungsgrundlagen für die Abschreibung der einzelnen Wirtschaftsgüter und stellen Sie hierfür die Buchungssätze auf.
3. Es soll für die steuerliche Gewinnermittlung eine möglichst hohe Abschreibung geltend gemacht werden. Die Steuerbilanz des Unternehmens ist gleichzeitig auch seine Handelsbilanz. Stellen Sie für die Abschreibungen die Buchungssätze auf.

Lösung

1. Eingangsrechnungen

a) Grundstückskauf

U ist zur Zahlung der Grunderwerbsteuer verpflichtet und zahlt deshalb auch den auf den Verkäufer entfallenden halben Anteil. In Höhe des für den Verkäufer übernommenen Anteils handelt es sich also um zusätzliches Entgelt. Dieser Betrag ist aber zur Bemessung der Umsatzsteuer nur insoweit heranzuziehen, als die Grunderwerbsteuer noch nicht durch die Umsatzsteuer beeinflußt worden ist.

Kaufpreis	800000 DM
Grunderwerbsteuer 800000 DM · 1%	8000 DM
Bemessungsgrundlage	808000 DM
Umsatzsteuer 15% · 808000 DM	121200 DM
Rechnungsbetrag	929200 DM

Buchung:

1. Grundstückskonto	808000 DM
Vorsteuer	121200 DM
an sonstige Verbindlichkeiten	929200 DM

Bevor U als Eigentümer in das Grundbuch eingetragen wird, muß er die Grunderwerbsteuer entrichten.
Grunderwerbsteuer: Zur Bemessungsgrundlage rechnen der Kaufpreis und die sonstigen vom Käufer übernommenen Leistungen (§ 9 Abs. 1 Nr. 1 GrEStG). Die Umsatzsteuer gehört dazu, soweit sie in der Höhe nicht durch die Grunderwerbsteuer beeinflußt worden ist. Der Grunderwerbsteuerbescheid des Finanzamtes an U lautet daher:

Kaufpreis	800000 DM
Umsatzsteuer 15% · 800000 DM	120000 DM
Bemessungsgrundlage	920000 DM
Grunderwerbsteuer 2% · 920000 DM	18400 DM

Buchung:

2. Grunderwerbsteuer	18400 DM
an Bank	18400 DM

Mit der Grunderwerbsteuerzahlung hat U gleichzeitig die gegenüber dem Veräußerer übernommene Pflicht zur Zahlung des auf ihn entfallenden Grunderwerbsteuerbetrags erfüllt. In dieser Höhe, 8000 DM, hat U seine Zahlungspflicht gegenüber dem Veräußerer erfüllt. In dieser Höhe handelt es sich daher nicht um Steueraufwand. Deshalb ist insoweit umzubuchen.

Buchung:

3. Sonstige Verbindlichkeit	8000 DM
an Grunderwerbsteuer	8000 DM

b) Handwerkerrechnungen

Umbaumaßnahmen Erdgeschoß	80000 DM
Umsatzsteuer	12000 DM
Rechnungsbetrag	92000 DM

Buchung:

4. Im Bau befindliche Anlagen	80000 DM
Vorsteuer	12000 DM
an sonstige Verbindlichkeiten	92000 DM

Umbaumaßnahmen erstes Obergeschoß	70000 DM
Umsatzsteuer	10500 DM
Rechnungsbetrag	80500 DM

Buchung:

5. Im Bau befindliche Anlagen	70000 DM
Vorsteuer	10500 DM
an sonstige Verbindlichkeiten	80500 DM

Einbaumaßnahmen zweites Obergeschoß	15000 DM
Umsatzsteuer	2250 DM
Rechnungsbetrag	17250 DM

Buchung:

6. Im Bau befindliche Anlagen	15000 DM
Vorsteuer	2250 DM
an sonstige Verbindlichkeiten	17250 DM

2. Bemessungsgrundlagen für die Abschreibung

a) Grundstückskauf

Der Kaufpreis und die übrigen zu den Anschaffungskosten rechnenden Aufwendungen sind auf Grund und Boden, Gebäude, selbständige Gebäudeteile und sonstige Wirtschaftsgüter aufzuteilen.

Zu den Anschaffungskosten rechnen der Kaufpreis, die Grunderwerbsteuer, die Registerkosten und die Notargebühren.

Von der Grunderwerbsteuer sind bereits beim Kauf 8000 DM als Anschaffungskosten des Grundstücks gebucht worden (siehe Buchung Nr. 1). Es ist daher nur noch die Differenz (18400 DM – 8000 DM = 10400 DM) als Anschaffungskosten zu buchen.

Buchung:

7. Grundstückskonto	10400 DM
an Grunderwerbsteuer	10400 DM
Grundstückskonto	5800 DM
an Notar- und Registergebühren	5800 DM

Auf dem Grundstückskonto sind an Anschaffungskosten aktiviert:

Buchung 1	808000 DM
Buchung 7	10400 DM
Buchung 7	5800 DM
Anschaffungskosten Grundstück	824200 DM

Vom Kaufpreis entfielen 200000 DM auf Grund und Boden und 600000 DM auf das Gebäude. 6/8 des Kaufpreises entfiel somit auf das Gebäude. Es sind daher 6/8 der Anschaffungskosten auf das Gebäudekonto umzubuchen. 6/8 · 824200 DM = 618150 DM.

Buchung:

8. Gebäudekonto	618150 DM
an Grundstückskonto	618150 DM

Das Gebäude besteht aus drei Wirtschaftsgütern:

- Eigenbetrieblich genutzter Gebäudeteil Erdgeschoß und erstes Obergeschoß,
- fremdbetrieblich genutzter Gebäudeteil zweites Obergeschoß,
- für eigene Wohnzwecke genutzter Gebäudeteil drittes Obergeschoß.

Da alle drei Geschosse wertmäßig gleich sind, entfallen auf den eigenbetrieblich genutzten Gebäudeteil 2/4, und auf den fremdbetrieblich und den für eigene Wohnzwecke genutzten Gebäudeteil je 1/4 der Anschaffungskosten. Dabei soll unterstellt werden, daß der Keller und damit die hierauf entfallenden Anschaffungskosten entsprechend auf die drei Wirtschaftsgüter aufzuteilen sind.

– Eigenbetrieblich genutzter Gebäudeteil:	
2/4 · 618150 DM =	309075 DM
– Fremdbetrieblich genutzter Gebäudeteil:	
1/4 · 618150 DM =	154538 DM
– Für eigene Wohnzwecke genutzter Gebäudeteil:	
1/4 · 618150 DM =	154537 DM

Buchung:

9. Eigenbetrieblich genutzter Gebäudeteil	309075 DM
fremdbetrieblich genutzter Gebäudeteil	154538 DM
für eigene Wohnzwecke genutzter Gebäudeteil	154537 DM
an Gebäude	618150 DM

Der Fall sagt nichts darüber aus, ob das Gebäude vor dem 1.1.1987 oder später erworben wurde (s. 10.5.1). Daher wird zunächst der für eigene Wohnzwecke genutzte Gebäudeteil aktiviert.

Soweit die Umsatzsteuer als Vorsteuer abgezogen werden kann, gehört sie nicht zu den Anschaffungskosten (§ 9b EStG). Soweit der Vorsteuerabzug ausgeschlossen ist, ist die Umsatzsteuer daher den Anschaffungskosten zuzurechnen. Die auf den zu eigenen Wohnzwecken genutzten Gebäudeteil entfallende Umsatzsteuer darf nicht als Vorsteuer abgezogen werden (§ 15 Abs. 2 UStG). 1/4 der auf die Anschaffung des Gebäudes entfallenden Umsatzsteuer ist daher dem für eigene Wohnzwecke genutzten Gebäudeteil als zusätzliche Anschaffungskosten hinzuzurechnen.

Umsatzsteuer insgesamt	121 200 DM
2/8 · 121 200 DM Anteil für Grund und Boden	– 30 300 DM
auf das Gebäude entfallend	90 900 DM
1/4 · 90 900 DM entfällt auf den für eigene Wohnzwecke genutzten Gebäudeteil	22 725 DM

Buchung:

10. Für eigene Wohnzwecke genutzter Gebäudeteil	22 725 DM
an Vorsteuer	22 725 DM

b) Umbau Erdgeschoß

Durch die Umbaumaßnahmen sind die Wirtschaftsgüter Ladeneinbau und Schaufensteranlage entstanden. Ladeneinbau und Schaufensteranlage sind Einbauten, die dem modischen Geschmack unterliegen und damit besonders zu aktivierende Wirtschaftsgüter (siehe 10.5.1). Es sind daher vom Konto „im Bau befindliche Anlagen" die auf die Wirtschaftsgüter Ladeneinbau und Schaufensteranlage entfallenden Herstellungskosten umzubuchen.

U hat das Gebäude erworben. Da der Abbruch der Wände im Erdgeschoß innerhalb von drei Jahren nach dem Erwerb geschah, spricht der erste Anschein dafür, daß beim Erwerb die Abbruchabsicht bestand. Der Sachverhalt sagt nichts Gegenteiliges aus, so daß hiervon auszugehen ist. Das Gebäude war wirtschaftlich nicht verbraucht, und der Abbruch hängt zusammen mit der Herstellung des neuen Wirtschaftsguts Ladeneinbau. Der abgebrochene Buchwert und die Abbruchkosten sind also zusätzliche Herstellungskosten des Wirtschaftsguts Ladeneinbau (siehe 9.3.5). Der abgebrochene Gebäudebuchwert ist daher vom Konto eigenbetrieblich genutzter Gebäudeteil umzubuchen. Die Abbruchkosten sind bereits in den Handwerkerrechnungen von 80 000 DM enthalten, so daß insoweit eine Umbuchung entfällt.

Buchungen:

11. Ladeneinbau	8 000 DM
an eigenbetrieblich genutzter Gebäudeteil	8 000 DM
Ladeneinbau	80 000 DM
an im Bau befindliche Anlagen	80 000 DM
12. Schaufensteranlage	30 000 DM
an im Bau befindliche Anlagen	30 000 DM

c) Umbau erstes Obergeschoß

Durch die Aufwendungen ist das Wirtschaftsgut „eigenbetrieblich genutzter Gebäudeteil" erweitert worden. Es handelt sich somit um Herstellungsaufwand, der zu aktivieren ist (siehe 9.3.1).

Buchung:
13. Eigenbetrieblich genutzter Gebäudeteil 70000 DM
an im Bau befindliche Anlagen 70000 DM

d) Einbau für die Bedürfnisse des Mieters
Der Einbau wurde vom Vermieter U durchgeführt für fremde Zwecke des Mieters. Zur Erfüllung dessen besonderer Bedürfnisse wurden bewegliche Wirtschaftsgüter eingefügt. Die Nutzungsdauer der Baumaßnahme ist nicht länger als die Laufzeit des Mietverhältnisses. Es handelt sich daher um einen Scheinbestandteil „Einbau für besondere Bedürfnisse des Mieters“ (siehe 10.5.1).

Buchung:
14. Einbau für besondere Bedürfnisse des Mieters 15000 DM
an im Bau befindliche Anlagen 15000 DM

e) Abstandszahlungen
Die Abstandszahlungen wurden an die Mieter des ersten und zweiten Obergeschosses gezahlt. Hierdurch kam U in die Lage, das erste Obergeschoß selbst vorzeitig nutzen zu können und das zweite Obergeschoß vorzeitig an andere Mieter vermieten zu können. U hat durch die Abstandszahlungen also den Vorteil erworben, die Räume vorzeitig eigen- und fremdnutzen zu können. Insoweit hängt die Abstandszahlung mit der Anschaffung dieses Vorteils zusammen. Gleichzeitig wurde es U ermöglicht, die Umbaumaßnahmen im ersten und zweiten Obergeschoß durchzuführen. Es fragt sich daher, ob die Abstandszahlungen als Aufwendungen für den Vorteil der vorzeitigen Nutzungsmöglichkeit oder als zusätzliche Herstellungskosten bei den Gebäudeteilen zu aktivieren sind (siehe 9.2.5). Hier steht der Zweck der vorzeitigen Nutzung im Vordergrund. Die Umbauarbeiten sollen die Nutzung lediglich verbessern. Daher sind die Aufwendungen auf das Wirtschaftsgut „Vorteil vorzeitiger Nutzung“ zu aktivieren.

Buchung:
15. Vorteil vorzeitiger Nutzung 20000 DM
an Bank 20000 DM

Es sind daher folgende Wirtschaftsgüter entstanden:

Eigenbetrieblich genutzter Gebäudeteil	
Buchung 9	309075 DM
abzüglich Ladeneinbau Buchung 11	– 8000 DM
Buchung 13	+ 70000 DM
	371075 DM

Fremdbetrieblich genutzter Gebäudeteil	
Buchung 9	154538 DM
Einbau für besondere Bedürfnisse des Mieters	
Buchung 14	15000 DM
Für eigene Wohnzwecke genutzter Gebäudeteil	
Buchung 9	154537 DM
Buchung 10	+ 22725 DM
	177262 DM
Ladeneinbau	
Buchung 11	8000 DM
	+ 80000 DM
	88000 DM
Schaufensteranlage	
Buchung 12	30000 DM
Vorteil vorzeitiger Nutzung	
Buchung 15	20000 DM

3. Abschreibungen

Eigenbetrieblich genutzter Gebäudeteil, fremdbetrieblich genutzter Gebäudeteil und für eigene Wohnzwecke genutzter Gebäudeteil sind sonstige selbständige Gebäudeteile (siehe 10.5.1). Sie werden daher nach § 7 Abs. 4 und 5 EStG abgeschrieben.
Der eigenbetrieblich genutzte Gebäudeteil und der fremdbetrieblich genutzte Gebäudeteil gehören zum Betriebsvermögen, dienen nicht Wohnzwecken, und für sie ist der Bauantrag nach dem 31.3.1985 gestellt worden. Sie können daher erhöht nach § 7 Abs. 4 Satz 1 und Abs. 5 Satz 1 EStG abgeschrieben werden. Die degressive Abschreibung kommt aber nicht in Betracht, da diese Gebäudeteile nicht hergestellt oder bis zum Ende des Jahrs der Fertigstellung angeschafft worden sind. Die Abschreibung beträgt im Jahr 01 4%. Im Jahr der Anschaffung wird die Abschreibung aber nur zeitanteilig vorgenommen (siehe 10.2.2). Angeschafft waren diese Gebäudeteile am 15.3.01, die Umbaumaßnahmen waren erst am 31.7.01 fertiggestellt. Aus Vereinfachungsgründen können nachträgliche Herstellungskosten bei der Bemessung der Abschreibungen zum Buchwert zu Anfang des Wirtschaftsjahrs hinzugerechnet werden und mit diesem die Bemessungsgrundlage bilden (siehe 10.5.4). Das dürfte hier entsprechend gelten mit der Maßgabe, daß der eigenbetrieblich genutzte Gebäudeteil und der fremdbetrieblich genutzte Gebäudeteil jeweils ab 15.3.01 abgeschrieben werden.

AfA eigenbetrieblich genutzter Gebäudeteil
371 075 DM · 4% · 10/12 = 12 369 DM

Buchung:

16.	Abschreibung	12 369 DM
	an eigenbetrieblich genutzter Gebäudeteil	12 369 DM

AfA fremdbetrieblich genutzter Gebäudeteil
154 538 DM · 4% · 10/12 = 5 151 DM

Buchung:

17.	Abschreibung	5 151 DM
	an fremdbetrieblich genutzter Gebäudeteil	5 151 DM

AfA für eigene Wohnzwecke genutzter Gebäudeteil
177 262 DM · 2% · 10/12 = 2 954 DM

Buchung:

18.	Abschreibung	2 954 DM
	an für eigene Wohnzwecke genutzter Gebäudeteil	2 954 DM

Diese Buchung setzt voraus, daß der Unternehmer das Gebäude vor dem 1.1.1987 erworben und den für eigene Wohnzwecke genutzten Gebäudeteil als gewillkürtes Betriebsvermögen behandelt hat. Hat er das Gebäude aber nach dem 31.12.1986 erworben, rechnet der für eigene Wohnzwecke genutzte Gebäudeteil zum notwendigen Privatvermögen. Da dann der Nutzungswert der eigenen Wohnung nicht steuerbar ist (s. 10.5.1), ist umzubuchen:

Buchung:

18a.	Privat	177 262 DM
	an für eigene Wohnzwecke genutzter Gebäudeteil	177 262 DM
18b.	Privat	2 954 DM
	an Abschreibung	2 954 DM

Der Ladeneinbau kann linear in 5 bis 10 Jahren abgeschrieben werden, weil er ein dem modischen Geschmack unterworfener Einbau ist (siehe 10.5.2). Er könnte zwar auch degressiv abgeschrieben werden, da er vom Unternehmer hergestellt worden ist und auch die übrigen Voraussetzungen für die degressive Abschreibung nach § 7 Abs. 5 Satz 1 EStG vorliegen. Die degressive AfA ist hier aber ungünstiger als die lineare AfA. Bei einer Nutzungsdauer von 10 Jahren beträgt die jährliche Abschreibung 8 800 DM. Da die Umbaumaßnahme am 15.6.01 fertiggestellt war, beträgt die AfA im Jahr 01 8 800 DM · 7/12 = 5 133 DM

Buchung:
19. Abschreibung 5 133 DM
an Ladeneinbau 5 133 DM

Die Schaufensteranlage ist eine Betriebsvorrichtung und kann daher degressiv nach § 7 Abs. 2 EStG abgeschrieben werden. Bei einer Nutzungsdauer von 10 Jahren beträgt die degressive Abschreibung 30% (siehe 10.3.4). Da die Schaufensteranlage am 15.6.01 und damit im ersten Halbjahr fertiggestellt war, kann nach der Vereinfachungsregel für bewegliche Anlagegegenstände im Jahr 01 die volle Jahresabschreibung geltend gemacht werden. Abschreibung 30000 DM · 30% = 9000 DM

Buchung:
20. Abschreibung 9000 DM
an Schaufensteranlage 9000 DM

Der Vorteil vorzeitiger Nutzung ist auf die Zeit vom Zeitpunkt der vorzeitigen Räumung (31.3.01) bis zum Zeitpunkt der vertragsmäßigen Beendigung der Nutzungsverträge (31.12.02) abzuschreiben. Das sind 22 Monate. Davon entfallen 10 Monate auf das Jahr 01. 10/22 · 20000 DM = 9091 DM werden daher im Jahr 01 abgeschrieben.

Buchung:
21. Abschreibung 9091 DM
an Vorteil vorzeitiger Nutzung 9091 DM

Der Einbau für besondere Bedürfnisse des Mieters ist als Scheinbestandteil ein bewegliches Wirtschaftsgut. Da er im ersten Halbjahr fertiggestellt war, kann die volle Jahres-AfA in Anspruch genommen werden (s. 10.2.2). Die Nutzungsdauer beträgt wie der Mietvertrag 10 Jahre. Degressive AfA:

100% : 10 x 3 = 30% (s. 10.3.4).
15000 DM x 30% = 4500 DM.

Buchung:
22. Abschreibung 4500 DM
an Einbau für besondere Bedürfnisse des Mieters 4500 DM

10.6 Außerplanmäßige Abschreibungen

10.6.1 Zusammenhang zwischen Handelsbilanz und Steuerbilanz

Ohne Rücksicht darauf, ob ihre Nutzung zeitlich begrenzt ist, können bei Vermögensgegenständen des Anlagevermögens außerplanmäßige Abschreibungen vorgenommen werden, um die Vermögensgegenstände mit dem niedrigeren Wert anzusetzen, der ihnen am Abschlußstichtag beizulegen ist; sie sind vorzunehmen bei einer voraussichtlich dauernden Wertminderung (§ 253 Abs. 2 Satz 3 HGB).

Außerplanmäßig können abgeschrieben werden
- abnutzbare Anlagegegenstände und
- nicht abnutzbare Anlagegegenstände.

Anlagegegenstände	
Abnutzbar	Nicht abnutzbar
Anlagegegenstände, deren Nutzungsdauer durch technischen oder wirtschaftlichen Verschleiß	
zeitlich begrenzt ist.	nicht zeitlich begrenzt ist.

Bei der außerplanmäßigen Abschreibung wird der niedrigere Wert angesetzt, der den Anlagegegenständen am Abschlußstichtag beizulegen ist.
Bei **vorübergehender Wertminderung** besteht ein Abschreibungswahlrecht, bei **voraussichtlich dauernder Wertminderung** ein Abschreibungsgebot (§ 253 Abs. 2 Satz 3 HGB).
Steuerrechtlich kommen als außerplanmäßige Abschreibungen in Betracht
- bei **abnutzbaren Anlagegegenständen** die Absetzung für außergewöhnliche technische oder wirtschaftliche Abnutzung (§ 7 Abs. 1 Satz 5 EStG) oder die Teilwertabschreibung (§ 6 Abs. 1 Nr. 1 Satz 2 EStG),
- bei **nicht abnutzbaren Anlagegegenständen** die Teilwertabschreibung (§ 6 Abs. 1 Nr. 2 Satz 2 EStG).

Sowohl für die Absetzung für außergewöhnliche technische oder wirtschaftliche Abnutzung als auch für die Teilwertabschreibung besteht steuerlich ein **Wahlrecht**. Aus dem Zusammenhang zwischen Handelsbilanz und Steuerbilanz folgt[74]:
- Bei einem steuerrechtlichen Wahlrecht und einem handelsrechtlichen Gebot ist der handelsrechtlich gebotene Wert anzusetzen.

[74] Siehe 10.1.

- Bei gleichzeitigem handelsrechtlichen und steuerrechtlichen Wahlrecht ist der Wert der Handelsbilanz in der Steuerbilanz auszuweisen.

Deshalb ist eine **Absetzung für außergewöhnliche technische und wirtschaftliche Abnutzung** oder eine **Teilwertabschreibung** in der Steuerbilanz vorzunehmen:

- bei voraussichtlich dauernder Wertminderung immer,
- bei vorübergehender Wertminderung nur bei gleichlautendem Wertansatz in der Handelsbilanz.

10.6.2 Absetzung für außergewöhnliche technische oder wirtschaftliche Abnutzung

Absetzungen für außergewöhnliche technische oder wirtschaftliche Abnutzung sind zulässig (§ 7 Abs. 1 Satz 5 EStG).

Beispiel

Technische Abnutzung tritt ein durch Schäden oder Zerstörung infolge Brand, Hochwasser, Nutzung in mehreren Arbeitsschichten, mangelnde Pflege, unsachgemäße Behandlung, Abbruch oder Teilabbruch eines Gebäudes oder einer Betriebsvorrichtung.

Die Absetzung für außergewöhnliche technische oder wirtschaftliche Abnutzung ist bei **degressiver Abschreibung beweglicher Anlagegegenstände** nicht zulässig (§ 7 Abs. 2 Satz 4 EStG). Werden bewegliche Anlagegegenstände degressiv abgeschrieben und wird eine Absetzung für außergewöhnliche technische oder wirtschaftliche Abnutzung erforderlich, ist daher zunächst zur linearen Abschreibung überzugehen.

Bei **Gebäuden** oder **selbständigen Gebäudeteilen**, die **degressiv** nach § 7 Abs. 5 EStG abgeschrieben werden, sind Abschreibungen für technische oder wirtschaftliche Abnutzung zulässig[75].

Eine Absetzung für außergewöhnliche **wirtschaftliche Abnutzung** setzt außergewöhnliche Umstände voraus, die im Jahr ihrer Geltendmachung die Nutzbarkeit sinken lassen[76]. Das Wirtschaftsgut ist zwar noch technisch brauchbar. Es ist aber wirtschaftlich überholt oder im Wert gesunken, z.B. durch neue Erfindungen, Wandel der Mode oder des Geschmacks.

Zur Behandlung des **Abbruchs eines Gebäudes oder Gebäudeteils** siehe Abschnitt 9.3.5.

10.6.3 Teilwertabschreibung

Die **Teilwertabschreibung** ist eine außerplanmäßige Abschreibung. Stimmt der steuerrechtliche niedrigere Teilwert nicht mit dem handelsrechtlichen nied-

---

[75] Abschnitt 44 Abs. 14 Satz 2 EStR.

[76] Abschnitt 44 Abs. 14 Satz 7 EStR.

rigeren Wert überein, so ist der Bewertungsvorbehalt nach § 5 Abs. 6 EStG zu beachten[77].

Teilwert ist der Betrag, den ein Erwerber des ganzen Betriebs im Rahmen des Gesamtkaufpreises für das einzelne Wirtschaftsgut ansetzen würde; dabei ist davon auszugehen, daß der Erwerber den Betrieb fortführt (§ 6 Abs. 1 Nr. 1 Satz 3 EStG).

Teilwert ist der Betrag, den
- ein Erwerber des ganzen Betriebs
- im Rahmen des Gesamtkaufpreises für das einzelne Wirtschaftsgut ansetzen würde,
- wobei davon auszugehen ist, daß der Erwerber den Betrieb fortführt.

Teilwertbestimmung
Bei der Bestimmung des Teilwerts wird fingiert: 1. Der ganze Betrieb wird veräußert. 2. Ein Gesamtkaufpreis wird gezahlt und auf die einzelnen Wirtschaftsgüter anteilig verteilt. 3. Der Erwerber führt den Betrieb in der gleichen Weise wie der Veräußerer fort, so daß der gedachte Erwerber an die Stelle des Veräußerers tritt.

Die einzelnen Wirtschaftsgüter werden also **als Teile eines lebenden Betriebs bewertet**. Es wird hierbei von der Fortführung des Betriebs, nicht von seiner Liquidation, ausgegangen. Das ist ein ähnlicher Bewertungsmaßstab wie das Going-Concern-Concept, das der handelsrechtlichen Bewertung zugrunde liegt.

Das **Going-Concern-Concept** ist handelsrechtlich wie folgt bestimmt:

Bei der Bewertung ist von der Fortführung der Unternehmenstätigkeit auszugehen, sofern dem nicht tatsächliche oder rechtliche Gegebenheiten entgegenstehen (§ 252 Abs. 1 Nr. 2 HGB).

Der Teilwert ist ein **objektiver**, von den subjektiven Preisvorstellungen der Vertragspartner losgelöster Wert[78].
Bei der Ermittlung des Teilwerts eines Gebäudes ist eine etwaige **Abbruchabsicht** nicht zu berücksichtigen[79].

---

77 BFH, Urt. v. 24.1.1990 I R 157/85 und I R 145/86, BB 1990 S. 963; siehe 10.1.

78 BFH, Urteil vom 7.12.1978, I R 142/76, BStBl. 1979 II S. 729.

79 Abschnitt 33a Abs. 5 Satz 10 EStR.

10.7 Bestandsverzeichnis

§ 240 HGB:
(1) Jeder Kaufmann hat zu Beginn seines Handelsgewerbes seine Grundstücke, seine Forderungen und Schulden, den Betrag seines baren Geldes sowie seine sonstigen Vermögensgegenstände genau zu verzeichnen und dabei den Wert der einzelnen Vermögensgegenstände und Schulden anzugeben.
(2) [1]Er hat demnächst für den Schluß eines jeden Geschäftsjahrs ein solches Inventar aufzustellen.

Vermögensgegenstände des Anlagevermögens sind wie alle anderen Vermögensgegenstände zum Bilanzstichtag in einem Inventar zu erfassen und zu bewerten. Bei den **beweglichen Anlagegegenständen** kann eine Bestandsaufnahme unterbleiben, wenn die Anlagegegenstände in ein Bestandsverzeichnis aufgenommen und wertmäßig fortgeschrieben werden.
In jedem Wirtschaftsjahr sind die zutreffenden Abschreibungen abzusetzen. Die Abschreibungen sind bis auf den **Erinnerungswert** fortzusetzen. Um dabei den zuverlässigen Überblick zu behalten, werden die Anlagen bei ihrem Zugang in einem Bestandsverzeichnis erfaßt und im Laufe der Zeit darin wertmäßig fortgeschrieben. Hierdurch erübrigen sich Inventuren der beweglichen Anlagen.
Gleichzeitig werden damit auch die buchmäßigen Voraussetzungen für die Inanspruchnahme der **degressiven Abschreibung** (§ 7 Abs. 2 Satz 3 EStG) und für die steuerlichen **erhöhten Absetzungen** und **Sonderabschreibungen** (§ 7a Abs. 8 EStG) erfüllt.
Das Bestandsverzeichnis wird nach folgendem **Muster** aufgestellt[80]:

Muster für das Bestandsverzeichnis								
Beleghinweis	Tag der Anschaffung oder Herstellung	Bezeichnung des Gegenstands	Anschaffungs- oder Herstellungskosten	Nutzungsdauer	Abschreibungsmethode	Abschreibungssatz	Abschreibungsbetrag	Wert am Abschlußstichtag

[80] Abschnitt 31 Abs. 5 EStR.

Das Bestandsverzeichnis kann auch in Form einer **Anlagekartei** geführt werden. Zweckmäßigerweise geschieht das, wenn eine Vielzahl von Anlagegegenständen vorhanden ist. Dann wird nach dem vorstehenden Muster für jeden einzelnen Anlagegegenstand eine Karteikarte geführt.
Gegenstände, die eine **geschlossene Anlage** bilden, können auch als Gesamtanlage in das Bestandsverzeichnis oder in die Anlagekartei eingetragen werden, wenn die Gesamtanlage einheitlich abgeschrieben wird.
Gleichartige Gegenstände können im Bestandsverzeichnis oder in der Anlagekartei unter Angabe der Stückzahl zusammengefaßt werden, wenn sie im selben Veranlagungszeitraum angeschafft worden sind, die gleichen Anschaffungskosten und die gleiche Nutzungsdauer haben und nach der gleichen Methode abgeschrieben werden.

10.8 Buchung der Abschreibungen

10.8.1 Jahresabschlußbuchung

Planmäßige Abschreibungen sind Aufwendungen, die durch die Nutzung der Anlagegegenstände im Geschäftsjahr verursacht werden. Es sind also keine einzelnen Geschäftsvorfälle, sondern Umstände, die das Geschäftsjahr allgemein betreffen. Daher werden sie nicht laufend gebucht, sondern erst beim Jahresabschluß.
Die **außerplanmäßigen Abschreibungen** beruhen meist auf einzelnen Vorgängen, z. B. Brand, Hochwasser, Abbruch, Unfall, Neuentwicklung u. dgl. Diese besonderen Umstände ergeben sich nicht aus den Aufzeichnungen der Buchführung und auch nicht aus den bisherigen Daten des Anlageverzeichnisses oder der Anlagekartei. Wenn daher Umstände eintreten, die eine außerplanmäßige Abschreibung begründen, sollten diese Vorgänge in einem Beleg beschrieben werden.
Die Buchung der Abschreibung kann zeitnah zum Vorfall oder auch im Zuge der Jahresabschlußbuchungen erfolgen. Wichtig ist nur, daß sich der Grund für die Abschreibung und ihre Höhe aus Buchungsbelegen nachvollziehen lassen.
Steuerrechtliche Abschreibungen werden i. d. R. beim Jahresabschluß gebucht. Die Berechtigung hierfür wird von den Außenprüfern der Finanzverwaltung überprüft. Daher sollten die Voraussetzungen für Sonderabschreibungen, erhöhte Abschreibungen und Bewertungsabschläge immer durch Belege festgehalten werden.

10.8.2 Direkte Abschreibungen

Bei der direkten Abschreibung wird der Abschreibungsbetrag auf dem Aufwandskonto „Abschreibung" im Soll und auf dem betreffenden Anlagekonto im Haben gebucht. Der Buchungssatz lautet also:

Konto Abschreibung an Konto Anlagegegenstand

S	Anlage	H	S	Abschreibung	H
Buchwert		Abschreibung	Abschreibung		

Durch die Buchung wird der Wert des Anlagegegenstands gemindert und der Aufwand erhöht.

Aufgabe 28

Zum Betriebsvermögen des Unternehmers U gehören folgende Anlagegegenstände:

Betriebsgebäude:

Herstellungskosten	500000 DM
Buchwert am 31.12.00	380000 DM
Abschreibung: 4%	

Maschinen:

Maschine 1

Anschaffungskosten	50000 DM
Buchwert am 31.12.00	35000 DM
Anschaffung am 15.1. ...	
Nutzungsdauer: 10 Jahre	
Abschreibung: 10% linear	

Maschine 2

Anschaffungskosten	80000 DM
Buchwert am 31.12.00	39200 DM
Anschaffung am 20.2. ...	
Nutzungsdauer: 10 Jahre	
Abschreibung: 30% degressiv	

Maschine 3

Anschaffungskosten	30000 DM
Buchwert am 31.12.00	18000 DM
Anschaffung am 30.3. ...	
Nutzungsdauer: 5 Jahre	

Abschreibungen der Anlagegegenstände

Abschreibung: 20% linear	
außerplanmäßige Abschreibung im Jahr 01	10000 DM
Betriebs- und Geschäftsausstattung:	
Anschaffungskosten	70000 DM
Buchwert am 31.12.00	38500 DM
Abschreibung: 15% linear	

I. Bilden Sie die Buchungssätze.
II. Buchen Sie auf folgenden T-Konten:
Betriebsgebäude, Maschinen, Betriebs- und Geschäftsausstattung (B. u. G.), Abschreibungen, außerplanmäßige (a. p.) Abschreibungen.
III. Schließen Sie die Konten ab.

Machen Sie sich klar:

1. Abschreibungen sind Aufwendungen. Über welches Abschlußkonto muß daher das Abschreibungskonto abgeschlossen werden?
2. Anlagekonten sind Bestandskonten. Über welches Abschlußkonto müssen daher die Anlagekonten abgeschlossen werden?
3. Welcher Art Anlagegegenstände sind die Maschinen und die Geschäftsausstattung und wie werden sie daher inventurmäßig erfaßt?

Tragen Sie die Maschinen zunächst in ein Anlagenverzeichnis nach folgendem Muster ein:

Anlagenverzeichnis							
Bezeichnung des Gegenstands	Anschaffungs- oder Herstellungskosten	Nutzungsdauer	Abschreibungsmethode	Abschreibungssatz	Abschreibungsbetrag	Wert am	
						31.12.01	31.12.00

Lösung

I. Buchungssätze

1. Abschreibungen	20000 DM
an Betriebsgebäude	20000 DM
2. Abschreibungen	5000 DM
an Maschinen	5000 DM
3. Abschreibungen	11760 DM
an Maschinen	11760 DM
4. Abschreibungen	6000 DM
an Maschinen	6000 DM
5. a.p. Abschreibungen	10000 DM
an Maschinen	10000 DM
6. Abschreibungen	10500 DM
an Betriebs- und Geschäftsausstattung	10500 DM

Anlagenverzeichnis

Bezeichnung des Gegenstands	Anschaffungs- oder Herstellungskosten	Nutzungsdauer	Abschreibungsmethode	Abschreibungssatz	Abschreibungsbetrag	Wert am 31.12.01	Wert am 31.12.00
M1	50000	10 J.	lin.	10%	5000	30000	35000
M2	80000	10 J.	degr.	30%	11760	27440	39200
M3	30000	5 J.	lin.	20%	6000		
			a. p.		10000	2000	18000
Masch.	160000				32760	59440	92200

S	Betriebsgebäude		H
AB	380000	1)	20000
		SBK	360000
	380000		380000

S	Maschinen		H
AB	92200	2)	5000
		3)	11760
		4)	6000
		5)	10000
		SBK	59440
	92200		92200

S	B. u. G.		H
AB	38 500	6)	10 500
		SBK	28 500
	38 500		38 500

S	Abschreibungen		H
1)	20 000	GuV	53 260
2)	5 000		
3)	11 760		
4)	6 000		
6)	10 500		
	53 260		53 260

S	a. p. Abschreibungen		H
5)	10 000	GuV	10 000

S	SBK		H
BetrGeb.	360 000		
Masch.	59 440		
B u. G	28 500		
	447 940		

S	G. u. V.		H
Abschr.	53 260		
a. p. Abschreib.	10 000		
	63 260		

10.8.3 Indirekte Abschreibungen

Bei der indirekten Abschreibung wird nicht auf dem Anlagenkonto im Haben gegengebucht und so der Wert des Anlagegegenstands um den Abschreibungsbetrag gemindert. Die Abschreibung wird auf einem Passivkonto **„Wertberichtigungen"** im Haben gegengebucht.
Die Anlagenkonten werden also nicht durch Abschreibungen, sondern nur durch Zugänge und Abgänge verändert.

Buchungssatz:

Abschreibung an Wertberichtigung

Die Abschreibungen werden stets auf der Haben-Seite des Kontos „Wertberichtigungen" gegengebucht. Sie sind dort Zugänge.
Der erste Zugang auf dem Konto Wertberichtigungen ist die Abschreibung des ersten Nutzungsjahrs des Anlagegegenstandes. Im zweiten Nutzungsjahr besteht der Wertberichtigungsposten aus der Summe aus Abschreibung des ersten Nutzungsjahrs und Abschreibung des zweiten Nutzungsjahrs. Das ist zugleich der Anfangsbestand des dritten Nutzungsjahrs. Der Anfangsbestand des Wertberichtigungskontos des jeweiligen Geschäftsjahrs ist also die Summe der Abschreibungen der Vorjahre.

Aufgabe 29

Buchen Sie die Geschäftsvorfälle der Aufgabe 28 nach der indirekten Methode. Bilden Sie vorher die Buchungssätze. Schließen Sie dann die Konten ab.

Lösung

a) Buchungssätze

1. Abschreibung	20000 DM
an Wertberichtigung	20000 DM
2. Abschreibung	5000 DM
an Wertberichtigung	5000 DM
3. Abschreibung	11760 DM
an Wertberichtigung	11760 DM
4. Abschreibung	6000 DM
an Wertberichtigung	6000 DM
5. a. p. Abschreibung	10000 DM
an Wertberichtigung	10000 DM
6. Abschreibung	10500 DM
an Wertberichtigung	10500 DM

b) Buchungen

Auf den Anlagekonten Betriebsgebäude, Maschinen, und B. u. G. werden als Anfangsbestände die Anschaffungs- oder Herstellungskosten gebucht, da die Abschreibungen jeweils auf dem Konto Wertberichtigungen gegengebucht worden sind und sich daher die Bestände auf den Anlagekonten durch die Abschreibungen nicht verändert haben.

Die Abschreibungen der Vorjahre sind jeweils als Zugänge auf dem Konto Wertberichtigungen gebucht worden. Als Anfangsbestand dieses Kontos erscheint daher die Summe der Abschreibungen der Vorjahre. Die Summe der bisherigen Abschreibungen ist jeweils die Differenz aus Anschaffungs- oder Herstellungskosten und dem Buchwert zum Anfang des Geschäftsjahrs:

Wertberichtigung Betriebsgebäude			
Herstellungskosten		500000 DM	
Buchwert 31.12.00		– 380000 DM	120000 DM
Wertberichtigung Maschinen			
Anschaffungskosten			
Maschine 1	50000 DM		
Maschine 2	80000 DM		
Maschine 3	30000 DM	160000 DM	

Buchwerte Maschinen 31.12.00			
Maschine 1	35000 DM		
Maschine 2	39200 DM		
Maschine 3	18000 DM	– 92200 DM	67800 DM
Wertberichtigung B. u. G.			
Anschaffungskosten		70000 DM	
Buchwert 31.12.00		– 38500 DM	31500 DM
Anfangsbestand Wertberichtigung			219300 DM

Als Zugänge des abgelaufenen Geschäftsjahrs werden die Abschreibungen dieses Geschäftsjahrs gebucht.

S	Betriebsgebäude		H
AB	500000	SBK	500000

S	Maschinen		H
AB	160000	SBK	160000

S	B. u. G.		H
AB	70000	SBK	70000

S	Abschreibungen		H
1)	20000		
2)	5000		
3)	11760		
4)	6000		
6)	10500	GuV	53260
	53260		53260

S	a. p. Abschreibungen		H
5)	10000	GuV	10000

S	Wertberichtigung		H
		AB	219300
		1)	20000
		2)	5000
		3)	11760
		4)	6000
		5)	10000
SBK	282560	6)	10500
	282560		282560

S	SBK		H
BetrGeb.	500000	Wertb.	282560
Masch.	160000		
B. u. G.	70000		

S	G. u. V.		H
Abschr.	53260		
ap. AfA	10000		

Bei der **direkten Abschreibung** wird die Abschreibung unmittelbar, also direkt vom Wert des Anlagegegenstands gemindert. Der Saldo des Anlagekontos weist den Buchwert des Anlagegegenstands zum Schluß des Geschäftsjahrs aus.
Bei der **indirekten Abschreibung** wird die Abschreibung auf dem Passivkonto Wertberichtigung gegengebucht. Der Buchwert des Anlagegegenstands wird also nicht durch die Abschreibungen verändert. Er ergibt sich mittelbar oder indirekt als Differenz zwischen dem Saldo des Anlagekontos und dem darauf entfallenden Wertberichtigungsposten.

Beispiel
Eine Maschine wird für 50000 DM Anschaffungskosten am 15.1.01 angeschafft. Die Nutzungsdauer beträgt 5 Jahre. Abgeschrieben wird die Maschine mit 20% linear.

Die Konten entwickeln sich bei der direkten und der indirekten Abschreibung wie folgt:

	Direkte Abschreibung	Indirekte Abschreibung	
	Maschinenkonto	Maschinen-konto	Wertbe-richtigung
Anschaffungskosten	50000	50000	0
Abschreibung 01	10000		10000
31.12.01	40000	50000	10000
Abschreibung 02	10000		10000
31.12.02	30000	50000	20000
Abschreibung 03	10000		10000
31.12.03	20000	50000	30000
Abschreibung 04	10000		10000
31.12.04	10000	50000	40000
Abschreibung 05	9999		9999
31.12.05	1	50000	49999

Der Vorteil der indirekten Abschreibung besteht darin, daß die Anlagegegenstände mit den jeweiligen **Anschaffungs- oder Herstellungskosten** ausgewiesen werden. Die Bemessungsgrundlage ist also sofort zu erkennen. Außerdem ist der **Prozentsatz der Wertminderung** eines Anlagegegenstands abzuleiten, indem der jeweilige Wertberichtigungsposten eines Anlagegegenstands ins Verhältnis zu seinen Anschaffungs- oder Herstellungskosten gesetzt wird.

$$\text{Prozentsatz der Wertminderung} = \frac{\text{Wertberichtigung x 100}}{\text{Anschaffungs- oder Herstellungskosten}}$$

Abschreibungen der Anlagegegenstände

Im vorstehenden Beispiel beträgt der Prozentsatz der Wertminderung der Maschine am Ende des dritten Geschäftsjahrs:

$$\text{Prozentsatz der Wertminderung} = \frac{30000 \times 100}{50000} = 60\%$$

In dem Beispiel ergibt sich der **Buchwert** der Maschine durch Abzug des Saldos des Wertberichtigungskontos vom Saldo des Anlagekontos. Das ist hier unproblematisch, da die Wertberichtigungen der Maschine auf einem gesonderten Konto gebucht wurden.

In Aufgabe 29 haben wir die Wertberichtigungen für alle Anlagegegenstände auf einem gemeinsamen Wertberichtigungskonto gebucht. Der Buchwert des einzelnen Anlagegegenstands ist nur zu ermitteln, indem die Zugänge auf dem Wertberichtigungskonto den einzelnen Anlagekonten zugeordnet werden. Das ist schon bei wenigen Anlagen nicht einfach durchzuführen. Wird ein Wertberichtigungskonto für viele Anlagen geführt, ist die Zuordnung der Wertberichtigungen nicht mehr leicht möglich.

Außerdem reicht es nicht aus, nur die Zugänge des abgelaufenen Geschäftsjahrs auf dem Wertberichtigungskonto für den einzelnen Anlagegegenstand zu ermitteln. Bei Anlagegegenständen, die in früheren Geschäftsjahren angeschafft oder hergestellt worden sind, müssen auch die Abschreibungen der Vorjahre von den Anschaffungs- oder Herstellungskosten gemindert werden, um die Buchwerte der Anlagegegenstände zu erfahren. Werden daher die Abschreibungen einer Vielzahl von Anlagegegenständen auf dem Wertberichtigungskonto gebucht, ist die Ermittlung der Buchwerte der einzelnen Anlagegegenstände nicht leicht und in angemessener Zeit möglich.

Die indirekte Abschreibung ist daher nur dann vertretbar, wenn für jeden Anlagegegenstand ein gesondertes Wertberichtigungskonto geführt wird oder der jeweilige Buchwert des Anlagegegenstands sich aus anderen Unterlagen ergibt, etwa aus einem Bestandsverzeichnis, wie es in Abschnitt 10.7 beschrieben worden ist.

Wir halten fest:

1. Bei der indirekten Abschreibung werden die Anlagegegenstände auf den Anlagekonten mit den Anschaffungs- oder Herstellungskosten ausgewiesen. Auf diesen Konten werden nur Zugänge und Abgänge der Anlagegegenstände mit den jeweiligen Anschaffungs- oder Herstellungskosten gebucht.
2. Die Abschreibungen der Anlagegegenstände werden auf dem Passivkonto „Wertberichtigungen" gegengebucht. Der Anfangsbestand auf

diesem Konto ist die Summe der Abschreibungen der Vorjahre. Die Abschreibung des abgelaufenen Geschäftsjahrs wird als Zugang auf der Passivseite gebucht.

3. Der jeweilige Buchwert des Anlagegegenstands ergibt sich:
   Saldo des Anlagekontos (Anschaffungs- oder Herstellungskosten)
   – Summe der Zugänge auf dem Wertberichtigungskonto den Anlagegegenstand betreffend
   = Buchwert des Anlagegegenstands

Nach § 152 Abs. 6 AktG a. F. konnten Wertberichtigungen zu Sachanlagen passiviert werden, und zwar zu den einzelnen Posten gesondert. Es waren dann auch in einer horizontalen Gliederung die Zu- und Abgänge bei den einzelnen Wertberichtigungsposten aufzuführen. Diese Vorschrift galt zwar unmittelbar nur für Aktiengesellschaften. Entsprechend gliederten aber auch große Unternehmen anderer Rechtsform.

Nach § 268 Abs. 2 HGB in der Fassung des Bilanzrichtlinien-Gesetzes haben alle Kapitalgesellschaften die Anlagen auf der Aktivseite horizontal zu gliedern. Es werden die Anschaffungs- oder Herstellungskosten des einzelnen Anlagepostens und die ihn betreffenden Abschreibungen in ihrer gesamten Höhe gesondert aufgeführt. Abschreibungen in ihrer gesamten Höhe entsprechen auf der Aktivseite der Bilanz den früheren Wertberichtigungsposten nach § 152 Abs. 6 AktG a. F.

Nach beiden Vorschriften werden bei den einzelnen Posten des Anlagevermögens die Anschaffungs- oder Herstellungskosten und die Summe der bisher angefallenen Abschreibungen ausgewiesen. Indem die Wertberichtigungen bzw. die Abschreibungen in ihrer gesamten Höhe eines Anlagepostens ins Verhältnis zu seinen Anschaffungs- oder Herstellungskosten gesetzt werden, kann die prozentuale Wertminderung eines jeden Anlagepostens aus der Bilanz erkannt werden. Die Bilanz hat so die gleiche Aussagekraft wie die Buchführung, wenn dort Abschreibungen auf Wertberichtigungskonten gegengebucht werden.

$$\text{Prozentsatz der Wertminderung} = \frac{\text{Wertberichtigungsposten/AfA-Summe x 100}}{\text{Anschaffungs- oder Herstellungskosten}}$$

Durch den Ausweis von Wertberichtigungsposten oder der Abschreibungssumme in der Bilanz erfährt der Bilanzleser wichtige Informationen zum Alter der Anlageposten des Unternehmens. Kapitalgesellschaften sind zum Ausweis verpflichtet und können daher diese Informationen nicht vorenthalten. Andere Unternehmen könnten freiwillig Wertberichtigungsposten ausweisen. In der Regel sehen sie aber davon ab. Wer deckt schon gern freiwillig seine Karten auf?

11 Jahresabschluß

11.1 Kontenrahmen und Kontenplan

Die Unternehmen führen in ihrer Buchführung eine Vielzahl an Konten. Um die Übersicht zu behalten, ist es erforderlich, die Konten zu ordnen.
Der Unternehmer gliedert daher seine Konten nach einem bestimmten Schema, das auf seinen Betrieb zugeschnitten ist, dem **Kontenplan**. Hiernach teilt er die Konten in allen aufeinanderfolgenden Geschäftsjahren ein.
So ist gesichert, daß der Unternehmer und die mit der Buchführung beschäftigten Angestellten sich stets in der Buchführung zurechtfinden. Außerdem können die einzelnen Geschäftsjahre miteinander verglichen werden. Da die Konten mit gleichem Inhalt immer an der gleichen Stelle im Kontenplan stehen und mit derselben Bezeichnung geführt werden, ist leicht feststellbar, welche Einzelursachen für ein gegenüber dem Vorjahr abweichendes Geschäftsergebnis maßgebend sind. Auf diese Weise ist ein **innerer Betriebsvergleich** möglich.
Wirtschaftsverbände und andere Interessenvertretungen der Unternehmen haben Einheitsschemata zur Ordnung der Konten herausgebracht. Es sind Rahmenempfehlungen, nach denen die individuellen Kontenpläne der Unternehmen ausgerichtet werden können. Sie heißen deshalb **Kontenrahmen**.
Die Ausrichtung der betriebsindividuellen Kontenpläne nach einheitlichen Kontenrahmen hat erhebliche Vorteile. Der Unternehmer selbst hat ein erprobtes Ordnungsschema für seine Buchführung. Die mit der Buchführung beauftragten und befaßten Personen finden sich schnell in der Buchführung zurecht, insbesondere neu eingestellte Mitarbeiter der Buchhaltung, neu beauftragte Steuerberater oder deren neu eingesetzte Mitarbeiter und die Außenprüfer der Finanzverwaltung. Dadurch wird **Einweisungs- und Einarbeitungszeit erspart**.
Wenn die Konten der verschiedenen Unternehmen eines bestimmten Geschäftszweigs nach gleichem System aufgebaut sind, ist leicht ein Vergleich der Unternehmen untereinander, ein **äußerer Betriebsvergleich**, möglich. So wird die wirtschaftliche Beratung der Unternehmen durch Innungen, Industrie- und Handelskammern, Unternehmensberater und Steuerberater erleichtert.
Zwei der geläufigsten Kontenrahmen, der **Industriekontenrahmen** (IKR) und der **DATEV-Kontenrahmen SKR 04** sind nach dem Schema des handelsrechtlichen Jahresabschlusses gegliedert. Die Konteninhalte stimmen mit den Posteninhalten des gesetzlichen Gliederungsschemas für Bilanz und Gewinn- und Verlustrechnung überein. Die Salden der Konten können daher unmittelbar in den Jahresabschluß übernommen werden. So werden die Abschlußarbeiten wesentlich erleichtert.

Die handelsrechtlichen Gliederungsbestimmungen gelten zwar unmittelbar nur für Kapitalgesellschaften. In der Praxis richten sich aber auch Einzelunternehmen und Personengesellschaften hiernach. Daher ist es zweckmäßig, die Kontenpläne für die Buchführungen allgemein nach einem der beiden genannten Kontenrahmen auszurichten.
Wird ein Unternehmen von einem Steuerberater betreut, der der DATEV angeschlossen ist, wird regelmäßig der DATEV-Kontenrahmen SKR 04 zugrunde gelegt. Im übrigen werden die Kontenpläne vielfach nach dem Industriekontenrahmen ausgerichtet.
In der Regel wird bereits bei der erstmaligen Einrichtung einer Buchführung ein Kontenrahmen verwendet. Wir mußten uns als Lernende zunächst die Grundlagen der Buchführung erarbeiten und haben daher die Ordnungsprinzipien zur Einrichtung einer Buchführung, auf die der Praktiker zuerst achten muß, vernachlässigt. Da wir jetzt die Technik des Jahresabschlusses lernen wollen, wird es Zeit, daß wir die Bedingungen für einen übersichtlichen Jahresabschluß vorher kennen lernen.
Wir wollen bei unserer weiteren Arbeit vom Industriekontenrahmen ausgehen. Wie bereits erwähnt wurde, ist der Industriekontenrahmen nach dem handelsrechtlichen Gliederungsschema für den Jahresabschluß aufgebaut.

Gliederungsschema für den Industriekontenrahmen

Aktiva — Bilanz	Passiva
Kontenklasse 0 Immaterielle Vermögensgegenstände und Sachanlagen	Kontenklasse 3 Eigenkapital und Rückstellungen
Kontenklasse 1 Finanzanlagen	Kontenklasse 4 Verbindlichkeiten und passive Rechnungsabgrenzung
Kontenklasse 2 Umlaufvermögen und aktive Rechnungsabgrenzung	

Aufwendungen — Gewinn- und Verlustrechnung	Erträge
Kontenklasse 6 Betriebliche Aufwendungen	Kontenklasse 5 Erträge
Kontenklasse 7 Weitere Aufwendungen	

In der Kontenklasse 8 werden insbesondere folgende Kontenarten geführt:
800 Eröffnungsbilanzkonto,
801 Schlußbilanzkonto,
802 Gewinn- und Verlustkonto im Gesamtkostenverfahren,
803 Gewinn- und Verlustkonto im Umsatzkostenverfahren.

Aufgabe 30

Auf den Konten der Buchführung des Unternehmens U wurden im Jahr 01 folgende Geschäftszahlen gebucht:

S	Betriebsgebäude		H
AB	240000		
1)	617320		

S	Grund und Boden		H
AB	70000		
1)	308660		

S	Vorsteuer		H
1)	136923	20)	745000
2)	6750		
3)	12000		
4a)	676950		
5a)	5520		
6a)	18000		

S	Bank		H
AB	950730	1)	1062903
13)	285000	2)	51750
15)	42000	3)	92000
19)	11280200	4b)	4980600
		5b)	39850
		6b)	127400
		7)	1525392
		8)	29778
		9)	750000
		10)	250000
		11)	15000
		12)	32000
		14)	29600
		16)	6000
		17)	3500
		21)	453200

S	Maschinen		H
AB	245000		
2)	45000		

S	Forderungen aus Liefer.		H
AB	83500	19)	11280200
18)	11450392		

S	Verbindl. aus Lieferungen		H
4 b)	4 980 600	AB	75 200
5 b)	39 850	4 a)	5 189 950
6 b)	127 400	5 a)	42 320
		6 a)	138 000

S	Umsatzsteuer		H
20)	745 000	AB	8 500
21)	453 200	18)	1 493 529

S	Rohstoffe		H
AB	230 000		
4 a)	4 513 000		

S	Hilfsstoffe		H
AB	4 800		
5 a)	36 800		

S	Betriebsstoffe		H
AB	6 200		
6 a)	120 000		

S	Fertigungslöhne		H
7)	1 296 000		

S	Soziale Aufwendungen		H
7)	229 392		
8)	4 478		

S	Hilfslöhne		H
8)	25 300		

S	Gehälter		H
9)	750 000		

S	Fuhrpark		H
AB	150 000		
3)	80 000		

S	Energiekosten		H
10)	250 000		

S	Versicherungen		H
11)	15 000		

S	Reparaturaufwendungen		H
12)	32 000		

S	Zinsaufwand		H
13)	15 000		
14)	29 600		

S	Schulddarlehen		H
		AB	70 000
		13)	300 000

S	Mieterträge		H
		15)	42 000

S	Gewerbesteuer		H
16)	6 000		

S	Kfz-Steuer		H
17)	3 500		

S	Unfertige Erzeugnisse		H
AB	210 000		

S	Fertige Erzeugnisse		H
AB	350 000		

S	Eigenkapital	H	S	Umsatzerlöse	H
	AB	2386530		18)	9556863

a) Stellen Sie anhand des nachstehend mitgeteilten Schemas des Industriekontenrahmens einen Kontenplan für das Unternehmen auf. Bilden Sie dabei sinnvolle Untergruppen zu den Kontengruppen des Industriekontenrahmens. Weisen Sie jede Kontengruppe und Kontenuntergruppe dreistellig aus, z. B. 050 Grund und Boden, 051 Betriebsgebäude.
b) Geben Sie den Konten der Buchhaltung des Unternehmens U die zutreffenden Ordnungsnummern nach dem Kontenplan.
c) Ordnen Sie dann die Konten in numerischer Reihenfolge.

Industriekontenrahmen (IKR)

AKTIVA

0 Immaterielle Vermögensgegenstände und Sachanlagen
- 00 Ausstehende Einlagen
- 01 Aufwendungen für die Ingangsetzung und Erweiterung des Geschäftsbetriebs (Kapitalgesellschaften)
- 02 Konzessionen, gewerbliche Schutzrechte und ähnliche Rechte und Werte sowie Lizenzen an solchen Rechten und Werten
- 03 Geschäfts- oder Firmenwert
- 04 Geleistete Anzahlungen auf immaterielle Vermögensgegenstände
- 05 Grundstücke, grundstücksgleiche Rechte und Bauten einschließlich der Bauten auf fremden Grundstücken
- 06 Frei
- 07 Technische Anlagen und Maschinen
- 08 Andere Anlagen, Betriebs- und Geschäftsausstattung
- 09 Geleistete Anzahlungen auf Sachanlagen und Anlagen im Bau

1 Finanzanlagen
- 10 Frei
- 11 Anteile an verbundenen Unternehmen
- 12 Ausleihungen an verbundene Unternehmen
- 13 Beteiligungen
- 14 Ausleihungen an Unternehmen, mit denen ein Beteiligungsverhältnis besteht
- 15 Wertpapiere des Anlagevermögens
- 16 Sonstige Ausleihungen (Sonstige Finanzanlagen)

2 Umlaufvermögen und aktive Rechnungsabgrenzung

20 Roh-, Hilfs- und Betriebsstoffe
21 Unfertige Erzeugnisse, unfertige Leistungen
22 Fertige Erzeugnisse und Waren
23 Geleistete Anzahlungen auf Vorräte
24 Forderungen aus Lieferungen und Leistungen
25 Forderungen gegen verbundene Unternehmen und gegen Unternehmen, mit denen ein Beteiligungsverhältnis besteht
26 Sonstige Vermögensgegenstände
27 Wertpapiere
28 Flüssige Mittel
29 Aktive Rechnungsabgrenzung

PASSIVA

3 Eigenkapital und Rückstellungen

30 Kapitalkonto/Gezeichnetes Kapital
31 Kapitalrücklage
32 Gewinnrücklagen
33 Ergebnisverwendung
34 Jahresüberschuß/Jahresfehlbetrag
35 Sonderposten mit Rücklageanteil
36 Wertberichtigungen
37 Rückstellungen für Pensionen und ähnliche Verpflichtungen
38 Steuerrückstellungen
39 Sonstige Rückstellungen

4 Verbindlichkeiten und passive Rechnungsabgrenzung

40 Frei
41 Anleihen
42 Verbindlichkeiten gegenüber Kreditinstituten
43 Erhaltene Anzahlungen auf Bestellungen
44 Verbindlichkeiten aus Lieferungen und Leistungen
45 Wechselverbindlichkeiten (Schuldwechsel)
46 Verbindlichkeiten gegenüber verbundenen Unternehmen
47 Verbindlichkeiten gegenüber Unternehmen, mit denen ein Beteiligungsverhältnis besteht
48 Sonstige Verbindlichkeiten
49 Passive Rechnungsabgrenzung

ERTRÄGE

5 Erträge

50 Umsatzerlöse für eigene Erzeugnisse und andere eigene Leistungen

51 Umsatzerlöse für Waren und sonstige Umsatzerlöse
52 Erhöhung oder Verminderung des Bestandes an unfertigen und fertigen Erzeugnissen
53 Andere aktivierte Eigenleistungen
54 Sonstige betriebliche Erträge
55 Erträge aus Beteiligungen
56 Erträge aus anderen Wertpapieren und Ausleihungen des Finanzanlagevermögens
57 Sonstige Zinsen und ähnliche Erträge
58 Außerordentliche Erträge
59 Frei

AUFWENDUNGEN

6 Betriebliche Aufwendungen

60 Aufwendungen für Roh-, Hilfs- und Betriebsstoffe und für bezogene Waren
61 Aufwendungen für bezogene Leistungen
62 Löhne
63 Gehälter
64 Soziale Abgaben und Aufwendungen für Altersversorgung und für Unterstützung
65 Abschreibungen
66 Sonstige Personalaufwendungen
67 Aufwendungen für die Inanspruchnahme von Rechten und Diensten
68 Aufwendungen für Kommunikation (Dokumentation, Information, Reisen, Werbung)
69 Aufwendungen für Beiträge und Sonstiges sowie Wertkorrekturen und periodenfremde Aufwendungen.

7 Weitere Aufwendungen

70 Betriebliche Steuern
71 Frei
72 Frei
73 Frei
74 Abschreibungen auf Finanzanlagen und auf Wertpapiere des Umlaufvermögens und Verluste aus entsprechenden Abgängen
75 Zinsen und ähnliche Aufwendungen
76 Außerordentliche Aufwendungen
78 Frei
79 Frei

ERGEBNISRECHNUNGEN

8 Ergebnisrechnungen
80 Eröffnung/Abschluß
81 Herstellungskosten
82 Vertriebskosten
83 Allgemeine Verwaltungskosten
84 Sonstige betriebliche Aufwendungen
85 Korrekturkonten zu den Erträgen der Kontenklasse 5
86 Korrekturkonten zu den Aufwendungen der Kontenklasse 6
87 Korrekturkonten zu den Aufwendungen der Kontenklasse 7
88 Kurzfristige Erfolgsrechnung (KER)
89 Innerjährige Rechnungsabgrenzung

KOSTEN- UND LEISTUNGSRECHNUNG

9 Kosten- und Leistungsrechnung (KLR)
90 Unternehmensbezogene Abgrenzungen
91 Kostenrechnerische Korrekturen
92 Kostenarten und Leistungsarten
93 Kostenstellen
94 Kostenträger
95 Fertige Erzeugnisse
96 Interne Lieferungen und Leistungen sowie deren Kosten
97 Umsatzkosten
98 Umsatzleistungen
99 Ergebnisausweise

Lösung

Kontenplan
050 Grund und Boden
051 Betriebsgebäude
070 Maschinen
080 Fuhrpark
200 Rohstoffe
201 Hilfsstoffe
202 Betriebsstoffe
210 Unfertige Erzeugnisse
220 Fertige Erzeugnisse
240 Forderungen aus Lieferungen
260 Vorsteuer
280 Bankguthaben

300 Eigenkapital
410 Schulddarlehen
440 Verbindlichkeiten aus Lieferungen
480 Umsatzsteuer
500 Umsatzerlöse
540 Mieterträge
605 Energiekosten
610 Reparaturaufwendungen
620 Fertigungslöhne
621 Hilfslöhne
630 Gehälter
640 Soziale Aufwendungen
690 Versicherungen
700 Gewerbesteuer
701 Kfz-Steuer
750 Zinsaufwand

Bezeichnung der Konten mit den Nummern des Kontenplans und Ordnung der Konten in numerischer Reihenfolge

S	050 Grund und Boden	H
AB	70000	
1)	308660	

S	051 Betriebsgebäude	H
AB	240000	
1)	617320	

S	070 Maschinen	H
AB	245000	
2)	45000	

S	080 Fuhrpark	H
AB	150000	
3)	80000	

S	200 Rohstoffe	H
AB	230000	
4a)	4513000	

S	201 Hilfsstoffe		H
AB	4800		
5a)	36800		

S	202 Betriebsstoffe		H
AB	6200		
6a)	120000		

S	210 Unfertige Erzeugnisse		H
AB	210000		

S	220 Fertige Erzeugnisse		H
AB	350000		

S	240 Ford. aus Lieferung		H
AB	83500	19)	11280200
18)	11450392		

S	260 Vorsteuer		H
1)	136923	20)	745000
2)	6750		
3)	12000		
4a)	676950		
5a)	5520		
6a)	18000		

S	280 Bank		H
AB	950730	1)	1062903
13)	285000	2)	51750
15)	42000	3)	92000
19)	11280200	4b)	4980600
		5b)	39850
		6b)	127400
		7)	1525392
		8)	29778
		9)	750000
		10)	250000
		11)	15000
		12)	32000

S	280 Bank		H
		14)	29600
		16)	6000
		17)	3500
		21)	453200

S	300 Eigenkapital		H
		AB	2386530

S	410 Schulddarlehen		H
		AB	70000
		13)	300000

S	440 Verbindl. aus Lief.		H
4b)	4980600	AB	75200
5b)	39850	4a)	5189950
6b)	127400	5a)	42320
		6a)	138000

S	480 Umsatzsteuer		H
20)	745000	AB	8500
21)	453200	18)	1493529

S	500 Umsatzerlöse		H
		18)	9956863

S	540 Mieterträge		H
		15)	42000

S	605 Energiekosten		H
10)	250000		

S	610 Reparaturaufwendg.		H
12)	32000		

S	620 Fertigungslöhne		H
7)	1296000		

S	621 Hilfslöhne	H
8)	25 300	

S	630 Gehälter	H
9)	750 000	

S	640 Soziale Aufwendungen	H
7)	229 392	
8)	4 478	

S	690 Versicherungen	H
11)	15 000	

S	700 Gewerbesteuer	H
16)	6 000	

S	701 Kfz-Steuer	H
17)	3 500	

S	750 Zinsaufwand	H
13)	15 000	
14)	29 600	

11.2 Hauptabschlußübersicht Buchführungsteil

11.2.1 Zweck und Aufbau einer Hauptabschlußübersicht

In der Praxis ist das Rechenwerk der Buchführung meist sehr umfangreich. Es können sich Fehler eingeschlichen haben durch
- falsches Addieren und
- Buchen auf falschen Konten.

Deshalb ist es notwendig, vor dem Abschluß das Rechenwerk zu **überprüfen** und den Jahresabschluß **vorzubereiten**. Diesem Zweck dient die Hauptabschlußübersicht[1].

[1] Andere geläufige Bezeichnungen: Betriebsübersicht, Abschlußübersicht, Bilanzübersicht oder Abschlußtabelle.

Ein weiteres Ziel der Hauptabschlußübersicht ist, die **Entwicklung** aller Konten im Laufe des Geschäftsjahrs zu zeigen, der

- **Bestandskonten** von der Eröffnungs- oder Anfangsbilanz bis zur Schlußbilanz,
- **Erfolgskonten** zur Gewinn- und Verlustrechnung.

Auf diese Weise werden die Werte der Eröffnungsbilanz über die Buchungen der laufenden Geschäftsvorfälle und die vor dem Abschluß durchzuführenden Umbuchungen mit Bilanz und Gewinn- und Verlustrechnung verknüpft. Die Hauptabschlußübersicht gewährt so einen aufschlußreichen Einblick in die wirtschaftliche Entwicklung des Unternehmens im Laufe des Geschäftsjahrs. Deshalb sind Unternehmen, die den Grundsätzen ordnungsmäßiger Buchführung entsprechende kaufmännische Bücher führen, auf Verlangen des Finanzamts verpflichtet, ihrer jährlichen Steuererklärung auch eine Hauptabschlußübersicht beizufügen (§ 60 Abs. 1 EStDV).
Die Hauptabschlußübersicht ist eine Tabelle, in der untereinander alle im Unternehmen geführten Konten dargestellt werden. Die Zahlen der Konten werden horizontal in mehreren Spalten entwickelt. Die Spalten kann man einteilen in einen Buchführungsteil und einen Abschlußteil. Die Hauptabschlußübersicht ist also wie folgt aufgebaut:

Hauptabschlußübersicht, Buchführungsteil								
Konten	Eröffnungs-bilanz		Umsatzbilanz		Summenbilanz		Saldenbilanz I	
	1		2		3		4	
	Aktiva	Passiva	Soll	Haben	Soll	Haben	Soll	Haben
	Anfangs-bestände der Konten		Zu- und Ab-gänge auf den Konten		Spalte 1 + Spalte 2		Differenzen zwischen Soll und Haben der Spalte 3	

Hauptabschlußübersicht, Abschlußteil							
Umbuchungen		Salden-bilanz II		Schlußbilanz		Gewinn- und Verlust-rechnung	
5		6		7		8	
Soll	Haben	Soll	Haben	Aktiva	Passiva	Aufwendungen	Erträge
Umbuchungen		Spalte 4 + Spalte 5, davon die jeweilige Differenz		Bestandsposten aus Spalte 6		Erfolgsposten aus Spalte 6	

11.2.2 Eröffnungsbilanz

In der Doppelspalte „Eröffnungsbilanz“[2] werden die einzelnen Posten der Schlußbilanz des Vorjahrs bzw. die Anfangsbestände der Konten des abgelaufenen Geschäftsjahrs eingetragen, und zwar

- die Aktivposten bzw. die Anfangsbestände der Aktivkonten in der Spalte Aktiva,
- die Passivposten bzw. die Anfangsbestände der Passivkonten in der Spalte Passiva.

Machen Sie sich klar:

Die Posten der vorjährigen Gewinn- und Verlustrechnung können nicht hier aufgeführt werden. Die Gewinn- und Verlustrechnung stellt nur dar, warum das Kapital sich so, wie es in der Schlußbilanz ausgewiesen wird, entwickelt hat, welche Erfolgsvorgänge hierfür maßgebend waren. Die Gewinn- und Verlustrechnung bezieht sich also nur auf das Endkapital des jeweiligen Geschäftsjahrs.

Aktivseite und Passivseite der Spalte „Eröffnungsbilanz“ sind gleich. Beide Seiten waren ja auch in der Schlußbilanz des Vorjahrs gleich.
Wir wollen jetzt die Aufstellung einer Hauptabschlußübersicht üben. Kaufen Sie sich zu diesem Zweck in einem Schreibwarengeschäft einen Bogen „Hauptabschlußübersicht“. Achten Sie dabei bitte darauf, daß die Tabelle die acht in Abschnitt 11.1.1 aufgeführten Spalten hat.

[2] Spalte 1 der Übersicht in Abschnitt 11.1.1.

Aufgabe 31

Die Konten der Buchführung des Unternehmers U haben zum Schluß des Geschäftsjahrs 01 den Stand wie in der Lösung zu Aufgabe 30.
Füllen Sie jetzt nach folgendem Muster die Spalte 1 Eröffnungsbilanz der Hauptabschlußübersicht aus.

Konten	Eröffnungsbilanz	
	Aktiva	Passiva

Lösung

Konten	Eröffnungsbilanz	
	Aktiva	Passiva
050 Grund und Boden	70000	
051 Betriebsgebäude	240000	
070 Maschinen	245000	
080 Fuhrpark	150000	
200 Rohstoffe	230000	
201 Hilfsstoffe	4800	
202 Betriebsstoffe	6200	
210 Unfertige Erzeugnisse	210000	
220 Fertige Erzeugnisse	350000	
240 Forderungen aus Lief.	83500	
260 Vorsteuer		
280 Bank	950730	
300 Eigenkapital		2386530
410 Schulddarlehen		70000
440 Verbindlichk. aus Lief.		75200
480 Umsatzsteuer		8500
500 Umsatzerlöse		
540 Mieterträge		
605 Energiekosten		
610 Reparaturaufwendungen		
620 Fertigungslöhne		
621 Hilfslöhne		
630 Gehälter		
640 Soziale Aufwendungen		

Konten	Eröffnungsbilanz	
	Aktiva	Passiva
690 Versicherungen 700 Gewerbesteuer 701 Kfz-Steuer 750 Zinsaufwand		
	2540230	2540230

11.2.3 Umsatzbilanz

In der Spalte „Umsatzbilanz“[3] der Hauptabschlußübersicht werden die Summen der Verkehrszahlen, der Zu- und Abgänge auf den einzelnen Konten der Buchführung, eingetragen.
Wir übertragen also die Summen der Verkehrszahlen der laufenden Konten in diese Spalte. Die Konten werden noch nicht abgeschlossen.
Jede Seite dieser Spalte wird zusammengezählt.

Wir machen uns klar:

Die Summe der Soll-Seite ist gleich der Summe der Haben-Seite dieser Spalte. Das ist folgerichtig, weil jeder Geschäftsvorfall im Laufe des Geschäftsjahrs auf einem oder mehreren Konten im Soll und auf einem oder mehreren Gegenkonten im Haben gebucht worden ist. Bei jeder einzelnen Buchung waren Soll- und Haben-Buchung betragsmäßig gleich. Deshalb muß auch die Summe aller Soll-Buchungen im Laufe des Jahres der Summe aller Haben-Buchungen entsprechen.

Wenn Soll- und Haben-Seite der Spalte Umsatzbilanz nicht übereinstimmen, können hierfür ursächlich sein:
- Additionsfehler wurden auf einzelnen Konten gemacht.
- Geschäftsvorfälle wurden durch Verwechseln der Spalten statt im Soll und Haben doppelt im Soll oder Haben gebucht.

Bevor die Hauptabschlußübersicht weiterentwickelt wird, müssen diese Fehler aufgeklärt werden.

[3] Spalte 2 der Übersicht in Abschnitt 11.1.1; diese Spalte wird auch „Summenzugänge“ oder „Jahresverkehrszahlen“ genannt.

Andere als diese genannten Fehler, insbesondere Falschbuchungen, können hier nicht ersichtlich werden. Wenn sich also Soll- und Haben-Seite der Umsatzbilanz ausgleichen, beweist das nur, daß richtig addiert worden ist und jeder Soll-Buchung eine gleich große Haben-Buchung gegenübersteht.

Aufgabe 32

Füllen Sie die Spalte „Umsatzbilanz" der Hauptabschlußübersicht aus, indem Sie die Summen der Verkehrszahlen der Konten aus Aufgabe 30 verwenden.

Lösung

Konten	Umsatzbilanz	
	Soll	Haben
050 Grund und Boden	308660	
051 Betriebsgebäude	617320	
070 Maschinen	45000	
080 Fuhrpark	80000	
200 Rohstoffe	4513000	
201 Hilfsstoffe	36800	
202 Betriebsstoffe	120000	
210 Unfertige Erzeugnisse		
220 Fertige Erzeugnisse		
240 Forderungen aus Lief.	11450392	11280200
260 Vorsteuer	856143	745000
280 Bank	11607200	9448973
300 Eigenkapital		
410 Schulddarlehen		300000
440 Verbindlichk. aus Lief.	5147850	5370270
480 Umsatzsteuer	1198200	1493529
500 Umsatzerlöse		9956863
540 Mieterträge		42000
605 Energiekosten	250000	
610 Reparaturaufwendungen	32000	
620 Fertigungslöhne	1296000	
621 Hilfslöhne	25300	
630 Gehälter	750000	
640 Soziale Aufwendungen	233870	

Konten	Umsatzbilanz	
	Soll	Haben
690 Versicherungen 700 Gewerbesteuer 701 Kfz-Steuer 750 Zinsaufwand	15000 6000 3500 44600	
	38636835	38636835

11.2.4 Summenbilanz

In der Spalte „Summenbilanz" der Hauptschlußübersicht werden für jedes Konto die Summen der Soll- und der Haben-Seite der Eröffnungsbilanz und der Umsatzbilanz aufgeführt. Es wird gerechnet:

	Aktiva	Passiva
Eröffnungsbilanz	Aktiva	Passiva
+ Umsatzbilanz	Soll	Haben
= Summenbilanz	Soll	Haben

Es werden also die Bestände der Eröffnungsbilanz und der Summen der Zu- und Abgänge des Geschäftsjahrs auf den Konten zusammengerechnet.
Hier werden auch die Verkehrszahlen der Erfolgskonten erfaßt. Da in einer Bilanz keine Erfolgsposten stehen, ist die Bezeichnung „Summen*bilanz*" irreführend.
Soll- und Haben-Seite der Summenbilanz sind wieder gleich groß.

Machen Sie sich klar:

In der Summenbilanz stehen die Summen aus den Posten der Eröffnungsbilanz und den Summenzugängen und Summenabgängen der Konten. In der Eröffnungsbilanz waren die Summen der Aktiv- und der Passiv-Seite und in der Umsatzbilanz waren die Summen der Soll- und der Haben-Seite jeweils gleich groß. Deshalb müssen auch die Summen der Posten dieser beiden Spalten der Hauptabschlußübersicht gleich groß sein.

Aufgabe 33

Entwickeln Sie aus der Eröffnungsbilanz der Lösung von Aufgabe 31 und der Umsatzbilanz der Lösung von Aufgabe 32 die Summenbilanz.

Lösung

Konten	Summenbilanz	
	Soll	Haben
050 Grund und Boden	378 660	
051 Betriebsgebäude	857 320	
070 Maschinen	290 000	
080 Fuhrpark	230 000	
200 Rohstoffe	4 743 000	
201 Hilfsstoffe	41 600	
202 Betriebsstoffe	126 200	
210 Unfertige Erzeugnisse	210 000	
220 Fertige Erzeugnisse	350 000	
240 Forderungen aus Lief.	11 533 892	11 280 200
260 Vorsteuer	856 143	745 000
280 Bank	12 557 930	9 448 973
300 Eigenkapital		2 386 530
410 Schulddarlehen		370 000
440 Verbindlichk. aus Lief.	5 147 850	5 445 470
480 Umsatzsteuer	1 198 200	1 502 029
500 Umsatzerlöse		9 956 863
540 Mieterträge		42 000
605 Energiekosten	250 000	
610 Reparaturaufwendungen	32 000	
620 Fertigungslöhne	1 296 000	
621 Hilfslöhne	25 300	
630 Gehälter	750 000	
640 Soziale Aufwendungen	233 870	
690 Versicherungen	15 000	
700 Gewerbesteuer	6 000	
701 Kfz-Steuer	3 500	
750 Zinsaufwand	44 600	
	41 177 065	41 177 065

11.2.5 Saldenbilanz I

Nun wird auf jedem Konto der Summenbilanz der Soll-Betrag mit dem Haben-Betrag verglichen. Der jeweils kleinere Betrag wird vom größeren Betrag abgezogen. Die Differenz wird in der Spalte Saldenbilanz I auf der Soll- oder Haben-Seite eingetragen, auf der in der Summenbilanz der größere Betrag stand.
Wenn also in der Summenbilanz der größere Betrag eines Kontos auf der Soll-Seite steht, wird auch in der Saldenbilanz I der Differenzbetrag auf der Soll-Seite gebucht.
Beim Buchen auf den Konten wurde stets der Saldo auf der betragsschwächeren Seite gegengebucht. In der Saldenbilanz I wird aber die Differenz, die wir sonst mit „Saldo“ bezeichnet haben, auf der betragsstärkeren Seite gebucht. Der Name *Salden*bilanz ist daher eigentlich unzutreffend.
Ebenso wie die Summenbilanz enthält auch die Saldenbilanz Erfolgsposten, obwohl in einer Bilanz nur Bestandsposten stehen. Deshalb ist auch der Name Salden*bilanz* nicht zutreffend.
Auch in der Saldenbilanz I stimmen die Summen der Soll- und der Haben-Seite überein.

Wir machen uns klar:

Die Seiten der Eröffnungsbilanz waren betragsmäßig gleich. Nur Konten der Umsatzbilanz enthalten zugleich Beträge auf der Soll-Seite und auf der Haben-Seite, so daß die Differenzen bei der Saldierung nur auf den Verkehrszahlen der Umsatzbilanz beruhen.
Die Verkehrszahlen sind wiederum auf die laufenden Geschäftsvorfälle zurückzuführen, die jeweils betragsmäßig gleichhoch auf verschiedenen Kon ten im Soll und Haben gebucht worden sind. Daher müssen auch die Summen der auf den beiden Seiten der Saldenbilanz I ausgewiesenen Differenzen betragsmäßig gleich sein.

Aufgabe 34

Fertigen Sie jetzt eine Saldenbilanz I, indem Sie von der Summenbilanz der Lösung zur Aufgabe 33 ausgehen.

Lösung

Konten	Saldenbilanz I	
	Soll	Haben
050 Grund und Boden	378660	
051 Betriebsgebäude	857320	
070 Maschinen	290000	
080 Fuhrpark	230000	
200 Rohstoffe	4743000	
201 Hilfsstoffe	41600	
202 Betriebsstoffe	126200	
210 Unfertige Erzeugnisse	210000	
220 Fertige Erzeugnisse	350000	
240 Forderungen aus Lief.	253692	
260 Vorsteuer	111143	
280 Bank	3108957	
300 Eigenkapital		2386530
410 Schulddarlehen		370000
440 Verbindlichk. aus Lief.		297620
480 Umsatzsteuer		303829
500 Umsatzerlöse		9956863
540 Mieterträge		42000
605 Energiekosten	250000	
610 Reparaturaufwendungen	32000	
620 Fertigungslöhne	1296000	
621 Hilfslöhne	25300	
630 Gehälter	750000	
640 Soziale Aufwendungen	233870	
690 Versicherungen	15000	
700 Gewerbesteuer	6000	
701 Kfz-Steuer	3500	
750 Zinsaufwand	44600	
	13356842	13356842

Die Hauptabschlußübersicht hat jetzt folgendes Bild:

Konten	Eröffnungsbilanz		Umsatzbilanz		Summenbilanz		Saldenbilanz I	
	Aktiva	Passiva	Soll	Haben	Soll	Haben	Soll	Haben
050 Grund und Boden	70 000		308 660		378 660		378 660	
051 Betriebsgebäude	240 000		617 320		857 320		857 320	
070 Maschinen	245 000		45 000		290 000		290 000	
080 Fuhrpark	150 000		80 000		230 000		230 000	
200 Rohstoffe	230 000		4 513 000		4 743 000		4 743 000	
201 Hilfsstoffe	4 800		36 800		41 600		41 600	
202 Betriebsstoffe	6 200		120 000		126 200		126 200	
210 Unfertige Erzeugnisse	210 000				210 000		210 000	
220 Fertige Erzeugnisse	350 000				350 000		350 000	
240 Forderungen aus Lief.	83 500		11 450 392	11 280 200	11 533 892	11 280 200	253 692	
260 Vorsteuer			856 143	745 000	856 143	745 000	111 143	
280 Bank	950 730		11 607 200	9 448 973	12 557 930	9 448 973	3 108 957	
300 Eigenkapital		2 386 530				2 386 530		2 386 530
410 Schulddarlehen		70 000		300 000		370 000		370 000
440 Verbindlichk. aus Lief.		75 200	5 147 850	5 370 270	5 147 850	5 445 470		297 620
480 Umsatzsteuer		8 500	1 198 200	1 493 529	1 198 200	1 502 029		303 829
500 Umsatzerlöse				9 956 863		9 956 863		9 956 863
540 Mieterträge				42 000		42 000		42 000
605 Energiekosten			250 000		250 000		250 000	
610 Reparaturaufwendungen			32 000		32 000		32 000	
620 Fertigungslöhne			1 296 000		1 296 000		1 296 000	
621 Hilfslöhne			25 300		25 300		25 300	
630 Gehälter			750 000		750 000		750 000	
640 Soziale Aufwendungen			233 870		233 870		233 870	
690 Versicherungen			15 000		15 000		15 000	
700 Gewerbesteuer			6 000		6 000		6 000	
701 Kfz-Steuer			3 500		3 500		3 500	
750 Zinsaufwand			44 600		44 600		44 600	
	2 540 230	2 540 230	38 636 835	38 636 835	41 177 065	41 177 065	13 356 842	13 356 842

11.3 Umbuchungen

Auf den **Bestandskonten** sind die Vermögensgegenstände nur buchmäßig fortentwickelt worden. Ob die Bestände mengen- und wertmäßig zutreffen, muß noch ermittelt werden. Der Kaufmann macht daher Inventur.
Körperliche Gegenstände sind körperlich aufzunehmen, d.h. der Kaufmann zählt, mißt, wiegt und schätzt sie. Nichtkörperliche Gegenstände werden durch Buchinventur erfaßt. Anschließend wird der Wert der Vermögensgegenstände ermittelt. Differenzen zwischen den Buchwerten und den Inventurwerten werden durch Umbuchung erfaßt.
Erfolgskonten werden daraufhin überprüft, ob der Erfolg ganz oder nur zum Teil zum abgelaufenen Geschäftsjahr gehört. Soweit er nicht hierzu rechnet, wird er durch **Rechnungsabgrenzungsposten** abgegrenzt.
Ungewisse Verbindlichkeiten, drohende Verluste aus schwebenden Geschäften und bestimmte unterlassene Instandhaltungs- und Abraumbeseitigungsaufwendungen werden durch Ausweis von **Rückstellungen** aufwandsmäßig dem abgelaufenen Geschäftsjahr zugerechnet.
Es werden deshalb alle Konten der Saldenbilanz I überprüft:

1. Die **Bestandskonten** werden auf mengen- und wertmäßige Übereinstimmung der Buchwerte und der Inventurwerte untersucht.
2. Die **Erfolgskonten** werden daraufhin durchgesehen, ob der Erfolg ganz oder zum Teil in eine Rechnungsperiode nach dem Abschlußstichtag gehört.
3. **Rückstellungen** werden passiviert für ungewisse Verbindlichkeiten, drohende Verluste aus schwebenden Geschäften und für bestimmte unterlassene Instandsetzungs- und Abraumbeseitigungsaufwendungen.

Differenzen werden durch **Umbuchungen** in der Umbuchungsspalte der Hauptabschlußübersicht erfaßt. Es wird auch hier wie bei den laufenden Buchungen im Soll und Haben gebucht. Jede Soll- und Haben-Buchung ist wie bei der Buchung der laufenden Geschäftsvorfälle betragsmäßig gleich. Jede Umbuchung wird mit Zahlen gekennzeichnet und erläutert.

11.4 Abschluß der Anlagekonten

Die Konten der Anlagegegenstände sind daraufhin zu überprüfen, ob zutreffend aktiviert worden ist und ob die Anlagegegenstände mit den richtigen Werten ausgewiesen sind. Dazu sind die Ausführungen in Abschnitt 9 zur Aktivierung und in Abschnitt 10 zur Abschreibung der Anlagegegenstände zu beachten.
Der Kaufmann oder sein Steuerberater untersucht daher die Anlagekonten der Buchführung auf zutreffende Bilanzierung und Bewertung. Dazu sieht er sich kritisch die Buchungen und auch die hierzu gehörenden Belege an.

Anlagekonten in der bisher entwickelten Hauptabschlußübersicht sind die Konten
050 Grund und Boden,
051 Betriebsgebäude,
070 Maschinen und
080 Fuhrpark.
Diese Konten sind durch die Geschäftsvorfälle 1, 2 und 3 betroffen. Sie sind daher zu überprüfen und ggf. durch Umbuchungen zu korrigieren.
Zunächst werden überprüft:

Konten 050 und 051

Aufgabe 35

Anfangsbestand auf Konto 051: Es handelt sich um ein Betriebsgebäude, dessen Herstellungskosten 400000 DM betragen haben. Die AfA beträgt 2%. Buchen Sie mit der Umbuchung 1 die Abschreibung des Betriebsgebäudes.

Lösung

a) AfA: 2% · 400000 DM = 8000 DM
b) Umbuchung 1:

650 Abschreibungen	8000 DM
an 051 Betriebsgebäude	8000 DM

Geschäftsvorfall 1: Kauf eines bebauten Grundstücks zum Kaufpreis von 900000 DM. 300000 DM entfallen auf Grund und Boden, 600000 DM auf das Gebäude. U hat die Grunderwerbsteuer übernommen.

Rechnung des Verkäufers:

Kaufpreis	900000 DM
übernommene Grunderwerbsteuer	9000 DM
	909000 DM
Umsatzsteuer 15%	136350 DM
	1045350 DM

Grunderwerbsteuerbescheid:

Kaufpreis	900000 DM
Umsatzsteuer 15% von 900000 DM	135000 DM
Bemessungsgrundlage für die GrESt	1035000 DM
Grunderwerbsteuer 2%	20700 DM

Notar	3820 DM
15% Umsatzsteuer	573 DM
	4393 DM

Aufgabe 36

a) Wie hoch sind die Anschaffungskosten von Grund und Boden und Betriebsgebäude?
b) Wie lautet der Buchungssatz? Überprüfen Sie die Buchung 1 auf den Konten.

Lösung

a) Anschaffungskosten:

Kaufpreis	900 000 DM
GrESt	20 700 DM
Grundbuchamt	1 460 DM
Notar	3 820 DM
	925 980 DM
Grund und Boden 3/9	308 660 DM
Betriebsgebäude 6/9	617 320 DM

b) Buchung 1:

050 Grund und Boden	308 660 DM
051 Betriebsgebäude	617 320 DM
260 Vorsteuer	136 923 DM
an 280 Bank	1 062 903 DM

Die Buchung 1 ist also zutreffend. Es ist aber noch die **Abschreibung** zu buchen. Hierzu stellt der Steuerberater folgendes fest:
Es handelt sich um ein sog. Wirtschaftsgebäude.
Anschaffungszeitpunkt: 15.4.01.
Der Bauantrag wurde nach dem 31.3.1985 gestellt.

Aufgabe 37

Welche höchstmögliche Abschreibung kommt in Betracht?
Buchen Sie mit der Umbuchung 2 die Abschreibung des Betriebsgebäudes.

Lösung

Da U das Gebäude nicht hergestellt und auch nicht bis zum Ende des Jahrs der Fertigstellung angeschafft hat, kommt nicht die degressive, sondern nur die lineare Abschreibung gemäß § 7 Abs. 4 Satz 1 Nr. 1 EStG in Betracht[4].

[4] Siehe Abschnitte 10.5.2 und 10.5.3.

Anschaffungskosten:		617320 DM
Jahresabschreibung:	617320 DM · 4% =	24693 DM
Abschreibungsbetrag:	9/12 · 24693 DM =	18520 DM

Umbuchung 2:
650 Abschreibungen 18520 DM
an 051 Betriebsgebäude 18520 DM

Konto 070
Anfangsbestand: Die Anschaffungskosten der Maschine betrugen 350000 DM. Die Maschine wird mit 10% linear abgeschrieben.
Abschreibung: 350000 DM · 10% = 35000 DM

Umbuchung 3:
650 Abschreibungen 35000 DM
an 070 Maschinen 35000 DM

Aufgabe 38

Geschäftsvorfall 2: Kauf einer Maschine am 20.6.01 für 45000 DM zuzüglich 6750 DM Umsatzsteuer.

Buchung 2:
070 Maschinen 45000 DM
260 Vorsteuer 6750 DM
an Bank 51750 DM

Der Steuerberater stellt fest, daß der Unternehmer an **Anschlußkosten** 2000 DM aufgewendet hat, die auf Konto 610 Reparaturaufwendungen gebucht worden sind. Der Anschluß war am 25.6.01 durchgeführt.
Nach der amtlichen AfA-Tabelle beträgt die Nutzungsdauer für die Maschine 8 Jahre. Der Steuerberater möchte im Jahr 01 einen möglichst hohen Abschreibungsbetrag absetzen.

a) Beurteilen Sie die Buchung 2 und korrigieren Sie diese ggf. durch eine Umbuchung.
b) Buchen Sie die Abschreibung durch Umbuchung.

Lösung

a) Nach den Ausführungen in Abschnitt 9.2.1 rechnen auch die Anschlußkosten zu den Anschaffungskosten. Die Anschlußkosten sind daher zusätzlich als Anschaffungskosten zu aktivieren.

Umbuchung 4:
070 Maschinen 2000 DM
an 610 Reparaturaufwendungen 2000 DM

b) Da die Maschine ein beweglicher Anlagegegenstand ist, kann sie degressiv abgeschrieben werden. Nach den Ausführungen in Abschnitt 10.3.4 beträgt der AfA-Satz: 100% : 8 x 3 = 36%, höchstens aber 30%. Die Maschine war am 25.6.01 angeschlossen und damit betriebsbereit. Sie war daher in der ersten Hälfte des Wirtschaftsjahrs angeschafft. Der Steuerberater kann im Jahr 01 die volle Jahres-AfA absetzen (siehe Abschnitt 10.2.2):

Nettokaufpreis	45 000 DM
Anschlußkosten	2 000 DM
Anschaffungskosten	47 000 DM
Abschreibung: 47 000 · 30% =	14 100 DM

Umbuchung 5:

650 Abschreibungen	14 100 DM
an 070 Maschinen	14 100 DM

Konto 080

Anfangsbestand 150 000 DM. Es handelt sich um drei Lkw, die im gleichen Jahr in der ersten Jahreshälfte angeschafft worden sind für insgesamt 350 000 DM. Die Nutzungsdauer beträgt 7 Jahre. Die Lkw werden linear abgeschrieben.

Aufgabe 39

Erfassen Sie die **Abschreibung** der Lkw durch Umbuchung.

Lösung

Abschreibung: 350 000 DM : 7 = 50 000 DM

Umbuchung 6:

650 Abschreibungen	50 000 DM
an 080 Fuhrpark	50 000 DM

Geschäftsvorfall 3: Am 25.10.01 wurde ein weiterer Lkw angeschafft zum Kaufpreis von 80 000 DM zuzüglich 12 000 DM Umsatzsteuer.

Buchung 3:

080 Fuhrpark	80 000 DM
260 Vorsteuer	12 000 DM
an 280 Bank	92 000 DM

Aufgabe 40

Die Nutzungsdauer des Lkw beträgt nach der AfA-Tabelle 4 Jahre. Der Steuerberater will im Jahr 01 möglichst hoch abschreiben.
Führen Sie die **Abschreibung** durch Umbuchung durch.

Lösung

Da es sich um einen beweglichen Anlagegegenstand handelt, kann der Lkw degressiv und mit dem auf ein halbes Jahr entfallenden Abschreibungsbetrag abgeschrieben werden.
Abschreibungssatz: 100% : 4 x 3 = 75%, höchstens 30%.

Abschreibung:
80000 DM · 30% · 1/2 = 12000 DM

Umbuchung 7:
650 Abschreibungen 12000 DM
an 080 Fuhrpark 12000 DM

11.5 Abschluß der Vorrätekonten

11.5.1 Vorrätekonten

Wir schließen die Vorrätekonten nach dem **Gesamtkostenverfahren** ab, das der Gliederung der Gewinn- und Verlustrechnung nach § 275 Abs. 2 HGB zugrunde liegt.
Vorrätekonten sind
a) im **Anschaffungsbereich** die Konten für
- Rohstoffe,
- Hilfsstoffe,
- Betriebsstoffe und
- Waren;

b) im **Fertigungsbereich** die Konten für
- unfertige Erzeugnisse und
- fertige Erzeugnisse.

Im Unternehmen U, dessen Jahresabschluß wir aufstellen, werden als Vorrätekonten geführt:
im Anschaffungsbereich die Konten
200 Rohstoffe,
201 Hilfsstoffe,

202 Betriebsstoffe,
im Fertigungsbereich die Konten
210 Unfertige Erzeugnisse,
220 Fertige Erzeugnisse.

11.5.2 Anschaffungsbereich

Wir machen uns den Abschluß der Konten für Rohstoffe, Hilfsstoffe und Betriebsstoffe klar. Zu diesem Zweck wiederholen wir den Abschnitt 6.3. Zunächst schließen wir die Konten im Anschaffungsbereich ab. Dazu sehen wir uns die laufenden Geschäftsvorfälle und ihre Buchungen an.

Konten 200, 201, 202
Geschäftsvorfall 4a: Verschiedene Rohstoffeinkäufe zum Gesamtkaufpreis von 4513000 DM zuzüglich 676950 DM Umsatzsteuer.

Buchung 4a:

200 Rohstoffe	4513000 DM
260 Vorsteuer	676950 DM
an 440 Verbindlichkeiten aus Lieferungen	5189950 DM

Geschäftsvorfall 5a: Verschiedene Einkäufe von Hilfsstoffen zum Gesamtkaufpreis von 36800 DM zuzüglich 5520 DM Umsatzsteuer.

Buchung 5a:

201 Hilfsstoffe	36800 DM
260 Vorsteuer	5520 DM
an 440 Verbindlichkeiten aus Lieferungen	42320 DM

Geschäftsvorfall 6a: Verschiedene Einkäufe von Betriebsstoffen zum Gesamtkaufpreis von 120000 DM zuzüglich 18000 DM Umsatzsteuer.

Buchung 6a:

202 Betriebsstoffe	120000 DM
260 Vorsteuer	18000 DM
an 440 Verbindlichkeiten aus Lieferungen	138000 DM

Bei der Besprechung der laufenden Buchungen auf dem Wareneinkaufskonto und den Konten für Rohstoffe, Hilfsstoffe und Betriebsstoffe in den Abschnitten 5 und 6 haben wir gesehen, daß auf diesen Vorrätekonten folgende Posten gebucht werden:

Einkäufe der Vorräte

S	H
Anfangsbestand	Rücksendungen an Lieferanten: Wandlungen (5.4.1)
Einkäufe zuzüglich Bezugskosten (5.7)	Preisnachlässe von Lieferanten: Minderungen (5.4.1), Skonti (5.4.2),
	Entnahmen (5.8)
	Innerbetrieblicher Verbrauch, Schwund, Diebstahl (5.9)
	Endbestand
	Einsatz Verbrauch

Der **Anfangsbestand** ergibt sich aus der Schlußbilanz des Vorjahrs. Es ist der jeweilige Endbestand an Waren, Roh-, Hilfs- und Betriebsstoffen der Schlußbilanz des vorangegangenen Geschäftsjahrs.
Einkäufe und **Bezugskosten** auf der Soll-Seite und **Rücksendungen** an Lieferanten, **Preisnachlässe** an Lieferanten, **Entnahmen** und **innerbetrieblicher Verbrauch, Schwund, Diebstahl** auf der Haben-Seite ergeben sich aus der Buchführung und den sonstigen laufenden Aufzeichnungen. Diese Buchungen und Aufzeichnungen erfolgen mit den Einkaufspreisen. Die im vorstehenden Kontenbild in Klammern aufgeführten Zahlen bezeichnen die Abschnitte, in denen die laufenden Buchungen näher beschrieben worden sind.
Der Posten **„Einsatz"** weist den Betrag zum Einkaufspreis an Waren aus, der verkauft worden ist. Der Posten **„Verbrauch"** ist der Betrag zu Einkaufspreisen der Roh-, Hilfs- und Betriebsstoffe, die für die Verarbeitung zu Erzeugnissen verbraucht worden sind. Einsatz und Verbrauch ergeben sich als Saldo auf der Haben-Seite, nachdem der durch Inventur ermittelte **Endbestand** dort eingesetzt worden ist.
Auf dem Wareneinkaufskonto und auf den Bestandskonten für Roh-, Hilfs- und Betriebsstoffe werden nicht die jeweiligen Abgänge zum Verkauf oder Verbrauch zu Erzeugnissen gebucht. Daher können Wareneinsatz und Verbrauch der Roh-, Hilfs- und Betriebsstoffe erst nach Aufnahme der Bestände und deren Erfassung auf dem Wareneinkaufskonto und auf den Einkaufskonten für Roh-, Hilfs- und Betriebsstoffe gebucht werden. Die **Inventur** hat daher im Vorratsbereich nicht die Aufgabe, die Salden der Bestandskonten zum

Schluß des Geschäftsjahrs zu kontrollieren. Sie ermöglicht erst den Abschluß dieser Konten und die Ermittlung des Einsatzes der Waren für den Verkauf und des Verbrauchs an Roh-, Hilfs- und Betriebsstoffen für die Fertigung von Erzeugnissen.
Bei der Inventur werden die Vermögensgegenstände mengen- und wertmäßig aufgenommen. Die mengenmäßige Erfassung der Vorräte erfolgt durch körperliche Bestandsaufnahme. Die Vorräte werden gezählt, gemessen oder gewogen. Anschließend werden sie bewertet.
Waren und Roh-, Hilfs- und Betriebsstoffe werden angeschafft und deshalb mit den **Anschaffungskosten** bewertet. Da es Vermögensgegenstände des Umlaufvermögens sind, gilt für sie das strenge Niederstwertprinzip. Ist daher ihr Wert am Abschlußstichtag niedriger als die Anschaffungskosten, ist dieser **niedrigere Wert** anzusetzen.
Wir müssen daher bei der Inventur der Vorräte im Anschaffungsbereich zwei Werte ermitteln: Die Anschaffungskosten und den niedrigeren Wert, der steuerrechtlich auch niedrigerer Teilwert genannt wird. Von beiden Werten müssen wir den geringeren Wert ausweisen.
Mit dem Begriff der Anschaffungskosten haben wir uns schon in den Abschnitten 5.7 und 9.2 beschäftigt. Dort haben wir gelernt:

Anschaffungskosten
● Einzelkosten für ● Erwerb und ● Betriebsbereitschaft] von Vermögensgegenständen + Nebenkosten + nachträgliche Anschaffungskosten – Minderung des Anschaffungspreises – Umsatzsteuer, wenn diese nach § 9b EStG als Vorsteuer abgezogen werden kann

Zu den Nebenkosten rechnen insbesondere die **Bezugskosten**. Hierzu gehören bei den Vorräten Eingangsfrachten, Rollgelder, Transportversicherung, Speditionskosten, Wiegegelder, Abladekosten, Eingangszölle, Provisionen, Courtage und Maklergebühren. Der Jahresbetrag an diesen Anwendungen wird ins Verhältnis zum Gesamteinkauf gesetzt. Um den sich hierbei ergebenden Prozentsatz wird der Inventurbestand erhöht.
Der **niedrigere Wert** oder **Teilwert** der Waren und der Roh-, Hilfs- und Betriebsstoffe wird von den Verhältnissen auf dem **Beschaffungsmarkt** bestimmt. Angesetzt werden der Börsen- oder Marktpreis oder der Stichtagswert, wenn diese niedriger sind als die Anschaffungskosten.

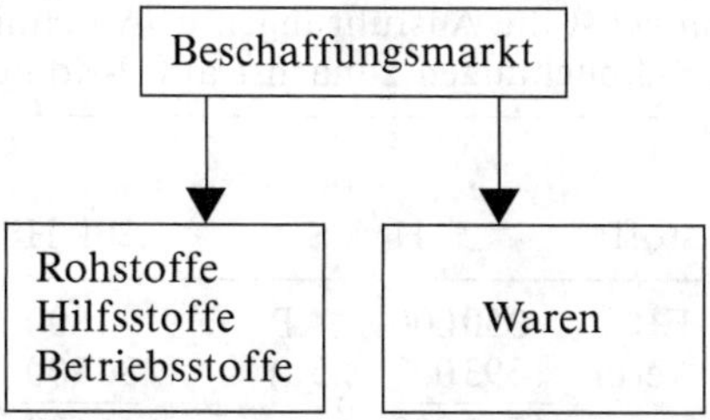

Nach den Verhältnissen des Beschaffungsmarktes bestimmt sich der Einkaufspreis, die **Wiederbeschaffungskosten**, der Vorräte. Sind die Wiederbeschaffungskosten am Bilanzstichtag unter die Anschaffungskosten gesunken, sind sie auch dann als Teilwert anzusetzen, wenn mit einem entsprechenden Rückgang der Verkaufspreise nicht gerechnet zu werden braucht[5].

Beispiel

Unternehmer U kauft am 10.12.01 Rohstoffe ein: 30000 kg zu 18,50 DM/kg	555000 DM
Der Marktpreis am Abschlußstichtag (31.12.01) beträgt 16,25 DM/kg, 30000 x 16,25 DM	487500 DM
Differenz	67500 DM

U stellt den Jahresabschluß für 01 am 15.4.02 auf. Der Rohstoffposten ist noch im Bestand. U könnte ihn wegen inzwischen gestiegener Marktpreise für 21,50 DM/kg verkaufen.

Die Wiederbeschaffungskosten betragen am Abschlußstichtag 487500 DM und liegen damit um 67500 DM unter den Anschaffungskosten. Die Wiederbeschaffungskosten sind hier als niedrigerer Teilwert anzusetzen, obwohl die Rohstoffe zu einem Preis verkauft werden könnten, der den Wertverlust deckt. Die Waren würden bei einem Verkauf erst nach dem Abschlußstichtag ausgeliefert. Daher dürfte eine Forderung auch erst nach dem Abschlußstichtag ausgewiesen werden. Ein Gewinn darf vorher nach dem Realisationsprinzip auch nicht verlustausgleichend berücksichtigt werden.

Aufgabe 41

Das Unternehmen U, dessen Abschluß erstellt wird, ist eine Möbelfabrik. Die Inventur zum 31.12.01 weist an Roh-, Hilfs- und Betriebsstoffen aus:

Rohstoffe:	350000 DM
Hilfsstoffe:	7400 DM
Betriebsstoffe:	5800 DM

[5] Abschnitt 36 Abs. 2 Satz 1 EStR.

Wiederholen Sie zunächst die Ausführungen in Abschnitt 6.3 und führen Sie dann die Abschlußbuchungen zunächst auf T-Konten durch.

Lösung

S 200 Rohstoffe H

AB	230000	EB	350000
4a)	4513000	Verbr.	4393000
	4743000		4743000

S 201 Hilfsstoffe H

AB	4800	EB	7400
5a)	36800	Verbr.	34200
	41600		41600

S 202 Betriebsstoffe H

AB	6200	EB	5800
6a)	120000	Verbr.	120400
	126200		126200

S 801 Schlußbilanzkonto H

200	350000		
201	7400		
202	5800		
	363200		

S 802 GuV-Konto H

200	4393000		
201	34200		
202	120400		
	4547600		

Wir stellen den Abschluß nach den **Gliederungsschemata** der §§ 266 und 275 HGB für die Bilanz und die Gewinn- und Verlustrechnung einer Kapitalgesellschaft auf. In der Schlußbilanz wird der Endbestand an Roh-, Hilfs- und Betriebsstoffen und in der Gewinn- und Verlustrechnung der Posten Aufwendungen für Roh-, Hilfs- und Betriebsstoffe ausgewiesen. In dem Jahresabschluß unseres Beispielunternehmens U werden ausgewiesen:

Schlußbilanz:	Roh-, Hilfs- und Betriebsstoffe	363200 DM
GuV-Rechnung:	Aufwendungen für Roh-, Hilfs- und Betriebsstoffe	4547600 DM

In der Hauptabschlußübersicht wird jetzt noch keine Umbuchung durchgeführt. Die Beträge der Saldenbilanz I für Roh-, Hilfs- und Betriebsstoffe werden fortgeführt bis zur Saldenbilanz II. Dann werden die Postenteile jedes Kontos aufgeteilt, soweit sie auf die Spalte Schlußbilanz und die Spalte Gewinn- und Verlustrechnung der Hauptabschlußübersicht entfallen. Wir werden daher dann nochmals auf die Lösung der Aufgabe 41 zurückkommen.

11.5.3 Fertigungsbereich

Ein Fertigungsbetrieb wendet Herstellungseinzelkosten und Herstellungsgemeinkosten auf zur Herstellung der Erzeugnisse.

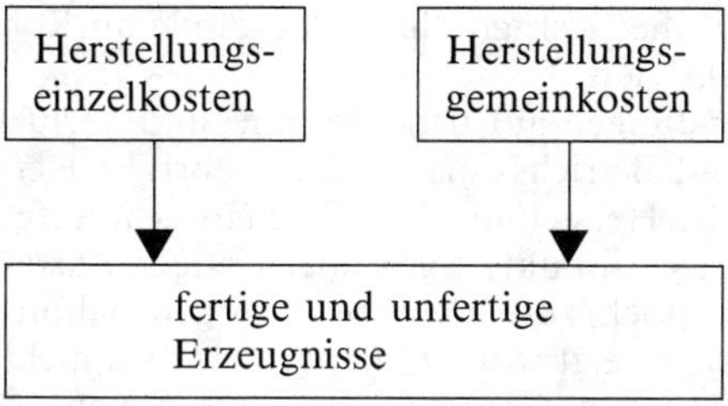

Herstellungseinzelkosten sind:
- Materialkosten,
- Fertigungskosten und
- Sonderkosten der Fertigung.

Herstellungsgemeinkosten sind:
- Materialgemeinkosten,
- Fertigungsgemeinkosten,
- Abschreibungen der Produktionsanlagen,
- allgemeine Verwaltungskosten,
- Sozialaufwendungen und
- Fremdkapitalzinsen.

Von den Herstellungseinzelkosten wurden die **Materialkosten** bereits in Abschnitt 11.5.2 behandelt. Durch den Abschluß der Konten Rohstoffe, Hilfsstoffe und Betriebsstoffe wurden die Materialkosten als Verbrauch oder Aufwendungen für Roh-, Hilfs- und Betriebsstoffe auf dem Gewinn- und Verlustkonto gebucht.

Die **übrigen Herstellungseinzelkosten** und die **Herstellungsgemeinkosten** sind auf den betreffenden Aufwandskonten gebucht worden. Diese Konten werden beim Jahresabschluß ebenfalls über Gewinn- und Verlustkonto abgeschlossen. Sie sind dort Aufwandsposten.

Wir halten also fest: Alle Herstellungseinzelkosten und Herstellungsgemeinkosten werden als Aufwendungen auf dem Gewinn- und Verlustkonto gebucht.

Wir machen uns klar:

1. Es sind die Roh-, Hilfs- und Betriebsstoffe nicht für die Herstellung der Erzeugnisse aufgewendet worden, die noch zum Jahresabschluß im Bestand lagern. Daher werden die Endbestände an Roh-, Hilfs- und Betriebsstoffen aktiviert.
2. Die als Aufwendungen auf dem Gewinn- und Verlustkonto gebuchten Roh-, Hilfs- und Betriebsstoffe und die übrigen Herstellungseinzelkosten sind für die Herstellung von Erzeugnissen aufgewendet worden.
3. Soweit Erzeugnisse im unfertigen oder fertigen Zustand am Schluß des Geschäftsjahrs noch zum Betriebsvermögen gehören, sind sie nicht zum Verkauf eingesetzt worden, hängen sie also nicht mit Umsatzerlösen des abgelaufenen Geschäftsjahrs zusammen. Diese Erzeugnisse werden im folgenden Geschäftsjahr umgesetzt und müssen daher zum Abschluß des Geschäftsjahrs aktiviert werden.

Der Anfangsbestand an unfertigen Erzeugnissen wird im laufenden Geschäftsjahr zu fertigen Erzeugnissen weiterverarbeitet. Die fertigen Erzeugnisse werden bis auf den Endbestand im Laufe des Geschäftsjahrs verkauft. Die Anfangsbestände an unfertigen und fertigen Erzeugnissen werden also im Laufe des Geschäftsjahrs zum Verkauf eingesetzt.
Die Herstellungseinzelkosten und Herstellungsgemeinkosten werden für die Herstellung von Erzeugnissen aufgewendet. Soweit unfertige und fertige Erzeugnisse am Schluß des Geschäftsjahrs im Betriebsvermögen vorhanden sind, sind sie nicht zum Verkauf eingesetzt worden. Die übrigen Herstellungseinzelkosten und Herstellungsgemeinkosten wurden zum Verkauf eingesetzt.
Mit den Erlösen des abgelaufenen Geschäftsjahrs hängen also zusammen:
- Anfangsbestände an unfertigen und fertigen Erzeugnissen,
- Herstellungseinzelkosten und Herstellungsgemeinkosten abzüglich der für die Herstellung der Endbestände an unfertigen und fertigen Erzeugnissen aufgewendeten Herstellungseinzelkosten und Herstellungsgemeinkosten.

Auf einem T-Konto können wir uns das so klarmachen:

S	Erlöseinsatz H
Anfangsbestand unfertige Erzeugnisse	Endbestand unfertige Erzeugnisse
Anfangsbestand fertige Erzeugnisse	Endbestand fertige Erzeugnisse
Herstellungseinzelkosten	
Herstellungsgemeinkosten	Saldo = Erlöseinsatz

Der Saldo zwischen dem Erlöseinsatz und den Umsatzerlösen ist der **Rohgewinn**.

Beispiel

Anfangsbestand unfertige Erzeugnisse	40000 DM	
Anfangsbestand fertige Erzeugnisse:	60000 DM	
Anfangsbestände	100000 DM	100000 DM
Herstellungseinzelkosten	700000 DM	
Herstellungsgemeinkosten	300000 DM	
Fertigungsaufwand	1000000 DM	1000000 DM
		1100000 DM
Endbestand unfertige Erzeugnisse	20000 DM	
Endbestand fertige Erzeugnisse	50000 DM	
Endbestände	70000 DM	70000 DM
Erlöseinsatz		1030000 DM

Im vorstehenden Schaubild und in dem Beispiel wurden die mit den Erlösen wirtschaftlich zusammenhängenden Aufwendungen voll ausgewiesen. Das entspricht dem im deutschen Handelsrecht gebräuchlichen **Gesamtkostenverfahren**.

Derselbe Erlöseinsatz hätte sich im vorstehenden Beispiel auch ergeben, wenn der Saldo zwischen Anfangsbeständen und Endbeständen zur Summe aus Herstellungseinzelkosten und Herstellungsgemeinkosten addiert worden wäre:

Herstellungseinzelkosten und Herstellungsgemeinkosten		1000000 DM
Summe der Anfangsbestände	100000 DM	
Summe der Endbestände	70000 DM	
Saldo	30000 DM	30000 DM
Erlöseinsatz		1030000 DM

So wird im handelsrechtlichen Jahresabschluß beim in Deutschland üblichen Gesamtkostenverfahren der **Erlöseinsatz** ermittelt:

- Die Fertigungseinzelkosten und die Fertigungsgemeinkosten werden ungekürzt auf dem Gewinn- und Verlustkonto als Aufwendungen gebucht.
- Es wird dann der Saldo zwischen den Anfangsbeständen und den Endbeständen der unfertigen und der fertigen Erzeugnisse gebildet. Ist die Summe der Anfangsbestände
  - höher als die Summe der Endbestände, ist der Saldo ein zusätzlicher Aufwand,
  - niedriger als die Summe der Endbestände, ist der Saldo ein zusätzlicher Ertrag.

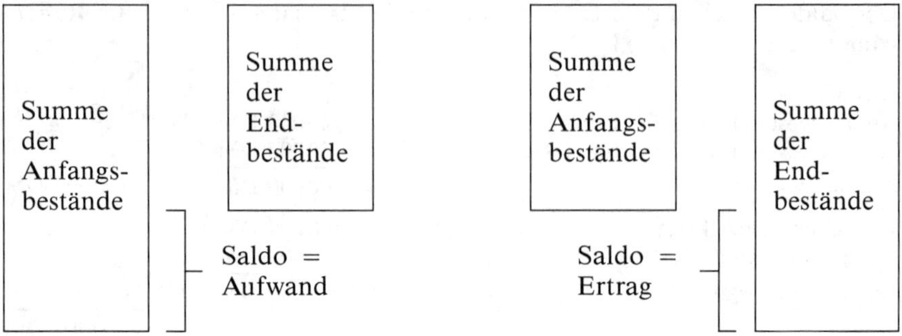

Für die **Anfangsbestände** und **Endbestände** an unfertigen und fertigen Erzeugnissen werden gesonderte Bestandskonten geführt. Nach dem Industriekontenrahmen sind das die Konten
210 Unfertige Erzeugnisse,
220 Fertige Erzeugnisse.
Entsprechend werden für die **Bestandsveränderungen** der unfertigen und fertigen Erzeugnisse auch gesonderte Erfolgskonten geführt.
Nach dem Industriekontenrahmen sind das die Konten:
521 Bestandsveränderungen an unfertigen Erzeugnissen,
522 Bestandsveränderungen an fertigen Erzeugnissen.
Ein Saldo auf der Haben-Seite eines Bestandskontos wird als **Aufwand** gebucht:
    520/521 Bestandsveränderungen an unfertigen/fertigen Erzeugnissen
an 210/220 Unfertige/Fertige Erzeugnisse.
Ein Saldo auf der Soll-Seite eines Bestandskontos wird als **Ertrag** gebucht:
    210/220 Unfertige/Fertige Erzeugnisse
an 520/521 Bestandsveränderungen an unfertigen/fertigen Erzeugnissen.
Die **Endbestände** werden durch Inventur aufgenommen. Sie werden mit den Herstellungskosten bewertet.
Die Aktivierung der Herstellungseinzelkosten und Herstellungsgemeinkosten als **Herstellungskosten** der unfertigen und fertigen Erzeugnisse ist handelsrechtlich (§ 255 Abs. 2 und 3 HGB) und steuerrechtlich (Abschnitt 33 EStR) zum Teil übereinstimmend und zum Teil unterschiedlich geregelt:
Aktivierungsgebot übereinstimmend in Handelsbilanz und Steuerbilanz für **Herstellungseinzelkosten**:

Herstellungseinzelkosten	
– Materialkosten:	Aufwendungen für Roh-, Hilfs- und Betriebsstoffe,

Herstellungseinzelkosten	
– Fertigungskosten:	Fertigungslöhne,
– Sonderkosten der Fertigung:	Kosten für Modelle, Spezialwerkzeuge, Vorrichtungen, Lizenzen u. ä.

Als Herstellungskosten sind nur folgende **Herstellungsgemeinkosten** aktivierbar, soweit sie auf den Zeitraum der Herstellung entfallen:

Aktivierbare Herstellungsgemeinkosten
1. Angemessene Teile – der notwendigen Materialgemeinkosten, – der notwendigen Fertigungsgemeinkosten, – der durch die Fertigung veranlaßten Abschreibungen des Anlagevermögens; 2. Kosten der allgemeinen Verwaltung; 3. Aufwendungen für – soziale Einrichtungen des Betriebs, – freiwillige soziale Leistungen, – betriebliche Altersversorgung; 4. Zinsen für zur Finanzierung der Herstellung eines Vermögensgegenstands verwendetes Fremdkapital.

Für die unter **Nr. 1** aufgeführten Herstellungsgemeinkosten besteht
- handelsrechtlich ein Aktivierungswahlrecht,
- steuerrechtlich ein Aktivierungsgebot.

Für die unter **Nr. 2 bis 4** aufgeführten Herstellungsgemeinkosten besteht handelsrechtlich und steuerrechtlich ein Aktivierungswahlrecht.
Für **Vertriebskosten** besteht handelsrechtlich und steuerrechtlich ein Aktivierungsverbot.
Weil Gemeinkosten nur Herstellungskosten sein können, ,,soweit sie auf den Zeitraum der Herstellung entfallen", werden **periodenfremde Aufwendungen** ausgeschieden, z. B. Sonderabschreibungen auf Anlagen[6]. Daher werden bei der Inanspruchnahme von Bewertungsfreiheiten, Sonderabschreibungen, erhöhten Absetzungen und Teilwertabschreibungen nur die linearen Abschreibungen der zur Fertigung eingesetzten Anlagen zu den Herstellungskosten gerechnet[7].

[6] Kropff in: Geßler u. a., AktG § 155 Rdn. 22.
[7] Abschnitt 33 Abs. 4 Satz 5 und 6 EStR.

Angemessene Teile der notwendigen Material- und Fertigungsgemeinkosten sowie der Abschreibungen des Anlagevermögens sind diese Aufwendungen insoweit, als sie sachlich mit der Produktion in dem betreffenden Betrieb zusammenhängen. Damit scheiden die sogenannten **Leerkosten** aus, d.h. die Aufwendungen, die mangels Vollauslastung der Anlagen nicht zur Fertigung beigetragen haben[8]. Nur wenn die Produktionsanlagen branchen- oder saisonbedingt nicht ausgelastet sind, rechnen die hierauf entfallenden Leerkosten zu den Herstellungskosten der Erzeugnisse[9].

Aufgabe 42

Unternehmer U ermittelt die auf die Bestände an unfertigen Erzeugnissen am Schluß des Geschäftsjahrs 01 entfallenden Herstellungskosten wie folgt:
Unfertige Erzeugnisse: 280000 DM,
fertige Erzeugnisse: 240000 DM
Die Herstellungskosten sind nach den für die Steuerbilanz geltenden Maßstäben ermittelt worden. U stellt keine besondere Handelsbilanz auf.
a) Tragen Sie die Bestände auf T-Konten ein.
b) Nennen Sie die Buchungssätze für die Abschlußbuchungen.
c) Buchen Sie dann die Abschlußbuchungen.

Lösung

S	210 Unfertige Erzeugnisse		H
AB	210000	EB	280000
520	70000		
	280000		280000

S	220 Fertige Erzeugnisse		H
AB	350000	EB	240000
		521	110000
	350000		350000

S	520 Bestandsveränderungen an unfertigen Erzeugn.		H
		210	70000

S	521 Bestandsveränderungen an fertigen Erzeugn.		H
220	110000		

Buchungssätze:

	210 Unfertige Erzeugnisse	70000 DM
an	520 Bestandsveränderungen	70000 DM
	521 Bestandsveränderungen	110000 DM
an	220 Fertige Erzeugnisse	110000 DM

[8] Fülling, GoB für Vorräte, S. 145 f.
[9] Abschnitt 33 Abs. 8 EStR.

Es sind folgende **Umbuchungen** durchzuführen:
Die Endbestände an unfertigen und fertigen Erzeugnissen werden auf Schlußbilanzkonto gebucht:

Umbuchung 8:

801	Schlußbilanzkonto	280000 DM
an 210	Unfertige Erzeugnisse	280000 DM

Umbuchung 9:

801	Schlußbilanzkonto	240000 DM
an 220	Fertige Erzeugnisse	240000 DM

Abgeschlossen werden die Konten Unfertige Erzeugnisse und Fertige Erzeugnisse über die Konten Bestandsveränderungen unfertige Erzeugnisse und Bestandsveränderungen fertige Erzeugnisse:

Umbuchung 10:

210	Unfertige Erzeugnisse	70000 DM
an 520	Bestandsveränderungen unfertige Erzeugnisse	70000 DM

Umbuchung 11:

521	Bestandsveränderungen fertige Erzeugnisse	110000 DM
an 220	Fertige Erzeugnisse	110000 DM

Die Konten Bestandsveränderungen werden über Gewinn- und Verlustkonto abgeschlossen:

Umbuchung 12:

520	Bestandsveränderungen unfertige Erzeugnisse	70000 DM
an 802	Gewinn- und Verlustkonto	70000 DM

Umbuchung 13:

802	Gewinn- und Verlustkonto	110000 DM
an 521	Bestandsveränderungen fertige Erzeugnisse	110000 DM

Die Konten haben jetzt folgenden Stand:

S	210 Unfertige Erzeugnisse		H
AB	210000	EB	280000
520	70000		
	280000		280000

S	220 Fertige Erzeugnisse		H
AB	350000	EB	240000
		521	110000
	350000		350000

S	520 Bestandsveränderungen an unfertigen Erzeugn.		H
802	70000	210	70000

S	521 Bestandsveränderungen an fertigen Erzeugn.		H
220	110000	802	110000

S	801 Schlußbilanzkonto		H
Unf. Erz.	280000		
Fert. Erz.	240000		

S	802 GuV-Konto		H
Vermind. fertige Erzeugn.	110000	Erhöhung unfertige Erzeugn.	70000

In der **Gewinn- und Verlustrechnung** werden die Verminderung und die Erhöhung der Bestände saldiert. Es wird dann dort der Posten ausgewiesen:
Verminderung des Bestands an fertigen und
unfertigen Erzeugnissen 40000 DM

11.6 Abschluß des Kontos Forderungen aus Lieferungen und Leistungen

11.6.1 Forderungen aus Lieferungen und Leistungen

In unserem Beispielunternehmen U betrugen die Forderungen aus Lieferungen und Leistungen zu Anfang des Geschäftsjahrs 83500 DM. Im Laufe des Geschäftsjahrs hat das Unternehmen eine Vielzahl von Umsätzen ausgeführt. Sie wurden alle einzeln gebucht durch die Buchung:

Forderungen aus Lieferungen
an Umsatzsteuer,
an Umsatzerlöse.

In unserem Beispiel werden alle diese einzelnen Umsätze durch die Buchung erfaßt:

Buchung 18:

	240 Forderungen aus Lieferungen	11450392 DM
an	480 Umsatzsteuer	1493529 DM
an	500 Umsatzerlöse	9956863 DM

Kunden haben durch Banküberweisungen Forderungen beglichen. Hierbei wurde gebucht:

Bank,
an Forderungen aus Lieferungen

In unserem Beispiel wurden diese verschiedenen Überweisungen durch die Buchung erfaßt:

Buchung 19:
280 Bank 11 280 200 DM
an 240 Forderungen aus Lieferungen 11 280 200 DM

Nach diesen Buchungen haben die betroffenen Konten folgenden Stand:

S	240 Ford. aus Lieferungen		H
AB	83 500	19)	11 280 200
18)	11 450 392		

S	480 Umsatzsteuer		H
		18)	1 493 529

S	500 Umsatzerlöse		H
		18)	9 956 863

S	280 Bank		H
19)	11 280 200		

Der Saldo auf dem Konto 240 Forderungen aus Lieferungen beträgt also: 83 500 DM + 11 450 392 DM – 11 280 200 DM = 253 692 DM. Das sind die Forderungen aus Lieferungen und Leistungen insgesamt am 31.12.01 zum Nennbetrag oder Nominalwert.

11.6.2 Bewertung

Mit dem **Nennwert** dürfen nur **sichere** oder **vollwertige** Forderungen ausgewiesen werden.
Forderungen sind Vermögensgegenstände des Umlaufvermögens. Für sie gilt das **strenge Niederstwertprinzip**. Liegt daher der tatsächliche Wert einer Forderung am Bilanzstichtag unter dem Nennwert, muß die Forderung mit diesem niedrigeren Wert oder niedrigeren Teilwert ausgewiesen werden.
Bei der Bewertung der Forderungen sind alle vorhersehbaren Risiken und Verluste zu berücksichtigen, selbst wenn sie erst zwischen dem Abschlußstichtag und dem Tag der Aufstellung der Bilanz bekanntgeworden sind (§ 252 Abs. 1 Nr. 4, 1. Halbsatz HGB).

11.6.3 Einzelwertberichtigung

Aus den Forderungen sind zunächst die zweifelhaften und die uneinbringlichen Forderungen auszugrenzen.
Buchungsmäßig gehen wir hierbei in zwei Schritten vor:
1. Umbuchung: Zweifelhafte Forderungen an Forderungen.
2. Umbuchung: Einzelwertberichtigungen an zweifelhafte Forderungen.

Nach dem Industriekontenrahmen stehen hierfür folgende Konten zur Verfügung:
2400 Forderungen aus Lieferungen und Leistungen,
2401 Zweifelhafte Forderungen aus Lieferungen und Leistungen,
6952 Einzelwertberichtigungen.

Zweifelhafte Forderungen (Dubiose) sind Forderungen, die wahrscheinlich nur zu einem unter dem Nennbetrag liegenden Wert beglichen werden. Sie dürfen nur mit dem wahrscheinlichen Wert ausgewiesen werden. Der Unterschied zwischen dem Nennwert und dem wahrscheinlichen Wert ist durch Abschreibung zu berücksichtigen.
Bei der Wertberichtigung der Forderung wird der wahrscheinliche Ausfall mit dem **Nettowert** abgeschrieben. Da die Forderung brutto gebucht ist, wird zunächst die Umsatzsteuer herausgerechnet. Bei einem Steuersatz von 15% sind das $\frac{15}{115}$ vom Bruttobetrag. Der im Bruttobetrag enthaltene Umsatzsteuerbetrag ist abzuziehen. Vom verbleibenden Nettobetrag ist abzuschreiben. Die Umsatzsteuer bleibt bei der Wertberichtigung auf zweifelhafte Forderungen unberücksichtigt.
Gründe für zweifelhafte Forderungen können sein:
- Mängelrüge eines Kunden,
- Zahlungsverzug eines Kunden,
- Einleitung des Vergleichsverfahrens oder des Konkurses über das Vermögen eines Kunden,
- Wechselprotest.

Beispiel
Gegen einen Kunden besteht eine Forderung aus Lieferung in Höhe von 34500 DM. Über das Vermögen des Kunden ist das Vergleichsverfahren eröffnet worden. Der Unternehmer rechnet mit einer Vergleichsquote in Höhe von 40%.

1. Schritt: Buchung auf Konto zweifelhafte Forderungen:

	2401 Zweifelhafte Forderungen aus Lieferungen	34500 DM
an	2400 Forderungen aus Lieferungen	34500 DM

Da die Wertberichtigung von der Nettoforderung vorzunehmen ist, muß zunächst die Umsatzsteuer herausgerechnet werden:

Umsatzsteuer: 34500 DM $\cdot \frac{15}{115}$ =	4500 DM
Nettobetrag: 34500 DM – 4500 DM =	30000 DM
Wertberichtigung: 30000 DM · 60% =	18000 DM

2. Schritt: Buchung der Wertberichtigung:

1)	6952 Einzelwertberichtigungen	18000 DM
an	2401 Zweifelhafte Forderungen aus Lieferungen	18000 DM

In dem Beispiel haben die Konten jetzt folgenden Stand:

S	2401 Zweifelh. Ford. a. Lief.		H
	34500	1)	18000

S	4800 Umsatzsteuer		H
			4500

S	6952 Einzelwertber.		H
1)	18000		

S	2800 Bank		H

Die Restforderung beträgt also 34500 DM – 18000 DM = 16500 DM.
Die Umsatzsteuerverbindlichkeit ändert sich durch die Wertberichtigung noch nicht. Der Kunde ist nach wie vor zur Zahlung von 34500 DM bzw. 30000 DM zuzüglich 4500 DM Umsatzsteuer verpflichtet.

Uneinbringliche Forderungen:

- Eine Forderung wurde durch gerichtliche Entscheidung für unberechtigt erklärt.
- Der Schuldner hat wirksam die Einrede der Verjährung erhoben.
- Der Konkurs über das Vermögen des Schuldners ist mangels Masse eingestellt worden.
- Wegen der Forderung des Schuldners ist fruchtlos die Zwangsvollstreckung betrieben worden.
- Der Schuldner hat die eidesstattliche Versicherung abgegeben und seine Vermögenslage wird sich voraussichtlich auch in absehbarer Zeit nicht verbessern.

Wenn sich die Bemessungsgrundlage für einen steuerpflichtigen Umsatz ändert, muß der Unternehmer den dafür geschuldeten Steuerbetrag entsprechend berichtigen (§ 17 Abs. 1 Satz 1 Nr. 1 UStG). Das gilt auch, wenn das vereinbarte Entgelt uneinbringlich geworden ist (§ 17 Abs. 2 Nr. 1 UStG). Soweit die Forderung uneinbringlich wird, ändert sich also die Bemessungsgrundlage für die Umsatzsteuer. Entsprechend ist daher die Umsatzsteuerverbindlichkeit im Wege der Berichtigung zu mindern.
Eine Forderung kann auch **teilweise uneinbringlich** sein, z. B. die Forderung wird aufgrund eines Vergleichs teilweise befriedigt.
Es sind drei Fälle möglich:

1. Der Vergleich kommt in der Höhe zustande, wie es der Gläubiger U bei der Bildung der Wertberichtigung angenommen hat.
2. Der Vergleich kommt zu einem niedrigeren Prozentsatz zustande.
3. Der Vergleich kommt zu einem höheren Prozentsatz zustande.

In Höhe des die Vergleichsquote übersteigenden Betrags ist die Forderung uneinbringlich. Insoweit muß daher auch die Umsatzsteuer berichtigt werden.

Fall 1: Der Kunde zahlt nach dem Vergleich den der Wertberichtigung entsprechenden Betrag.

	Bemessungsgrundlage	USt
Ursprünglich	30000 DM · 15% =	4500 DM
Uneinbringlich 30000 DM x 60% =	18000 DM	
Neu aufgrund Vergleichs	12000 DM · 15% =	1800 DM
Weniger Umsatzsteuer		2700 DM

Aufgrund des Vergleichs hat Unternehmer U eine Restforderung in Höhe von 12000 DM + 1800 DM Umsatzsteuer = 13800 DM. Die Umsatzsteuerschuld

hat sich um 2700 DM gemindert. Dieser Betrag ist also auf dem Umsatzsteuerkonto im Soll als Abgang zu buchen.
Wenn der Kunde in Höhe der Restforderung auf das Bankkonto überweist, wird daher gebucht:

2) 2800	Bank	13800 DM
4800	Umsatzsteuer	2700 DM
an 2401	Zweifelhafte Ford. aus Lieferungen	16500 DM

Die Konten haben dann folgenden Stand:

S 2401 Zweifelh. Ford. a. Lief. H

S		H	
	34500	1)	18000
		2)	16500
	34500		34500

S 4800 Umsatzsteuer H

S		H
2)	2700	4500

S 6952 Einzelwertber. H

S		H
1)	18000	

S 2800 Bank H

S		H
2)	13800	

Fall 2: Der Vergleich kommt zu einem niedrigeren Prozentsatz zustande. Kommt der Vergleich zu einem niedrigeren Prozentsatz zustande, als durch die Wertberichtigung berücksichtigt wurde, ist die Wertberichtigung zu niedrig.

Beispiel
Im vorstehenden Beispielsfall beträgt die Vergleichsquote 30%.

Zutreffende Wertberichtigung 30000 DM · 70% =	21000 DM
Wertberichtigung: 30000 DM · 60% =	18000 DM
zu niedrige Wertberichtigung	3000 DM

Die Wertberichtigung ist also um 3000 DM zu erhöhen: Sollbuchung auf Konto 6952 Einzelwertberichtigung.
Die Umsatzsteuer ist zu berichtigen:

	Bemessungsgrundlage	USt
Ursprünglich	30000 DM · 15% =	4500 DM
Uneinbringlich 30000 DM x 70% =	21000 DM	
Neu aufgrund Vergleichs	9000 DM · 15% =	1350 DM
Weniger Umsatzsteuer		3150 DM

Die Umsatzsteuer ist also um 3150 DM zu mindern: Sollbuchung auf Konto 4800 Umsatzsteuer.

Aufgrund des Vergleichs hat also Unternehmer U eine Restforderung in Höhe von 9000 DM + 1350 DM Umsatzsteuer = 10350 DM. Diesen Betrag hat der Kunde zu zahlen. Überweist er auf das Bankkonto, ist also dort im Soll zu buchen.
Überweist daher der Kunde die Restforderung in Höhe von 10350 DM, wird gebucht.

2) 2800	Bank	10350 DM
4800	Umsatzsteuer	3150 DM
6952	Einzelwertberichtigung	3000 DM
an 2401	Zweifelhafte Forderungen aus Lieferungen	16500 DM

Die Konten haben dann folgenden Stand:

S	2401 Zweifelh. Ford. a. Lief.		H
	34500	1)	18000
		2)	16500
	34500		34500

S	4800 Umsatzsteuer	H
2)	3150	4500

S	6952 Einzelwertber.	H
1)	18000	
2)	3000	

S	2800 Bank	H
2)	10350	

Fall 3: Der Vergleich kommt zu einem höheren Prozentsatz zustande.
Kommt der Vergleich zu einem höheren Prozentsatz zustande, als durch die Wertberichtigung berücksichtigt wurde, ist die Wertberichtigung zu hoch.

Beispiel
Im vorstehenden Beispielsfall beträgt die Vergleichsquote 50%.

Wertberichtigung: 30000 DM · 60% =	18000 DM
Zutreffende Wertberichtigung 30000 DM · 50% =	15000 DM
zu hohe Wertberichtigung	3000 DM

Die Wertberichtigung ist also um 3000 DM zu mindern: Haben-Buchung auf Konto 6952 Einzelwertberichtigung.

Die Umsatzsteuer ist zu berichtigen:

	Bemessungsgrundlage	USt
Ursprünglich	30000 DM · 15% =	4500 DM
Uneinbringlich 30000 DM x 50% =	15000 DM	
Neu aufgrund Vergleichs	15000 DM · 15% =	2250 DM
Weniger Umsatzsteuer		2250 DM

Die Umsatzsteuer ist also um 2250 DM zu mindern. Sollbuchung auf Konto 4800 Umsatzsteuer.
Aufgrund des Vergleichs hat also Unternehmer U eine Restforderung in Höhe von 15000 DM + 2250 DM Umsatzsteuer = 17250 DM. Diesen Betrag hat der Kunde zu zahlen. Überweist er auf das Bankkonto, ist also dort im Soll zu buchen.
Überweist daher der Kunde die Restforderung in Höhe von 17250 DM, wird gebucht:

2)	2800	Bank	17250 DM
	4800	Umsatzsteuer	2250 DM
an	6952	Einzelwertberichtigung	3000 DM
an	2401	Zweifelhafte Forderungen aus Lieferungen	16500 DM

Die Konten haben dann folgenden Stand:

S	2401 Zweifelh. Ford. a. Lief.		H
	34500	1)	18000
		2)	16500
	34500		34500

S	4800 Umsatzsteuer		H
2)	2250		4500

S	6952 Einzelwertber.		H
1)	18000	2)	3000

S	2800 Bank		H
2)	17250		

Aufgabe 43

Nach den Ausführungen in Abschnitt 11.6.1 betragen die Forderungen aus Lieferungen und Leistungen des Unternehmens U zum 31.12.01 nominal insgesamt 253692 DM.
Über das Vermögen des Kunden K1 wurde das Vergleichsverfahren eröffnet. Die Forderung des Unternehmens U gegen K1 beträgt 32200 DM einschließlich 15% Umsatzsteuer. U rechnet mit einer Vergleichsquote von 40%.
Über das Vermögen des Kunden K2 wurde das Konkursverfahren eröffnet. Gegen K2 hat U eine Forderung in Höhe von 48300 DM einschließlich 15% Umsatzsteuer. Der Konkursverwalter hat vor Aufstellung der Bilanz zum 31.12.01 mitgeteilt, daß die Konkursquote 20% beträgt.
Bilden Sie die Einzelwertberichtigungen, teilen Sie die Buchungssätze für die Umbuchungen mit und buchen Sie die Umbuchungen auf T-Konten. Für die Konkursforderung verwenden Sie bitte das Konto 2402.

Lösung

Als erster Schritt sind die Forderungen, die einzeln im Wert zu berichtigen sind, auf Konto Zweifelhafte Forderungen umzubuchen.

Umbuchung 14:

2401 Zweifelhafte Forderungen aus Lieferungen	32200 DM
an 2400 Forderungen aus Lieferungen	32200 DM

Umbuchung 15:

2401 Zweifelhafte Forderungen aus Lieferungen	48300 DM
an 2400 Forderungen aus Lieferungen	48300 DM

Über das Vermögen des Kunden K1 ist das Vergleichsverfahren lediglich eröffnet worden. Die Forderung ist zweifelhaft. Es wird der wahrscheinliche Ausfall der Forderung mit dem Nettowert abgeschrieben. Aus der Forderung muß daher zunächst die Umsatzsteuer herausgerechnet werden.

Umsatzsteuer: $32200 \text{ DM} \cdot \frac{15}{115} =$	4200 DM
Nettoforderung: 32200 DM – 4200 DM =	28000 DM
Wertberichtigung: 28000 DM · 60% =	16800 DM

Umbuchung 16:

6952 Einzelwertberichtigungen	16800 DM
an 2401 Zweifelhafte Forderungen	16800 DM

Stand der Konten:

S	2401 Zweifelh. Ford. a. Lief.		H
U14)	32200	U16)	16800

S	2400 Ford. aus Liefer.		H
	253692	U14)	32200

S	6952 Einzelwertber.		H
U16)	16800		

Die Forderung gegen K2 ist uneinbringlich in Höhe des Konkursausfalls von 80%. Es ändert sich daher auch die Bemessungsgrundlage für die Umsatzsteuer. Die Umsatzsteuer ist gemäß § 17 Abs. 2 Nr. 1 UStG zu berichtigen.

Umsatzsteuer: $48300 \text{ DM} \cdot \frac{15}{115} =$	6300 DM
Nettoforderung: 48300 DM – 6300 DM =	42000 DM

	Bemessungsgrundlage	USt
Ursprünglich	42000 DM · 15% =	6300 DM
Uneinbringlich 42000 DM · 80% =	33600 DM	
Neu aufgrund Konkurses	8400 DM · 15% =	1260 DM
Weniger Umsatzsteuer		5040 DM

U hat aufgrund des Konkurses eine Restforderung gegen K2 in Höhe von 8400 DM + 1260 DM Umsatzsteuer = 9660 DM. Die Umsatzsteuer hat sich um 5040 DM gemindert. Dieser Betrag ist auf dem Umsatzsteuerkonto im Soll als Abgang zu buchen. Die vom Konkursverwalter anerkannte Forderung wird gebucht auf Konto 2402 Konkursforderung.
U bucht daher:
Wertberichtigung der Forderung wegen Konkurs:

Umbuchung 17:

	6952 Einzelwertberichtigungen	33600 DM
an	2401 Zweifelhafte Forderungen	33600 DM

Umbuchung 18:

	2402 Konkursforderung	9660 DM
	4800 Umsatzsteuer	5040 DM
an	2401 Zweifelhafte Forderungen aus Lieferungen	14700 DM

Kontostand:

S 2401 Zweifelh. Ford. a. Lief. H

S		H	
U14)	32200	U16)	16800
U15)	48300	U17)	33600
		U18)	14700
		Saldo	15400
	80500		80500

S 2400 Ford. aus Liefer. H

S		H	
	253692	U14)	32200
		U15)	48300
		Saldo	173192
	253692		253692

S 6952 Einzelwertber. H

S		H	
U16)	16800		
U17)	33600		

H 2402 Konkursforderung H

H		H	
U18)	9660		

S 4800 Umsatzsteuer H

S		H	
U18)	5040		

Sie können auch so rechnen:

Zweifelhafte Forderungen	48 300 DM
Durch Konkursverwalter anerkannt 20% · 48 300	9 660 DM
Verlorene Restforderung	38 640 DM
USt 38 640 DM · $\frac{15}{115}$	5 040 DM
Netto	33 600 DM

Buchungssätze:

1) 2402 Konkursforderung	9 660 DM
an 2401 Zweifelhafte Forderung	9 660 DM
2) 6952 Einzelwertberichtigung	33 600 DM
4800 Umsatzsteuer	5 040 DM
an 2401 Zweifelhafte Forderung	38 640 DM

Die Summe der Haben-Buchungen auf Konto 2401 beträgt:
9 660 DM + 38 640 DM = 48 300 DM

11.6.4 Pauschalwertberichtigung

Nachdem die auf bestimmte Forderungen sich beziehenden Risiken durch Einzelwertberichtigungen berücksichtigt worden sind, bleibt der **Restbestand der Forderungen** noch risikobehaftet. Jede einzelne Forderung, die im verbleibenden Restbestand ausgewiesen wird, müßte also durch Einzelabschreibung mit dem zutreffenden Wert erfaßt werden. Das ist aber bei der Vielzahl der Forderungen in der Praxis kaum durchführbar. Daher wird die Abschreibung mit einem Prozentsatz des Forderungsbestandes geschätzt. Das ist die Pauschalwertberichtigung.

Durch die Pauschalwertberichtigung wird also jede einzelne Forderung mit dem geschätzten zutreffenden Wert erfaßt. Das Verfahren entspricht daher dem Grundsatz der **Einzelbewertung**. Es wird bei der Bewertung der einzelnen Forderungen die Höhe der Abschreibung geschätzt, indem ein Pauschalbetrag von allen Forderungen abgesetzt wird.

Sind die in bestimmten Forderungen enthaltenen Einzelrisiken durch Einzelwertberichtigung dieser Forderungen berücksichtigt worden, sind zunächst diese einzelwertberichtigten Forderungen aus dem Gesamtbestand der Forderungen auszusondern. Nur vom Restbestand darf die Pauschalwertberichtigung vorgenommen werden. Vor Durchführung der Pauschalwertberichtigung ist also umzubuchen:

2401 Zweifelhafte Forderungen
an 2400 Forderungen aus Lieferungen und Leistungen

Diese Umbuchung ist vor Durchführung der Einzelwertberichtigung im vorstehenden Abschnitt geschehen. Nach den Umbuchungen der beiden durch

Einzelwertberichtigung zu erfassenden Forderungen gegen die Kunden K1 und K2 hatten die Konten 2400 und 2401 folgenden Stand:

S	2401 Zweifelh. Ford. a. Lief.	H
U14)	32 200	
U15)	48 300	

S	2400 Ford. aus Liefer.		H
253 692	U14)		32 200
	U15)		48 300
	Saldo		173 192
253 692			253 692

Der Restbestand auf Konto 2400 Forderungen aus Lieferungen betrug also 173 192 DM brutto. Hiervon können daher die für jede der im Restbestand erfaßten Forderungen bestehenden Risiken durch Pauschalwertberichtigung berücksichtigt werden.
Die Pauschalwertberichtigung wird aufgrund der Erfahrungen des Betriebs **geschätzt**. Grundlage hierfür sind die in der Vergangenheit gewonnenen Erfahrungen. Es werden z. B. die Netto-Forderungsausfälle der letzten fünf Jahre in das Verhältnis zur Summe der Umsatzerlöse (ohne Bargeschäfte) gesetzt. Der gewonnene Prozentsatz ist dann der Abschreibungssatz für die Pauschalwertberichtigung.

Beispiel

Summe der Forderungsausfälle der Jahre 01 bis 05:	1 480 000 DM
Summe der Umsatzerlöse der Jahre 01 bis 05 ohne Barerlöse:	68 230 000 DM
In den Forderungsausfällen enthaltene Umsatzsteuer: $1\,480\,000 \text{ DM} \cdot \frac{15}{115} =$	193 043 DM

Summe der Nettoforderungsausfälle der Jahre 01 bis 05:
1 480 000 DM – 193 043 DM = 1 286 957 DM

$$\text{Ausfallwagnis} = \frac{1\,286\,957 \cdot 100}{68\,230\,000} = 1{,}89\%$$

Die Forderungen zum 31.12.05 betragen	15 780 000 DM
Einzelwertberichtigte Forderungen	620 000 DM
Rest	15 160 000 DM
Umsatzsteuer $15\,160\,000 \text{ DM} \cdot \frac{15}{115} =$	– 1 977 391 DM
Nettoforderungen	13 182 609 DM
Abschreibung 13 182 609 DM · 1,89% =	249 151 DM

Nach den Verwaltungsanweisungen kann nach vorheriger Aussonderung der Einzelwertberichtigungen eine Pauschalwertberichtigung in Höhe von **3% der Forderungen ohne Umsatzsteuer** anerkannt werden. Wurden daher im vorstehenden Beispiel die tatsächlichen Forderungsausfälle nicht ermittelt, so kann eine Abschreibung in Höhe von 13182609 DM · 3% = 395478 DM anerkannt werden.

Aufgabe 44

Nachdem Unternehmer U die Forderungen gegen die Kunden K1 und K2 einzelwertberichtigt hat, betrug der Restbestand der Forderungen aus Lieferungen auf Konto 2400 brutto 173192 DM.
Setzen Sie die Pauschalwertberichtigung in Höhe von 3% an, nennen Sie den Buchungssatz für die Umbuchung 19 und buchen Sie dann auf T-Konten. Buchen Sie die Pauschalwertberichtigung auf Konto 6953 Pauschalwertberichtigungen.

Lösung

Umsatzsteuer: $173192 \text{ DM} \cdot \frac{15}{115} =$	22590 DM
Nettoforderung: 173192 DM – 22590 DM =	150602 DM
Abschreibungsbetrag: 150602 DM · 3% =	4518 DM

Umbuchung 19:

6953 Pauschalwertberichtigungen	4518 DM
an 2400 Forderungen aus Lieferungen	4518 DM

Kontenstand:

S	2400 Ford. aus Liefer.		H
253692	U14)	32200	
	U15)	48300	
	U19)	4518	
	Saldo	168674	
253692		253692	

S	6953 Pauschalwertber.	H
U19)	4518	

11.7 Rechnungsabgrenzungsposten

Es gibt Ausgaben und Einnahmen des abgelaufenen Geschäftsjahrs, die erfolgsmäßig zum folgenden oder einem späteren Geschäftsjahr gehören. Sie gehen also als Aufwendungen und Erträge in eine Periode nach dem Bilanzstichtag hinüber. Hinübergehen heißt lateinisch transire. Daher heißen die Posten, durch die Ausgaben und Einnahmen des abgelaufenen Geschäftsjahrs als Aufwendungen und Erträge in eine Periode nach dem Bilanzstichtag hinübergehen, **transitorische Rechnungsabgrenzungsposten**.

Auf der anderen Seite gibt es Ausgaben und Einnahmen einer Periode nach dem Bilanzstichtag, die erfolgsmäßig zum abgelaufenen Geschäftsjahr gehören. Diese Ausgaben und Einnahmen müssen daher als Aufwendungen und Einnahmen vorweggenommen werden. Lateinisch heißt vorwegnehmen anticipare. Diese Posten heißen daher **antizipative Posten**.

Wir machen uns klar:	
Transitorische Posten	Antizipative Posten
Hinübergehen	Vorwegnehmen
von Ausgaben und Einnahmen	
des abgelaufenen Geschäftsjahrs	eines künftigen Geschäftsjahrs
als Geschäftserfolg	
in die künftigen Geschäftsjahre	in das abgelaufene Geschäftsjahr

Diese zeitlichen Abgrenzungen beziehen sich also auf die Zeit vor und nach dem Bilanzstichtag. Abgegrenzt werden Ausgaben und Einnahmen, soweit sie erfolgsmäßig zu einer anderen Periode gehören.

Abgrenzung der transitorischen
von den antizipativen Posten

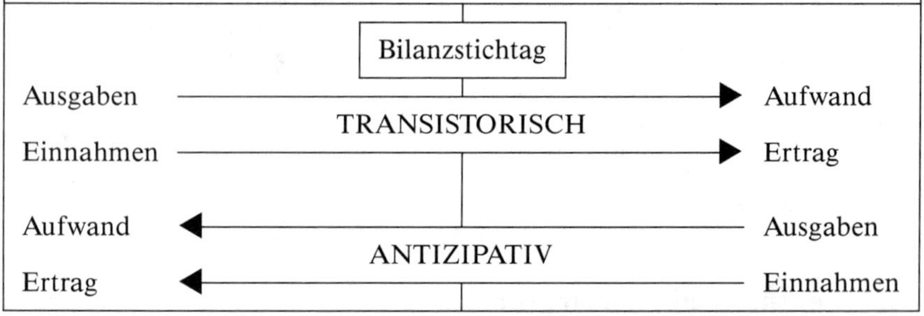

Gesetzlich sind die **transitorischen Rechnungsabgrenzungsposten** wie folgt geregelt:

Aktive Rechnungsabgrenzungsposten

Als Rechnungsabgrenzungsposten sind auf der Aktivseite Ausgaben vor dem Abschlußstichtag auszuweisen, soweit sie Aufwand für eine bestimmte Zeit nach diesem Tag darstellen (§ 250 Abs. 1 Satz 1 HGB).

Als Rechnungsabgrenzungsposten sind nur anzusetzen auf der Aktivseite Ausgaben vor dem Abschlußstichtag, soweit sie Aufwand für eine bestimmte Zeit nach diesem Tag darstellen (§ 5 Abs. 1 Satz 1 Nr. 1 EStG).

Passive Rechnungsabgrenzungsposten

Auf der Passivseite sind als Rechnungsabgrenzungsposten Einnahmen vor dem Abschlußstichtag auszuweisen, soweit sie Ertrag für eine bestimmte Zeit nach diesem Tag darstellen (§ 250 Abs. 2 HGB).
Als Rechnungsabgrenzungsposten sind nur anzusetzen auf der Passivseite Einnahmen vor dem Abschlußstichtag, soweit sie Ertrag für eine bestimmte Zeit nach diesem Tag darstellen (§ 5 Abs. 5 Satz 1 Nr. 2 EStG).

Beispiele
Transitorische Abgrenzung:
1. Zahlung der Kfz-Versicherung im alten Jahr für das folgende Jahr.
2. Mieteinnahme im alten Jahr für das folgende Jahr.

Buchungen:

Ausgaben im alten Jahr als Aufwand für das folgende Jahr	
Buchung bei der Ausgabe	Aufwand an Bank
Buchung zum Jahresabschluß	Aktiver Rechnungsabgrenzungsposten an Aufwand
Buchung im folgenden Jahr	Aufwand an Aktiver Rechnungsabgrenzungsposten

Einnahmen im alten Jahr als Ertrag für das folgende Jahr	
Buchung bei der Einnahme	Bank an Ertrag
Buchung zum Jahresabschluß	Ertrag an Passiver Rechnungsabgrenzungsposten
Buchung im folgenden Jahr	Passiver Rechnungsabgrenzungsposten an Ertrag

Die Zeit, für die Ausgaben und Einnahmen des abgelaufenen Geschäftsjahrs Erfolg nach dem Bilanzstichtag sind, muß bestimmt sein, d. h. kalendermäßig feststehen.

Wir merken uns:

Ausgaben im alten Geschäftsjahr werden insoweit **aktiv abgegrenzt**, als sie Aufwendungen für ein späteres Geschäftsjahr sind.
Einnahmen im alten Geschäftsjahr werden insoweit **passiv abgegrenzt**, als sie Erträge für ein späteres Geschäftsjahr sind.
Die **Zeit**, in der sich die Ausgaben und Einnahmen als Geschäftserfolg auswirken, muß kalendermäßig **bestimmt** sein.

Beim Jahresabschluß sind daher Erfolgskonten zu überprüfen, inwieweit als Ertrag gebuchte Einnahmen und als Aufwand gebuchte Aufwendungen erfolgsmäßig zu einer späteren Periode gehören. Abzugrenzende Geschäftserfolge stehen insbesondere auf folgenden Erfolgskonten:

5400 Erlöse aus Vermietung und Verpachtung
5700 Zinserträge
6200 Löhne
6300 Gehälter
6400 Soziale Abgaben
6700 Mietaufwendungen
6900 Versicherungsaufwendungen
7030 Kraftfahrzeugsteuer
7500 Zinsaufwendungen

Aufgabe 45

1. Unternehmer U hat ein Geschäftslokal in dem Betriebsgebäude an M vermietet für 3 500 DM monatlich. Die Miete ist vierteljährlich im voraus zu zahlen. Das Mietverhältnis begann am 1.12.01. Daher hat M am 5.12.01 die Miete für die Zeit vom 1.12.01 bis 28.2.02 in Höhe von 10 500 DM überwiesen.
2. Die Versicherungen für die Betriebsgebäude und die Maschinen sind jeweils am 1.10. fällig und sind dann für ein Jahr im voraus zu zahlen. U hat die Jahresprämie für die Zeit vom 1.10.01 bis 30.9.02 am 10.10.01 in Höhe von 12 000 DM überwiesen.
3. Am 5.11.01 hat U die Kfz-Steuer in Höhe von 3 500 DM für die Zeit vom 1.11.01 bis 30.11.02 für die betrieblichen Kfz überwiesen.
4. Am 5.8.01 hat U ein betriebliches Darlehen in Höhe von 300 000 DM, das eine Laufzeit von 5 Jahren hat, aufgenommen. Das Darlehen soll nach Ablauf der Laufzeit in einer Summe zurückgezahlt werden. Er hat gebucht:

2800 Bank	285 000 DM
7500 Zinsaufwand	15 000 DM
an 4100 Schulddarlehen	300 000 DM

Stellen Sie die Buchungssätze für die Umbuchungen auf.

Buchen Sie die aktiven Rechnungsabgrenzungsposten auf Konto 2900 Aktive Rechnungsabgrenzung und die passiven Rechnungsabgrenzungsposten auf Konto 4900 Passive Rechnungsabgrenzung.

Lösung

1. Die Miete ist für 3 Monate im voraus vereinnahmt worden. Der Mietertrag für die Zeit vom 1.12. bis 31.12.01, also für einen Monat, entfällt auf das abgelaufene Jahr. Für die Zeit vom 1.1. bis 28.2.02, also für zwei Monate, gehört der Mietertrag in die Zeit nach dem Abschlußstichtag. 2/3 der Mieteinnahmen sind daher passiv abzugrenzen: 2/3 · 10500 DM = 7000 DM.

   Umbuchung 20:

5400 Mieterträge	7000 DM
an 4900 Passive Rechnungsabgrenzung	7000 DM

2. Die Versicherungsaufwendungen wurden am 1.10.01 für 12 Monate im voraus gezahlt. Der Betrag für die Zeit vom 1.10. bis 31.12.01, also für 3 Monate, entfällt auf das Jahr 01, die Restzahlung für die Zeit vom 1.1 bis 30.9.02, also für 9 Monate, entfällt auf das Jahr 02. 9/12 von 12000 DM = 9000 DM sind daher aktiv abzugrenzen.

   Umbuchung 21:

2900 Aktive Rechnungsabgrenzung	9000 DM
an 6900 Versicherungen	9000 DM

3. Die Kfz-Steuerzahlung entfällt, soweit sie für die Zeit vom 1.1. bis 30.11.02 überwiesen worden ist, auf das Jahr 02. 11/12 · 3500 DM = 3208 DM sind also aktiv abzugrenzen.

   Umbuchung 22:

2900 Aktive Rechnungsabgrenzung	3208 DM
an 7010 Kfz-Steuer	3208 DM

4. Der bei Auszahlung des Darlehens einbehaltene Betrag, das sogenannte Damnum, ist zusätzlicher Zinsaufwand für die Laufzeit des Darlehens, also für 5 · 12 Monate = 60 Monate. 5 Monate entfallen auf das Jahr 01, 55 Monate auf die Zeit nach dem Abschlußstichtag. Die Zahlung von 15000 DM ist also in Höhe von 55/60 · 15000 DM = 13750 DM aktiv abzugrenzen.

   Umbuchung 23:

2900 Aktive Rechnungsabgrenzung	13750 DM
an 7500 Zinsaufwand	13750 DM

Das **Damnum** ist ein Rechnungsabgrenzungsposten eigener Art. Der Industriekontenrahmen sieht daher hierfür ein besonderes Konto vor: 290 Disagio. Handelsrechtlich besteht hierfür ein Aktivierungswahlrecht und ein Gebot zur planmäßigen Abschreibung auf die Laufzeit des Darlehens (§ 250 Abs. 3 HGB), steuerrechtlich ein Aktivierungs- und Abschreibungsgebot[10]. Ein aktiviertes Damnum wird also in jedem Jahr der Laufzeit des Darlehens durch planmäßige Abschreibung getilgt durch die Buchung:

7540 Abschreibung auf Disagio
an 2900 Disagio.

Bei dem Schulddarlehen ist zu unterscheiden, ob es sich um ein Fälligkeitsdarlehen oder um eine Tilgungsdarlehen handelt.

Als **Fälligkeitsdarlehen** soll das Darlehen bei Fälligkeit in einer Summe zurückgezahlt werden. Es steht daher bis zur Fälligkeit in voller Höhe zur Verfügung. Das Damnum bezieht sich hier als Nutzungsentgelt auf ein innerhalb der Laufzeit stets gleichhohes Darlehen und ist somit in gleichhohen Jahresbeträgen, also linear, abzuschreiben.

In der Aufgabe 45 handelte es sich um ein Fälligkeitsdarlehen. Das Damnum war daher linear abzuschreiben. Zeitanteilig entfallen 5/60 des Damnums als Aufwand auf das Jahr 01 (5/60 x 15000 DM = 1250 DM). Dem haben wir in der Lösung der Aufgabe dadurch entsprochen, daß wir den Differenzbetrag in Höhe von 137550 DM aktiv abgegrenzt haben. Vom Damnum sind in jedem folgenden Jahr 12/60 (12/60 x 15000 DM = 3000 DM) abzuschreiben, im letzten Jahr der Laufzeit des Darlehens 7/60 (7/60 x 15000 DM = 1750 DM).

Wir haben das Damnum als Rechnungsabgrenzungsposten aktiviert. Korrekt wäre es gewesen, nachdem der Unternehmer das Damnum bei der Auszahlung des Darlehens als Zinsaufwand gebucht hat, wie folgt umzubuchen:

2900	Disagio	15000 DM
an 7500	Zinsaufwand	15000 DM
7540	Abschreibung auf Disagio	1250 DM
an 2900	Disagio	1250 DM

Wir wollen die Lösung der Aufgabe jetzt nicht mehr korrigieren. In Zukunft werden wir das Danum aber von vornherein in voller Höhe aktivieren und anschließend abschreiben, wie wir es zum Schluß getan haben.

Bei einem **Tilgungsdarlehen** wird hingegen das Darlehen mit jährlich in der Regel gleichhohen Beträgen laufend getilgt. Die Kapitalnutzung verringert sich also von Jahr zu Jahr um gleichhohe Differenzbeträge. Sie nimmt in arithmetischer Reihe ab. Da das Damnum Entgelt für die Kapitalnutzung ist, muß es ebenfalls von Jahr zu Jahr mit jeweils gleicher Differenz abnehmen.

[10] Abschnitt 37 Abs. 3 EStR.

Es ist daher arithmetisch degressiv (digital) abzuschreiben. Der Differenzbetrag zwischen den Jahresabschreibungen ergibt sich wie folgt:

$$\text{Differenzbetrag} = \frac{\text{Damnum}}{\text{Summe der Jahre}}$$

In der Aufgabe 45 wäre das Damnum wie folgt abzuschreiben, wenn das Darlehen ein Tilgungsdarlehen wäre:

$$\text{Differenzbetrag} = \frac{15000 \text{ DM}}{1 + 2 + 3 + 4 + 5}$$

$$= \frac{15000 \text{ DM}}{15}$$

$$= 1000 \text{ DM}$$

Abschreibungsbeträge:

1. Jahr 5 x 1000 DM =	5000 DM, zeitanteilig 5/12 x 5000 =		2083 DM
2. Jahr 4 x 1000 DM =			4000 DM
3. Jahr 3 x 1000 DM =			3000 DM
4. Jahr 2 x 1000 DM =			2000 DM
5. Jahr 1 x 1000 DM =		1000 DM	
	zuzüglich 5000 – 2082 DM =	2917 DM	3917 DM
			15000 DM

In diesem Fall wird im letzten Jahr, in dem vom Darlehen nur noch 1/5 zur Verfügung steht, ein unverhältnismäßig hoher Betrag abgeschrieben. Es wäre daher zutreffender, im Jahr der Auszahlung des Darlehens die digitale Abschreibung, ebenso wie auch sonst die degressive Abschreibung, in voller Höhe vorzunehmen, also 5000 DM abzuschreiben.

Antizipativa werden bilanziert, wenn im folgenden Jahr Zahlungen geleistet oder eingenommen werden, die als Geschäftserfolg dem abgelaufenen Geschäftsjahr zuzurechnen sind. Dann sind hierfür Verbindlichkeiten oder Forderungen auszuweisen.

Die Ausgaben und Einnahmen im folgenden Geschäftsjahr für das **abgelaufene Geschäftsjahr** werden also antizipiert, erfolgsmäßig vorweggenommen, durch die Buchungen:

Aufwand an sonstige Verbindlichkeiten

Sonstige Forderungen an Ertrag

Bei Zahlung im **folgenden Geschäftsjahr** wird gebucht:

Sonstige Verbindlichkeiten an Bank

Bank an Sonstige Forderungen

Wir merken uns:

1. **Ausgaben** im folgenden Geschäftsjahr, die als Aufwendungen dem abgelaufenen Geschäftsjahr zuzurechnen sind, werden gebucht
   a) im abgelaufenen Geschäftsjahr: Aufwand
   an Sonstige Verbindlichkeit
   b) im folgenden Geschäftsjahr: Sonstige Verbindlichkeit
   an Bank
2. **Einnahmen** im folgenden Geschäftsjahr, die als Erträge dem abgelaufenen Geschäftsjahr zuzurechnen sind, werden gebucht
   a) im abgelaufenen Geschäftsjahr: Sonstige Forderung
   an Ertrag
   b) im folgenden Geschäftsjahr: Bank
   an Sonstige Forderung

Aufgabe 46

1. U hat einen Teil des betrieblichen Grund und Bodens als Lagerplatz an M vermietet. M zahlt den Mietzins in Höhe von 1200 DM für Dezember 01 erst am 8.1.02. U hat nicht auf die Umsatzsteuerbefreiung verzichtet. Der Buchhalter hat im Jahr 02 gebucht:

2800 Bank	1200 DM
an 5400 Mieterträge	1200 DM

2. U hat am 10.12.01 eine Maschine reparieren lassen. Er erhielt am 28.12.01 eine Rechnung:

Reparatur	3500 DM
Umsatzsteuer	525 DM
	4025 DM

U überwies am 10.1.02 unter Abzug von 2% Skonto. Daraufhin wurde gebucht:

6100 Reparaturaufwand	3500 DM
2600 Vorsteuer	525 DM
an 2800 Bank	3955 DM
an 5160 Skontoertrag	70 DM

Die Minderung der Bemessungsgrundlage für die Vorsteuer um den Skonto wurde gebucht:

$$70{,}00 \text{ DM} \cdot \frac{15}{115} = 9{,}13 \text{ DM}.$$

	5160 Skontoertrag	9,13 DM
an	2600 Vorsteuer	9,13 DM

Welche Umbuchungen muß U zum Abschluß des Geschäftsjahrs 01 noch durchführen?

Lösung

1. Die Mietzahlung am 8.1.02 rechnet als Ertrag zum Geschäftsjahr 01. Es ist daher zum Jahresabschluß zu buchen:

   Umbuchung 24:

	2660 Sonstige Forderungen	1200 DM
an	5400 Mieterträge	1200 DM

2. Der Reparaturaufwand ist im Geschäftsjahr 01 verursacht worden. Die sonstige Leistung wurde an das Unternehmen U im Jahr 01 ausgeführt. In den Besteuerungszeitraum des Jahres 01 fällt der auf die Reparaturrechnung entfallende Vorsteuerabzug.

   Umbuchung 25:

	6100 Reparaturaufwand	3500 DM
	2600 Vorsteuer	525 DM
an	4800 Sonstige Verbindlichkeiten	4025 DM

Die **Mietzahlung** des M wurde im Jahr 02 als Ertrag gebucht. Sie wird durch die Umbuchung 24 dem Geschäftsjahr 01 als Ertrag zugerechnet. Daher muß die Buchung Bank an Mietertrag im Jahr 02 storniert werden durch die Buchung:

	5400 Mieterträge	1200 DM
an	2660 Sonstige Forderungen	1200 DM

Im Ergebnis wird daher gebucht:

Jahr 01

	2660 Sonstige Forderungen	1200 DM
an	5400 Mieterträge	1200 DM

Jahr 02

	2800 Bank	1200 DM
an	2660 Sonstige Forderungen	1200 DM

Es wird also im Jahr 01 der Ertrag und im Jahr 02 erfolgsneutral die Zahlung gebucht.

Die **Reparatur** wurde zunächst im Jahr 02 als Aufwand gebucht. Ferner wurde die Vorsteuer dem Jahr 02 zugeordnet. Durch die Umbuchung 25 wurden der Aufwand und der Vorsteuerabzug dem Geschäftsjahr 01 zugerechnet. Daher sind Aufwand- und Vorsteuerbuchung im Geschäftsjahr 02 zu stornieren durch die Buchung:

4800	Sonstige Verbindlichkeiten	4025 DM
an 6100	Reparaturaufwand	3500 DM
an 2600	Vorsteuer	525 DM

Im Ergebnis ist daher die Reparatur gebucht worden:

Jahr 01

6100	Reparaturaufwand	3500 DM
2600	Vorsteuer	525 DM
an 4800	Sonstige Verbindlichkeiten	4025 DM

Jahr 02

4800	Sonstige Verbindlichkeiten	4025 DM
an 2800	Bank	3955 DM
an 5160	Skontoertrag	70 DM

Im Jahr 01 wird also der Aufwand und im Jahr 02 erfolgsneutral die Zahlung gebucht.

Skontoertrag und die darauf entfallende Minderung der Bemessungsgrundlage für den Vorsteuerabzug entfallen auf das Jahr 02. Insoweit wird daher nicht umgebucht.

11.8 Rückstellungen

Aufwendungen, die im Geschäftsjahr wirtschaftlich verursacht worden sind, die nach Entstehen oder Höhe oder nach Entstehen und Höhe noch unbestimmt sind, für die aber das Unternehmen wahrscheinlich in Anspruch genommen werden wird, sind als Geschäftserfolg dem Geschäftsjahr zuzurechnen. Es wird gebucht:

Aufwandskonto an Rückstellung

Wir merken uns:

Rückstellungen werden passiviert für Aufwendungen, die

1. im abgelaufenen Geschäftsjahr wirtschaftlich verursacht worden sind,
2. erst im folgenden oder einem späteren Geschäftsjahr zu Ausgaben führen,

3. unbestimmt sind
   a) dem Grunde oder der Höhe nach oder
   b) dem Grunde und der Höhe nach,
4. wahrscheinlich anfallen.

Es wird gebucht
- im Jahr des wirtschaftlichen Entstehens: Aufwand an Rückstellung (erfolgswirksam),
- im Jahr der Zahlung: Rückstellung an Bank (erfolgsneutral).

Nach § 249 HGB gibt es fünf **Rückstellungsgründe**:
1. Ungewisse Verbindlichkeiten.
2. Drohende Verluste aus schwebenden Geschäften.
3. Im Geschäftsjahr unterlassene Aufwendungen für Instandhaltung oder Abraumbeseitigung.
4. Ohne rechtliche Verpflichtung erbrachte Gewährleistungen.
5. Am Abschlußstichtag wahrscheinliche oder sichere, aber hinsichtlich ihrer Höhe oder des Zeitpunkts ihres Eintritts unbestimmte Aufwendungen.

Die ersten beiden Rückstellungsgründe sind die wichtigsten und häufigsten. Bei den **ungewissen Verbindlichkeiten** bestehen Verpflichtungen gegenüber Dritten oder öffentlich-rechtliche Verpflichtungen. Gegenüber Unternehmen oder Privatpersonen genügt ein Verhältnis, aus dem sich eine faktische Verpflichtung oder eine Verpflichtung nach Treu und Glauben ergibt.
Zu den Rückstellungen für ungewisse Verbindlichkeiten gehören insbesondere:
- Gewerbesteuerrückstellung,
- Garantierückstellung,
- Rückstellung für Wechselobligo,
- Rückstellung für Rekultivierung und Beseitigung von Pachtanlagen,
- Rückstellung für Jahresabschlußkosten,
- Rückstellungen für Schadensersatz,
- Rückstellungen für Handelsvertreteransprüche,
- Rückstellung für Urlaubsansprüche von Arbeitnehmern,
- Jubiläumsrückstellungen,
- Pensionsrückstellungen.

Drohende Verluste aus schwebenden Geschäften setzen einen vom Unternehmer noch nicht erfüllten gegenseitigen Vertrag voraus, bei dem der Wert der Leistung des Unternehmers höher als der Wert der Gegenleistung ist. Als gegenseitige Verträge, aus denen Verluste drohen können, kommen in Betracht:

- Beschaffungsgeschäfte, z. B. Kaufverträge, Werklieferungsverträge, Werkverträge, aufgrund deren der Unternehmer einen Anspruch auf Lieferung oder Leistung hat;
- Absatzgeschäfte, z. B. Kaufverträge, Werklieferungsverträge oder Werkverträge, aufgrund deren der Unternehmer zur Lieferung oder Leistung verpflichtet ist;
- Dauerrechtsverhältnisse, z. B. Dienst- oder Arbeitsverträge, Miet- oder Pachtverträge, Leasingverträge.

Sind die Voraussetzungen einer Rückstellung für ungewisse Verbindlichkeit oder für drohenden Verlust aus schwebendem Geschäft erfüllt, muß die Rückstellung bilanziert werden. Es besteht dann also ein **Passivierungsgebot**.
Im Rahmen dieses Buches können die einzelnen Rückstellungsfälle nicht besprochen werden[11]. Da im Rahmen der Abschlußbuchungen stets **Gewerbesteuerrückstellungen** bilanziert werden, soll deren Bildung anhand eines Beispiels gezeigt werden.

Beispiel:
Im Rahmen des Jahresabschlusses eines Unternehmens sind folgende Daten gegeben:

1.	Vorläufiger steuerlicher Gewinn	210 460 DM
2.	GewSt-Vorauszahlungen	16 000 DM
3.	Kurzfristige Verbindlichkeiten	299 540 DM
4.	Darlehensschulden	210 000 DM
5.	Einheitswert des Betriebsvermögens	950 000 DM
6.	Einheitswert der Betriebsgrundstücke	310 000 DM
7.	Dauerschuldzinsen	10 610 DM
8.	Hebesatz der Gemeinde 300%	

Ausgangswert der Ermittlung ist der vorläufige steuerliche Gewinn. Das ist der gewerbliche Gewinn (Verlust) vor Gewerbesteuer. Er wird wie folgt ermittelt:

Vorläufiger steuerlicher Gewinn		
	Handelsbilanzgewinn	
+/–	steuerliche Korrekturen	(z. B. gemäß steuerlicher Außenprüfung, Herabsetzung überhöhter AfA, Verminderung überhöhter Pauschalwertberichtigung usw.)
=	vorläufiger steuerlicher Gewinn (vor Gewerbesteuer)	

Die Gewerbesteuerrückstellung bemißt sich nach der Summe aus **Gewerbeertragsteuer** und **Gewerbekapitalsteuer**.

[11] Siehe hierzu die Bücher des Verfassers „Bilanztraining" und „Bilanz-Praxis", erschinen im Haufe Verlag, Freiburg.

Schema zur Ermittlung der Gewerbeertragsteuer	
	Vorläufiger steuerlicher Gewinn
+	GewSt-Vorauszahlungen
+	50% der Dauerschuldzinsen
+	Renten und dauernde Lasten aus Gründung oder Erwerb
+	50% bestimmter Miet-/Pachtzinsen
–	1,2% von 140% des Einheitswerts des betrieblichen Grundvermögens
–	gewerbesteuerlicher Verlustvortrag
=	Gewerbeertrag vor Gewerbeertragsteuer abgerundet auf volle 100 DM
–	Freibetrag nach § 11 Abs. 1 GewStG
x	Steuermeßzahl (§ 11 Abs. 2 und 3 GewStG)
=	Meßbetrag
x	Hebesatz
=	Gewerbeertragsteuer

Die **Vorauszahlungen zur Gewerbesteuer** wurden im Laufe des Jahres als Aufwendungen gebucht und haben daher das Geschäftsergebnis gemindert. Die Gewerbesteuerrückstellung berücksichtigt die aufgrund des vollen Geschäftsergebnisses geschuldete Gewerbesteuer. Daher müssen die Gewerbesteuervorauszahlungen wieder hinzugerechnet werden:

Vorläufiger steuerlicher Gewinn am 31.12.01	210460 DM
+ GewSt-Vorauszahlungen	16000 DM
Zwischensumme 1	226460 DM

Bemessungsgrundlage für die Gewerbeertragsteuer ist der **Gewerbeertrag**. Das ist der nach den Vorschriften des Einkommensteuergesetzes zu ermittelnde Gewinn aus Gewerbebetrieb für den Veranlagungszeitraum

- vermehrt um die in § 8 GewStG bezeichneten Beträge und
- vermindert um die in § 9 GewStG bezeichneten Beträge (§ 7 GewStG).

Im Ausgangsfall kommen als Hinzurechnungen in Frage die Hälfte der **Dauerschuldzinsen**. Das sind Entgelte für Schulden, die wirtschaftlich mit der Gründung oder dem Erwerb des Betriebs oder eines Anteils am Betrieb oder mit einer Erweiterung des Betriebs zusammenhängen oder der nicht nur vorübergehenden Verstärkung des Betriebskapitals dienen (§ 8 Nr. 1 GewStG).

Zwischensumme 1	226460 DM
+ 50% x 10610 DM	5305 DM
Zwischensumme 2	231765 DM

An Kürzungen kommen hier **1,2% des Einheitswerts des zum Betriebsvermögen gehörenden Grundbesitzes** in Betracht (§ 9 Nr. 1 GewStG). Gemäß § 121 a BewG sind die Betriebsgrundstücke mit 140% des Einheitswerts anzusetzen.

Grund für die Kürzung:

Gewerbesteuer und Grundsteuer sind Gemeindesteuern. Der Grundbesitz des Unternehmens unterliegt bereits der Grundsteuer. Um eine Doppelbesteuerung zu vermeiden, sollen die hieraus erwirtschafteten Erträge nicht noch zusätzlich der Gewerbesteuer unterworfen werden. Die aus den Betriebsgrundstücken erwirtschafteten Erträge werden mit 1,2% von 140% des Einheitswerts pauschaliert.

Zwischensumme 2			231765 DM
Einheitswert der Betriebsgrundstücke	310000 DM		
140% davon	434000 DM		
x 1,2%	5208 DM	–	5208 DM
Zwischensumme 3			226557 DM

Die Zwischensumme 3 ist der **Gewerbeertrag** vor Gewerbeertragsteuer. Er ist nach § 11 Abs. 1 Satz 2 GewStG auf volle 100 DM abzurunden:

	226500 DM	
–	48000 DM	
=	178500 DM	

	178500 DM		
–	24000 DM	x 1% =	240 DM
	154500 DM		
–	24000 DM	x 2% =	480 DM
	130500 DM		
–	24000 DM	x 3% =	720 DM
	106500 DM		
–	24000 DM	x 4% =	960 DM
	82500 DM	x 5% =	4125 DM
	Steuermeßbetrag		6525 DM
x	Hebesatz 300%		
=	Gewerbeertragssteuer		19575 DM

Schema zur Ermittlung der Gewerbekapitalsteuer
Einheitswert des Betriebsvermögens
+ (Dauerschulden – 50000 DM) x 50%
+ Renten und dauernde Lasten aus Gründung oder Erwerb
– 140% des Einheitswerts der Betriebsgrundstücke

= Gewerbekapital abgerundet auf volle TDM – Freibetrag 120000 DM
= maßgebendes Gewerbekapital x 2 ‰
= Meßbetrag x Hebesatz
= Gewerbekapitalsteuer

Ausgangswert ist der **Einheitswert des gewerblichen Betriebs** im Sinne des Bewertungsgesetzes (§ 12 Abs. 1 GewStG). Hinzuzurechnen ist die Hälfte der um 50000 DM verminderten **Dauerschulden** (§ 12 Abs. 2 Nr. 1 Satz 2 GewStG).

Einheitswert des Betriebsvermögens	950000 DM
+ (Dauerschulden – 50000 DM) x 50%	
(210000 DM – 50000 DM) x 50% =	80000 DM
Zwischensumme 1	1030000 DM

140% des Einheitswerts der Betriebsgrundstücke wird auch der Grundsteuer unterworfen. Zur Vermeidung einer Doppelbesteuerung ist dieser Betrag daher von der Bemessungsgrundlage für die Gewerbekapitalsteuer zu kürzen (§ 12 Abs. 3 Nr. 1 GewStG):

Zwischensumme 1		1030000 DM
Einheitswert der Betriebsgrundstücke	310000 DM	
x 140%	434000 DM	– 434000 DM
Freibetrag (§ 13 Abs. 1 GewStG)		– 120000 DM
maßgebendes Gewerbekapital		476000 DM
x 2‰ (Steuermeßzahl nach § 13 Abs. 2 GewStG)		
= Meßbetrag für die Gewerbekapitalsteuer		952 DM
x Hebesatz 300%		
= **Gewerbekapitalsteuer**		2856 DM

Gewerbeertragsteuer	19575 DM
Gewerbekapitalsteuer	2856 DM
vorläufige Gewerbesteuer	22431 DM

Die Gewerbeertragsteuer richtet sich nach dem Gewinn des Unternehmens. Dieser wird durch die Gewerbesteuerrückstellung gemindert. Die Höhe der Gewerbesteuerrückstellung kann daher nur im Wege der Annäherung ermit-

telt werden. Sie kann in Höhe von 9/10 des Betrags der Gewerbesteuer angesetzt werden, die sich ohne Berücksichtigung der Gewerbesteuer als Betriebsausgabe ergeben würde[12].
Die gezahlten Gewerbesteuervorauszahlungen des abgelaufenen Jahres sind bereits als Aufwand gebucht worden. Sie sind daher zu kürzen.

9/10 · 22431 DM	20188 DM
GewSt-Vorauszahlungen	– 16000 DM
	4188 DM
aufgerundet auf volle 50 DM	
Gewerbesteuerrückstellung	4200 DM

Genauer wird die Rückstellung nach der **Divisor-Methode** berechnet:

$$\text{Divisor} = \frac{5 \cdot \text{Hebesatz}}{10000} + 1 = \frac{5 \cdot 300}{10000} + 1 = \frac{1500}{10000} + 1 = 1\frac{15}{100} = 1{,}15$$

$$\text{Rückstellung} = \frac{\text{vorläufige GewSt}}{\text{Divisor}} - \text{GewSt-Vorauszahlungen}$$

$$= \frac{22431}{1{,}15} - 16000$$

$$= 19505 - 16000$$

$$= 3505 \text{ DM}$$

Die exakte mathematische Berechnung ergibt also einen niedrigeren Rückstellungsbetrag als nach der 9/10-Methode. Aus Gründen der Vorsicht kann aber in der Handelsbilanz der geschätzte höhere Rückstellungsbetrag ausgewiesen werden. In der Steuerbilanz kann ebenfalls der geschätzte höhere Betrag bilanziert werden, da Schätzungen in Verwaltungsanweisungen aus Gründen der Gleichbehandlung zu einer Selbstbindung der Verwaltung führen[13].
Der für die Berechnung der Gewerbesteuerrückstellung als Ausgangswert benötigte vorläufige Gewinn ergibt sich aus der Hauptabschlußübersicht. Um ihn zu erhalten, müssen wir die Hauptabschlußübersicht zunächst weiterentwickeln. Als vorletzten Schritt ermitteln wir dann die Gewerbesteuerrückstellung anhand der Schemata, die unserer Beispielberechnung zugrunde lagen.

[12] Abschnitt 22 Abs. 2 EStR
[13] BHF, Urteil vom 12.4.1984 IV R 112/81, BStBl. 1984 II S. 554.

11.9 Hauptabschlußübersicht Abschlußteil

11.9.1 Umbuchungsspalte

Wir könnten nun die Umbuchungen, die wir anhand der Aufgaben in diesem Kapitel durchgeführt haben, in die Umbuchungsspalte der Hauptabschlußübersicht übertragen. Da aber verschiedene Konten von mehreren Umbuchungen betroffen werden, könnte leicht die Übersichtlichkeit der Umbuchungsspalte verlorengehen.
Deshalb übernehmen wir die Umbuchungen zunächst in eine **Umbuchungsvorspalte**, fassen dann die jeweils ein Konto betreffenden Umbuchungen zusammen und übertragen dann erst die gefundenen Beträge in die Umbuchungsspalte der Hauptabschlußübersicht.

Umbuchungsvorspalte				
Umbuchungs-Nr.	Soll		Haben	
	Konto	Betrag	Konto	Betrag
1	6500	8000	0510	8000
2	6500	18520	0510	18520
3	6500	35000	0700	35000
4	0700	2000	6100	2000
5	6500	14100	0700	14100
6	6500	50000	0800	50000
7	6500	12000	0800	12000
8	8010	280000	2100	280000
9	8010	240000	2200	240000
10	2100	70000	5200	70000
11	5210	110000	2200	110000
12	5200	70000	8020	70000
13	8020	110000	5210	110000
14	2401	32200	2400	32200
15	2401	48300	2400	48300
16	6952	16800	2401	16800
17	6952	33600	2401	33600
18	2402	9660		
	4800	5040	2401	14700
19	6953	4518	2400	4518
20	5400	7000	4900	7000
21	2900	9000	6900	9000
22	2900	3208	7010	3208

Umbuchungs-Nr.	Soll		Haben	
	Konto	Betrag	Konto	Betrag
23	2900	13750	7500	13750
24	2660	1200	5400	1200
25	6100	3500		
	2600	525	4800	4025
		1207921		1207921

Erläuterungen der Umbuchungen	
Nr.	Erläuterung
1, 2	Abschreibung auf Betriebsgebäude
3	Abschreibung auf Maschinen
4	Aktivierung der Anschlußkosten als zusätzliche Anschaffungskosten der Maschine
5	Abschreibung auf Maschinen
6, 7	Abschreibung auf Fuhrpark
8	Abschluß des Kontos Unfertige Erzeugnisse über Schlußbilanzkonto
9	Abschluß des Kontos Fertige Erzeugnisse über Schlußbilanzkonto
10	Abschluß des Kontos Unfertige Erzeugnisse über Konto Bestandsveränderungen unfertige Erzeugnisse
11	Abschluß des Kontos Fertige Erzeugnisse über Konto Bestandsveränderungen fertige Erzeugnisse
12	Abschluß Konto Bestandsveränderungen unfertige Erzeugnisse über Gewinn- und Verlustkonto
13	Abschluß Konto Bestandsveränderungen fertige Erzeugnisse über Gewinn- und Verlustkonto
14, 15	Umbuchung der einzeln zu berichtigenden Forderungen auf Konto Zweifelhafte Forderungen
16, 17	Abschreibungen auf zweifelhafte Forderungen
18	Buchung Konkursforderung und Umsatzsteuerberichtigung
19	Pauschalwertberichtigung Forderungen
20	Abgrenzung Mieterträge
21	Abgrenzung Versicherungen

22	Abgrenzung Kfz-Steuer
23	Abgrenzung Zinsaufwand
24	Abgrenzung Mieterträge
25	Abgrenzung Reparaturaufwand

Wir fassen dann die auf ein bestimmtes Konto entfallenden Umbuchungen summenmäßig zusammen und ordnen die Konten in aufsteigender Reihenfolge.

Zusammenfassung und Ordnung der Umbuchungen					
Soll			Haben		
Umbuch.-Nr.	Konto	Betrag	Umbuch.-Nr.	Konto	Betrag
4	0700	2000	1, 2	0510	26520
10	2100	70000	3, 5	0700	49100
14, 15	2401	80500	6, 7	0800	62000
18	2402	9660	8	2100	280000
25	2600	525	9, 11	2200	350000
24	2660	1200	14, 15, 19	2400	85018
21, 22, 23	2900	25958	16, 17, 18	2401	65100
18	4800	5040	25	4800	4025
12	5200	70000	20	4900	7000
11	5210	110000	10	5200	70000
20	5400	7000	13	5210	110000
25	6100	3500	24	5400	1200
1, 2, 3, 5, 6, 7	6500	137620	4	6100	2000
16, 17	6952	50400	21	6900	9000
19	6953	4518	22	7010	3208
8, 9	8010	520000	23	7500	13750
13	8020	110000	12	8020	70000
		1207921			1207921

Die Summen der Soll- und Haben-Seite von Summenvorspalte und Zusammenfassung der Summenvorspalte sind gleich. Das ist folgerichtig, weil wir jede Umbuchung mit gleichen Beträgen im Soll und Haben gebucht haben. Wir übertragen jetzt die für jedes Konto zusammengefaßten Beträge in die Umbuchungsspalte der Hauptabschlußübersicht. Wir müssen jetzt aber die Konten der Hauptabschlußübersicht um die Konten erweitern, die bei den Umbuchungen neu hinzugekommen sind. Diese Konten werden an der zutreffenden Stelle der aufsteigenden Reihenfolge eingefügt.
Wir setzen hier der Übersicht halber die Saldenbilanz I der bisher entwickelten Hauptabschlußübersicht vorweg.

Konten	Saldenbilanz I		Umbuchungen		
	Soll	Haben	Umbuch.-Nr.	Soll	Haben
0500 Grund und Boden	378660				
0510 Betriebsgebäude	857320		1, 2		26520
0700 Maschinen	290000		3, 4, 5	2000	49100
0800 Fuhrpark	230000		6, 7		62000
2000 Rohstoffe	4743000				
2010 Hilfsstoffe	41600				
2020 Betriebsstoffe	126200				
2100 Unfertige Erzeugnisse	210000		8, 10	70000	280000
2200 Fertige Erzeugnisse	350000		9, 11		350000
2400 Forderungen aus Lief.	253692		14, 15, 19		85018
2401 Zweifelh. Ford. a. Lief.			14, 15, 16, 17, 18	80500	65100
2402 Konkursforderung			18	9660	
2600 Vorsteuer	111143		25	525	
2660 Sonstige Forderungen			24	1200	
2800 Bank	3108957				
2900 Aktive Rechnungsabgr.			21, 22, 23	25958	
3000 Eigenkapital		2386530			
4100 Schulddarlehen		370000			
4400 Verbindlichk. aus Lief.		297620			
4800 Umsatzsteuer		303829	18, 25	5040	4025
4900 Passive Rechnungsabgr.			20		7000
5000 Umsatzerlöse		9956863			
5200 Bestandsveränderungen unfertige Erzeugnisse			10, 12	70000	70000

Konten	Saldenbilanz I		Umbuchungen		
	Soll	Haben	Umbuch.-Nr.	Soll	Haben
5210 Bestandsveränderungen fertige Erzeugnisse			11, 13	110000	110000
5400 Mieterträge		42000	20, 24	7000	1200
6050 Energiekosten	250000				
6100 Reparaturaufwendungen	32000		4, 25	3500	2000
6200 Fertigungslöhne	1296000				
6210 Hilfslöhne	25300				
6300 Gehälter	750000				
6400 Soziale Aufwendungen	233870				
6500 Abschreibungen			1, 2, 3, 5, 6, 7	137620	
6900 Versicherungen	15000		21		9000
6952 Einzelwertberichtigung			16, 17	50400	
6953 Pauschalwertberichtigung			19	4518	
7000 Gewerbesteuer	6000				
7010 Kfz-Steuer	3500		22		3208
7500 Zinsaufwand	44600		23		13750
8010 Schlußbilanzkonto			8, 9	520000	
8020 GuV-Konto			12, 13	110000	70000
	13356842	13356842		1207921	1207921

11.9.3 Saldenbilanz II

Nun werden für jedes Konto die Soll-Seiten der Saldenbilanz I und der Umbuchungsspalte und die Haben-Seiten der Saldenbilanz I und der Umbuchungsspalte addiert. Beide Summen vergleichen wir und ziehen den kleineren Betrag vom größeren ab. Den Differenzbetrag setzten wir in der Saldenbilanz II auf die Seite, zu der vorher die größere Summe gehörte.

Wir gehen also wie folgt vor:

	Soll	Haben
Saldenbilanz I	Posten Saldenbilanz I	Posten Saldenbilanz I
+ Umbuchungen	Posten Umbuchungen	Posten Umbuchungen
Saldenbilanz II	Summe der Soll-Posten – Summe der Haben-Posten	Summe der Haben-Posten – Summe der Soll-Posten

Aufgabe 47

Stellen Sie die Saldenbilanz II in der Hauptabschlußübersicht auf. Addieren Sie dann die beiden Seiten der Saldenbilanz II.

Lösung

Konten	Saldenbilanz II	
	Soll	Haben
0500 Grund und Boden	378 660	
0510 Betriebsgebäude	830 800	
0700 Maschinen	242 900	
0800 Fuhrpark	168 000	
2000 Rohstoffe	4 743 000	
2010 Hilfsstoffe	41 600	
2020 Betriebsstoffe	126 200	
2100 Unfertige Erzeugnisse		
2200 Fertige Erzeugnisse		
2400 Forderungen aus Lief.	168 674	
2401 Zweifelh. Ford. a. Lief.	15 400	
2402 Konkursforderung	9 660	
2600 Vorsteuer	111 668	
2660 Sonstige Forderungen	1 200	
2800 Bank	3 108 957	
2900 Aktive Rechnungsabgr.	25 958	

Konten	Saldenbilanz II	
	Soll	Haben
3000 Eigenkapital		2386530
4100 Schulddarlehen		370000
4400 Verbindlichk. aus Lief.		297620
4800 Umsatzsteuer		302814
4900 Passive Rechnungsabgr.		7000
5000 Umsatzerlöse		9956863
5200 Bestandsveränderungen unfertige Erzeugnisse		
5210 Bestandsveränderungen fertige Erzeugnisse		
5400 Mieterträge		36200
6050 Energiekosten	250000	
6100 Reparaturaufwendungen	33500	
6200 Fertigungslöhne	1296000	
6210 Hilfslöhne	25300	
6300 Gehälter	750000	
6400 Soziale Aufwendungen	233870	
6500 Abschreibungen	137620	
6900 Versicherungen	6000	
6952 Einzelwertberichtigung	50100	
6953 Pauschalwertberichtigung	4518	
7000 Gewerbesteuer	6000	
7010 Kfz-Steuer	292	
7500 Zinsaufwand	30850	
8010 Schlußbilanzkonto	520000	
8020 GuV-Konto	40000	
	13357027	13357027

Die beiden Seiten der Saldenbilanz II sind wie die Seiten der Saldenbilanz I summenmäßig gleich.

11.9.3 Jahresabschluß

In der Saldenbilanz II stehen Salden der Bestandskonten, Erfolgskonten und gemischten Konten. Sie werden jetzt **geordnet**:

– Salden der Bestandskonten: Schlußbilanzspalte der Hauptabschlußübersicht,

- Salden der Erfolgskonten: Spalte Gewinn- und Verlustrechnung der Hauptabschlußübersicht,
- Salden der gemischten Konten:
  - Bestandsteil: Schlußbilanzspalte der Hauptabschlußübersicht,
  - Erfolgsteil: Spalte Gewinn- und Verlustrechnung der Hauptabschlußübersicht.

Bei den Konten
2000 Rohstoffe,
2010 Hilfsstoffe und
2020 Betriebsstoffe
machen wir uns zunächst den Abschluß klar.

Nach der Lösung der Aufgabe 41 hatten diese Konten nach dem Abschluß folgenden Stand[14]:

S	200 Rohstoffe		H
AB	230 000	EB	350 000
4a)	4 513 000	Verbr.	4 393 000
	4 743 000		4 743 000

S	201 Hilfsstoffe		H
AB	4 800	EB	7 400
5a)	36 800	Verbr.	34 200
	41 600		41 600

S	202 Betriebsstoffe		H
AB	6 200	EB	5 800
6a)	120 000	Verbr.	120 400
	126 200		126 200

S	801 Schlußbilanzkonto		H
200	350 000		
201	7 400		
202	5 800		
	363 200		

S	802 GuV-Konto		H
200	4 393 000		
201	34 200		
202	120 400		
	4 547 600		

Der **Bilanzteil** dieser Konten wird in die Schlußbilanzspalte und der **Erfolgsteil** in die Spalte Gewinn- und Verlustrechnung übertragen:

[14] Siehe Abschnitt 11.5.2.

Konto	Schlußbilanz		GuV-Rechnung	
	Aktiva	Passiva	Aufwand	Ertrag
2000 Rohstoffe	350000		4393000	
2010 Hilfsstoffe	7400		34200	
2020 Betriebsstoffe	5800		120400	

Wir müssen noch die **Umsatzsteuerkonten** abschließen. Sie haben folgenden Stand:

S	2600 Vorsteuer	H
111668		

S	4800 Umsatzsteuer	H
		302814

Nach den Ausführungen in Abschnitt 4.4 wird der kleinere Saldo auf dem Konto mit dem größeren Saldo gegengebucht. Der dann auf dem Konto mit dem größeren Saldo sich ergebende Saldo wird als Bestand auf dem Schlußbilanzkonto gebucht. Es wird daher gebucht:

4800 Umsatzsteuer 111668 DM
an 2600 Vorsteuer 111668 DM

Auf dem Umsatzsteuerkonto verbleibender Saldo:
302814 DM – 111668 DM = 191146 DM

Aufgabe 48

Entwickeln Sie jetzt die letzten beiden Spalten der Hauptabschlußübersicht und addieren Sie die Seiten Aktiva und Passiva, Aufwand und Ertrag. Die Aktiv- und Passiv-Seite der Schlußbilanz und die Aufwand- und Ertrag-Seite der Gewinn- und Verlustrechnung stimmen nicht überein. Bilden Sie daher jeweils den Saldo der Schlußbilanz-Spalte und der Gewinn- und Verlustrechnungs-Spalte.

Lösung

Konten	Schlußbilanz		GuV-Rechnung	
	Aktiva	Passiva	Aufwand	Ertrag
0500 Grund und Boden	378660			
0510 Betriebsgebäude	830800			
0700 Maschinen	242900			

Konten	Schlußbilanz		GuV-Rechnung	
	Aktiva	Passiva	Aufwand	Ertrag
0800 Fuhrpark	168 000			
2000 Rohstoffe	350 000		4 393 000	
2010 Hilfsstoffe	7 400		34 200	
2020 Betriebsstoffe	5 800		120 400	
2100 Unfertige Erzeugnisse				
2200 Fertige Erzeugnisse				
2400 Forderungen aus Lief.	168 674			
2401 Zweifelh. Ford. aus Lief.	15 400			
2402 Konkurs-forderung	9 660			
2600 Vorsteuer				
2660 Sonstige Forderungen	1 200			
2800 Bank	3 108 957			
2900 Aktive Rechnungsabgr.	25 958			
3000 Eigenkapital		2 386 530		
4100 Schulddarlehen		370 000		
4400 Verbindlichk. aus Lief.		297 620		
4800 Umsatzsteuer		191 146		
4900 Passive Rechnungsabgr.		7 000		
5000 Umsatzerlöse				9 956 863
5200 Bestands-veränderungen unfertige Erzeugnisse				
5210 Bestands-veränderungen fertige Erzeugnisse				
5400 Mieterträge				36 200

Konten	Schlußbilanz		GuV-Rechnung	
	Aktiva	Passiva	Aufwand	Ertrag
6050 Energiekosten			250000	
6100 Reparaturaufwendungen			33500	
6200 Fertigungslöhne			1296000	
6210 Hilfslöhne			25300	
6300 Gehälter			750000	
6400 Soziale Aufwendungen			233870	
6500 Abschreibungen			137620	
6900 Versicherungen			6000	
6952 Einzelwertberichtigung			50400	
6953 Pauschalwertberichtigung			4518	
7000 Gewerbesteuer			6000	
7010 Kfz-Steuer			292	
7500 Zinsaufwand			30850	
8010 Schlußbilanzkonto	520000			
8020 GuV-Konto			40000	
	5833409	3252296	7411950	9993063
		2581113	2581113	
	5833409	5833409	9993063	9993063

Die Salden der Schlußbilanz-Spalte und der Spalte Gewinn- und Verlustrechnung stimmen überein. In der Schlußbilanz-Spalte handelt es sich um den Unterschied zwischen dem Betriebsvermögen zum Ende des Geschäftsjahrs gegenüber dem Betriebsvermögen zu Anfang des Geschäftsjahrs. In der Spalte Gewinn- und Verlustrechnung ist es der Unterschied zwischen den Aufwendungen und den Erträgen. Die Salden der beiden Spalten stellen also den **Geschäftserfolg** dar. Er wird bei der Entwicklung der Hauptabschlußübersicht doppelt ermittelt:

- Durch Betriebsvermögensvergleich und
- als Saldo der Gewinn- und Verlustrechnung.

Bei dem so ermittelten Geschäftserfolg ist die Gewerbesteuer nur in Höhe der Gewerbesteuervorauszahlungen berücksichtigt worden. Es muß daher noch die **Gewerbesteuerrückstellung** gebildet werden. Dabei stützen wir uns auf die Ausführungen in Abschnitt 11.8.
Wir brauchen dazu aber noch einige Angaben. Sie werden in der folgenden Aufgabe erteilt.

Aufgabe 49

Einheitswert des Betriebsvermögens:	1200000 DM
Einheitswert der Betriebsgrundstücke:	452400 DM
Dauerschuldzinsen	16340 DM
Hebesatz der Gemeinde:	390%

Ermitteln Sie die Gewerbesteuer-Rückstellung nach der 9/10-Methode und nach der Divisor-Methode.

Lösung

Handelsbilanzgewinn vor GewSt:		2581113 DM			
+ GewSt-Vorauszahlungen		6000 DM			
+ 50% der Dauerschuldzinsen, 16340 DM · 50%		8170 DM			
= Zwischensumme		2595283 DM			
Einheitswert der Betriebs-grundstücke: 452400 DM 452400 DM · 140% · 1,2%	–	7600 DM			
Gewerbeertrag vor Gewerbeertragsteuer		2587683 DM			
abgerundet auf volle 100 DM		2587600 DM			
– Freibetrag nach § 11 Abs. 1 GewStG	–	48000 DM			
		2539600 DM			
	–	24000 DM	x 1%	=	240 DM
		2515600 DM			
	–	24000 DM	x 2%	=	480 DM
		2491600 DM			
	–	24000 DM	x 3%	=	720 DM
		2467600 DM			
	–	24000 DM	x 4%	=	960 DM
		2443600 DM	x 5%	=	122180 DM
					124580 DM

Gewerbeertragsteuer:		
124580 DM · 390% =		485862 DM
Einheitswert des Betriebsvermögens		1200000 DM
+ (370000 DM – 50000 DM)		
· 50% =		160000 DM
		1360000 DM
– 452400 DM · 140%	–	633360 DM
Gewerbekapital		726640 DM
abgerundet auf volle TDM		726000 DM
– Freibetrag		
(§ 13 Abs. 1 GewStG)	–	120000 DM
		606000 DM
Meßbetrag: 606000 DM · 2 ‰ =		1212 DM
Gewerbekapitalsteuer:		
1212 DM · 390% =		4727 DM
Gewerbeertragsteuer		485862 DM
Gewerbekapitalsteuer		4727 DM
vorläufige Gewerbesteuer		490589 DM
9/10 · 490589 DM =		441530 DM
– GewSt-Vorauszahlungen	–	6000 DM
		435530 DM
aufgerundet auf volle 50 DM		
Gewerbesteuer-Rückstellung		435550 DM

$$\text{Divisor} = \frac{5 \cdot 390}{10000} + 1$$

$$= 1{,}19$$

$$\text{Rückstellung} = \frac{490589}{1{,}19} - 6000$$

Gewerbesteuer-Rückstellung	406260 DM

Die nach der 9/10-Methode ermittelte Gewerbesteuer-Rückstellung ist also höher als die Gewerbesteuer-Rückstellung aufgrund der Divisor-Methode. Wir wollen die nach der 9/10-Methode ermittelte Gewerbesteuer-Rückstellung ausweisen. Wir müssen daher noch buchen:

7000 Gewerbesteuer	435550 DM
an 3800 Steuerrückstellungen	435550 DM

Wir wollen nun die Bilanz und die Gewinn- und Verlustrechnung zum 31.12.01 aufstellen. Dabei halten wir uns an die Schemata der §§ 266, 275 HGB. In der Schlußbilanz-Spalte der Hauptabschlußübersicht ist ausgewiesen:

	8010 Schlußbilanzkonto	520000 DM

Nach der Lösung von Aufgabe 42 in Abschnitt 11.5.3 wurde umgebucht:

	8010 Schlußbilanzkonto	520000 DM
an	2100 Unfertige Erzeugnisse	280000 DM
an	2200 Fertige Erzeugnisse	240000 DM

Unter dem Umlaufvermögen werden daher in der Bilanz ausgewiesen:

Unfertige Erzeugnisse	280000 DM
Fertige Erzeugnisse	240000 DM

Das Eigenkapital zu Anfang des Geschäftsjahrs	2386530 DM
ist um den Jahresgewinn von	2581113 DM
zu erhöhen auf	4967643 DM
und um die Gewerbesteuerrückstellung	– 435550 DM
zu vermindern und beträgt daher am 31.12.01	4532093 DM

Der auf Konto 8020 GuV-Konto als Aufwand gebuchte Betrag in Höhe von 40000 DM stellt die Verminderung des Bestands an fertigen und unfertigen Erzeugnissen dar und ist unter dieser Bezeichnung als Aufwandsposten in der Gewinn- und Verlustrechnung auszuweisen. Unternehmer U stellt daher zum 31.12.01 folgenden Jahresabschluß auf:

Aktiva — Bilanz 31.12.01 — Passiva

Aktiva		Passiva	
A. Anlagevermögen		A. Eigenkapital	4532093
Sachanlagen		B. Rückstellungen	
1. Grundstücke,		GewSt-Rückstellung	435550
Grund und Boden	378660	C. Verbindlichkeiten	
Gebäude	830800	1. Darlehen	370000
2. Maschinen	242900	2. Verb. aus Lief.	297620
3. Fuhrpark	168000	3. Umsatzsteuer	191146
B. Umlaufvermögen		D. Rechnungsabgr.	7000
I. Vorräte			
1. Roh-, Hilfs- und Betriebsstoffe	363200		
2. unfertige Erzeugn.	280000		
3. fertige Erzeugn.	240000		
II. Forderungen u. sonst. Vermögensgegenstände			
1. Ford. aus Lief.	193734		
2. sonstige Ford.	1200		

Aktiva		Bilanz 31.12.01	Passiva
IV. Bankguthaben	3108957		
C. Rechungsabgr.	25958		
	5833409		5833409

Gewinn- und Verlustrechnung

1.	Umsatzerlöse		9956863 DM
2.	Verminderung des Bestands an fertigen und unfertigen Erzeugnissen		– 40000 DM
			9916863 DM
3.	Mieterträge		36200 DM
			9953063 DM
4.	Materialaufwand: Aufwendungen für Roh-, Hilfs- und Betriebsstoffe		– 4547600 DM
5.	Personalaufwand		
	a) Löhne und Gehälter	2071300 DM	
	b) soziale Aufwendungen	233870 DM	– 2305170 DM
6.	Abschreibungen auf Anlagen		– 137620 DM
7.	Versicherungen		– 6000 DM
8.	Abschreibungen auf Forderungen		– 54918 DM
9.	Zinsaufwand		– 30850 DM
10.	Energiekosten		– 250000 DM
11.	Reparaturaufwendungen		– 33500 DM
10.	Ergebnis der gewöhnlichen Geschäftstätigkeit		2587405 DM
11.	Gewerbesteuer		– 441550 DM
12.	Kfz-Steuer		– 292 DM
13.	Gewinn		2145563 DM

Literaturverzeichnis

Adler/Düring/Schmaltz, AktG: Rechnungslegung und Prüfung der Aktiengesellschaft, Band 1: Rechnungslegung, 4. Auflage, Stuttgart 1968.

Adler/Düring/Schmaltz, HGB: Rechnungslegung und Prüfung der Unternehmen, Kommentar zum HGB, AktG, GmbHG, PublG nach den Vorschriften des Bilanzrichtlinien-Gesetzes, 5. Auflage, Stuttgart (Loseblatt).

Ausschußbericht: Bericht der Abgeordneten Helmrich, Kleinert (Hannover) und Stiegler, Bundestagsdrucksache 10/4268 vom 18.11.1985.

Beck Bil-Komm.: Beck'scher Bilanz-Kommentar, Der Jahresabschluß nach Handels- und Steuerrecht, 2. Auflage, München 1990.

Bp-Kartei: Betriebsprüfungskartei der Oberfinanzdirektionen Düsseldorf, Köln und Münster.

Brosch, W.: Anschaffungskosten nach Handels- und Steuerrecht, BBK Fach 13 S. 2939.

Fülling, F.: Grundsätze ordnungsmäßiger Bilanzierung für Vorräte, Düsseldorf 1976.

Geßler u. a.: Geßler, E./Hefermehl, W./Eckardt, U./Kropff, B., Aktiengesetz, Band II §§ 76 bis 147, München 1973, 1974.

Glade, A.: Rechnungslegung und Prüfung nach dem Bilanzrichtlinien-Gesetz, Herne/Berlin 1986.

Gnam/Federmann: Handbuch der Bilanzierung, 1960 ff., Freiburg (Loseblatt)

HdJ: Handbuch des Jahresabschlusses in Einzeldarstellungen, Köln 1984/92.

Herrmann/Heuer/Raupach: Einkommensteuer- und Körperschaftsteuergesetz mit Nebengesetzen, Kommentar (Loseblatt).

Kirchhof, P./Söhn, H.: Einkommensteuergesetz, Kommentar, Loseblatt, Heidelberg.

Leffson, U., GoB: Die Grundsätze ordnungsmäßiger Buchführung, 7. Auflage, Düsseldorf 1987.

Regierungsentwurf: Regierungsentwurf zum Bilanzrichtlinien-Gesetz, Bundesratsdrucksache 257/83 vom 3.6.1983.

Schmidt, H.: Bilanz-Praxis, 3. Aufl., Freiburg 1992.

Schmidt, H.: Bilanztraining, 6. Aufl., Freiburg 1992.

Schmidt, L.: Einkommensteuergesetz, 11. Auflage, München 1992.

Stichwortverzeichnis

(Die Zahlen bedeuten Seiten)